Henriette Norda
Der Anspruch auf Elternteilzeit

FORUM ARBEITS- UND SOZIALRECHT

Herausgegeben von
Prof. Dr. Richard Giesen, Prof. Dr. Matthias Jacobs,
Prof. Dr. Dr. h.c. Horst Konzen und Prof. Dr. Meinhard Heinze †

Band 29

Der Anspruch auf Elternteilzeit –

de lege lata und de lege ferenda

Henriette Norda

Centaurus Verlag & Media UG 2008

Zur Autorin: Henriette Norda beendete 2006 ihr Studium der Rechtswissenschaft an der Bucerius Law School. Anschließend promovierte sie bis 2007 bei Herrn Prof. Dr. Matthias Jacobs, Bucerius Law School, im Bereich des Arbeitsrechts. Im akademischen Jahr 2007/2008 erwarb sie an der University of Chicago einen Master of Law. Seit 2008 ist sie Referendarin am Hanseatischen Oberlandesgericht.

Die Deutsche Bibliothek – Cip-Einheitsaufnahme

Norda, Henriette:
Der Anspruch auf Elternteilzeit – de lege lata und
de lege ferenda / Henriette Norda. - Kenzingen: Centaurus-Verl., 2008
  (Forum Arbeits- und Sozialrecht; Bd. 29)
  Zugl.: Hamburg, Bucerius Law School, 2007

  ISBN 978-3-8255-0699-5   ISBN 978-3-86226-330-1 (eBook)
  DOI 10.1007/978-3-86226-330-1
ISSN 0936-028X

Alle Rechte, insbesondere das Recht der Vervielfältigung und Verbreitung sowie der Übersetzung, vorbehalten. Kein Teil des Werkes darf in irgendeiner Form (durch Fotokopie, Mikrofilm oder ein anderes Verfahren) ohne schriftliche Genehmigung des Verlages reproduziert oder unter Verwendung elektronischer Systeme verarbeitet, vervielfältigt oder verbreitet werden.

© *CENTAURUS Verlags KG, Kenzingen 2008*

Umschlaggestaltung: Antje Walter, Titisee-Neustadt
Satz: Vorlage der Autorin

Für meine Eltern und meine Schwester Hannah

In Liebe Henriette

Danksagung

Herrn Prof. Dr. Matthias Jacobs danke ich für die umfassende und freundliche Betreuung meiner Arbeit. Seine wertvollen Anregungen und zielgerichteten Ratschläge habe ich stets sehr geschätzt.

Für die Übernahme des Zweitgutachtens bin ich Frau Prof. Dr. Anne Röthel sehr dankbar.

Herzlich möchte ich mich bei Indra Burg und Morten Mittelstädt für die wertvollen Diskussionen, ihr Interesse an meiner Arbeit und ihre Hilfsbereitschaft bedanken.

Till Soyka danke ich vom ganzen Herzen für seine Liebe, unermüdliche Unterstützung und Motivation.

Meinen Eltern und meiner Schwester Hannah danke ich vor allem und für alles.

Inhaltsübersicht

Gliederung		IX
A.	Einführung in die Thematik der Arbeit	1
B.	Gesetzliche Regelungen der Elternteilzeit	5
C.	Das englische, schottische und walisische Recht auf flexible Arbeitsbedingungen	157
D.	Rechtsvergleich zwischen deutschen und englischen, schottischen und walisischen Regelungen	188
E.	Elternteilzeit de lege ferenda: Elternflexibilität	222
F.	Anhang	227

Gliederung

A.	Einführung in die Thematik der Arbeit		1
B.	Gesetzliche Regelungen der Elternteilzeit		5
I.	Verhältnis der Elternteilzeit zum Teilzeitanspruch nach dem TzBfG		5
1.	Praktische Relevanz dieser Fragestellung		7
a)	Unterschiede bei den Anspruchsvoraussetzungen der beiden Teilzeitansprüche		7
	aa)	Anspruchsberechtigung	7
	bb)	Wartezeit	8
	cc)	Kleinarbeitgeberklausel	11
	dd)	Frist zur Geltendmachung	11
	ee)	Form der Geltendmachung	12
	ff)	Keine entgegenstehenden (dringenden) betrieblichen Gründe	14
	gg)	Keine Präklusion	16
b)	Unterschiede beim Anspruchsumfang zwischen der Teilzeit nach § 8 TzBfG und nach § 15 BEEG		16
	aa)	Reduzierungsumfang	17
	bb)	Dauer der Teilzeittätigkeit	18
c)	Unterschiede bei der Durchsetzung der beiden Teilzeitansprüche		19
	aa)	Verhandlung	19
	bb)	Zustimmung	20
	cc)	Ablehnung, Untätigkeit oder verspätete Reaktion bzgl. des Teilzeitverlangens	20
d)	Zusammenfassung		21
2.	Verhältnis von § 8 TzBfG zu § 15 BEEG		23
a)	Regelung einer Anspruchskonkurrenz durch § 23 TzBfG?		23
b)	Ausschluss einer Anspruchskonkurrenz durch die Rechtsfolgen der Inanspruchnahme von Elternzeit?		25
c)	Unterlaufen der besonderen Voraussetzungen der Elternteilzeit durch die Annahme von Anspruchskonkurrenz?		26
d)	Untergraben der vorzeitigen Beendigungsmöglichkeiten der Elternzeit im Fall der Anspruchskonkurrenz?		29
e)	Annahme von Anspruchskonkurrenz aufgrund von verfassungsrechtlichen Erwägungen?		30
	aa)	Verfassungskonforme Auslegung	31
	bb)	Schutz von Ehe und Familie (Art. 6 I GG)	32

		(1)	Rechtlich relevante Benachteiligung		33
		(2)	Rechtfertigung		34
			(a)	Rechtfertigungsmaßstab	35
				(aa) Willkürformel	35
				(i) Neue Formel	35
				(bb) Prüfungsmaßstab für die konkrete Fallgestaltung	37
			(b)	Prüfung am Maßstab der Neuen Formel	38
				(aa) Legitimer Zweck	39
				(bb) Eignung	39
				(cc) Erforderlichkeit	39
				(dd) Angemessenheit	41
				(i) Zweck	41
				(ii) Mittel	42
				(iii) Abwägung zwischen Zweck und Mittel	44
				(iv) Zusammenfassung	45
		(3)	Zwischenergebnis		46
	cc)	Verbotene Ungleichbehandlung wegen des Geschlechts			46
	dd)	Ergebnis			46
f)	Abschließende Betrachtung				47
II.	Verhältnis von Elternzeit zur Elternteilzeit				47
1.	Bindende Inanspruchnahme der Elternzeit als Voraussetzung für die Geltendmachung der Elternteilzeit				47
2.	Keine bindende Inanspruchnahme der Elternzeit als Voraussetzung für die Geltendmachung der Elternteilzeit				48
3.	Umgehung des Problems des Verhältnisses von Elternzeit zu Elternteilzeit?				49
	a)	Umgehung des Problems durch Setzen einer Potestativbedingung?			49
	b)	Lösung des Problems durch Setzen einer Rechtsbedingung?			50
	c)	Zusammenfassung			51
4.	Ablehnung des Erfordernisses einer bindenden Inanspruchnahme der Elternzeit als Voraussetzung für die Geltendmachung der Elternteilzeit				51
5.	Zusammenfassung				52
III.	Mindestbeschäftigtenzahl				52
1.	Maßgeblicher Zeitpunkt für das Vorliegen der Mindestbeschäftigtenzahl				54
2.	Verfassungsmäßigkeit des Schwellenwertes				55
	a)	Rechtlich relevante Ungleichbehandlung			55
	b)	Rechtfertigung			55

	aa)	Prüfungsmaßstab			55
	bb)	Legitimer Zweck			56
	cc)	Geeignetheit			57
	dd)	Erforderlichkeit			58
	ee)	Angemessenheit			59
		(1)	Zweck		59
		(2)	Mittel		60
			(aa)	Geringere Intensität der Ungleichbehandlung durch die besonderen persönlichen Beziehungen zwischen Arbeitnehmer und Kleinarbeitgeber	60
			(bb)	Erhöhte Intensität der Ungleichbehandlung durch die Unmöglichkeit das Differenzierungskriterium zu beeinflussen	61
			(cc)	Erhöhte Intensität der Ungleichbehandlung durch die Beeinträchtigung von Verfassungsnormen?	61
			(dd)	Zwischenergebnis	64
		(3)	Abwägung zwischen Zweck und Mittel		64
		(4)	Resümee		64
	ff)	Zusammenfassung			65
c)	Ergebnis				65
IV.	Auslegung des Begriffs „dringende betriebliche Gründe"				65
1.	Rechtsprechungsansätze zur Auslegung der „dringenden betrieblichen Gründe"				66
2.	Auslegung der „dringenden betrieblichen Gründe" nach dem Wortlaut				70
3.	Historische Auslegung der „dringenden betrieblichen Gründe"				72
a)	Dringende betriebliche Gründe des § 7 II BUrlG				73
b)	Übertragbarkeit auf den Elternteilzeitanspruch?				73
4.	Systematische Auslegung der „dringenden betrieblichen Gründe"				75
a)	Rückschlüsse auf die Auslegung der „dringenden betrieblichen Gründe" aus § 1 II KSchG?				76
	aa)	Betriebliche Erfordernisse			76
	bb)	Anforderungen aufgrund des ultima-ratio-Grundsatzes			77
	cc)	Übertragbarkeit der Wertungen des § 1 II KSchG			78
		(1)	Übertragbarkeit der Auslegung der dringenden „betrieblichen" Erfordernisse		78
		(2)	Übertragbarkeit der Auslegung der „dringenden" betrieblichen Erfordernisse		79
		(3)	Übertragbarkeit der gerichtlichen Überprüfungsmöglichkeiten		81
	dd)	Ergebnis			82
b)	Rückschlüsse auf die Auslegung der „dringenden betrieblichen Gründe" aus § 1 III 2 KSchG?				82

	aa)	Berechtigte betriebliche Interessen	82
	bb)	Übertragbarkeit der bei § 1 III KSchG getroffenen Wertungen	84
	cc)	Ergebnis	87
c)		Rückschlüsse auf die Auslegung der „dringenden betrieblichen Gründe" aus § 6 IV ArbZG?	87
	aa)	Dringende betriebliche Erfordernisse	87
	bb)	Übertragbarkeit der bei § 6 IV ArbZG getroffenen Wertungen	90
	cc)	Ergebnis	90
d)		Rückschlüsse auf die Auslegung der „dringenden betrieblichen Gründe" aus § 7 I, II BUrlG?	90
e)		Rückschlüsse auf die Auslegung der dringenden betrieblichen Gründe aus § 8 IV 1 TzBfG	91
	aa)	Prüfungsschema des BAG zum Vorliegen von entgegenstehenden betrieblichen Gründen	91
	bb)	Vereinbarkeit des Prüfungsumfangs und -inhalts mit der Bindung an die unternehmerische Entscheidung im Rahmen betriebsbedingter Kündigungen?	92
	cc)	Übertragbarkeit	94
	dd)	Ergebnis	95
f)		Rückschlüsse auf die Auslegung der „dringenden betrieblichen Gründe" aus § 8 IV 2 TzBfG?	95
	aa)	Betriebliche Gründe des § 8 IV 2 TzBfG	96
	bb)	Übertragbarkeit	96
5.		Ergebnis	98
V.		Lage und Verteilung der Arbeitszeit während der Elternteilzeit	99
1.		Einschränkung des Direktionsrechts durch § 8 IV 1 TzBfG analog?	100
2.		Einfluss auf die Lage der Arbeitszeit durch Setzen einer Bedingung?	101
3.		Einschränkung des Direktionsrechts des Arbeitgebers gemäß § 106 S. 1 GewO	102
a)		Betroffene grundrechtlich relevante Interessen	103
b)		Praktische Konkordanz der betroffenen Interessen	104
4.		Gerichtliche Durchsetzung der Verteilungswünsche	105
5.		Ergebnis	106
VI.		Möglichkeit der Geltendmachung der Elternteilzeit während der laufenden Elternzeit?	106
1.		Vertretene Ansichten zur Zulässigkeit der nachträglichen Geltendmachung der Elternteilzeit	107
a)		Nachträgliche Geltendmachung der Elternteilzeit ausgeschlossen	107
b)		Nachträgliche Geltendmachung der Elternteilzeit stets möglich	108

	c)	Nachträgliche Geltendmachung der Elternteilzeit grundsätzlich möglich	108
2.		Begründung der einschränkungslosen Zulässigkeit der nachträglichen Geltendmachung der Elternteilzeit	110
	a)	Auslegung nach dem Wortlaut des § 15 VI und § 15 V 4 BEEG	110
	b)	Systematische Auslegung unter Berücksichtigung von § 15 V 4 BEEG	111
	c)	Systematische Auslegung unter Berücksichtigung von § 15 VI i.V.m. VII BEEG	112
	d)	Systematische Auslegung unter Berücksichtigung von § 16 I 1 BEEG	113
	e)	Auslegung unter Berücksichtigung der betroffenen Interessen von Arbeitgeber und Arbeitnehmer	115
3.		Ergebnis	116
VII.		Änderungen der tatsächlichen Umstände während der Elternzeit	117
1.		Nachträglicher Wegfall der entgegenstehenden dringenden betrieblichen Gründe	117
	a)	Informationsanspruch aus § 7 II TzBfG bezogen auf das Freiwerden beziehungsweise Entstehen von entsprechenden Teilzeitarbeitsplätzen?	117
	b)	Informationsanspruch aus § 7 II TzBfG analog bezogen auf den Wegfall der entgegenstehenden dringenden betrieblichen Gründe?	119
2.		Nachträgliches Entstehen von entgegenstehenden (dringenden) betrieblichen Gründen	121
	a)	Nachträgliches Entstehen von dringenden betrieblichen Gründen, die gegen die bereits gewährte Elternteilzeit sprechen	122
	aa)	Elternteilzeit unter der auflösenden Bedingung des Vorliegens der Anspruchsvoraussetzung des § 15 VII 1 BEEG	122
	bb)	Beendigung der Elternteilzeit gemäß § 313 I BGB	122
	cc)	Ergebnis	124
	b)	Nachträgliches Entstehen von entgegenstehenden betrieblichen Gründen, die gegen die Lage und Verteilung der Arbeitszeit sprechen	125
	aa)	Einschränkung der nachträglichen Veränderungsmöglichkeiten gemäß § 8 V 4 TzBfG analog?	125
	(1)	Vergleichbare Interessenlage	126
	(2)	Planwidrige Regelungslücke	127
	(3)	Zusammenfassung	128
	bb)	Einschränkung der nachträglichen Veränderungsmöglichkeiten gemäß § 106 S. 1 GewO?	128
	cc)	Ergebnis	129
VIII.		Rechtsfolgen eines Verstoßes gegen § 15 VII 4 BEEG	130
1.		Keine Zustimmungsfiktion aufgrund eines Verstoßes gegen § 15 VII 4 BEEG	130
	a)	Keine Zustimmungsfiktion aufgrund der Entscheidung des BAG vom 26.06.1997	131

	b)	Keine Zustimmungsfiktion aufgrund von § 8 V 2 TzBfG analog	132
	c)	Ergebnis	134
2.		Verletzung von § 15 VII 4 BEEG führt nicht zur Präklusion	134
	a)	Auslegung nach dem Wortlaut	134
	b)	Auslegung nach der Systematik	135
		aa) Vergleich zum Kündigungsschutzrecht	135
		bb) Vergleich zu § 9 III 2 MuSchG und § 22 III BBiG	136
		cc) Ergebnis	137
	c)	Auslegung nach dem Telos	137
	d)	Ergebnis	139
IX.		Einstweiliger Rechtsschutz	139
1.		Zulässigkeit des einstweiligen Rechtsschutzes bei § 15 BEEG	140
2.		Voraussetzungen des einstweiligen Rechtsschutzes	142
	a)	Verfügungsanspruch	143
	b)	Verfügungsgrund	143
		aa) Notwendigkeit	143
		bb) Interessenabwägung	144
		(1) Erfolgsaussichten in der Hauptsache	144
		(2) Schutzbedürftigkeit und Schutzwürdigkeit der Parteien	145
		cc) Ergebnis	147
3.		Vollziehung	147
	a)	Erfordernis eines Urteils im ordentlichen Verfahren	148
		aa) Auslegung nach dem Wortlaut	148
		bb) Auslegung nach der Systematik	149
		cc) Auslegung nach dem Telos	150
		dd) Ergebnis	150
	b)	Erfordernis eines rechtskräftigen Urteils	151
4.		Ergebnis	154
X.		Zusammenfassung der Ergebnisse unter Zugrundelegung der lex lata	154
C.		**Das englische, schottische und walisische Recht auf flexible Arbeitsbedingungen**	**157**
I.		Historische Entwicklung des Rechts auf flexible Arbeitsbedingungen	158
II.		Anspruchsvoraussetzungen des Rechts auf flexible Arbeitsbedingungen	159
III.		Anspruchsumfang des Rechts auf flexible Arbeitsbedingungen	161
IV.		Geltendmachung des Anspruchs	163
V.		Erwägungsphase	164
VI.		Entscheidungsphase	167

VII.	Innerbetriebliche Beschwerde	169
VIII.	Außerbetriebliche Lösungen	170
1.	Schlichtung beziehungsweise Mediation durch Dritte	170
2.	Lösung durch ein Verfahren vor dem Arbeitsschiedsgericht	171
a)	Funktion und personelle Zusammensetzung	171
b)	Verfahren vor dem Arbeitsschiedsgericht gestützt auf das Recht auf flexible Arbeitsbedingungen	172
c)	Verfahren vor dem Arbeitsschiedsgericht gestützt auf Antidiskriminierungsvorschriften	175
d)	Zusammenfassung	180
3.	Klärung des Problems durch ein Acas-Schlichtungsverfahren	181
IX.	Ausdehnung der Fristen	184
X.	Schutz vor Nachteilen und Entlassungen	185
XI.	Zusammenfassung	187
D.	**Rechtsvergleich zwischen deutschen und englischen, schottischen und walisischen Regelungen**	**188**
I.	Gründe für einen Rechtsvergleich	188
II.	Anspruchsumfang bei dem Recht auf Elternteilzeit und bei dem Recht auf flexible Arbeitsbedingungen	190
III.	Vergleich zwischen den Anspruchsvoraussetzungen in England, Schottland, Wales und in Deutschland	199
1.	Anspruchsberechtigung	199
2.	Wartezeit	200
3.	Frist zur Geltendmachung	202
a)	Ausweitung der Dauer des Anspruchs auf Elternflexibilität/Elternteilzeit	203
b)	Entkoppelung des Anspruchs auf Elternflexibilität vom Anspruch auf Elternteilzeit	209
4.	Form der Geltendmachung	210
5.	Keine entgegenstehenden dringenden betrieblichen Gründe beziehungsweise „business reasons"	210
6.	Kleinarbeitgeberklausel	212
a)	Quotale Berücksichtigung von Teilzeitkräften bei der Bestimmung der Mindestbeschäftigtenzahl?	212
b)	Veränderung des maßgeblichen Schwellenwertes	214
7.	Keine Präklusion	216
8.	Motivation des antragstellenden Arbeitnehmers	217
9.	Zusammenfassung	217

IV.	Unterschiede bei der Durchsetzung des Anspruchs auf Elternteilzeit und des Anspruchs auf flexible Arbeitsbedingungen	218
E.	**Elternteilzeit de lege ferenda: Elternflexibilität**	**222**
F.	**Anhang**	**227**
I.	Auszug aus dem Employment Rights Act 1996	227
II.	The Flexible Working (Eligibility, Complaints and Remedies) Regulations 2002, 3236	234
III.	The Flexible Working (Procedural Requirements) Regulations 2002, 3207	239

Literaturverzeichnis

A Practical Guide to the Employment Act 2002	Part 1: Family Friendly Policies, London 2003.
Anderson, Lucy	Sound Bite Legislation: The Employment Act 2002 and New Flexible Working "Rights" for Parents, Industrial Law Journal, Vol. 32, No. 1, March 2003, 37 - 42.
Annuß, Georg	Betriebsbedingte Kündigung und arbeitsvertragliche Bindung, Habil. Universität Regensburg 2004, Köln 2004.
Anzinger, Rudolf / Koberski, Wolfgang	Kommentar zum Arbeitszeitgesetz, 2. Auflage, Frankfurt am Main 2005.
Arnold, Manfred / Gräfl, Edith / Hemke, Rolf / Imping, Andreas / Lehnen, Annabel / Rambach, Peter / Spinner, Günter	Praxiskommentar zum Teilzeit- und Befristungsgesetz, Freiburg 2005. Zitiert: Arnold/Gräfl-*Bearbeiter*
Ascheid, Reiner / Preis, Ulrich / Schmidt, Ingrid	Kündigungsschutzrecht – Großkommentar zum gesamten Recht der Beendigung von Arbeitsverhältnissen, 2. Auflage, München 2004. Zitiert: APS-*Bearbeiter*
Bader, Peter	Das Gesetz zu Reformen am Arbeitsmarkt: Neues im Kündigungsschutzrecht und im Befristungsrecht, NZA 2004, 65 - 74.
ders.	Das Kündigungsschutzgesetz in neuer (alter) Fassung, NZA 1999, 64 - 70.
Baeck, Ulrich / Deutsch, Markus	Arbeitszeitgesetz Kommentar, 2. Auflage, München 2004.
Bamberger, Heinz Georg / Roth, Herbert	Kommentar zum Bürgerlichen Gesetzbuch, München 2003. Zitiert: Bamberger/Roth-*Bearbeiter*
Bauer, Jobst-Hubertus	Neue Spielregeln für Teilzeitarbeit und befristete Arbeitsverträge, NZA 2000, 1039 - 1043.

Baumbach, Adolf / Lauterbach, Wolfgang / Albers, Jan / Hartmann, Peter	Zivilprozessordnung: mit Gerichtsverfassungsgesetz und anderen Nebengesetzen, 65. Auflage, München 2007.
Baur, Fritz / Stürner, Rolf / Bruns, Alexander	Zwangsvollstreckungsrecht, 13. Auflage, Heidelberg 2006.
Beck'scher Online Kommentar zum Arbeitsrecht	Herausgegeben von Rolfs, Christian / Giesen, Richard / Kreikebohm, Ralf / Udsching, Peter, 3. Auflage, München 2007. Zitiert: BeckOK-ArbR-*Bearbeiter*
Beck'scher Online Kommentar zum BGB	Herausgegeben von Bamberger, Heinz Georg / Roth, Herbert, 2. Auflage, München 2006. Zitiert: BeckOK-BGB-*Bearbeiter*
Beckschulze, Martin	Die Durchsetzbarkeit des Teilzeitanspruchs in der betrieblichen Praxis, DB 2000, 2598 - 2606.
Benda, Ernst / Weber, Albrecht	Der Einfluß der Verfassung im Prozessrecht – Nationalbericht für den internationalen Kongreß für Prozeßrecht in Würzburg im September 1983, ZZP 96 (1983), 285 - 306.
Berkowsky, Wilfried	Die betriebsbedingte Kündigung – Eine umfassende Darstellung unter Berücksichtigung des Betriebsverfassungsrechts und des Arbeitsgerichtsverfahrens, 4. Auflage, München 1997.
ders.	Betriebsbedingte Kündigung und soziale Auswahl – Eine Anmerkung zum Urteil des Bundesarbeitsgerichts vom 24.3.1983, BB 1983, 2057 - 2062.
Beuthien, Volker	Die Unternehmensautonomie im Zugriff des Arbeitsrechts, ZfA 1988, 1 - 30.
Bezani, Thomas / Müller, Christoph	Das Gesetz über Teilzeitverträge und befristete Arbeitsverhältnisse, DStR 2001, 87 - 94.
Bitter, Walter / Kiel, Heinrich	40 Jahre Rechtsprechung des Bundesarbeitsgerichts zur Sozialwidrigkeit von Kündigungen, RdA 1994, 333 - 358.

Blomeyer, Wolfgang	Das Günstigkeitsprinzip in der Betriebsverfassung – Die Betriebsvereinbarung zwischen Individual- und Tarifvertrag, NZA 1996, 337 - 346.
Boewer, Dietrich	Teilzeit- und Befristungsgesetz – Kommentar für die Praxis, Frechen-Königsdorf 2002.
Brechmann, Winfried	Die richtlinienkonforme Auslegung : zugleich ein Beitrag zur Dogmatik der EG-Richtlinie, Diss. Universität München 1993, München 1994.
Brors, Christiane	Teilzeitarbeit neben Elternzeit – Besprechung des Urteils BAG v. 27.4.2004 – 9 AZR 21/04, RdA 2005, 51 – 54.
Brox, Hans / Walker, Wolf-Dietrich	Zwangsvollstreckungsrecht, 7. Auflage, Köln 2003.
Brügge, Philipp Christopher	Das Gesetz über Teilzeitarbeit, Diss. Universität Kiel 2003/2004, Frankfurt am Main 2004.
Bryde, Brun-Otto / Kleindiek, Ralf	Der Allgemeine Gleichheitssatz, Jura 1999, 36 - 44.
Buchner, Herbert / Becker, Ulrich	Mutterschutzgesetz und Bundeserziehungsgeldgesetz, 7. Auflage, München 2003.
Caamano Roja, Eduardo Andres	Die Teilzeitarbeit im europäischen und deutschen Arbeitsrecht, Diss. Universität Köln 2002, Frankfurt am Main 2002.
Calliess, Christian / Ruffert, Matthias	EUV/EGV – Das Verfassungsrecht der Europäischen Union mit europäischer Grundrechtecharta, 3. Auflage, München 2007.
Canaris, Claus-Wilhelm	Grundrechte und Privatrecht, AcP 184 (1984), 201 - 246.
Chartered, Paul Lewis / Milgate, Helen / Cartwright, Andrea	Maternity and Parental Leave Handbook, Supplement 26, East Kilbride 2004.
Clemenz, Susanne	Das einstweilige Verfügungsverfahren im Arbeitsrecht, NZA 2005, 129 - 135.
Däubler, Wolfgang	Das neue Teilzeit- und Befristungsgesetz, ZIP 2001, 217 - 225.
ders.	Das geplante Teilzeit- und Befristungsgesetz, ZIP 2000, 1961 - 1969.

Däubler, Wolfgang / Kittner, Michael / Klebe, Thomas	BetrVG – Betriebsverfassungsgesetz mit Wahlordnung und EBR-Gesetz, 10. Auflage, Frankfurt am Main 2006. Zitiert: DKK-*Bearbeiter*
Däubler, Wolfgang /Bertzbach, Martin	Allgemeines Gleichbehandlungsgesetz – Handkommentar, Baden-Baden 2007. Zitiert: Däubler/Bertbach-*Bearbeiter*
Degenhart, Christoph	Staatsrecht 1, Staatsorganisationsrecht, 18. Auflage, Heidelberg 2002.
Department of Trade and Industry	Flexible Working – The right to request and the duty to consider – A Guide For Employers And Employees, 2007, www.dti.gov.uk/publications/index.html.
Dex, Shirley	Families and Work in the Twenty-First Century, 2003, www.jrf.org.uk
Diller, Martin	Der Teilzeitwunsch im Prozess: Maßgeblicher Beurteilungszeitpunkt, insbesondere bei nachfolgenden Tarifverträgen nach § 8 IV 3 TzBfG, NZA 2001, 589 - 593.
Dorndorf, Eberhard / Weller, Bernhard / Hauck, Friedrich / Höland, Armin / Kriebel, Volkhart / Neef, Klaus	Heidelberger Kommentar zum Kündigungsschutzrecht, 4. Auflage, Heidelberg 2001. Zitiert: Dorndorf/ Weller/ Hauck/ Höland/ Kriebel/ Neef-*Bearbeiter*
Dörner, Hans-Jürgen	Der Kündigungsschutz Schwerbehinderter bei betriebsbedingten Kündigungen und das Grundgesetz, Richterliches Arbeitsrecht – Festschrift für Thomas Dieterich zum 65. Geburtstag, herausgegeben von Hanau, Peter / Heither, Friedrich / Kühling, Jürgen, München 1999, 83 - 99.
Dreier, Horst	Grundgesetz Kommentar, 2. Auflage, Tübingen 2004. Zitiert: Dreier-*Bearbeiter*
Duden	Das große Wörterbuch der deutschen Sprache in zehn Bänden, herausgegeben vom Wissenschaftlichen Rat der Dudenredaktion, 3. Auflage, Mannheim 1999.

Dütz, Wilhelm	Arbeitsrecht, 11. Auflage, München 2006.
ders.	Einstweiliger Rechtsschutz beim Teilzeitanspruch, AuR 2003, 161 - 165.
ders.	Vorläufiger Rechtsschutz im Arbeitskampf, BB 1980, 533 - 543.
Düwell, Franz Josef	Die neue Elternzeit in der arbeitsrechtlichen Praxis, AuA 2002, 58 - 60.
ders.	Beschäftigungsschutz und Sozialstaat, AuR 1998, 149 - 152.
Eckert, Michael	Arbeitsrecht aktuell zur Jahreswende: neue Gesetze, wichtige Urteile, aktuelle Tendenzen, DStR 2002, 2222 - 2231.
Eisemann, Hans Friedrich / Le Friant, Martine / Liddington, Jane / Numhauser-Henning, Ann / Roseberry, Lynn / Schinz, Reinhard / Waas, Bernd	Der Anspruch auf Teilzeitarbeit und seine gerichtliche Durchsetzung in den Niederlanden, Frankreich, Großbritannien, Schweden, Dänemark und der Bundesrepublik Deutschland, RdA 2004, 129 - 141.
Employment Guide 2005	EEF, the manufacturer's organisation, 3. Auflage, London 2005.
Endres, Esther	Schwellenwertregelungen im Arbeitsrecht – Verfassungsrechtliche und rechtspolitische Fragen, Diss. Fernuniversität Hagen 2002, Baden-Baden 2003.
Epping, Volker	Grundrechte, 2. Auflage, Berlin 2005.
Erfurter Kommentar zum Arbeitsrecht	Begründet von Dieterich, Thomas / Hanau, Peter / Schaub, Günter, 7. Auflage, München 2007. Zitiert: ErfK-*Bearbeiter* Begründet von Dieterich, Thomas / Hanau, Peter / Schaub, Günter, 3. Auflage, München 2003. Zitiert: ErfK-*Bearbeiter* (3. Auflage)
Erman – BGB	Bürgerliches Gesetzbuch – Handkommentar mit EGBGB, ErbbauVO, HausratsVO, LPartG, ProdHaftG, UklaG, VAHRG und WEG, herausgegeben von Westermann, Harm Peter, 11. Auflage, Münster 2004. Zitiert: Erman-*Bearbeiter*

Feldhoff, Kerstin	Anspruch auf Teilzeitbeschäftigung – Zum Verhältnis der rechtlichen Grundlagen der §§ 8 TzBfG, 15 BErzGG und 15b BAT/ 11 TvöD im Kontext der aktuellen Rechtsprechung des Bundesarbeitsgerichts, ZTR 2006, 58 - 69.
Finckenstein, Barbara von	Freie Unternehmerentscheidung und dringende betriebliche Erfordernisse bei der betriebsbedingten Kündigung, Diss. Universität Rostock 2003/2004, Berlin 2005.
Firth, Judith / Nickson, Susan	Family Friendly Rights, Chartered Institute of Personnel and Development, Trowbridge, Wiltshire 2003.
Fischer, Ulrich	Teilzeitarbeit im Kleinunternehmen, BB 2002, 94 - 96.
Fitting, Karl / Engels, Gerd / Schmidt, Ingrid / Trebinger, Yvonne / Linsenmaier, Wolfgang	Betriebsverfassungsgesetz – Handkommentar, 23. Auflage, München 2006. Zitiert: *FESTL*
Fredman, Sandra	Women and the Law, Oxford 1997.
Fritz, Charlotte / Sonnentag, Sabine	Recovery, well-being, and performance-related outcomes: The role of work load and vacation experiences, Journal of Applied Psychology 91 [2006], 936 - 945.
Gaul, Björn / Wisskirchen, Gerlind	Änderung des Bundeserziehungsgeldgesetzes, BB 2000, 2466 - 2470.
Gehring, Steffen	Das Recht auf Teilzeitarbeit – Anspruch und Wirklichkeit – Eine Untersuchung zu § 8 TzBfG, Diss. Universität Tübingen 2005, Baden-Baden 2006.
Gemeinschaftskommentar zum Kündigungsschutzgesetz und zu sonstigen kündigungsschutzrechtlichen Vorschriften	Begründet von Becker, Friedrich / Hillebrecht, Wilfried, 7. Auflage, München/Unterschleißheim 2004. Zitiert: KR-*Bearbeiter*
Gerkan, Hartwin von	Gesellschafterbeschlüsse, Ausübung des Stimmrechts und einstweiliger Rechtsschutz, ZGR 1985, 167 - 190.

Germelmann, Claas-Hinrich / Matthes, Hans-Christoph / Müller-Glöge, Rudi / Prütting, Hanns	Arbeitsgerichtsgesetz – Kommentar, 5. Auflage, München 2004. Zitiert: Germelmann/Matthes/Müller-Glöge/Prütting-*Bearbeiter*
Gotthardt, Michael	Teilzeitanspruch und einstweiliger Rechtsschutz, NZA 2001, 1183 - 1189.
Gotthardt, Michael / Beck, Carsten	Elektronische Form und Textform im Arbeitsrecht: Wege durch den Irrgarten, NZA 2002, 876 - 883.
Grabitz, Eberhard / Hilf, Meinhard	Das Recht der europäischen Union, Band III Sekundärrecht, Stand: 30. Ergänzungslieferung, München 2006.
Grobys, Marcel / Bram, Rainer	Die prozessuale Durchsetzung des Teilzeitanspruchs, NZA 2001, 1175 - 1183.
Hahn, Claudia	Durchsetzung des gesetzlichen Teilzeitanspruchs im Wege der einstweiligen Verfügung, FA 2007, 130 - 132.
Hamann, Wolfgang	Der Anspruch auf Reduzierung der Arbeitszeit, Special zu BB 2005 Heft 23, 2 - 13.
Handkommentar Arbeitszeitgesetz	Linnenkohl, Karl / Rauschenberg, Hans-Jürgen, 2. Auflage, Baden-Baden 2004. Zitiert: HK - ArbZG-*Bearbeiter*
Handkommentar Kündigungsschutzrecht	Fiebig, Stefan / Gallner, Inken / Griebeling, Jürgen / Mestwerdt, Wilhelm / Nägele, Stefan / Pfeiffer, Gerhard, 2. Auflage, Baden-Baden 2004. Zitiert: HaKo-*Bearbeiter*
Hannewald, Martina	Goldmarie und Pechmarie im Arbeitsrecht – Oder: Arbeitsrechtliche Familienförderung – quo vadis?, NZA 2002, 1385 - 1387.
Harvey on Industrial Relations and Employment Law	Perrins, Bryn, Issue 182, Oktober 2006, Chippenham, Wilts 2006.
Heinze, Meinhard	Flexible Arbeitszeitmodelle, NZA 1997, 681 - 689.
ders.	Einstweiliger Rechtsschutz im arbeitsgerichtlichen Verfahren, RdA 1986, 273 - 294.

Henssler, Martin / Willemsen, Heinz Josef / Kalb, Heinz-Jürgen	Arbeitsrechtkommentar, 2. Auflage, Köln 2006. Zitiert: HWK-*Bearbeiter*
Hohenhaus, Ulf	Grenze des allgemeinen Teilzeitanspruchs: Zum Begriff der „wesentlichen Beeinträchtigung der Organisation im Betrieb, DB 2003, 1954 - 1959.
Holtz, Götz Freiherr vom	Die Erzwingung von Willenserklärungen im einstweiligen Rechtsschutz, Diss. Universität Münster 1995, Frankfurt am Main 1995.
Hömig, Dieter	Grundgesetz für die Bundesrepublik Deutschland, 8. Auflage, Baden-Baden 2007. Zitiert: Hömig-*Bearbeiter*
Hönsch, Ronald	Kleinbetriebsklausel und Gleichheitssatz, DB 1988, 1650 - 1652.
Hoyningen-Huene, Gerrick von / Linck, Rüdiger	Kündigungsschutzgesetz Kommentar, 13. Auflage, München 2002.
dies.	Neuregelungen des Kündigungsschutzes und befristeter Arbeitsverhältnisse, DB 1997, 41 - 46.
Hueck, Alfred / Nipperdey, Hans Carl	Lehrbuch des Arbeitsrechts, Erster Band, 7. Auflage, Berlin, Frankfurt am Main 1963.
Ipsen, Jörn	Staatsrecht II – Grundrechte, 9. Auflage, Neuwied 2006.
Isensee, Josef / Kirchhof, Paul	Handbuch des Staatsrechts der Bundesrepublik Deutschland, Band VI Freiheitsrechte, 2. Auflage, Heidelberg 2001.
Jacobi, Erwin	Grundlehren des Arbeitsrechts, Leipzig 1927.
ders.	Betrieb und Unternehmen als Rechtsbegriffe, Sonderabdruck aus der Festschrift der Leipziger Juristenfakultät für Victor Ehrenberg, Leipziger rechtswissenschaftliche Studien, Heft 21, Leipzig 1926.
Jarass, Hans	Folgerungen aus der neueren Rechtsprechung des BVerfG für die Prüfung von Verstößen gegen Art. 3 I GG – Ein systematisches Konzept zur Feststellung unzulässiger Ungleichbehandlungen, NJW 1997, 2545 - 2550.

Jauernig, Othmar	Einstweilige Verfügung gegen ein Bezugsverbot?, NJW 1973, 1671 - 1674.
Jobs, Friedhelm	Soziale Auswahl bei betriebsbedingter Kündigung, DB 1986, 538 - 542.
Joussen, Jacob	Elternzeit und Verringerung der Arbeitszeit, NZA 2005, 336 - 341.
ders.	Anmerkung zum BAG Urteil vom 19.04.2005 – 9 AZR 233/04, AP Nr. 44 zu § 15 BErzGG.
ders.	Teilzeitarbeit bei einem fremden Arbeitgeber während der Elternzeit, NZA 2003, 644 - 648.
Judicial Studies Board	Guidelines for the Assessment of General Damages in Personal Injury Cases, 8. Auflage, Oxford 2006.
Junker, Abbo	Grundkurs Arbeitsrecht, 6. Auflage, München 2007.
Kempen, Otto Ernst / Zachert, Ulrich	Tarifvertragsgesetz, 4. Auflage, Frankfurt am Main 2006.
Kingreen, Thorsten	Das Grundrecht von Ehe und Familie (Art. 6 I GG), Jura 1997, 401 - 408.
Kittner, Michael	Das neue Recht der Sozialauswahl der betriebsbedingten Kündigungen und die Ausdehnung der Kleinbetriebsklausel, AuR 1997, 182 - 192.
Kittner, Michael / Däubler, Wolfgang / Zwanziger, Bertram	Kündigungsschutzrecht – Kommentar für die Praxis zu Kündigungen und anderen Formen der Beendigung des Arbeitsverhältnisses, 6. Auflage, Frankfurt am Main 2004. Zitiert: KDZ-*Bearbeiter*
Klein, Michael	Das gesamte Familienrecht – Kommentar für die familienrechtliche Praxis, Neuwied 2002. Zitiert: Klein-*Bearbeiter*
Kleinsorge, Georg	Teilzeitarbeit und befristete Arbeitsverträge – Ein Überblick über die Neuregelung, MDR 2001, 181 - 186.

Kliemt, Michael	Der neue Teilzeitanspruch – Die gesetzliche Neuregelung der Teilzeitarbeit ab dem 1.1.2001, NZA 2001, 63 - 71.
Klinkhammer, Dieter / Klinkhammer, Heinz	Anmerkung zum BAG Urteil vom 24.03.1983 – 2 AZR 21/82, AuR 1984, 62 - 64.
Köhler, Helmut	Die Lehre von der Geschäftsgrundlage als Lehre von der Risikobefreiung, 50 Jahre Bundesgerichtshof – Festgabe aus der Wissenschaft, Band I. Bürgerliches Recht, herausgegeben von Canaris, Claus-Wilhelm / Heldrich, Andreas, München 2000, 295 - 327.
Kohte, Wolfgang	§§ 15 und 16 BErzGG im Spiegel der arbeitsgerichtlichen Praxis, BT-Drucks. 15/3400, 80 - 90.
Kommentar zum Bonner Grundgesetz (Bonner Kommentar), Abschnitt X	Herausgegeben von Dolzer, Rudolf / Vogel, Klaus, Loseblattsammlung, Heidelberg 1950 ff. Zitiert: BK-*Bearbeiter*
Korinth, Michael	Einstweiliger Rechtsschutz im Arbeitsgerichtsverfahren, 2. Auflage, Köln 2007.
Kraushaar, Bernhard	Ist die Herausnahme von Kleinbetrieben aus dem Kündigungsschutz verfassungswidrig?, AuR 1988, 137 - 142.
Küttner, Wolfdieter	Personalbuch 2006 – Arbeitsrecht, Lohnsteuerrecht, Sozialversicherungsrecht –, 13. Auflage, München 2006.
Lakies, Thomas	Das Teilzeit- und Befristungsgesetz, DZWIR 2001, 1 - 17.
ders.	Die Neuregelungen zur Teilzeitarbeit und zu befristeten Arbeitsverhältnissen, NJ 2001, 70 - 75.
ders.	Rechtsprobleme der Neuregelung des Kündigungsschutzgesetzes, NJ 1997, 121 - 127.
Lambrich, Thomas	BB-Kommentar, BB 2006, 558 - 559.
Larenz, Karl	Methodenlehre der Rechtswissenschaft, 6. Auflage, Berlin 1991.
ders.	Lehrbuch des Schuldrecht, II. Band: Besonderer Teil, 1. Halbband, 13. Auflage, München 1986.

Larenz, Karl / Wolf, Manfred	Allgemeiner Teil des Bürgerlichen Rechts, 9. Auflage, München 2004.
Leinemann, Wolfgang / Linck, Rüdiger	Urlaubsrecht – Kommentar, 2. Auflage, München 2001.
Leßmann, Jochen	Der Anspruch auf Verringerung der Arbeitszeit im neuen Bundeserziehungsgeldgesetz, DB 2001, 94 - 100.
Lewis, Paul / Milgate, Helen, Cartwright, Andrea	Maternity and Parental Leave Handbook, Supplement 26, May 2004, Kilbride 2004.
Lindemann, Achim / Simon, Oliver	Die neue Elternzeit, NJW 2001, 258 - 263.
dies.	Neue Regelungen zur Teilzeitarbeit, BB 2001, 146 - 152.
Link, Peter / Grienberger-Zingerle, Maria	Kündigung, Teilzeit und Befristung – Reformvorschläge unter der Lupe, AuA 2003/05, 20 - 25.
Löwisch, Manfred	Schutz der Selbstbestimmung durch Fremdbestimmung – Zur verfassungsrechtlichen Ambivalenz des Arbeitnehmerschutzes –, ZfA 1996, 293 - 318.
ders.	Welche rechtlichen Maßnahmen sind vordringlich, um die tatsächliche Gleichstellung der Frau mit den Männern im Arbeitsleben zu gewährleisten, Gutachten D zum 50. Deutschen Juristentag, Hamburg 1974, Teilgutachten Arbeitsrecht, D 13 - D 104, München 1974.
Löwisch, Manfred / Rieble, Volker	Tarifvertragsgesetz – Kommentar, 2. Auflage, München 2004.
Löwisch, Manfred / Schüren, Peter	Anmerkung zum BAG-Urteil vom 24.03.1983 – 2 AZR 21/82, SAE 1984, 50 - 52.
Löwisch, Manfred / Spinner, Günter	Kommentar zum Kündigungsschutzgesetz, 9. Auflage, Heidelberg 2004.
Macdonald, Lynda A. C.	Equality, Diversity and Discrimination: How to comply with the law, promote best practice and achieve a diverse workforce, Trowbridge 2004.
Mangoldt, Herman von / Klein, Friedrich / Starck, Christian	Kommentar zum Grundgesetz, 5. Auflage, München 2005. Zitiert: von Mangoldt/Klein/Starck-*Bearbeiter*

Matthießen, Volker	Die Nichteinbeziehung von Arbeitnehmern in die soziale Auswahl bei betriebsbedingten Kündigungen, NZA 1998, 1153 - 1160.
Maunz, Theodor / Dürig, Günter	Grundgesetz Kommentar, Stand Juni 2006, München 2006.
McColgan, Aileen	Discrimination Law: Text, Cases and Materials, Oxford 2000.
Medicus, Dieter	Allgemeiner Teil des BGB, 9. Auflage, Heidelberg 2006.
Meinel, Georg/ Heyn, Judith / Herms, Sa-scha	Teilzeit- und Befristungsgesetz – Kommentar, 2. Auflage, München 2004.
Moll, Wilhelm	Münchener Anwaltshandbuch Arbeitsrecht, München 2005. Zitiert: Moll-*Bearbeiter*
Münch, Ingo von / Kunig, Philip	Grundgesetz Kommentar, 5. Auflage, München 2000. Zitiert: von Münch/Kunig-*Bearbeiter*
Münchener Handbuch Arbeitsrecht	Ergänzungsband Individualarbeitsrecht, herausgegeben von Richardi, Reinhard / Wlotzke, Otfried, 2. Auflage, München 2001. Zitiert: MüArbR-*Bearbeiter*
Münchener Kommentar zum Bürgerlichen Gesetzbuch	Herausgegeben von Rebmann, Kurt / Säcker, Franz / Rixecker, Roland, 4. Auflage, München 2004. Zitiert: MüKo-*Bearbeiter*
Münchener Kommentar zur Zivilprozessordnung mit Gerichtsverfassungsgesetz und Nebengesetzen, Band 3: §§ 803 – 1066 – EGZPO – GVG – EGGVG – internationales Zivilprozeßrecht, EGGVG –	Herausgegeben von Lüke, Gerhard / Wax, Peter, 2. Auflage, München 2001. Zitiert: MüKo-ZPO-*Bearbeiter*
Musielak, Hans-Joachim	Kommentar zur Zivilprozessordnung mit Gerichtsverfassungsgesetz, 5. Auflage, München 2007. Zitiert: Musielak-*Bearbeiter*

ders.	Grundkurs ZPO, 8. Auflage, München 2005.
Neumann, Dirk / Biebl, Josef	Arbeitszeitgesetz Kommentar, 13. Auflage, München 2001.
Oelmüller, Mark	Teilzeitarbeitsrecht nach dem Gesetz über Teilzeitarbeit und befristete Arbeitsverträge – Vollendeter Interessenschutz für Teilzeitarbeitnehmer?, Diss. Universität Bielefeld 2003, Hamburg 2003.
Oetker, Hartmut	Arbeitsrechtlicher Bestandsschutz und Grundrechtsordnung, RdA 1997, 9 - 21.
ders.	Realisierung des Bildungsurlaubs durch einstweilige Verfügung, AuR 1984, 32 - 34.
Papier, Hans-Jürgen	Arbeitsmarkt und Verfassung, RdA 2000, 1 – 7.
Pawlowski, Hans-Martin	Methodenlehre für Juristen: Theorie der Norm und des Gesetzes; ein Lehrbuch, 3. Auflage, Heidelberg 1999.
Peters-Lange, Susanne / Rolfs, Christian	Reformbedarf und Reformgesetzgebung im Mutterschutz- und Erziehungsgeldrecht, NZA 2000, 682 - 687.
Pieroth, Bodo / Schlink, Bernhard	Grundrechte – Staatsrecht II, 22. Auflage, Heidelberg 2006.
Preis, Ulrich	Prinzipien des Kündigungsrechts bei Arbeitsverhältnissen – Eine Untersuchung zum Recht des materiellen Kündigungsschutzes, insbesondere zur Theorie der Kündigungsgründe, Diss. Universität Düsseldorf 1987, München 1987.
ders.	Legitimation und Grenzen des Betriebsbegriffes im Arbeitsrecht, RdA 2000, 257 - 279.
Preis, Ulrich / Gotthardt, Michael	Das Teilzeit- und Befristungsgesetz, DB 2001, 145 - 152.
dies.	Neuregelung der Teilzeitarbeit und befristeten Arbeitsverhältnisse – Zum Gesetzesentwurf der Bundesregierung – , DB 2000, 2065 - 2074.
Ramm, Thilo	Arbeitsrecht und Kleinunternehmen (Teil I und II), AuR 1991, 257 - 266 und 289 - 298.
Reference Book for Employers	Amendment Number 697, Glasgow 2005.

Reinecke, Birgit	Teilzeitarbeit während der Elternzeit – Erfahrungen mit neuem Recht – gelöste und ungelöste Fragen, Bewegtes Arbeitsrecht - Festschrift für Wolfgang Leinemann zum 70. Geburtstag, herausgegeben von Düwell, Franz Josef / Stückemann, Wolfgang / Wagner, Volker, Neuwied 2006, 191 - 204.
dies.	Teilzeitarbeit während der Elternzeit, FA 2007, 98 - 102.
Reinhard, Barbara / Kliemt, Tina	Die Durchsetzung arbeitsrechtlicher Ansprüche im Eilverfahren, NZA 2005, 545 - 554.
Reiserer, Kerstin / Penner, Andreas	Teilzeitarbeit in der Elternzeit – Ablehnung aus dringenden betrieblichen Gründen nach § 15 BErzGG, BB 2002, 1962 - 1964.
Richardi, Reinhard	Betriebsverfassungsgesetz mit Wahlordnung – Kommentar, 10. Auflage, München 2006. Zitiert: Richardi-*Bearbeiter*
Richardi, Reinhard / Annuß, Georg	Gesetzliche Neuregelung von Teilzeitarbeit und Befristung, BB 2000, 2201 - 2206.
Richter, Ronald	Das Gesetz zum Elterngeld und zur Elternteilzeit, DStR 2007, 32 - 33.
Rieble, Volker	Der Entscheidungsspielraum des Arbeitgebers bei der Sozialauswahl nach § 1 III KSchG und seine arbeitsgerichtliche Kontrolle, NJW 1991, 65 - 72.
Rieble, Volker / Gutzeit, Martin	Teilzeitanspruch nach § 8 TzBfG und Arbeitszeitmitbestimmung, NZA 2002, 7 - 13.
Röger, Hendrik	Gesetzliche Schriftform und Textform bei arbeitsrechtlichen Erklärungen, NJW 1764 - 1767.
Rohr, Teresa	Teilzeitarbeit und Kündigungsrecht – Das Verhältnis des Rechts der Teilzeitarbeit nach dem Teilzeit- und Befristungsgesetz zum Kündigungsrecht, Diss. Universität Freiburg 2002, Baden-Baden 2003.
Rolfs, Christian	Teilzeit- und Befristungsgesetz, München 2000.
ders.	Das neue Recht der Teilzeitarbeit, RdA 2001, 129 - 143.

Rost, Friedhelm	Die Sozialauswahl bei der betriebsbedingten Kündigung, ZIP 1982, 1396 - 1406.
Rühl, Gisela	Obliegenheiten im Versicherungsvertragsrecht – Auf dem Weg zum europäischen Binnenmarkt für Versicherungen, Diss. Universität Hamburg 2003, Tübingen 2004.
Sacco, Rodolfo	Einführung in die Rechtsvergleichung, Baden-Baden 2001.
Sachs, Michael	Grundgesetz Kommentar, 2. Auflage, München 1999. Zitiert: Sachs-*Bearbeiter*
ders.	Verfassungsrecht II Grundrechte, 2. Auflage, Berlin 2003.
Saenger, Ingo	Zivilprozessordnung EGZPO/GVG/EGGVG/EuGVVO/ AVAG/EheGVVO/ IntFamRV – Handkommentar, Baden-Baden 2006. Zitiert: Hk-ZPO-*Bearbeiter*
Schäfer, Stephan	Bin kurz mal weg, Maxi 04.2007, 121.
Schaub, Günter	Personalabbau im Betrieb und neueste Rechtsprechung zum Kündigungsschutzrecht, insbesondere zur betriebsbedingten Kündigung, BB 1993, 1089 - 1094.
Schell, Jan	Der Rechtsanspruch auf Teilzeitarbeit, Diss. Universität Köln 2003, Hamburg 2004.
Schiefer, Bernd	Anspruch auf Teilzeitarbeit nach § 8 TzBfG – Die ersten Entscheidungen, NZA-RR 2002, 393 - 407.
Schlesinger, Rudolf / Baade, Hans / Herzog, Peter / Wise, Edward	Comparative Law – Cases-Text-Materials, 6. Auflage, New York 1998.
Schliemann, Harald / Meyer, Jürgen	Arbeitszeitrecht – gesetzliche, tarifliche und betriebliche Regelungen, 2. Auflage, Neuwied 2002.
Schmidt, Klaus / Koberski, Wolfgang / Tiemann, Barbara / Wascher, Angelika	Heimarbeitsgesetz – Kommentar, 4. Auflage, München 1998.
Schnorbus, York	Die richtlinienkonforme Rechtsfortbildung im nationalen Privatrecht, AcP 201 (2001), 860 – 901.

Scholz, Rupert	Justizgewährleistung und wirtschaftliche Leistungsfähigkeit, Gedächtnisschrift für Eberhard Grabitz, herausgegeben von Randelzhofer, Albrecht / Scholz, Rupert / Wilke, Dieter, München 1995, 725 - 745.
Schröder, Dietmar	Die Sozialauswahl bei betriebsbedingten Kündigungen nach § 1 Abs. 3 KSchG, ZTR 1995, 394 - 404.
Schumann, Ekkehard	Bundesverfassungsgericht, Grundgesetz und Zivilprozeß, ZZP 96 (1983), 137 – 253.
Schuschke, Winfried / Walker, Wolf-Dietrich	Vollstreckung und Vorläufiger Rechtsschutz, Kommentar zum Achten Buch der Zivilprozessordnung, Band I: Vollstreckung und Vorläufiger Rechtsschutz - §§ 704 – 915 ZPO, Band II: Arrest und Einstweilige Verfügung - §§ 916 – 945 ZPO, 3. Auflage, Köln 2005.
Schwab, Norbert / Weth, Stephan	Arbeitsgerichtsgesetz – Kommentar, Köln 2004. Zitiert: Schwab/Weth-*Bearbeiter*
Schwintowski, Hans-Peter	Juristische Methodenlehre, Frankfurt am Main 2005.
Soergel, Hans Theodor	Bürgerliches Gesetzbuch mit Einführungsgesetzen und Nebengesetzen, Band 2, Schulrecht I (§§ 241 – 432), Stuttgart 1990. Zitiert: Soergel-*Bearbeiter*
Söllner, Alfred	Die Bedeutung des Art. 12 GG für das Arbeitsrecht, AuR 1991, 45 - 52.
ders.	Der verfassungsrechtliche Rahmen für Privatautonomie im Arbeitsrecht, RdA 1989, 144 - 150.
Sowka, Hans-Harald	Teilzeitanspruch auch während laufender Elternzeit?, SAE 2006, 125 - 128.
ders.	Bundeserziehungsgeldgesetz – Änderungen zur Elternteilzeit ab 1.1.2004, NZA 2004, 82 - 83.
ders.	Vorm Erziehungsurlaub zur Elternzeit – Offene Fragen und noch mehr Korrekturbedarf, BB 2001, 935 - 938.
ders.	Der Erziehungsurlaub nach neuem Recht – Rechtslage ab dem 1.1.2001, NZA 2000, 1185 - 1191.

Stahlhacke, Eugen / Preis, Ulrich / Vossen, Reinhard	Kündigung und Kündigungsschutz im Arbeitsverhältnis, 9. Auflage, München 2005.
Staudinger, Julius von	Kommentar zum Bürgerlichen Gesetzbuch mit Einführungsgesetz und Nebengesetzen, 13. Auflage, Berlin 1999.
Stein, Friedrich / Jonas, Martin	Kommentar zur Zivilprozessordnung, Band 9, §§ 916 - 1068, EG ZPO, 22. Auflage, Tübingen 2002.
Stein, Peter	Freiheit und Dringlichkeit der unternehmerischen Entscheidung im Kündigungsschutzrecht, BB 2000, 457 - 464.
Steinmeyer, Heinz-Dietrich	Anmerkung zum BAG Urteil vom 18.01.1990 – 2 AZR 183/89 – Unternehmerische Entscheidungsfreiheit – Änderungskündigung – Weiterbeschäftigungsanspruch, EzA Nr. 65 zu § 1 KSchG, Betriebsbedingte Kündigung.
Stevens, Jane / Brown Juliet / Lee, Caroline	Employment Relations Research Series No. 27 – The Second Work-Life Balance Study: Results from the Employees' Survey, March 2004, www.dti.gov.uk/er/emar.
Straub, Dieter	Erste Erfahrungen mit dem Teilzeit- und Befristungsgesetz, NZA 2001, 919 - 927.
Stückmann, Roland	Abschied vom allgemeinen Kündigungsschutz?!, AuA 1997/01, 5 - 8.
Thomas, Heinz / Putzo, Hans	Zivilprozessordnung mit Gerichtsverfassungsgesetz, den Einführungsgesetzen und europarechtlichen Vorschriften, 28. Auflage, München 2007.
Thüsing, Gregor / Stelljes, Volker	Fragen zum Entwurf eines Gesetzes zu Reformen am Arbeitsmarkt, BB 2003, 1673 - 1681.
Thüsing, Gregor / Wege, Donat	Sozialauswahl nach neuem Recht, RdA 2005, 12 - 25.
Tolley's Employment Law	Herausgegeben von Ravinder, Mahal, Issue 65, October 2006, Trowbridge 2006.
Tottels's Discrimination Law	Herausgegeben von James Tayler / Burns, Andrew / Simler, Ingrid / Joffe, Natasha / Seymour, Lydia / Wynn-Evans, Charles, Issue 14, Totton, Hampshire 2005.

Ülger, Damla	Der Teilzeitanspruch und seine prozessuale Durchsetzung unter Einbeziehung der Elternteilzeit, Schwerbehindertenteilzeit und Altersteilzeit, Diss. Universität Mannheim 2003, Hamburg 2004.
Vetter, Henrike	Ausweitung des Anspruchs auf Teilzeittätigkeit wegen Kinderbetreuung für Beschäftigte in der Privatwirtschaft – oder: Müssen wirklich alle Frauen in den öffentlichen Dienst?, Festschrift für Manfred Löwisch zum 70. Geburtstag, herausgegeben von Rieble, Volker, München 2007, 407 - 426.
Vossen, Reinhard	Die auf Zahlung der Arbeitsvergütung gerichtete einstweilige Verfügung, RdA 1991, 216 - 229.
Vuillaume, Michel	Schule mit drei Jahren ist keinesfalls zu früh, Interview in der FAZ, 13.03.2007, 13.
Waas, Bernd	Gesetzlicher Anspruch auf Teilzeit in den Niederlanden, NZA 2000, 583 - 585.
Walker, Wolf-Dietrich	Der einstweilige Rechtsschutz im Zivilprozess und im arbeitsgerichtlichen Verfahren, Habil. Universität Münster 1992, Tübingen 1993.
ders.	Grundlagen und aktuelle Entwicklungen des einstweiligen Rechtsschutzes im Arbeitsgerichtsprozess, ZfA 2005, 45 - 79.
Wank, Rolf	Die Auslegung von Gesetzen: eine Einführung, 3. Auflage, Köln 2005.
ders.	Telearbeit, NZA 1999, 225 - 235.
Weber, Ingrid	Rechtsprobleme beim Massenkündigungsschutz, RdA 1986, 341 - 348.
Wedde, Peter	Telearbeit: Arbeitsrecht – Sozialrecht – Datenschutz, München 2002.
ders.	Aktuelle Rechtsfragen der Telearbeit, NJW 1999, 527 - 535.
Weinreich, Gerd / Klein, Michael	Kompaktkommentar Familienrecht, 2. Auflage, München 2005. Zitiert: Weinreich/Klein-*Bearbeiter*

Wenzel, Leonard	Grundlinien des Arrestprozesses – Zu Fritz Baurs Studien zum einstweiligen Rechtsschutz, MDR 1967, 889 - 894.
Wiedemann, Herbert	Tarifvertragsgesetz mit Durchführungs- und Nebenvorschriften, 7. Auflage, München 2007.
Willemsen, Heinz Josef / Annuß, Georg	Kündigungsschutz nach der Reform, NJW 2004, 177 - 184.
Wisskrichen, Gerlind / Bissels, Alexander	Arbeiten, wenn Arbeit da ist – Möglichkeiten und Grenzen der Vereinbarungsbefugnis zur Lage der Arbeitszeit, NZA-Beilage 2006, Heft 1, 24 - 34.
Wittig, Peter	Bundesverfassungsgericht und Grundrechtssystematik, Festschrift für Gebhard Müller zum 70. Geburtstag des Präsidenten des Bundesverfassungsgericht, herausgegeben von Ritterspach, Theo / Geiger, Willi, Tübingen 1970.
Wlotzke, Otfried / Preis, Ulrich	Betriebsverfassungsgesetz – Kommentar, 3. Auflage, München 2006. Zitiert: Wlotzke/Preis-*Bearbeiter*
Woodmansey, Mike	IRA Managing Employment Law – A practical guide to procedures in the workplace, 5. Auflage, Bath 2004.
Zimmermann, Walter	Zivilprozessordnung mit Gerichtsverfassungsgesetz und Nebengesetzen – Kommentar anhand der höchstrichterlichen Rechtsprechung, 7. Auflage, Kevelaer 2006.
Zöller, Richard (Begründer)	Zivilprozessordnung mit Gerichtsverfassungsgesetz und den Einführungsgesetzen, mit Internationalem Zivilprozessrecht, EG-Verordnungen, Kostenanmerkungen, 26. Auflage, Köln 2007. Zitiert: *Zöller*-Bearbeiter
Zöllner, Wolfgang	Zu Schranken und Wirkung von Stimmbindungsverträgen, insbesondere bei der GmbH, ZHR 155 (1991), 168 - 189.
Zweigert, Konrad / Kötz, Hein	Einführung in die Rechtsvergleichung, 3. Auflage, Tübingen 1996.

A. Einführung in die Thematik der Arbeit

„Die Deutschen sterben aus!" Die Zahl der Geburten in Deutschland befindet sich im Jahr 2005 auf dem tiefsten Stand seit 1946. Die Geburtenrate sinkt seit 1991 beständig.[1] Die Konsequenzen, die sich aus dieser Bevölkerungsentwicklung für die künftige ökonomische, soziale und politische Entwicklung Deutschlands ableiten lassen, sind gravierend.[2] Wenn es Deutschland nicht gelingt den Bevölkerungsrückgang zu verlangsamen, wird die künftige Wirtschaftskraft erheblich geschmälert. Insgesamt geht es dabei bis zur Jahrhundertmitte um Beträge in Milliardenhöhe.[3] Ein drastisches Absinken der Bevölkerungszahl ließe die gesamte Nachfrage auf dem Binnenmarkt zurückgehen. Praktisch alle Sektoren der Wirtschaft wären betroffen. In schrumpfenden Gesellschaften geht die Zahl der Menschen im erwerbsfähigen Alter zurück. Dies hat dramatische Folgen. Denn die sozialen Sicherungssysteme sind weitgehend über die Sozialabgaben von Arbeitnehmern und Arbeitgebern finanziert. Den Grundmauern der Sozialpolitik droht der Einsturz, wenn Arbeitskraft immer knapper wird und die Lohnnebenkosten immer weiter steigen. Dies würde dazu führen, dass versucht wird, die Lohnnebenkosten durch Rationalisierungsmaßnahmen, das heißt Entlassungen, zu senken. Dies hat wiederum eine Reduzierung der Sozialabgaben zur Folge. Eine Spirale nach unten entsteht. Die Verschlechterung des Sozialsystems ist insbesondere deshalb so gravierend, weil eine wachsende Zahl von Menschen sich zukünftig nicht mehr auf die Unterstützung durch die Familie im Krankheits- oder Pflegefall verlassen kann. Durch die sinkende Zahl der Erwerbstätigen geht auch ein Rückgang des über die Lohnquote erreichten Steuervolumens einher. Folge davon ist ein Fehlen an öffentlichen Investitionsmitteln. Davon betroffen sind Ausgaben für innere und äußere Sicherheit, Verkehr und besonders auch für Bildung. Belegschaften, in denen junge Kollegen kaum anzutreffen sind, haben es außerdem schwer den Anschluss an den technischen Fortschritt zu halten. Bei gleich bleibender Produktivitätsrate müssten alle länger arbeiten als jetzt. Gesellschaften mit einer schrumpfenden jungen Bevölkerung

---

[1] Quelle: Statistisches Bundesamt, mit Ausnahme der Jahre 1996 und 1997.
[2] BT-Drucks. 16/1360, S. 63.
[3] Institut der deutschen Wirtschaft Köln (IW) im Auftrag der WELT, DIE WELT, 18.12.2006, S. 1 und 3.

sind auf die Zuwanderung von qualifizierten Ausländern angewiesen. Allerdings sinkt die Zahl der Zuwanderer kontinuierlich.[4] Diese drohende Entwicklung erfordert alle erdenklichen Anstrengungen zu unternehmen, um den Schrumpfungsprozess der deutschen Bevölkerung zu verlangsamen beziehungsweise umzukehren.

Der Geburtenrückgang ist Ausdruck eines gesellschaftspolitischen Wandels. Frauen wollen ebenso wie Männer in ihrem Beruf arbeiten.[5] Keine Zeit für ein Kind zu haben, wird als einer der wichtigsten Gründe genannt, sich gegen ein Kind zu entscheiden.[6] Der Kinderwunsch nimmt bei Männern und Frauen ab dem 35. Lebensjahr rapide ab.[7] Insbesondere gut ausgebildete Frauen befürchten berufliche Probleme durch ein Kind. Immer mehr Männer betrachten die ökonomisch und gesellschaftlich vorgegebene Rolle als Geldverdiener der Familie als nur einen Aspekt guter Vaterschaft. Für sie gehört die Beteiligung an der Betreuung und Erziehung des Kindes ebenso dazu.[8] Finanzielle Einbußen und die Angst vor beruflichen Nachteilen verhindern allerdings ein größeres Engagement und damit die Entscheidung für ein Kind.[9]

Eine familienfreundlichere Arbeitszeitpolitik könnte den Wünschen der Eltern entgegenkommen und Anreize für die Realisierung von Kinderwünschen schaffen. Die Vereinbarkeit von Familie und Beruf soll nach dem Wunsch des Gesetzgebers durch die Möglichkeit der Elternteilzeit verbessert werden.[10] Die Elternteilzeit ist in § 15 IV – VII BEEG geregelt. Das BEEG sieht einen Anspruch auf Teilzeit während der Elternzeit für Arbeitnehmer vor, deren Arbeitsverhältnis seit mindestens sechs Monaten besteht, wenn deren Arbeitgeber mehr als 15 Arbeitnehmer beschäftigt, eine Verringerung der Arbeitszeit auf zwischen

---

[4] Institut der deutschen Wirtschaft Köln (IW) im Auftrag der WELT, DIE WELT, 18.12.2006, S. 3.

[5] 62 % der Frauen mit einem Kind unter drei Jahren möchten sowohl für ihre Kinder da sein als auch einer Erwerbstätigkeit nachgehen, bei den Frauen mit Hochschulreife sind dies 73 %, Entwurf eines Gesetzes zur Einführung des Elterngeldes, Bundesregierung, Kabinettsbeschluss vom 14.06.2006, S. 35.

[6] BT-Drucks. 16/1360, S. XXX.

[7] BT-Drucks. 16/1360, S. XXX.

[8] Nicht einmal 20 % aller Väter wünschen sich die Rolle als Alleinverdiener und Hauptenährer, Entwurf eines Gesetzes zur Einführung des Elterngeldes, Bundesregierung, Kabinettsbeschluss vom 14.06.2006, S. 35.

[9] Nur 5 % aller Väter nehmen tatsächlich Elternzeit in Anspruch, Entwurf eines Gesetzes zur Einführung des Elterngeldes, Bundesregierung, Kabinettsbeschluss vom 14.06.2006, S. 35.

[10] BT-Drucks. 14/3553, S. 16; BT-Drucks. 13/6577, S. 4, 11.

15 – 30 Stunden pro Woche für mindestens zwei Monate begehrt wird und dem Anspruch keine dringenden betrieblichen Gründe entgegenstehen.
In der Literatur wird diese Regelung stark kritisiert. So wird angemerkt, dass sie lückenhaft, durch kaum bestimmbare Generalklauseln geprägt und insgesamt schlecht formuliert sei.[11] Teilweise wird sie gar als „ein Beispiel verunglückter Gesetzesformulierung";" bezeichnet.[12] Dass auch der Gesetzgeber mit der Regelung nicht zufrieden ist, zeigt sich daran, dass sie seit ihrem Erscheinen im Jahr 1992 drei Mal verändert werden musste.[13] Die aktuellste Änderung, durch die das Bundeserziehungsgeldgesetz in Bundeselterngeld- und Elternzeitgesetz umbenannt wurde, entspricht inhaltlich fast der Vorgängervorschrift.[14] Sie ist vorwiegend sprachlich angepasst. Es fanden lediglich zwei kleine inhaltliche Änderungen statt. Zum einen kann nun die Arbeitszeit für einen Zeitraum von mindestens zwei Monaten (früher drei Monate) verringert werden (§ 15 VII 1 Nr. 3 BEEG) und zum anderen muss der Anspruch auf Elternteilzeit dem Arbeitgeber mindestens sieben Wochen (früher acht Wochen) vor Beginn der Tätigkeit schriftlich mitgeteilt werden (§ 15 VII 1 Nr. 5 BEEG).

Diese Arbeit lässt sich in drei Abschnitte untergliedern. Um Anregungen für eine Ausweitung des Anspruchs auf Elternteilzeit geben zu können, ist zunächst zu klären, wie die gegenwärtige Regelung ausgestaltet ist (**B**). In diesem Teil werden die Regelungen zum Anspruch auf Elternteilzeit, der in § 15 VI, VII BEEG geregelt ist, untersucht. Die Möglichkeit einer einvernehmlichen Regelung (vgl. dazu § 15 V BEEG) wird dabei weitgehend ausgeklammert, da sich

---

[11] Vgl. *Lambrich*, BB 2006, 558, 559 „Steine statt Brot"; *Sowka*, NZA 2004, 82, 83 „grundlegende Novellierungen wären sicherlich hilfreich"; *Hannewald*, NZA 2002, 1385; *Leßmann*, DB 2001, 94, 100 „systematische und handwerkliche Mängel".

[12] *Joussen*, NZA 2003, 644, 648

[13] Eingeführt durch das Zweite Gesetz zur Änderung des Bundeserziehungsgeldgesetzes vom 06.12.1991 (BGBl. I, S. 2142), welches am 01.01.1992 in Kraft trat, geändert durch das Dritte Gesetz zur Änderung des Bundeserziehungsgeldgesetzes vom 12.10.2000 (BGBl. I, S. 1426) und das Gesetz zur Änderung des Begriffs „Erziehungsurlaub" vom 30.11.2000 (BGBl. I, S. 1638) welche zum 01.01.2001 in Kraft traten; geändert durch die Bekanntmachung der Neufassung des Bundeserziehungsgeldgesetzes vom 09.02.2004 (BGBl. I, S. 206) welche die seit dem 01.01.2004 geborenen Kinder betrifft; erneute Änderung welche am 01.01.2007 in Kraft trat, die allerdings kaum inhaltliche Neuerungen bringt, sondern lediglich zu einer Anpassung im Bereich der Ankündigungsfrist, der Mindestinanspruchnahme und zu einer Umbenennung der gesetzlichen Grundlage (BErzGG wird zum BEEG) führt (BGBl. I, 2006, S. 2748).

[14] Gesetzesentwurf der Bundesregierung, Kabinettsbeschluss vom 14. Juni 2006, S. 63; so auch *Richter*, DStR 2007, 32, 33.

bei dieser Konstellation regelmäßig keine Schwierigkeiten ergeben. In der Arbeit sollen Kriterien zur Präzisierung der Generalklauseln herausgearbeitet werden, offene Rechtsfragen systematisiert und auf Basis der bisherigen Rechtslage beantwortet werden.

Im zweiten Abschnitt wird die Rechtslage in England, Schottland und Wales geschildert. Ein solcher Vergleich ist lohnenswert, da insbesondere England ebenfalls beim Übergang in eine Wissensgesellschaft mit einem Rückgang der Geburtenrate zu kämpfen hatte und erfolgreich eine Trendwende geschafft hat (**C**).[15]

Aus dem Vergleich werden dann in einem dritten Abschnitt Anregungen für eine Änderung der deutschen Regelung der Elternteilzeit gewonnen, welche den Anforderungen einer modernen Gesellschaft besser gerecht werden (**D**).

Viertens werden diese Anregungen in einen Vorschlag für den Gesetzgeber münden (**E**).

---

[15] Quelle: Office for National Statistics, United Kingdom.

B. Gesetzliche Regelungen der Elternteilzeit

Dieser Abschnitt beschäftigt sich mit der gegenwärtigen gesetzlichen Rechtslage. In einem ersten Schritt wird das Verhältnis des Anspruchs auf Elternteilzeit zum Teilzeitanspruch gemäß § 8 TzBfG untersucht. Dadurch sollen die Unterschiede zwischen einer Teilzeitarbeit wegen Kinderbetreuung und einer allgemeinen Teilzeitarbeit gemäß § 8 TzBfG verdeutlicht werden (I). Anschließend wird auf Fragestellungen, die sich bei Betrachtung der Voraussetzungen der Elternteilzeit stellen, eingegangen. Dabei wird zunächst untersucht, ob die Geltendmachung der Elternteilzeit voraussetzt, dass Elternzeit bereits bindend in Anspruch genommen wurde (II). Anschließend wird die erforderliche Mindestbeschäftigtenzahl (III) und danach der Begriff der „dringenden betrieblichen Gründe" (IV) näher beleuchtet. In einem dritten Schritt wird die Situation während der Elternzeit betrachtet. Es stellen sich Fragen nach der Lage und Verteilung der Arbeitszeit während der Elternteilzeit (V), nach der Möglichkeit der nachträglichen Geltendmachung der Elternteilzeit während der laufenden Elternzeit (VI) und wie sich Änderungen der tatsächlichen Umstände während der Elternzeit auswirken (VII). Der letzte Abschnitt befasst sich mit der gerichtlichen Durchsetzung des Anspruchs auf Elternteilzeit. Dabei werden die Folgen eines Verstoßes gegen § 15 VII 4 BBEG (VIII) und der einstweilige Rechtsschutz (IX) genauer betrachtet.

I. Verhältnis der Elternteilzeit zum Teilzeitanspruch nach dem TzBfG

Seit dem 01.01.2001 gewähren sowohl das Gesetz über Teilzeitarbeit und befristete Arbeitsverträge (TzBfG)[16] in § 8 TzBfG als auch das Bundeselterngeld- und Elternzeitgesetz (BEEG)[17] in § 15 BEEG Arbeitnehmern einen Rechtsanspruch auf Teilzeitarbeit. Das BEEG sieht einen Anspruch auf Teilzeit während der

---

[16] Teilzeit- und Befristungsgesetz vom 21.12.2000, BGBl. I, S. 1966; zuletzt geändert durch Art. 7 des Ersten Gesetzes für moderne Dienstleistungen am Arbeitsmarkt vom 23.12.2002, BGBl. I, S. 4607, 4619.

[17] 2001 hieß das Gesetz allerdings noch Bundeserziehungsgeldgesetz (BErzGG, eingeführt durch das Dritte Gesetz zur Änderung des Bundeserziehungsgeldgesetzes vom 12.10.2000, BGBl. I, S. 1426); das BErzGG wurde im Januar 2007 in das BEEG umbenannt (BGBl. I, 2006, S. 2748). Es fanden sprachliche Anpassungen und wenige inhaltliche Änderungen statt.

Elternzeit für Arbeitnehmer vor, deren Arbeitsverhältnis seit mindestens sechs Monaten besteht, wenn der Arbeitgeber mehr als 15 Arbeitnehmer beschäftigt, eine Verringerung der Arbeitszeit auf zwischen 15 – 30 Stunden pro Woche für mindestens zwei Monate begehrt wird und dem Anspruch keine dringenden betrieblichen Gründe entgegenstehen. Das TzBfG gewährt jedem Arbeitnehmer, dessen Arbeitsverhältnis seit mindestens sechs Monaten besteht, einen Anspruch auf Reduzierung der Arbeitszeit, wenn der Arbeitgeber mehr als 15 Arbeitnehmer beschäftigt und dem Anspruch keine betrieblichen Gründe entgegenstehen. Der Arbeitnehmer kann nach § 8 TzBfG auch die Verteilung der Arbeitszeit bestimmen, wenn keine betrieblichen Gründe entgegenstehen. Das Verfahren zur Realisierung des Teilzeitwunsches ist sowohl im TzBfG als auch im BEEG stufenweise aufgebaut. Zunächst ist eine einvernehmliche Einigung vorgesehen (§ 15 V BEEG / § 8 III TzBfG). Wenn keine Einigung erzielt wird, bleibt dem Arbeitnehmer im Rahmen des BEEG nur die Möglichkeit einer gerichtlichen Durchsetzung, § 15 VI, VII BEEG. Dagegen muss der Arbeitgeber bei § 8 TzBfG der gewünschten Verringerung und Verteilung der Arbeitszeit spätestens einen Monat vor dem Beginn der erstrebten Reduzierung schriftlich widersprechen, ansonsten tritt gemäß § 8 V 2, 3 TzBfG eine Zustimmungsfiktion ein. Die Zustimmungsfiktion führt dazu, dass sich die Arbeitszeit des Arbeitnehmers in dem gewünschten Umfang verringert und entsprechend den Wünschen des Arbeitnehmers verteilt wird. Bei frist- und formgemäßer Ablehnung muss der Arbeitnehmer auch hier sein Reduzierungsverlangen gerichtlich durchsetzen.

Der Neunte Senat des BAG hatte bisher das Problem der Konkurrenz der Ansprüche aus § 8 TzBfG und § 15 BEEG noch nicht zu entscheiden. Zum Verhältnis der Regelungen vertritt die herrschende Meinung in der Literatur, dass Elternteilzeit eine abschließende Sonderregelung sei, die als speziellere Norm die Regeln des TzBfG verdränge.[18] Das gilt indes einzig dann, wenn die Voraussetzungen der Elternzeit vorliegen und der Arbeitnehmer dieses Gestaltungsrecht auch ausgeübt hat, das heißt, er muss sich bereits in Elternzeit befinden. Ist dies

---

[18] Zum BErzGG: LAG Baden-Württemberg 06.05.2004, 3 Sa 44/03 (unveröffentlicht); ErfK-*Dörner*, § 15 BErzGG Rn. 28; MüArbR-*Heenen*, § 229 Rn. 27; *Meinel/Heyn/Herms*, § 23 TzBfG Rn. 1; *Preis/Gotthardt*, DB 2000, 2065, 2069; *Richardi/Annuß*, BB 2000, 2201, 2203; *Sowka*, BB 2001, 935, 936; in diese Richtung weisend: LAG Bremen 23.11.2000, LAGE § 15 BErzGG Nr. 5, LS 1 (Verhältnis von § 15 IV BErzGG zu § 15 b BAT); a.A. KDZ-*Zwanziger*, § 6 TzBfG Rn. 26; BeckOK-ArbR-*Neumann*, § 15 BEEG Rn. 60; *Rudolf/Rudolf*, NZA 2002, 602, 604; *Rolfs*, RdA 2001, 129, 138; *Oelmüller*, Teilzeitarbeitsrecht nach dem Gesetz über Teilzeitarbeit und befristete Arbeitsverträge, 166; *Reinecke*, FA 2007, 98, 99.

nicht der Fall, soll auch nach der herrschenden Meinung der Arbeitnehmer zwischen beiden Teilzeitregelungen wählen können. Ob die Annahme dieses Konkurrenzverhältnisses zutreffend ist oder ob die Vorschriften nebeneinander anwendbar sind, wird im Folgenden näher untersucht.

1. Praktische Relevanz dieser Fragestellung

Das Verhältnis beider Normen ist von großer praktischer Bedeutung, weil sie sich sowohl hinsichtlich der Voraussetzungen als auch der Rechtsfolgen erheblich voneinander unterscheiden. Folgt man der herrschenden Meinung, wäre einem Arbeitnehmer in Elternteilzeit der Weg in die Teilzeitarbeit nach dem TzBfG versperrt. Zur Verdeutlichung, in welcher Hinsicht sich für den Arbeitnehmer je nach anwendbarer Norm Unterschiede ergeben, werden diese nun kurz dargestellt.

a) Unterschiede bei den Anspruchsvoraussetzungen der beiden Teilzeitansprüche

Die Anspruchsvoraussetzungen der beiden Teilzeitansprüche kann man in sieben Gruppen unterteilen: Anspruchsberechtigung, Wartezeit, Kleinunternehmerklausel, Frist beziehungsweise Form zur Geltendmachung, keine entgegenstehenden (dringenden) betrieblichen Gründe und keine Präklusion.

aa) Anspruchsberechtigung

Der Reduzierungswillige muss gemäß § 8 I TzBfG ebenso wie nach § 15 VI BEEG Arbeitnehmer sein. Unerheblich ist dabei, ob der Arbeitnehmer in Vollzeit arbeitet oder in Teilzeit beschäftigt ist und eine weitere Verringerung wünscht.[19] Damit der Arbeitnehmer Elternteilzeit beantragen kann, müssen zusätzlich die Voraussetzungen der Elternzeit vorliegen, vgl. § 15 VI BEEG, und er muss dieses Recht ausgeübt haben. Das heißt, der Arbeitnehmer muss gemäß § 15 I BEEG mit seinem Kind oder mit einem Kind, für das er die Anspruchs-

---

[19] BAG 27.04.2004, AP Nr. 39 zu § 15 BErzGG, Gründe I. 2. b. aa); HWK-*Schmalenberg*, § 8 TzBfG Rn. 1; *Reinecke*, FS Leinemann, 191, 193; *dieselbe*, FA 2007, 98, 99; *Feldhoff*, ZTR 2006, 58, 59. Bei § 8 TzBfG geht der Gesetzgeber insoweit über die Anforderungen von § 5 Nr.3 lit. a der Rahmenvereinbarung über Teilzeitarbeit (RL 97/81/EG) hinaus und macht von der Regelung des § 6 I der Rahmenvereinbarung über Teilzeitkräfte Gebrauch.

voraussetzungen nach § 1 III[20] oder IV[21] BEEG erfüllt, oder mit einem Kind, das er in Vollzeitpflege nach § 33 SGB VIII aufgenommen hat, in einem Haushalt leben und dieses Kind selbst betreuen und erziehen. Dieses Kind darf grundsätzlich das dritte Lebensjahr noch nicht erreicht haben (§ 15 II 1 BEEG). Mit Zustimmung des Arbeitgebers kann ein Anteil der Elternzeit auf die Zeit bis zur Vollendung des achten Lebensjahres des Kindes übertragen werden (§ 15 II 4 BEEG).

bb) Wartezeit

Ein Gleichlauf der beiden Ansprüche besteht auf den ersten Blick dahingehend, dass das Arbeitsverhältnis mindestens sechs Monate bestanden haben muss (§ 8 I TzBfG / § 15 VII 1 Nr. 2 BEEG). Obwohl dies nur bei § 15 VII 1 Nr. 2 BEEG Ausdruck im Gesetz gefunden hat, ist auch bei § 8 I TzBfG auf den ununterbrochenen Bestand des Arbeitsverhältnisses abzustellen.[22] Im Rahmen der Gesetzgebung zu § 8 TzBfG hat der Gesetzgeber explizit ausgeführt, dass die Einrichtung eines Teilzeitarbeitsplatzes vor Ablauf von sechs Monaten unzumutbar sei, da dies mit organisatorischem Mehraufwand für den Arbeitgeber verbunden sei.[23] Ein solcher Aufwand entsteht genauso, wenn der Arbeitnehmer schon früher einmal beschäftigt war. Dieses Ergebnis wird auch durch die Wertungen des § 1 I KSchG gestützt. Die Kündigung muss erst dann sozial gerechtfertigt sein, wenn das Arbeitsverhältnis in demselben Betrieb oder Unternehmen länger als sechs Monate ohne Unterbrechung bestanden hat. Das Gesetz gewährt dem Ar-

---

[20] Das heißt, der Antragsteller muss mit einem Kind in einem Haushalt leben, das er mit dem Ziel der Annahme als Kind aufgenommen hat (§ 1 III Nr. 1 BEEG) oder er muss ein Kind des Ehegatten, der Ehegattin, des Lebenspartners oder der Lebenspartnerin in seinem Haushalt aufgenommen haben (§ 1 III Nr. 2 BEEG), oder er muss mit einem Kind in einem Haushalt leben und die von ihm erklärte Anerkennung der Vaterschaft nach § 1594 II des Bürgerlichen Gesetzbuches ist noch nicht wirksam beziehungsweise über die von ihm beantragte Vaterschaftsfeststellung nach § 1600 d des Bürgerlichen Gesetzesbuches ist noch zu entscheiden (§ 1 III Nr. 3 BEEG).

[21] Das heißt, wenn die Eltern wegen einer schweren Krankheit, Schwerbehinderung oder Tod der Eltern ihr Kind nicht betreuen können, haben Verwandte bis dritten Grades und ihre Ehegatten, Ehegattinnen, Lebenspartner und Lebenspartnerinnen Anspruch auf Elternzeit, wenn sie die übrigen Voraussetzungen erfüllen.

[22] Zu § 8 TzBfG: ErfK-*Preis*, § 8 TzBfG Rn. 8; *Preis/Gotthardt*, DB 2001, 145, 149; *Gehring*, Das Recht auf Teilzeitarbeit – Anspruch und Wirklichkeit, 44.

[23] BT-Drucks. 14/4374, S. 17.

beitgeber eine „Testphase". In dieser Zeit kann ihm kein erhöhter Aufwand zugemutet werden. Ebenso wie beim Kündigungsschutzrecht sind Unterbrechungen allerdings dann irrelevant, wenn ein enger rechtlicher und tatsächlicher Zusammenhang zwischen früherem und neuem Arbeitsverhältnis besteht.[24]

Es ist umstritten, ob erst im Zeitpunkt der verlangten Verringerung der Arbeitszeit oder bereits im Zeitpunkt der Antragsstellung die sechsmonatige Betriebszugehörigkeit gegeben sein muss.

Bei § 8 TzBfG muss die Wartefrist schon im Zeitpunkt der Antragsstellung erfüllt sein. Dies folgt aus dem Wortlaut des § 8 I TzBfG, wonach der Arbeitnehmer erst nach dem Ablauf von sechs Monaten *verlangen* kann, dass seine vertragliche Arbeitszeit verringert wird.[25] Es ist nicht angezeigt zwischen „Verlangen" und „Geltendmachung" zu differenzieren. Würde der Reduzierungsantrag früher gestellt, bestünde außerdem die Gefahr einer arbeitgeberseitigen Kündigung, welche gemäß § 1 I KSchG keiner sozialen Rechtfertigung bedarf.[26] Zwar kann die Kündigung formal nicht auf das Reduzierungsverlangen gestützt werden (vgl. § 5 TzBfG und § 612 a BGB), dass dem so ist, lässt sich aber vom Arbeitnehmer nur schwer nachweisen.[27]

Beim Elternteilzeitverlangen reicht es hingegen aus, dass im Zeitpunkt des Beginns der Elternteilzeit der Arbeitnehmer länger als sechs Monate beim Arbeitgeber beschäftigt war. Der Antrag kann also vor Ablauf der Wartefrist gestellt werden. Aus dem Wortlaut des § 15 VII 1 Nr. 2 BEEG können keine eindeutigen Schlüsse gezogen werden. Der Anspruch auf Verringerung der Arbeitszeit setzt danach voraus, dass das Arbeitsverhältnis in demselben Betrieb oder Unternehmen ohne Unterbrechung länger als sechs Monate besteht. Dies kann sich entweder auf den Zeitpunkt der Geltendmachung oder auf den der Inanspruchnahme

---

[24] Annuß/Thüsing-*Mengel*, § 8 TzBfG Rn. 27; *Gehring*, Das Recht auf Teilzeitarbeit – Anspruch und Wirklichkeit, 44; a.A. *Rolfs*, Teilzeit- und Befristungsgesetz, § 8 TzBfG Rn. 9, der § 14 III TzBfG entsprechend anwenden will und daher Unterbrechungen von weniger als sechs Monaten für unbeachtlich hält; zum KSchG vgl. BAG 06.12.1976, AP Nr. 2 zu § 1 KSchG, Wartezeit, Gründe 4.; BAG 18.01.1979, AP Nr. 3 zu § 1 KSchG, Wartezeit, Gründe I. 2.; BAG 10.05.1989, AP Nr. 7 zu § 1 KSchG, Wartezeit, Gründe II. c) aa); APS-*Dörner*, § 1 KSchG Rn. 37; *Löwisch/Spinner*, § 1 KSchG Rn. 41; Dorndorf/Weller/Hauck/Kriebel/Höland/Neef-*Dorndorf*, § 1 KSchG Rn. 101 f.

[25] ErfK-*Preis*, § 8 TzBfG Rn. 9; *Gehring*, Das Recht auf Teilzeitarbeit – Anspruch und Wirklichkeit, 45; *Rolfs*, RdA 2001, 129, 134, *Lindemann/Simon*, BB 2001, 146, 148.

[26] *Preis/Gotthard*, DB 2001, 145, 149.

[27] *Bauer*, NZA 2000, 1039, 1040.

der Elternteilzeit beziehen. Der Gesetzgeber hat in der Gesetzesbegründung ausgeführt, dass die Betriebszugehörigkeit des Elternteils, der eine Reduzierung geltend machen möchte, sich analog § 1 I KSchG berechnet.[28] Daraus wird geschlussfolgert, dass, ebenso wie der Kündigungsschutz erst nach Ablauf der Wartezeit greift, der Anspruch auf Elternteilzeit erst nach dem Verstreichen der Frist von sechs Monaten geltend gemacht werden kann.[29] Dabei wird allerdings verkannt, dass sich die geforderte Wartezeit auf den Anspruch selbst bezieht. Es reicht daher aus, dass die erforderliche Betriebszugehörigkeit an dem Tag vorliegen muss, an dem die Reduzierung der Arbeitszeit erstmalig realisiert werden soll. Später fällige Ansprüche können grundsätzlich vorher gestellt werden. Daher ist es nicht erforderlich, dass die Wartezeit im Zeitpunkt der Geltendmachung bereits abgelaufen ist.[30] Die Gefahr einer arbeitgeberseitigen Kündigung wird durch § 18 I 1 BEEG verhindert, wonach der Arbeitgeber das Arbeitsverhältnis ab dem Zeitpunkt, von dem an Elternzeit verlangt worden ist, höchstens jedoch acht Wochen vor Beginn der Elternzeit und während der Elternzeit nicht kündigen darf.[31] *Vetter* führt als Gegenargument außerdem an, das die Einheitlichkeit des Rechts im Verhältnis zu § 8 TzBfG dafür spräche, dass der Anspruch erst geltend gemacht werden kann, wenn das Arbeitsverhältnis mindestens sechs Monate besteht.[32] Eine solche Argumentation würde allerdings voraussetzen, dass diese Annahme tatsächlich zur Rechtseinheitlichkeit führe. Der Teilzeitanspruch nach § 8 TzBfG muss mindestens drei Monate vor Beginn der Reduzierung geltend gemacht werden (§ 8 II 1 TzBfG). Das Elternteilzeitverlangen muss hingegen nur sieben Wochen vor Beginn der Reduzierung gestellt werden (§ 15 VII 1 Nr. 5 BEEG). Daher kann Rechtseinheitlichkeit an diesem Punkt selbst dann nicht hergestellt werden, wenn die sechsmonatige Betriebszugehörigkeit auch beim Elternteilzeitanspruch bereits im Zeitpunkt der Geltendmachung vorliegen müsste, da dennoch unterschiedliche Fristen gelten. Es erscheint auch zum Schutz des Arbeitnehmers sinnvoll, die Anspruchsstellung nicht hinauszuzögern. Elternteilzeit dient anders als der allgemeine Teilzeitanspruch aus

---

[28] BT-Drucks. 14/3553, S. 22.
[29] MüArbR-*Heenen*, § 229 Rn.13; *Vetter*, FS Löwisch, 407, 422; *Lindemann/Simon*, NZA 2001, 258, 261.
[30] So auch *Buchner/Becker*, § 15 BErzGG Rn. 47; im Ergebnis ebenso *Peters-Lange/Rolfs*, NZA 2000, 682, 686; *Reinecke*, FA 2007, 98, 101
[31] So auch *Oelmüller*, Teilzeitarbeitsrecht nach dem Gesetz über Teilzeitarbeit und befristete Arbeitsverträge, 162.
[32] *Vetter*, FS Löwisch, 407, 422.

§ 8 TzBfG dem Schutz der Familie und der Kindererziehung. Daher sprechen hier durch Art. 6 I GG geschütze Gründe dafür die Wartezeit auf den Zeitpunkt der Inanspruchnahme der Elternteilzeit zu beziehen.[33]

cc) Kleinarbeitgeberklausel

Voraussetzung für einen Anspruch auf Arbeitszeitverringerung sowohl nach dem TzBfG als auch nach dem BEEG ist, dass der Arbeitgeber in der Regel mehr als 15 Arbeitnehmer beschäftigt, § 8 VII TzBfG beziehungsweise § 15 VII 1 Nr. 1 BEEG. Der Gesetzgeber geht davon aus, dass der Arbeitgeber, der weniger als 15 Arbeitnehmer beschäftigt, mit diesen in einem engen persönlichen Verhältnis stehe und wirtschaftlich gesehen weniger belastbar sei als zum Beispiel Filialbetriebe von Einzelhandelsketten.[34] Bei der Bestimmung dieses Schwellenwertes findet für beide Regelungen eine Pro-Kopf-Berechnung statt. Es wird, anders als im Kündigungsschutzgesetz, vgl. § 23 I 4 KSchG, nicht zwischen Teil- und Vollzeitkräften differenziert. Beim Gesetzgebungsverfahren zur Novellierung des BErzGG wurde der zunächst vorgesehene Verweis auf die anteilige Mitzählung von Teilzeitkräften ausdrücklich verworfen.[35] Eine Analogie scheitert daher an der planwidrigen Regelungslücke. Dies gilt ebenfalls für den Anspruch auf Teilzeittätigkeit nach § 8 TzBfG, da der Gesetzgeber § 15 VII BErzGG zum Vorbild nahm.[36]

dd) Frist zur Geltendmachung

Die Fristen zur Geltendmachung der beiden Ansprüche sind verschieden. Beim Teilzeitanspruch nach § 8 TzBfG muss die Verringerung der Arbeitszeit spätestens drei Monate vor dem gewünschten Beginn geltend gemacht werden, § 8 II 1 TzBfG.[37] Daraus folgt, dass die Inanspruchnahme der reduzierten Arbeitszeit erstmals nach neun Monaten erfolgen kann (sechs Monate Wartezeit zuzüglich

---

[33] So auch *Oelmüller*, Teilzeitarbeitsrecht nach dem Gesetz über Teilzeitarbeit und befristete Arbeitsverhältnisse, 160.

[34] *Kleinsorge*, MDR 2001, 181, 182; *Gehring*, Das Recht auf Teilzeitarbeit – Anspruch und Wirklichkeit, 45.

[35] BT-Drucks. 14/3808, S. 28, anders noch Gesetzentwurf vom 07.06.2000 (BT-Drucks. 14/3553, S.22).

[36] *Vetter*, FS Löwisch, 407, 421; *Preis/Gotthard*, DB 2001, 145, 149.

[37] Nach BAG 14.10.2003, AP Nr. 6 zu § 8 TzBfG, LS 2, kann der Arbeitgeber aber auf die Einhaltung der Frist verzichten.

drei Monate Frist). Der Anspruch kann nicht während der Wartezeit geltend gemacht werden.[38]

Das Elternteilzeitverlangen muss in der Regel mindestens sieben Wochen vor Beginn der Reduzierung schriftlich geltend gemacht werden, § 15 VII 1 Nr. 5 BEEG. Der Antrag kann auch bereits vor Ablauf der Wartefrist gestellt werden.[39]

ee) Form der Geltendmachung

Unterschiede zwischen den beiden Teilzeitansprüchen ergeben sich bei der vorgeschriebenen Form der Geltendmachung.

Die schriftliche Geltendmachung des Elternteilzeitanspruchs nach § 15 VII 1 Nr. 5 BEEG ist erforderlich. Der Arbeitnehmer muss insbesondere mitteilen für welchen Zeitraum (mindestens zwei Monate, § 15 VII 1 Nr.3 BEEG) er eine Reduzierung der Arbeitszeit wünscht, dabei ist der Umfang, der zwischen 15 und 30 Wochenstunden liegen muss (§ 15 VII 1 Nr.3 BEEG), genau zu bezeichnen (§ 15 VII 2 BEEG). Die gewünschte Verteilung der verringerten Arbeitszeit muss im Antrag nicht angegeben werden, vgl. § 15 VII 3 BEEG. Ob dabei die Einhaltung des § 126 BGB, einschließlich der Ersetzungsmöglichkeit durch die elektronische Form (§ 126a BGB), erforderlich ist, ist anhand des Normzwecks zu entscheiden. Der funktionale Mehrwert der eigenhändigen Unterschrift beziehungsweise der qualifizierten elektronischen Signatur ist nicht erforderlich.[40] Es genügt die Textform. Die Information des Arbeitgebers steht im Vordergrund.[41] In Hinblick auf den Zugang der Mitteilung hat die Schriftform keinen der Textform überlegenen Wert. Missbräuche, dass Mitteilungen nicht vom dem genannten Arbeitnehmer herrühren, dürften selten sein.[42] Es besteht daher kein Erfordernis einer eigenhändigen Unterschrift beziehungsweise einer elektronischen Signatur.[43]

Ein Formerfordernis ist dagegen bei § 8 TzBfG vom Gesetz nicht vorgesehen. Ein solches kann auch nicht kollektiv- oder einzelvertraglich vereinbart werden.

---

[38] Siehe oben B.I.1.a)bb), S. 8 f.
[39] Siehe oben B.I.1.a)bb), S. 8 f.
[40] BT-Drucks. 14/4987, S. 19; ErfK-*Preis*, § 127 BGB Rn. 13a; *Gotthardt/Beck*, NZA 2002, 876, 879; *Röger*, NJW 2004, 1764.
[41] *Gotthardt/Beck*, NZA 2002, 876, 881.
[42] *Gotthardt/Beck*, NZA 2002, 876, 881.
[43] *Gotthardt/Beck*, NZA 2002, 876, 881.

Dies würde ein Abweichen von den Vorschriften des TzBfG zuungunsten des Arbeitnehmers darstellen, was gemäß § 22 I TzBfG untersagt ist. § 15 VII 1 Nr. 5 BEEG kann nicht analog angewandt werden, da es an einer planwidrigen gesetzgeberischen Lücke fehlt.[44] Der Gesetzgeber hat sich mit Schriftformerfordernissen auseinandergesetzt. Das zeigt sich zum einen daran, dass vom Arbeitgeber eine schriftliche Antwort auf das Verlangen des Arbeitnehmers erwartet wird, § 8 V 1 TzBfG. Zum anderen hat sich der Gesetzgeber bei der Gestaltung des § 8 TzBfG eng an den in den Niederlanden bestehenden Teilzeitanspruch gehalten.[45] Im am 01.07.2000 in Kraft getretenen Wet Aanpasssing arbeitsduur[46] (WAA)[47] findet sich ein Anspruch auf Teilzeitbeschäftigung, wie er später auch sehr ähnlich in Deutschland verwirklicht wurde, nur auf das in den Niederlanden bestehende Schriftformerfordernis wurde verzichtet. Nach der niederländischen Regelung kann der Arbeitnehmer vom Arbeitgeber die Einwilligung in eine Veränderung der individualvertraglich geschuldeten Arbeitszeit, das heißt eine dauerhafte Erhöhung wie auch Verminderung der Arbeitszeit, verlangen, wenn er wenigstens ein Jahr beim Arbeitgeber beschäftigt war (Art. 2 I WAA) und der Arbeitgeber mindestens zehn Arbeitnehmer beschäftigt (Art. 2 XII WAA). Der Arbeitnehmer muss seinen Veränderungswunsch mindestens vier Monate vor deren Beginn *schriftlich* geltend machen und deutlich erkennen lassen, in welchem Umfang er eine Änderung der Arbeitszeit wünscht (Art. 2 III 1 WAA). Der Arbeitnehmer kann nur einmal in einem Zeitraum von zwei Jahren diesen Antrag stellen (Art. 2 III 2 WAA). Der Arbeitgeber kann die Veränderung der Arbeitszeit nur ablehnen, wenn einem Eingehen auf die Wünsche des Arbeitnehmers schwerwiegende betriebliche Belange[48] entgegenstehen (Art. 2 V WAA). Diese liegen gemäß Art. 2 VIII WAA im Fall der angestrebten Verringerung der Arbeitszeit jedenfalls dann vor, wenn ernstzunehmende Schwierigkeiten bei der Anwerbung einer Ersatzkraft, Probleme bei der Gewährleistung der Arbeitssi-

---

[44] Zu den Voraussetzungen einer Analogie vgl. BGH 04.05.1988, NJW 1988, 2109, 2110; Palandt-*Heinrichs*, Einl. zum BGB Rn. 48; Staudinger-*Coing/Honsell*, Einl. zum BGB Rn. 156; *Pawlowski*, § 11 Rn. 467 ff.; *Wank*, Auslegung von Gesetzen, § 11 III.

[45] BT-Drucks. 14/4374, S. 11; HWK-*Schmalenberg*, § 8 TzBfG Rn. 1; ErfK-*Preis*, § 8 TzBfG Rn. 1; *Preis/Gotthard*, DB 2000, 2065, 2067; zum Teilzeitanspruch in den Niederlanden, *Waas*, NZA 2000, 583 ff.

[46] Gesetz über die Anpassung der Arbeitszeit.

[47] *Eisemann/Le Friant/Liddington/Numhauser-Henning/Roseberry/Schinz/Waas*, RdA 2004, 129, 130.

[48] Zwaarwegende bedrijfs-of dienstbelangen.

cherheit oder Schwierigkeiten beim betrieblichen Einsatzplan bestehen. Von der gewünschten Verteilung der Arbeitszeit darf der Arbeitgeber nur aus Umständen abweichen, die nach den Maßstäben von Treu und Glauben vorzunehmenden Gesamtabwägung die Interessen des Arbeitnehmers an einer Neuregelung seiner Arbeitszeit überwiegen, Art. 2 VI 2 WAA. Nach Art. 2 IV WAA müssen Arbeitnehmer und Arbeitgeber zunächst verhandeln. Entscheidet sich der Arbeitgeber nicht spätestens einen Monat vor der in Aussicht genommenen Vertragsänderung, so gilt der Arbeitsvertrag nach der gesetzlichen Fiktion des Art. 2 X WAA entsprechend den Wünschen des Arbeitnehmers als abgeändert. Lehnt der Arbeitgeber den Wunsch frist- und formgemäß ab, steht dem Arbeitnehmer der Weg der gerichtlichen Durchsetzung offen. Die Parallelen zwischen der niederländischen und der deutschen Regelung sind daher deutlich erkennbar. Indem der deutsche Gesetzgeber dass Schriftformerfordernis nicht übernimmt, bringt er zum Ausdruck, dass der Arbeitnehmer den Anspruch formfrei geltend machen kann. Eine gesetzgeberische Lücke, die durch eine Analogie geschlossen werden kann, liegt daher nicht vor. Um eventuellen Beweisproblemen in der Praxis in Bezug auf Frist und Inhalt des Antrags vorzubeugen, ist aber die schriftliche Form zu empfehlen.[49] Der Arbeitnehmer muss die gewünschte Reduzierung der Arbeitszeit angeben, § 8 II 1 TzBfG. Er kann zum Beispiel die Stundenzahl, die er weniger arbeiten möchte, oder die gewünschte neue Stundenzahl angegeben. Die gewünschte Verteilung der Arbeitszeit kann, muss er aber nicht angeben, § 8 II 2 TzBfG.

ff) Keine entgegenstehenden (dringenden) betrieblichen Gründe

Grundsätzlich hat der Arbeitgeber dem Reduzierungsverlangen des Arbeitnehmers zuzustimmen. Im Rahmen von § 8 TzBfG dürfen dem Reduzierungsverlangen keine betrieblichen Gründe entgegenstehen (§ 8 IV TzBfG), ansonsten darf der Arbeitgeber den Verringerungswunsch verweigern.[50] Das Elternteilzeitverlangen scheitert gemäß § 15 VII 1 Nr. 4 BEEG erst, wenn dringende betriebliche

---

[49] *Feldhoff*, ZTR 2006, 58, 59; kritisch zum fehlenden Formerfordernis unter dem Aspekt der Rechtssicherheit *Preis/Gotthardt*, DB 2001, 145; *Kliemt*, NZA 2001, 63, 66; *Rolfs*, RdA 2001, 129, 133.

[50] Der Referentenentwurf sah demgegenüber noch vor, dass nur für den Fall des Vorliegens „dringender betrieblicher Gründe" der Arbeitgeber sich dem Begehren des Arbeitnehmers verwehren können soll, Entwurf des Bundesministeriums für Arbeit und Sozialordnung, Aktenzeichen: III a 4/III a 1-31 325, abgedruckt in NZA 2000, 1045, 1046.

Gründe dagegen sprechen. An die betrieblichen Gründe des § 8 TzBfG sind geringere Anforderungen zu stellen, als an die „dringenden betrieblichen Gründe".[51] Dies liegt daran, dass Arbeitnehmern im Bereich des § 8 TzBfG keine verfassungsrechtliche Position zur Seite steht. Beim Elternteilzeitanspruch können Arbeitnehmer Art. 6 GG für sich in Anspruch nehmen.[52] Nach allgemeiner und zutreffender Auffassung trifft den Arbeitgeber sowohl im Rahmen des TzBfG als auch des BEEG die Darlegungs- und Beweislast für die (dringenden) betrieblichen Gründe.[53] Umstritten ist allerdings die Frage nach dem Beurteilungszeitpunkt, den das Gericht seiner Entscheidung zugrunde zu legen hat. Es kommt richtigerweise in beiden Fällen auf den Zeitpunkt der Mitteilung der ablehnenden Entscheidung und nicht auf den Schluss der mündlichen Verhandlung vor dem Tatsachengericht an.[54] Stellt man auf den Zeitpunkt der letzten mündlichen Tatsachenverhandlung ab, würden auch Veränderungen der Sachlage berücksichtigt, die sich erst im Laufe des Prozesses ergeben. Nach den Vertretern dieser Ansicht gebe es keinen Grundsatz, nach dem bereits lange Zeit vor dem endgültigen Urteil feststehen muss, wie der Prozess später ausgehen wird.[55] Dies decke sich mit der ständigen Rechtsprechung zum Vorliegen von Prozessvoraussetzungen,[56] bei denen es ebenfalls auf die Sach- und Rechtslage im Zeitpunkt der letzten mündlichen Tatsachenverhandlung ankomme.[57] Bei dieser Argumentation werden allerdings die Wertungen des § 8 VI TzBfG übersehen. Gemäß dieser Norm kann der Arbeitnehmer eine neuerliche Reduzierung der Arbeitszeit frühestens nach Ablauf von zwei Jahren verlangen, nachdem der Arbeitgeber einer Verringerung zugestimmt oder sie berechtigt abgelehnt hat.

---

[51] Auf die genaue Ausgestaltung der entgegenstehenden (dringenden) betrieblichen Gründe wird unten noch näher eingegangen, vgl. B.IV, S. 65.

[52] Vgl. dazu unten B.I.2.e)bb), S. 32 ff.

[53] Zu § 8 TzBfG: ArbG Stuttgart 05.07.2001, NZA 2001, 968 f.; ArbG Mönchengladbach 30.05.2001, NZA 2001, 970, 972; BT-Drucks. 14/4373, S. 16 f.; ErfK-*Preis*, § 8 TzBfG Rn. 55; *Grobys/Bram*, NZA 2001, 1175, 1180; *Kliemt*, NZA 2001, 63, 65; zu 15 BEEG: ErfK-*Dörner*, § 15 BErzGG Rn. 24; HWK-*Gaul*, § 15 BErzGG Rn. 28; *Reinecke*, FA 2007, 98, 101.

[54] Ebenso zu § 8 TzBfG: BAG 18.02.2003, AP Nr. 1 zu § 8 TzBfG, Gründe II. 3; *Meinel/Heyn/Herms*, § 8 TzBfG Rn. 123; *Boewer*, § 8TzBfG Rn. 228; *Brügge*, Das Gesetz über Teilzeitarbeit, 215 f.; *Schell*, Der Rechtsanspruch auf Teilzeitarbeit, 134; zu § 15 BEEG: *Reinecke*, FA 2007, 98, 101.

[55] *Diller*, NZA 2001, 589, 590; *Straub*, NZA 2001, 919, 925; *Leßmann*, DB 2001, 94, 99.

[56] BGH 31.01.1991, NJW 1991, 3095, 3096; BGH 08.03.1979, NJW 1980, 520; BGH 08.07.1955, NJW 1955, 1513 f.

[57] *Leßmann*, DB 2001, 94, 99.

Die Sperrfrist soll den Arbeitgeber für zwei Jahre davor schützen, dass er nach einer berechtigten Ablehnung oder Gewährung der Verringerung der Arbeitszeit, die betrieblichen Verhältnisse erneut überprüfen muss, ob ein entgegenstehender betrieblicher Grund vorliegt. Der neunte Senat des BAG hat zu Recht darauf hingewiesen, dass dieser Schutz nicht erreicht werden würde, wenn der Arbeitgeber während eines laufenden Verfahrens zur Überprüfung der betrieblichen Verhältnisse angehalten wäre.[58] Im Sinne der Rechtseinheit ist dieses Ergebnis auch bei § 15 BEEG auf den Zeitpunkt der Ablehnung des Arbeitszeitwunsches abzustellen.[59]

gg) Keine Präklusion

Damit der Reduzierungsantrag Aussicht auf Erfolg hat, darf er nicht präkludiert sein. Gemäß § 8 VI TzBfG kann der Arbeitnehmer, nachdem der Arbeitgeber einer Verringerung der Arbeitszeit zugestimmt oder sie berechtigt abgelehnt hat, erst nach Ablauf von zwei Jahren eine erneute Verringerung der Arbeitszeit beantragen.

Solche Sperrfristen existieren im Rahmen der Elternteilzeit nicht. Allerdings kann auch hier der Arbeitnehmer nicht beliebig oft seine Arbeitszeit reduzieren. Nach § 15 VI BEEG kann der Arbeitnehmer gegenüber dem Arbeitgeber, soweit eine Einigung nach Absatz 5 nicht möglich ist, unter den Voraussetzungen des Absatzes 7 während der Gesamtdauer der Elternzeit zweimal eine (weitere) Verringerung beziehungsweise Verlängerung seiner reduzierten Arbeitszeit im Rahmen der erlaubten Wochenstunden beanspruchen. Erfolglose Verringerungsversuche des Arbeitnehmers haben keine Sperrwirkung.

b) Unterschiede beim Anspruchsumfang zwischen der Teilzeit nach § 8 TzBfG und nach § 15 BEEG

Hinsichtlich des Anspruchsumfangs ergeben sich große Abweichungen. Diese Unterschiede haben ihren Ursprung in den verschiedenen mit den Ansprüchen verfolgten Zielen.

---

[58] BAG 18.02.2003, AP Nr. 1 zu § 8 TzBfG, Gründe II. 3; ebenso *Meinel/Heyn/Herms*, § 8 TzBfG Rn. 123; *Boewer*, § 8TzBfG Rn. 228; *Brügge*, Das Gesetz über Teilzeitarbeit, 215 f.

[59] So im Ergebnis ebenfalls *Reinecke*, FA 2007, 98, 101, die den Beurteilungszeitpunkt allein mit dem Inhalt des Anspruchs begründet.

Der Elternteilzeitanspruch zielt auf die bessere Vereinbarkeit von Familie und Beruf.[60] Der Teilzeitanspruch nach § 8 TzBfG dient keinen spezifischen Interessen des Arbeitnehmers. Seine Ausrichtung ist arbeitsmarktpolitischer Art. Durch die Möglichkeit der Teilzeit soll ein Beitrag zur Schaffung von Beschäftigungsmöglichkeiten geleistet und damit dem Vorbild der Niederlande gefolgt werden.[61] Als wesentlichen Erfolgsfaktor der niederländischen Arbeitsbeziehungen hat sich die Teilzeitbeschäftigung der Arbeitnehmer herauskristallisiert. Indem Arbeitnehmer ihre Arbeitszeit reduzieren, wird das Angebot an verfügbaren (Teilzeit-) Arbeitsplätzen vergrößert und dadurch der Arbeitslosigkeit begegnet.[62]

aa) Reduzierungsumfang

Abweichungen ergeben sich beim Reduzierungsumfang. Beim allgemeinen Teilzeitanspruch sieht § 8 II 1 TzBfG keine Grenzen für die Verringerung der Arbeitszeit vor. Eine solche ist im Rahmen des TzBfG nur durch Treu und Glauben möglich,[63] daher kann der Arbeitnehmer grundsätzlich den Arbeitsumfang selber wählen. Eine Einschränkung ist nur in den seltensten Fällen denkbar. Wenn die Anspruchsvoraussetzungen vorliegen, hat der Arbeitgeber der Verringerung der Arbeitszeit zuzustimmen und die verbleibende Arbeitszeit entsprechend den Wünschen des Arbeitnehmers zu verteilen, wenn dieser Verteilung keine betrieblichen Gründe entgegenstehen, § 8 IV TzBfG. Es besteht allerdings keine Pflicht für den Arbeitnehmer die gewünschte Verteilung der Arbeitszeit anzugeben, da es sich bei § 8 II 2 TzBfG um eine bloße „Sollvorschrift" handelt. Gibt der Ar-

---

[60] BT-Drucks. 14/3553, S. 16; BT-Drucks. 13/6577, S. 4, 11.
[61] BT-Drucks. 14/4374, S. 11; HWK-*Schmalenberg*, § 8 TzBfG Rn. 1; ErfK-*Preis*, § 8 TzBfG Rn. 1; *Preis/Gotthard*, DB 2000, 2065, 2067; zum Teilzeitanspruch in den Niederlanden, *Waas*, NZA 2000, 583 ff.
[62] Dies war auch das primäre Ziel bei der Gestaltung des WAA, vgl. *Waas*, NZA 2000, 583, 584; *Brügge*, Das Gesetz über Teilzeitarbeit, 83 ff.
[63] HWK-*Schmalenberg*, § 8 TzBfG Rn. 15; *Schell*, Der Rechtsanspruch auf Teilzeit, 50 f.; beispielsweise hat das ArbG Stuttgart 23.11.2001, NZA-RR 2002, 183 eine Verringerung der wöchentlichen Arbeitsdauer um 1 ¼ Stunden nicht als rechtsmissbräuchlich angesehen; a.A. *Rieble/Gutzeit*, NZA 2002, 7, 8 f., die eine Mindestreduktionsgrenze in Höhe von 5 Stunden festlegen wollen, unterhalb dessen sei das Reduzierungsbegehren des Arbeitnehmers kein ernsthafter Teilzeitwunsch. Eine solche Grenze ist allerdings, mangels gesetzlicher Grundlage und der Schwierigkeit eine solche absolute Grenze festzusetzen, abzulehnen, so explizit auch *Schell*, Der Rechtsanspruch auf Teilzeit, 51.

beitnehmer keine Verteilungswünsche an, bestimmt der Arbeitgeber die Lage der Arbeitszeit aufgrund seines Direktionsrechts.[64] Eine Neuverteilung ohne Reduzierung der Arbeitszeit ist nicht möglich. Es handelt sich bei dem Verteilungsanspruch um einen bloßen Annexanspruch.[65]

Wird eine gütliche Einigung nach § 15 V BErzGG erreicht, können die Vertragsparteien bei der Elternteilzeit eine Arbeitszeit von 30 oder weniger Stunden vereinbaren und die Arbeitszeitverteilung selber wählen (§ 15 IV 1 i.V.m. § 15 V 1, 2 BEEG). Wird keine Einigung erzielt, hat aber die Durchsetzung des Anspruchs im Prozess Erfolg, verringert sich die regelmäßige Arbeitszeit für mindestens zwei Monate auf einen Umfang zwischen 15 und 30 Wochenstunden (§ 15 VII 1 Nr. 3 BEEG), wobei der Umfang der Arbeitszeit und die Dauer der Elternteilzeit in den gesetzlich vorgegebenen Grenzen vom Arbeitnehmer bestimmt werden (vgl. § 15 VII 2 BEEG). Die Verteilung der Arbeitszeit unterliegt grundsätzlich dem Direktionsrecht des Arbeitgebers. Von diesem Grundsatz ist bei der Elternteilzeit keine Ausnahme vorgesehen.[66] Das heißt, der Arbeitgeber bestimmt die Lage der Arbeitszeit des Arbeitnehmers. Der Arbeitnehmer soll zwar die gewünschte Verteilung der verringerten Arbeitszeit im Antrag angeben, § 15 VII 3 BEEG. Es ist aber gesetzlich nicht vorgeschrieben, dass dem Wunsch Folge zu leisten ist.

bb)   Dauer der Teilzeittätigkeit

Gerade bei der Dauer der Teilzeittätigkeit treten die Unterschiede zwischen den beiden Teilzeitansprüchen, die sich aus den verfolgten unterschiedlichen Zielen ergeben, besonders deutlich hervor.

Der Anspruch aus § 8 TzBfG ist auf Dauer angelegt.[67] Eine Verlängerung der Arbeitszeit, durch die der Arbeitnehmer quasi aus der Teilzeit wieder aussteigen könnte, ist nur unter den Voraussetzungen des § 9 TzBfG möglich. Danach sind teilzeitbeschäftigte Arbeitnehmer, die dem Arbeitgeber den Wunsch nach einer Verlängerung ihrer Arbeitszeit angezeigt haben, bei der Besetzung eines entspre-

---

[64] *Meinel/Heyn/Herms*, § 8 TzBfG Rn. 95; KDZ-*Zwanziger*, § 8 TzBfG Rn. 43 m.w.N.
[65] *Meinel/Heyn/Herms*, § 8 TzBfG Rn. 30 m.w.N.
[66] Annuß/Thüsing-*Lambrich*, § 23 TzBfG Rn. 35; *Rudolf/Rudolf*, NZA 2002, 602, 604; a.A. *Oelmüller*, Teilzeitarbeit nach dem Gesetz über Teilzeitarbeit und befristete Arbeitsverträge, 165; *Leßmann*, DB 2001, 94, 99.
[67] BAG 18.03.2003, AP Nr. 3 zu § 8 TzBfG, Gründe B. I. 1. a); BAG 19.08.2003, AP Nr. 4 zu § 8 TzBfG, Gründe I. 1. b) bb).

chenden freien Arbeitsplatzes bevorzugt zu berücksichtigen. Dies gilt nicht, wenn dringende betriebliche Gründe oder Arbeitszeitwünsche anderer teilzeitbeschäftigter Arbeitnehmer dem entgegenstehen. Es besteht außerdem kein Anspruch auf eine befristete Teilzeittätigkeit.

Elternteilzeit kann dagegen nur während der Elternzeit genommen werden, vgl. § 15 IV 1 BEEG. Das heißt, der Anspruch ist vom Vorhandensein eines Kindes abhängig und regelmäßig auf die Zeit bis zur Vollendung des dritten Lebensjahres des Kindes befristet (§ 15 II 1 BEEG, vgl. zur Ausnahme § 15 II 4 BEEG), beziehungsweise auf einen früheren Zeitpunkt, der vom Arbeitnehmer bestimmt wird. Nach Ablauf der Elternzeit tritt automatisch eine Rückkehr zu der Arbeitszeit ein, die der Arbeitnehmer vor Beginn der Elternzeit hatte, § 15 V 4 BEEG. Eine § 9 TzBfG vergleichbare Regelung existiert nicht. Nach § 16 III 1 BEEG kann die Elternzeit vorzeitig beendet werden, wenn der Arbeitgeber zustimmt. Mit der Beendigung der Elternzeit geht gleichzeitig auch eine Beendigung der Elternteilzeit einher, da diese nur während der Elternzeit in Anspruch genommen werden kann. Die vorzeitige Beendigung kann der Arbeitgeber wegen der Geburt eines weiteren Kindes oder wegen eines besonderen Härtefalls im Sinne des § 5 I 3 BEEG[68] nur innerhalb von vier Wochen aus dringenden betrieblichen Gründen schriftlich ablehnen, vgl. § 16 III 2 BEEG.

c) Unterschiede bei der Durchsetzung der beiden Teilzeitansprüche

Das Verfahren nach Einreichung des Reduzierungsantrags hängt von der Reaktion des Arbeitgebers ab. Er kann verhandeln, zustimmen, fristgerecht ablehnen, untätig bleiben oder verspätet reagieren. Hinsichtlich der ersten drei Möglichkeiten ergeben sich kaum Unterschiede zwischen den beiden Teilzeitansprüchen. Dafür sind die Differenzen bei den letztgenannten Möglichkeiten umso größer.

aa) Verhandlung

Will der Arbeitnehmer seine Arbeitszeit verringern, ist hierüber zunächst zwischen Arbeitgeber und Arbeitnehmer mit dem Ziel einer einvernehmlichen Regelung zu verhandeln (§ 15 V 1 und 2 BEEG / § 8 III 1 TzBfG). Dieses Einigungsverfahren erfasst sowohl nach dem BEEG als auch nach dem TzBfG Verhand-

---

[68] Ein Fall der besonderen Härte liegt insbesondere bei Eintritt einer schweren Krankheit, Schwerbehinderung oder Tod eines Elternteils oder eines Kindes oder bei erheblich gefährdeter wirtschaftlicher Existenz der Eltern nach Antragstellung vor, vgl. § 5 I 3 BEEG.

lungen hinsichtlich der Verteilung der Arbeitszeit. Im Gesetz sind hierfür mindestens zwei Monate (§ 8 V 1 TzBfG) beziehungsweise vier Wochen (§ 15 V 2 BEEG) eingeplant.
Unterschiede ergeben sich bei den Konsequenzen einer Verletzung dieses Einigungsverfahrens. Während im Rahmen der Elternteilzeit keine Rechtsfolgen an den Verstoß geknüpft werden,[69] ist das bei § 8 TzBfG anders. Das BAG hat am 18.02.2003 entschieden, dass eine Verletzung dazu führt, dass der Arbeitgeber dem Arbeitnehmer keine Einwendung mehr entgegenhalten kann, die im Rahmen einer Verhandlung hätten ausgeräumt werden können.[70] Das heißt, der Arbeitgeber kann sich auf keine Gründe berufen, die die Parteien einvernehmlich aus der Welt hätten schaffen können.[71]

bb) Zustimmung

Durch eine Zustimmung des Arbeitgebers zum Verteilungswunsch wird dieser sowohl beim TzBfG als auch beim BEEG realisiert.

cc) Ablehnung, Untätigkeit oder verspätete Reaktion bzgl. des Teilzeitverlangens

Gerade an diesem Punkt treten die Unterschiede zwischen den beiden Teilzeitansprüchen besonders deutlich zutage.
Wenn der Arbeitgeber im Rahmen des BEEG im Verhandlungswege auf das Verringerungsverlangen nicht reagiert, bleibt der Arbeitsvertrag unverändert. Der Arbeitnehmer muss die gewünschte Verringerung gerichtlich durchsetzen, § 15 VII 5 BEEG.[72]
Die Unveränderheit des Arbeitsvertrages erreicht der Arbeitgeber bei § 8 TzBfG nur, wenn er form- und fristgerecht ablehnt. Der Arbeitgeber hat nach

---

[69] Vgl. dazu unten B.VIII, S. 130
[70] BAG 18.02.2003, AP Nr. 1 zu § 8 TzBfG, Gründe I. 5. b) bb) (1).
[71] Als Beispiel wird von *Gehring*, Das Recht auf Teilzeitarbeit – Anspruch und Wirklichkeit, 47, der Fall angeführt, wenn nur der gewünschten Verteilung betriebliche Gründe entgegenstehen, der Arbeitnehmer aber auch zu einer anderweitigen „betriebskonformen" Verteilung bereit gewesen wäre, diese anderweitige Verteilung aber mangels Gelegenheit zur Verhandlung gar nicht anbieten konnte, dann kann sich der Arbeitgeber nicht mehr auf die der Verteilung entgegenstehenden betrieblichen Gründe berufen.
[72] ErfK-*Dörner*, § 15 BErzGG Rn. 27; MüArbR-*Heenen*, § 229 Rn. 23; *Meinel/Heyn/Herms*, § 23 TzBfG Rn. 11.

§ 8 V 1 TzBfG dem Arbeitnehmer spätestens einen Monat vor dem Beginn der gewünschten Reduzierung der Arbeitszeit der Verringerung schriftlich zu widersprechen, falls er damit nicht einverstanden ist. Unterlässt er dies, indem er gänzlich untätig bleibt oder erst nach Ablauf der Frist des § 8 V 1 TzBfG über das Verlangen entscheidet, verringert sich die Arbeitszeit in dem vom Arbeitnehmer gewünschtem Umfang, § 8 V 2 TzBfG (Zustimmungsfiktion). Die Verteilung der Arbeitszeit wird den Wünschen des Arbeitnehmers entsprechend angeordnet (§ 8 V 2 und 3 TzBfG).

d) Zusammenfassung

Es ergeben sich daher große Unterschiede zwischen den beiden Teilzeitansprüchen.

Für die erfolgreiche Geltendmachung eines Anspruchs auf Teilzeitarbeit gemäß § 8 TzBfG müssen folgende Voraussetzungen erfüllt sein:
Der Reduzierungswillige muss Arbeitnehmer sein und beim Arbeitgeber, dem Anspruchsgegner, beschäftigt sein. Das Arbeitsverhältnis muss länger als sechs Monate ununterbrochen bestehen. Der Arbeitgeber muss in der Regel mehr als 15 Arbeitnehmer beschäftigen. Die Geltendmachung des Anspruchs kann formlos erfolgen, muss aber mindestens drei Monate vor dem gewünschten Beginn der reduzierten Arbeitszeit geltend gemacht werden. In den letzten zwei Jahren darf kein Reduzierungsverlangen vom Arbeitnehmer geltend gemacht worden sein, welchem der Arbeitgeber zugestimmt oder berechtigt abgelehnt hat. Es dürfen dem Anspruch keine betrieblichen Gründe entgegenstehen.
Wenn der Arbeitgeber dem Verringerungsverlangen zustimmt, kommt es zu der gewünschten Änderung hinsichtlich Reduzierung und Lage der Arbeitszeit. Dies gilt ebenso, wenn der Arbeitgeber nicht fristgerecht reagiert. Bei form- und fristgemäßer Ablehnung ist nur noch eine Durchsetzung im gerichtlichen Verfahren möglich. Im gerichtlichen Verfahren kann auch die gewünschte Verteilung der Arbeitszeit durchgesetzt werden.

Voraussetzung für eine erfolgreiche Geltendmachung des Anspruchs auf Elternteilzeit gemäß § 15 BEEG sind folgende Punkte:
Der Reduzierungswillige muss Arbeitnehmer sein und beim Arbeitgeber, dem Anspruchsgegner, beschäftigt sein. Er muss die Anspruchsvoraussetzungen für die Geltendmachung der Elternzeit erfüllen. Das Arbeitsverhältnis muss länger

als sechs Monate ununterbrochen bestehen. Der Arbeitgeber muss in der Regel mehr als 15 Arbeitnehmer beschäftigen. Die Geltendmachung der Verringerung der Arbeitszeit muss schriftlich und mindestens sieben Wochen vor dem gewünschten Beginn der Verringerung erfolgen. Die angestrebte Wochenstundenzahl muss zwischen 15 und 30 Stunden liegen. Während der Gesamtdauer der Elternzeit darf der Arbeitnehmer nicht schon zweimal eine Verringerung seiner Arbeitszeit beansprucht haben. Es dürfen dem Anspruch keine dringenden betrieblichen Gründe entgegenstehen.

Akzeptiert der Arbeitgeber die Änderungswünsche des Arbeitnehmers, kommt es zu der angestrebten Verringerung. Lehnt der Arbeitgeber den Verringerungswunsch ab oder reagiert er gar nicht, muss der Arbeitnehmer versuchen die Elternteilzeit im gerichtlichen Verfahren durchzusetzen. Die Verteilung der Arbeitszeit unterliegt stets dem Direktionsrecht des Arbeitgebers.

Wenn § 15 BEEG tatsächlich § 8 TzBfG verdrängen würde, könnte sich das in gewissen Konstellationen für den Arbeitnehmer negativ auswirken. Das ist insbesondere dann der Fall, wenn er weniger als 15 oder mehr als 30 Stunden arbeiten möchte oder die Verteilung der Arbeitszeit für ihn eine ausschlaggebende Rolle spielt. Denn an diesem Punkt ist das TzBfG für ihn vorteilhafter. Die bei § 8 TzBfG geltende Zustimmungsfiktion kann für den Arbeitnehmer zu einer Vermeidung eines gerichtlichen Prozesses führen. Allerdings ist auch zu beachten, dass der Arbeitgeber den Wunsch des Arbeitnehmers auf Elternteilzeit nur aus entgegenstehenden dringenden betrieblichen Gründen ablehnen kann und nicht, wie den Teilzeitanspruch nach § 8 TzBfG, bereits aus entgegenstehenden betrieblichen Gründen. Ebenso führen erfolglose Verringerungsversuche der Arbeitszeit beim BEEG anders als ein ergebnisloses Teilzeitverlangen im Rahmen des TzBfG nicht zu einer Sperrwirkung.

Nimmt man ein Spezialitätsverhältnis an, wäre der Weg ins TzBfG mit der vorteilhaften Regelung hinsichtlich des Umfangs und Lage der Arbeitszeit versperrt.

Wenn die Normen nebeneinander anwendbar wären, hätte der Arbeitnehmer ein Wahlrecht und könnte sich so die für ihn günstigste Konstellation aussuchen. Auf diese Weise würde es für ihn nicht zu nachteiligen Konsequenzen kommen.

2. Verhältnis von § 8 TzBfG zu § 15 BEEG

Im Folgenden wird darauf eingegangen, ob zwischen § 8 TzBfG und § 15 BEEG ein Verhältnis der Anspruchskonkurrenz oder der Spezialität besteht. Von Spezialität ist auszugehen, wenn eine Norm eine speziellere Regelung der Fallgestaltung enthält als eine allgemeine. In diesem Fall kommt der speziellen Norm eine verdrängende Wirkung zu, so dass von zwei einschlägigen Normen nur eine anwendbar bleibt.[73] Bei Anspruchskonkurrenz sind die Normen dagegen nebeneinander anwendbar.[74]

a) Regelung einer Anspruchskonkurrenz durch § 23 TzBfG?

Möglicherweise lässt sich aus § 23 TzBfG entnehmen, dass die Elternteilzeit neben dem Anspruch nach § 8 TzBfG treten kann. Gemäß § 23 TzBfG bleiben besondere Regelungen über Teilzeitarbeit und über die Befristung von Arbeitsverträgen nach anderen gesetzlichen Vorschriften unberührt.

Der Gesetzgeber wollte mit dieser Vorschrift klar stellen, dass andere gesetzliche Vorschriften, die Teilzeitarbeit oder die Befristung von Arbeitsverträgen regeln, durch das TzBfG nicht geändert werden.[75] Dabei wurde im Bereich der Teilzeitarbeit ausdrücklich das Bundeserziehungsgeldgesetz genannt.[76] Da die Regelungen über die Elternteilzeit in das BEEG inhaltsgleich übernommen wurden, trifft diese Aussage auch auf die aktuelle Normierung der Elternteilzeit zu. Daraus lassen sich allerdings keine eindeutigen Rückschlüsse über das Verhältnis zwischen § 8 TzBfG und § 15 BEEG ableiten. Sowohl Spezialität als auch Anspruchskonkurrenz änderten die Regeln über die Elternteilzeit nicht in diesem Sinne, sondern ließen sie vielmehr zur Anwendung kommen, da nach keiner Ansicht dem Arbeitnehmer die Geltendmachung von Elternteilzeit verwehrt wird. Vielmehr wird bei Annahme eines Spezialitätsverhältnisses nur die Anwendbarkeit von § 8 TzBfG ausgeschlossen. Da § 23 TzBfG gerade nicht formuliert, dass § 8 TzBfG von anderen gesetzlichen Vorschriften unberührt bleibt, sondern dass andere Regelungen vom TzBfG unberührt bleiben, lässt sich aus

---

[73] „Lex specialis derogat legi generali", *Larenz*, Methodenlehre, 267 f.; *Wank*, Auslegung von Gesetzen, § 13 I 2.
[74] *Wank*, Auslegung von Gesetzen, § 13.
[75] BT-Drucks. 14/4374, S. 22.
[76] BT-Drucks. 14/4374, S. 22.

dem jetzigen Wortlaut kein Argument für oder gegen Anspruchskonkurrenz ableiten.

In der Begründung des Regierungsentwurfs zum TzBfG wird weiter ausgeführt, dass die allgemeinen Vorschriften des TzBfG auf die spezialgesetzlich geregelten befristeten Arbeitsverhältnisse Anwendung finden, wenn die Spezialgesetze nichts Abweichendes regeln.[77] Das könnte darauf hindeuten, dass der Gesetzgeber vom Verhältnis der Spezialität ausging und nur subsidiär die Regelungen des TzBfG zur Anwendung kommen sollen. Insbesondere die Begriffe „spezialgesetzlich" und „Spezialgesetze" weisen auf Spezialität hin. Allerdings heißt das zum einen nicht, dass es sich bei dem BEEG um ein solches Spezialgesetz handeln muss und zum anderen bezieht sich der Gesetzgeber bei dieser Aussage nur auf befristete Arbeitsverhältnisse und nicht auf den Bereich der Teilzeitarbeit. Für die Teilzeitarbeit hat er gerade keine Aussage getroffen.[78] Daher können aus der Gesetzesbegründung keine eindeutigen Schlüsse gezogen werden.

Die systematische Auslegung spricht für die Annahme von Anspruchskonkurrenz. § 23 TzBfG formuliert, dass „besondere Regelungen über Teilzeitarbeit [...] nach anderen gesetzlichen Vorschriften [...] unberührt" bleiben. Es stellt sich somit die Frage, wie der Begriff „unberührt" zu verstehen ist. Dieses Wort wird im TzBfG an mehren Stellen verwendet, §§ 7 III 2, 11 S. 2, 13 II 2 TzBfG.

§ 7 III 2 TzBfG stellt mit der Formulierung „§ 92 des Betriebsverfassungsgesetzes bleibt unberührt" nach allgemeiner Ansicht fest, dass Beteiligungsrechte nach anderen Gesetzen neben der Pflicht zur Information der Arbeitnehmervertretungen bestehen.[79] Wenn das Wort „unberührt" auch bei § 23 TzBfG in diesem Sinne verwandt wurde, würde das gegen ein Spezialitätsverhältnis und für Anspruchskonkurrenz sprechen.

Diese Wertung wird durch §§ 11 S. 2 und 13 II 2 TzBfG unterstützt. § 11 S. 2 TzBfG bestimmt, dass die Kündigung eines Arbeitsverhältnisses wegen der Weigerung eines Arbeitnehmers, von einem Vollzeit- in ein Teilzeitarbeitsverhältnis zu wechseln, unwirksam ist. Das Recht zur Kündigung des Arbeitsverhältnisses aus anderen Gründen bleibt unberührt. Nach § 13 II TzBfG kann ei-

---

[77] BT-Drucks. 14/4374, S. 22.
[78] Anders *Boewer*, § 23 TzBfG Rn. 4, der auch bei § 15 VI und VII BErzGG die Regelungen des TzBfG ergänzend heranziehen möchte.
[79] ErfK-*Preis*, § 7 TzBfG Rn. 13; *Meinel/Heyn/Herms*, § 7 TzBfG Rn. 28; *Boewer*, § 7 TzBfG Rn. 45; *Brügge*, Das Gesetz über Teilzeitarbeit, 63.

nem Arbeitnehmer, der sich mit einem anderen Arbeitnehmer den Arbeitsplatz teilt, nicht deswegen gekündigt werden, weil dieser andere Arbeitnehmer aus der Arbeitsplatzteilung ausscheidet. Das Recht zur Änderungskündigung aus diesem Anlass und zur Kündigung des Arbeitsverhältnisses aus anderen Gründen bleibt unberührt.

Mit anderen Worten soll das Kündigungsrecht gelten, soweit es nicht durch die jeweilige Norm eingeschränkt wird.[80] Das heißt, dass „unberührt" in dem Sinne zu verstehen ist, dass diese Kündigungsmöglichkeiten daneben eingreifen.

Der Begriff „unberührt" wird ebenfalls in §§ 651 a IV, 951 II und 990 II BGB verwandt. Bei diesen Normen ist allgemein anerkannt, dass der Gebrauch des Worts „unberührt" kein Vorrangverhältnis begründen soll, sondern ein Nebeneinander der jeweiligen Anspruchsgrundlagen beziehungsweise Überprüfungsmöglichkeiten.[81]

Nach der systematischen Auslegung deutet die Verwendung der Formulierung „unberührt" in § 23 TzBfG daher auf Anspruchskonkurrenz hin.[82]

b) Ausschluss einer Anspruchskonkurrenz durch die Rechtsfolgen der Inanspruchnahme von Elternzeit?

Die Annahme, dass ein Spezialitätsverhältnis zwischen § 15 BEEG zu § 8 TzBfG vorliegt, wird unter anderem mit den Rechtsfolgen der Inanspruchnahme von Elternzeit begründet.[83] Die Inanspruchnahme von Elternzeit führe zur Befreiung des Arbeitnehmers von seiner Arbeitspflicht. Die Regelungen über die Elternteilzeit in § 15 IV bis VII BEEG ermöglichten als Ausnahmeregelung eine Erwerbstätigkeit während der eigentlichen Suspendierung des Arbeitsverhältnis-

---

[80] Zu § 11 TzBfG: In der amtlichen Begründung werden wirtschaftliche, technische oder organisatorische Gründe genannt, die eine Kündigung unabhängig von § 11 S. 1 TzBfG rechtfertigen können (BT-Drucks. 14/4374, S. 12); ErfK-*Preis*, § 11 TzBfG Rn. 3; *Meinel/Heyn/Herms*, § 11 TzBfG Rn. 11; *Boewer*, § 11 TzBfG Rn. 8; *Brügge*, Das Gesetz über Teilzeitarbeit, 372; zu § 13 TzBfG: ErfK-*Preis*, § 13 TzBfG Rn. 12; *Meinel/Heyn/Herms*, § 13 TzBfG Rn. 31; *Boewer*, § 13 TzBfG Rn. 26 f.

[81] Palandt-*Sprau*, § 651a BGB Rn. 19; MüKo-*Tonner*, § 651a BGB Rn. 5; Palandt-*Bassenge*, § 951 BGB Rn. 22; MüKo-*Füller*, § 951 BGB Rn. 36; Erman-*Ebbing*, § 951 BGB Rn. 20; Palandt-*Bassenge*, § 990 BGB Rn. 9; MüKo-*Medicus*, § 990 BGB Rn. 20; Erman-*Ebbing*, § 990 BGB Rn. 28.

[82] A.A. *Rudolf/Rudolf*, NZA 2002, 602, 604, die § 23 TzBfG für eine unklare und überflüssige Norm halten.

[83] Annuß/Thüsing-*Lambrich*, § 23 TzBfG Rn. 37; *Boewer*, § 23 TzBfG Rn. 12.

ses. Bei § 8 TzBfG werde dagegen die Dauer der Arbeitszeit in einem nicht suspendierten Arbeitsverhältnis verringert.[84] Wenn sich der Arbeitnehmer in Elternzeit befinde, könne er nicht den Teilzeitanspruch nach § 8 TzBfG geltend machen, da dieser ein nicht suspendiertes Arbeitsverhältnis voraussetze.[85]

Diese Argumentation ist allerdings nicht mit der aktuellen Rechtsprechung des BAG vereinbar.[86] Im Urteil vom 19.04.2005 führte das Gericht aus, dass bei Inanspruchnahme der Elternzeit die Arbeitsverpflichtung der Arbeitnehmerin ruhe, die Vereinbarung über ihre Arbeitspflicht und deren Umfang jedoch gerade nicht aufgehoben, das heißt suspendiert, werde. Es liegt somit keine Befreiung von der Arbeitspflicht vor.[87] Der Unterschied zwischen einer ruhenden und einer suspendierten Arbeitsverpflichtung liegt darin, dass im letztgenannten Fall eine Arbeitspflicht vollständig wegfällt, wogegen im erstgenannten Fall die ursprüngliche Arbeitspflicht weiter besteht, der Arbeitnehmer nur lediglich von seiner Pflicht befreit wird, in der vereinbarten Zeit Arbeit zu leisten. Somit wird deutlich, dass die Inanspruchnahme von Elternzeit der Geltendmachung des Teilzeitanspruchs nach § 8 TzBfG nicht entgegensteht, da die Inanspruchnahme von Elternzeit nicht zu einem suspendierten Arbeitsverhältnis führt.

c) Unterlaufen der besonderen Voraussetzungen der Elternteilzeit durch die Annahme von Anspruchskonkurrenz?

Das Spezialitätsverhältnis wird von dessen Vertretern damit begründet, dass § 15 VI und VII BEEG mit dem Erfordernis des Vorhandenseins eines Kindes, den zeitlichen Vorgaben einer Teilzeit zwischen 15 und 30 Stunden, sowie dem strengeren Maßstab für die Möglichkeit der Ablehnung des Teilzeitverlangens (dringende betriebliche Gründe zu betrieblichen Gründen) im Vergleich zu § 8 TzBfG speziellere, davon abweichende Voraussetzungen aufstelle. Diese dürften nicht durch einen Rückgriff auf § 8 TzBfG untergraben werden, welche im Fall der Annahme von Anspruchskonkurrenz zwischen § 15 BEEG und § 8 TzBfG gegeben sei.[88]

---

[84] Annuß/Thüsing-*Lambrich*, § 23 TzBfG Rn. 37; *Boewer*, § 23 TzBfG Rn. 12.
[85] Annuß/Thüsing-*Lambrich*, § 23 TzBfG Rn. 37; *Boewer*, § 23 TzBfG Rn. 12.
[86] BAG 19.04.2005, AP Nr. 44 zu § 15 BErzGG.
[87] BAG 19.04.2005, AP Nr. 44 zu § 15 BErzGG, Gründe II. 3. b) dd); vgl. zur Richtigkeit dieser Aussage, B.VI, S. 106 ff.
[88] Annuß/Thüsing-*Lambrich*, § 23 TzBfG Rn. 37; *Preis/Gotthardt*, DB 2000, 2065, 2069.

Es ist zwar zutreffend, dass § 15 BEEG hinsichtlich einiger Anforderungen enger ist als § 8 TzBfG. Daraus folgt aber noch nicht, dass die allgemeinere Norm des § 8 TzBfG stets ausgeschlossen ist.[89] Das Verhältnis der Spezialität setzt zumindest voraus, dass der Anwendungsbereich der spezielleren Norm völlig in dem der allgemeineren Norm aufgeht, dass also alle Fälle der spezielleren Norm auch solche der allgemeineren Norm sind.[90] Auch bei der allgemeineren Norm des § 8 TzBfG finden sich allerdings Anforderungen und Voraussetzungen, die zu einem engeren Anwendungsbereich als bei § 15 BEEG führen. Die Vertreter dieser Ansicht berufen sich selber auf den strengeren Maßstab für die Gründe, die der Arbeitgeber dem Elternteilzeitverlangen entgegenhalten kann. Wenn dem Verlangen betriebliche Gründe entgegenstehen, die nicht dringend sind, kann der Arbeitgeber zwar das Teilzeitverlangen gestützt auf § 8 TzBfG verhindern, nicht aber das Elternteilzeitverlangen. Dies führt dazu, dass der Anwendungsbereich des § 15 BEEG hier weiter ist als derjenige des § 8 TzBfG. Außerdem kann der Arbeitnehmer nach § 8 VI TzBfG etwa eine erneute Verringerung der Arbeitszeit frühestens nach Ablauf von zwei Jahren verlangen, nachdem der Arbeitgeber einer Verringerung zugestimmt oder sie berechtigt abgelehnt hat. Eine weitere Voraussetzung der Geltendmachung des Teilzeitanspruchs nach § 8 TzBfG ist somit, dass der Arbeitnehmer nicht innerhalb der letzten zwei Jahre eine Verringerung seiner Arbeitszeit nach § 8 TzBfG geltend gemacht hat, beziehungsweise dies erfolglos versucht hat. Eine solche Voraussetzung findet sich bei § 15 BEEG nicht. Zum einen sind erfolglose Verringerungsversuche generell unbeachtlich, zum anderen kann während der Gesamtdauer der Elternzeit (grundsätzlich maximal 3 Jahre) gemäß § 15 VI BEEG zweimal eine Verringerung der Arbeitszeit erfolgreich durchgesetzt werden. Zwischen den einzelnen Verringerungsverlangen muss keine bestimmte Anzahl von Tagen liegen, vielmehr ist nur die Anzahl der Reduzierungsmöglichkeiten begrenzt. Somit enthält der Tatbestand des § 8 TzBfG ein zusätzliches Erfordernis, welches bei § 15 BEEG so nicht besteht. Es kann also Fälle geben, in denen zwar die Voraussetzungen von § 15 BEEG vorliegen, nicht aber diejenigen von § 8 TzBfG. Die gerade dargelegten Umstände sprechen gegen die Annahme von Spezialität.

Spezialität setzt außerdem voraus, dass sich die Rechtsfolgen gegenseitig ausschließen, nur in diesem Fall kommt es zu einer Verdrängung der allgemeinen

---

[89] Vgl. *Larenz*, Methodenlehre, 268.
[90] Vgl. *Larenz*, Methodenlehre, 267.

Norm durch die speziellere.[91] Ob sich die Rechtsfolgen gegenseitig ausschließen, ist eine Frage der Auslegung.[92]

Teleologische Erwägungen sprechen im vorliegenden Fall gegen die Annahme einer verdrängenden Wirkung von § 15 BEEG und für Anspruchskonkurrenz zwischen § 8 TzBfG und § 15 BEEG.

§ 15 BEEG soll der besseren Vereinbarkeit von Beruf und Familie dienen.[93] Wenn die Inanspruchnahme von Elternzeit aber die Geltendmachung von Teilzeit nach § 8 TzBfG sperren würde, könnte sich das in gewissen Situationen kontraproduktiv auf die Verwirklichung dieses Zieles auswirken. Das liegt daran, dass § 8 TzBfG in gewissen Punkten dem Arbeitnehmer mehr Flexibilität ermöglicht. Ersten ist die wöchentliche Stundenzahl weder nach unten noch nach oben begrenzt. Anders sieht die Situation bei dem Anspruch auf Elternteilzeit aus. Dort muss die Arbeitszeit sich im Rahmen von 15 bis 30 Wochenstunden bewegen. Zweitens besteht im Rahmen der Teilzeit nach § 8 TzBfG ein Anspruch auf die gewünschte Verteilung der Arbeitszeit, solange keine betrieblichen Gründe entgegenstehen. Ein solcher Anspruch existiert bei § 15 BEEG nicht. Gerade wenn der Arbeitnehmer sich außerhalb des zeitlichen Korridors von 15 bis 30 Wochenstunden bewegen möchte oder die Lage der Arbeitszeit für ihn eine ausschlaggebende Rolle spielt, könnte die Vereinbarkeit von Beruf und Familie durch die Annahme eines Spezialitätsverhältnisses verschlechtert werden. Drittens greift im Rahmen des § 8 TzBfG bei mangelnder Reaktion des Arbeitgebers im Einigungsverfahren eine Zustimmungsfiktion ein. Diese Rechtsfolge besteht bei der Elternteilzeit nicht. Wenn der Arbeitgeber im Einigungsverfahren nicht reagiert, kann der Arbeitnehmer nur versuchen seinen Anspruch gerichtlich durchzusetzen. Dies führt zur Verzögerung der Inanspruchnahme der Elternteilzeit, was sich wiederum negativ auf die Vereinbarkeit von Beruf und Familie auswirken kann. Diese negativen Folgen würden bei Anspruchskonkurrenz umgangen. Zeitverzögerungen könnten in diesem Falle dadurch verhindert werden, dass der Antrag des Arbeitnehmers je nach beabsichtigtem Ziel als ein solcher des § 8 TzBfG oder des § 15 BEEG ausgelegt werden könnte.[94] Es entspricht daher dem Zweck der Regelung Spezialität abzulehnen.

---

[91] *Larenz*, Methodenlehre, 268.
[92] *Larenz*, Methodenlehre, 268.
[93] BT-Drucks. 14/3553, S. 16; BT-Drucks. 13/6577, S. 4, 11.
[94] LAG Bremen 23.11.2000, LAGE § 15 BErzGG Nr. 5, Gründe II. 1. bb), zum Verhältnis von § 15 IV BErzGG zu § 15 b BAT; ErfK-*Dörner*, § 15 BErzGG Rn. 29 nimmt ebenfalls an, dass

Da weder der Anwendungsbereich der speziellen Norm völlig in dem der allgemeinen Norm aufgeht, also Fälle bestehen, die zwar die Voraussetzungen von § 15 BEEG, nicht aber die von § 8 TzBfG erfüllen, noch die Rechtsfolgen der beiden Normen sich aus teleologischen Erwägungen ausschließen, vermögen die teilweise spezielleren Anforderungen der Elternteilzeit nicht die Möglichkeit einer Anspruchskonkurrenz auszuschließen.

d) Untergraben der vorzeitigen Beendigungsmöglichkeiten der Elternzeit im Fall der Anspruchskonkurrenz?

Wäre ein Anspruch nach § 8 TzBfG neben einem Anspruch auf Elternteilzeit bei bereits erfolgter Inanspruchnahme von Elternzeit möglich, könnte das dazu führen, dass die engen Voraussetzungen der vorzeitigen Beendigungsmöglichkeiten der Elternzeit (vgl. § 16 III BEEG) im Fall der Anspruchskonkurrenz untergraben werden. Bei Annahme von Anspruchskonkurrenz könnte der Arbeitnehmer durch die Geltendmachung von § 8 TzBfG jederzeit aus der Elternzeit wieder aussteigen und in ein „normales", von der besonderen Situation der Elternzeit unabhängiges Arbeitsverhältnis einsteigen. Diese Möglichkeit wäre nur an das Vorliegen der Voraussetzungen des § 8 TzBfG gekoppelt und nicht an die Erfordernisse des § 16 III BEEG. Die Anforderungen von § 16 III BEEG gehen weit über diejenigen des § 8 TzBfG hinaus. Nach § 16 III BEEG ist nämlich eine vorzeitige Beendigung der Elternzeit grundsätzlich nur möglich, wenn der Arbeitgeber zustimmt (Satz 1), wegen der Geburt eines weiteren Kindes oder wegen eines besonderen Härtefalls im Sinne von § 5 I 3 BEEG (Satz 2)[95]. Wenn Anspruchskonkurrenz angenommen würde, wäre § 16 III BEEG überflüssig, da der Weg über § 8 TzBfG stets leichter wäre. Insbesondere wenn berücksichtigt wird, dass nach § 8 TzBfG auch eine Reduzierung der Vollzeitarbeitszeit um wenige Stunden möglich ist, so dass quasi ein „normales" Arbeitsverhältnis besteht, wird deutlich, dass § 16 III BEEG seine praktische Bedeutung verliert.

Allerdings steht dem Arbeitnehmer während der Elternzeit die Möglichkeit der Geltendmachung von Elternteilzeit zu. Die Inanspruchnahme von Elternteilzeit führt nicht zu einer vorzeitigen Beendigung der Elternzeit. Da § 8 TzBfG eben-

---

zwischen gesetzlichen und tarifvertraglichen Ansprüchen durch Auslegung zu ermitteln ist, welcher Anspruch geltend gemacht wird.

[95] Ein solcher Fall besonderer Härte liegt insbesondere bei Eintritt einer schweren Krankheit, Schwerbehinderung oder Tod eines Elternteils oder bei erheblich gefährdeter wirtschaftlicher Existenz der Eltern nach Antragstellung vor, § 5 I 3 BEEG.

falls Teilzeitarbeit ermöglicht, die der Arbeitnehmer während der Elternzeit durch Elternteilzeit beanspruchen kann, könnte angenommen werden, dass eine vergleichbare Situation vorliegt.[96] Wenn sich keine Unterschiede für die Situation des Arbeitnehmers und diejenige des Arbeitgebers ergeben, könnte die Aushöhlung von § 16 III BEEG hingenommen werden.

Dies würde allerdings voraussetzen, dass die Inanspruchnahme von Elternteilzeit und die Inanspruchnahme von Teilzeit nach § 8 TzBfG zu einer faktisch vergleichbaren Situation führt. Eine solche Annahme scheitert allerdings aus zwei Gründen.

Erstens stellt § 8 TzBfG in zeitlicher Hinsicht keine Restriktionen auf. Der Arbeitnehmer kann beispielsweise, wenn er vorher 36 Stunden gearbeitet hat, seine Arbeitszeit auf 35 Stunden verringern. Während der Elternteilzeit darf der Arbeitnehmer nicht mehr als 30 Wochenstunden erwerbstätig sein, § 15 IV 1 BEEG. Würde er 35 Stunden arbeiten, wäre er außerhalb des zeitlichen Korridors, der durch die Elternteilzeit vorgegeben wird.

Zweitens ist der Anspruch auf Elternteilzeit ein befristeter Anspruch. Nach Beendigung der Elternzeit kehrt der Arbeitnehmer zu der Arbeitszeit zurück, die vor Beginn der Elternzeit vereinbart war, § 15 IV 4 BEEG. Bei § 8 TzBfG wird hingegen das Arbeitsverhältnis dauerhaft umgestaltet.

Die Situationen bei Geltendmachung von Elternteilzeit und bei Inanspruchnahme von Teilzeit nach dem TzBfG sind daher verschieden und nicht miteinander zu vergleichen. Die Aushöhlung von § 16 III BEEG durch die Annahme einer Anspruchskonkurrenz ist daher nicht hinzunehmen. Im Gegenteil stellt die Tatsache, dass eine Anspruchskonkurrenz zum Untergraben von § 16 III BEEG führen würde, ein gewichtiges Argument gegen eine solche Annahme dar.

e) Annahme von Anspruchskonkurrenz aufgrund von verfassungsrechtlichen Erwägungen?

Es stellt sich aber die Frage, ob die Aushöhlung des § 16 III BEEG möglicherweise aufgrund verfassungsrechtlicher Erwägungen, insbesondere wegen Art. 6 I GG, hingenommen werden muss, beziehungsweise gar nicht besteht. Es kommt ein Verstoß gegen Art. 6 GG in Betracht, wenn Familien durch die Regelung benachteiligt zu werden drohen. Wenn § 16 III BEEG gegen höherrangiges

---

[96] Ähnlich KDZ-*Zwanziger*, § 6 TzBfG Rn. 26a, der darauf abstellt, dass § 8 TzBfG nur solche Arbeitszeitverlangen decke, die auch während der Elternzeit zu einer Verkürzung der Arbeitszeit führen.

Recht verstößt, kann der Anwendungsbereich der Norm eingeschränkt werden beziehungsweise für nichtig erklärt werden, bis ein Widerspruch zum höherrangigen Recht nicht mehr feststellbar ist.

Art. 6 I GG hat im Rahmen von Stellungnahmen der Literatur oder Rechtsprechung in Bezug auf die Verfassungsmäßigkeit von § 16 III BEEG und seiner Vorgängernorm bis jetzt keine Rolle gespielt und bezogen auf das Verhältnis von Teilzeit nach § 8 TzBfG zur Elternteilzeit nur eine recht stiefmütterliche Berücksichtigung gefunden.[97] Da eine enge Beziehung zwischen der Elternteilzeit und dem Schutz der Familie besteht, ist eine nähere Untersuchung lohnenswert. Wie sich allerdings zeigen wird, ist eine Aushöhlung von § 16 III BEEG nicht aufgrund von verfassungsrechtlichen Erwägungen hinzunehmen.

aa) Verfassungskonforme Auslegung

Wenn § 16 III BEEG nicht mit höherrangigem Recht zu vereinbaren ist, könnte der Anwendungsbereich der Norm eingeschränkt werden, um so den Widerspruch zum Grundgesetz zu verhindern. Dabei ist zu beachten, dass jedem Gericht im Rahmen einer verfassungskonformen Auslegung Grenzen gesetzt sind: Diese liegen dort, wo die Auslegung mit dem klaren Wortlaut und dem klar erkennbaren Willen des Gesetzgebers in Widerspruch treten würde.[98] In diesem Fall ist die Norm als unkorrigierbare Vorschrift nichtig.[99]

Die Gesetzesmaterialien zu § 16 III BErzGG (und dessen Wortlaut[100]), der Vorgängernorm zum inhaltlich identischen § 16 III BEEG, sind in dieser Hinsicht eindeutig. § 16 III BErzGG wurde dazu konzipiert, die vorzeitige Beendigungsmöglichkeiten der Elternzeit einzuschränken. Laut Gesetzesbegründung stehen die berechtigten Interessen des Arbeitgebers, das heißt seine für die Dauer

---

[97] *Rudolf/Rudolf*, NZA 2002, 602, 605, kommen ohne ausführliche Prüfung zu dem Ergebnis, dass ein Spezialitätsverhältnis zwischen § 15 BErzGG und § 8 TzBfG einen Verstoß gegen Art. 6 I GG darstellen würde. Dabei gehen sie insbesondere nicht auf eine mögliche Rechtfertigung ein; ebenso wenig *Schell*, Der Rechtsanspruch auf Teilzeitarbeit, 223.

[98] BVerfG 30.06.1964, BVerfGE 18, 97, 111; BVerfG 16.10.1984, BVerfGE 67, 382, 390; BVerfG 22.10.1985, BVerfGE 71, 81, 105; Jarass/Pieroth-*Jarass*, Art. 20 GG Rn. 34.

[99] Jarass/Pieroth-*Jarass*, Art. 20 GG Rn. 33.

[100] § 16 III BErzGG verweist auf die Regelungen des besonderen Härtefalls in § 1 V BErzGG, § 16 BEEG auf die Regelungen des § 5 I 3 BEEG, die Formulierungen in § 1 BErzGG und § 5 BEEG sind (fast) identisch, in der alten Formulierung wird auf die Behinderung eines Elternteils verwiesen, in der aktuellen Formulierung auf die Schwerbehinderung eines Elternteils. Inhaltlich ist damit keine Änderung erfolgt.

der Elternzeit getroffenen Dispositionen, einer vorzeitigen Beendigung der Elternzeit ohne seine Zustimmung grundsätzlich entgegen.[101] Dass dadurch die Anwendung von § 8 TzBfG für den Arbeitnehmer ausgeschlossen wird, ist nur die logische Folge. Dieser eindeutig geäußerte Wille setzt einer verfassungskonformen Auslegung Grenzen: Es scheiden von vornherein solche Einschränkungsversuche aus, die darauf abzielen und im Ergebnis dazu führen, die Elternzeit unter stark erleichterten Bedingungen vorzeitig zu beenden. Eine verfassungskonforme Auslegung ist daher nicht möglich.

bb) Schutz von Ehe und Familie (Art. 6 I GG)

Die Vorschrift des § 16 III BEEG ist nur dann mit dem Grundgesetz unvereinbar, wenn sie einen ungerechtfertigten Verstoß gegen Art. 6 I GG darstellt. Art. 6 I GG stellt Ehe und Familie unter den besonderen Schutz des Staates. Nach seinem Wortlaut begründet die Norm lediglich einen Schutzauftrag für den Staat. Subjektive Rechte des Einzelnen sind nicht erwähnt. Dennoch wirkt Art. 6 I GG in mehrere Richtungen: als Institutsgarantie, als klassisches Grundrecht zur Abwehr staatlicher Eingriffe, als wertentscheidende Grundsatznorm für das gesamte Ehe- und Familienrecht und als besonderer Gleichheitssatz[102].[103] Aus dem besonderen Gleichheitssatz folgt, dass es dem Staat grundsätzlich verwehrt ist rechtliche Nachteile an Ehe und Familie zu knüpfen. Art. 6 I GG untersagt daher eine Benachteiligung von Eltern gegenüber Kinderlosen.[104] Dieses Benachteiligungsverbot steht jeder belastenden Differenzierung entgegen, die an die Wahr-

---

[101] BT-Drucks. 14/3535, S. 23.
[102] Ganz unumstritten ist diese Funktion angesichts des Wortlauts des Art. 6 I GG, der keinerlei gleichheitsrechtlichen Anklänge enthält, allerdings nicht, vgl. *Epping*, Grundrechte, Rn. 467, *Kingreen*, Jura 1997, 401, 406 f. m.w.N. Auch die Rechtsprechung des BVerfG ist keinesfalls einheitlich und greift immer wieder auf Art. 3 I GG zurück, in dessen Rahmen sie dann den Gehalt des Art. 6 I GG berücksichtigt: BVerfG 10.07.1984, BVerfGE 67, 186, 195 ff.; BVerfG 07.07.1992, BVerfGE 87, 1, 36, anders BVerfG 12.05.1987, BVerfGE 76, 1, 72 f.; BVerfG 10.11.1998, BVerfGE 99, 216, 232. Aufgrund identischer Ergebnisse ist die Frage letztlich bedeutungslos, so auch *Epping*, Grundrechte, Rn. 467.
[103] BVerfG 17.01.1957, BVerfGE 6, 55, 71 ff.; BVerfG 04.05.1971, BVerfGE 31, 58, 67; BVerfG 18.04.1989, BVerfGE 80, 81, 92 f.; BVerfG 12.05.1987, BVerfGE 76, 1, 72 ff.; BVerfG 10.11.1998, BVerfGE 99, 216, 232; *Epping*, Grundrechte, Rn. 460 und Rn. 467.
[104] BVerfG 10.11.1998, BVerfGE 99, 202, 232; BVerfG 29.05.1990, BVerfGE 82, 60, 80; BVerfG 07.07.1992, BVerfGE 87, 1, 37; BVerfG 12.05.1987, BVerfGE 76, 1, 72 ff.; BVerfG 24.01.1962, BVerfGE 13, 318, 330 f.

nehmung des Elternrechts in der Erziehungsgemeinschaft anknüpft.[105] Jegliche Benachteiligung, mit anderen Worten jede nachteilige, rechtlich relevante Ungleichbehandlung von Ehe und Familie, ist verboten, wenn sie nicht gerechtfertigt ist.

(1) Rechtlich relevante Benachteiligung

Eine rechtlich relevante Ungleichbehandlung liegt vor, wenn wesentlich Gleiches ungleich behandelt wird.[106] Anders ausgedrückt: In tatbestandlich wesentlich gleichen Fällen muss die gleiche Rechtsfolge eintreten. Wenn verschiedene Rechtsfolgen eintreten, liegt eine rechtlich relevante Ungleichbehandlung vor. Der Gesetzgeber muss zum Nachteil der Familie differenzieren, da Art. 6 I GG Prüfungsmaßstab ist.

Durch die Ablehnung von Anspruchskonkurrenz wird ein Nachteil für den sich in Elternzeit befindenden Arbeitnehmer begründet. Durch die Annahme von Spezialität werden Arbeitnehmer, die sich in Elternzeit befinden, anders behandelt als sonstige Arbeitnehmer. Arbeitnehmer in Elternzeit können in dem Fall keine Teilzeit nach § 8 TzBfG geltend machen. Ihnen steht nur die Möglichkeit der Inanspruchnahme von Elternteilzeit zur Verfügung. § 15 VI und VII BEEG stellen sich für den Arbeitnehmer in gewissen Situationen negativer dar als ein Teilzeitanspruch nach § 8 TzBfG. Dies liegt erstens daran, dass im Rahmen der Elternteilzeit nur eine wöchentliche Stundenzahl von 15 und 30 Stunden beantragt werden kann. Zweitens hat der Arbeitnehmer keine Möglichkeit auf die Lage und Verteilung der Arbeitszeit Einfluss zu nehmen. Drittens muss der Arbeitnehmer bei fehlender Zustimmung des Arbeitgebers im Einigungsverfahren den Anspruch stets gerichtlich geltend machen. Anders als bei § 8 TzBfG gibt es im Rahmen von § 15 BEEG keine Zustimmungsfiktion. Wenn wegen § 16 III BEEG ein Spezialitätsverhältnis vorläge, führte dies in einigen Fällen zu einer Benachteiligung der sich in Elternzeit befindenden Arbeitnehmer.

Außerdem muss der Gesetzgeber zum Nachteil der Familie differenziert haben. Familie im Sinne des Art. 6 I GG ist in erster Linie die Gemeinschaft von Eltern mit ihren Kindern, also die moderne Kleinfamilie.[107] Ebenso bilden Adoptivkinder mit ihren Adoptiveltern, sowie Stiefkinder mit ihren Stiefeltern eine

---

[105] BVerfG 10.11.1998, BVerfGE 99, 202, 232.
[106] BVerfG 07.07.1992, BVerfGE 87, 1, 36; *Epping*, Grundrechte, Rn. 662.
[107] BVerfG 31.05.1978, BVerfGE 48, 327, 339; von Münch/Kunig-*Coester-Waltjen*, Art. 6 GG Rn. 11.

Familie.[108] Eine nur auf tatsächlicher Pflege beruhende Eltern-Kind-Beziehung stellt ebenfalls eine Familie dar.[109] Differenzierungskriterium in der vorliegenden Konstellation ist allerdings nicht die Tatsache, dass der Arbeitnehmer eine Familie hat, sondern dass er Elternzeit in Anspruch genommen hat.

Ein Arbeitnehmer kann Elternzeit beantragen, wenn er die Voraussetzungen von § 15 I BEEG erfüllt. Arbeitnehmer haben nur einen Anspruch auf Elternzeit, wenn sie mit ihrem Kind (Nr. 1), mit einem Kind, für das sie die Anspruchsvoraussetzungen nach § 1 III oder IV BEEG erfüllen (Nr. 2), oder mit einem Kind, das sie in Vollzeitpflege nach § 33 SGB VIII aufgenommen haben (Nr. 3) in einem Haushalt leben und dieses Kind selbst betreuen und erziehen. Problematisch im Hinblick auf den Familienbegriff erscheint nur Nr. 2. Danach kann Elternzeit in Anspruch genommen werden, wenn der Antragsteller ein Kind des Ehegatten, der Ehegattin, des Lebenspartners oder der Lebenspartnerin in seinem Haushalt aufgenommen hat und es betreut und erzieht. Außerdem können Verwandte bis zum dritten Grad und ihre Ehegatten und Lebenspartner Elternzeit in Anspruch nehmen, wenn die Eltern wegen einer schweren Krankheit, Schwerbehinderung oder Tod der Eltern ihr Kind nicht betreuen können und sie dieses Kind betreuen und erziehen. Diese beiden Fälle lassen sich aber ebenfalls unter den gerade dargestellten Familienbegriff subsumieren. In beiden Fällen wird daran angeknüpft, dass das Kind im Haushalt lebt und dort vom Arbeitnehmer selbst betreut und erzogen wird. Eine solche Konstellation zeichnet sich durch sozial stabile Verhältnisse aus, die sehr starke Parallelen zur Gemeinschaft von Eltern mit ihren Kindern aufweisen. Es liegt eine auf tatsächlicher Pflege beruhende Eltern-Kind-Beziehung vor. Daher wird auch in dieser Situation an das Merkmal der Familie angeknüpft.

Damit führt die Annahme von Spezialität zwischen § 8 TzBfG zu § 15 BEEG dazu, dass die Familie benachteiligt wird. Es liegt daher eine direkte rechtlich relevante Ungleichbehandlung vor.

(2) Rechtfertigung

Das BVerfG sieht jedoch nicht in jeder Benachteiligung von wesentlich Gleichem stets einen Verstoß gegen Art. 6 I GG. Vielmehr kann sie im Einzelfall gerechtfertigt sein.

---

[108] Von Münch/Kunig-*Coester-Waltjen*, Art. 6 GG Rn. 11.
[109] Von Münch/Kunig-*Coester-Waltjen*, Art. 6 GG Rn. 11.

(a) Rechtfertigungsmaßstab

Entsprechend der bei Art. 3 I GG getroffenen Wertungen ist auch bei Art. 6 I GG auf den erforderlichen Rechtfertigungsmaßstab einzugehen. Das BVerfG differenziert in ständiger Rechtsprechung zwischen der Rechtfertigung nach der Willkürformel und nach der neuen Formel.[110]

(aa) Willkürformel

Nach der Willkürformel ist der Gleichheitssatz verletzt, „wenn sich ein vernünftiger, sich aus der Natur der Sache ergebender oder sonst wie sachlich einleuchtender Grund für die gesetzliche Differenzierung oder Gleichbehandlung nicht finden lässt, kurzum, wenn die Bestimmung als willkürlich bezeichnet werden muss."[111] Mit der Willkürformel geht zugleich ein weiter Gestaltungsspielraum des Staates einher. Das BVerfG kann „nur die Einhaltung dieser äußersten Grenze der gesetzgeberischen Freiheit (Willkürverbot) nachprüfen, nicht aber, ob der Gesetzgeber im Einzelfall die zweckmäßigste, vernünftigste oder gerechteste Lösung gefunden hat."[112]

(i) Neue Formel

1980 wurde ein weiterer Rechtfertigungsmaßstab entwickelt: die so genannte Neue Formel. Das BVerfG stellte 1980 fest, dass Gleichheitsgrundrechte „vor allem dann verletzt [sind], wenn eine Gruppe von Normadressaten im Vergleich zu anderen Normadressaten anders behandelt wird, obwohl zwischen beiden Gruppen keine Unterschiede von solcher Art und solchem Gewicht bestehen, welche die ungleiche Behandlung rechtfertigen könnten."[113] Die Prüfung nähert

---

[110] Dreier-*Heun*, Art. 3 GG Rn. 17; Sachs-*Osterloh*, Art. 3 GG Rn. 8 ff.; Hömig-*Bergmann*, Art. 3 GG Rn. 5.

[111] BVerfG 23.10.1951, BVerfGE 1, 14, 52; BVerfG 19.10.1982, BVerfGE 61, 138, 147; BVerfG 06.11.1984, BVerfGE 68, 237, 250; BVerfG 17.10.1990, BVerfGE 83, 1, 23; BVerfG 05.10.1993, BVerfGE 89, 132, 141.

[112] BVerfG 19.12.1978, BVerfGE 50, 57, 77; Sachs-*Osterloh*, Art. 3 GG Rn. 10; Hömig-*Bergmann*, Art. 3 GG Rn. 5.

[113] BVerfG 07.10.1980, BVerfGE 55, 72, 88; BVerfG 30.05.1990, BVerfGE 82, 126, 146; BVerfG 24.04.1991, BVerfGE 84, 133, 157; BVerfG 11.06.1991, BVerfGE 84, 197, 199; BVerfG 08.10.1991, BVerfGE 84, 348, 359; BVerfG 28.01.1992, BVerfGE 85, 191, 210; BVerfG 10.03.1992, BVerfGE 85, 360, 383; BVerfG 07.07.1992, BVerfGE 87, 1, 36;

sich damit einer Verhältnismäßigkeitsprüfung an, was die Kontrolldichte deutlich erhöht und zugleich die Gestaltungsfreiheit des Gesetzgebers einschränkt.[114]

Die Neue Formel wurde 1993 variiert. Eine Ungleichbehandlung ist nach dieser zweiten Fassung nur dann verfassungsgemäß, wenn Gründe von solcher Art und solchem Gewicht bestehen, dass sie die Ungleichbehandlung rechtfertigen können.[115]

Die ursprüngliche Neue Formel stellt auf Art und Gewicht der Unterschiede ab. Nach der veränderten Neuen Formel fließt nun das vom Gesetzgeber verfolgte Ziel mit ein, welches in einem angemessen Verhältnis zum Ausmaß und Schwere der Ungleichbehandlung zu setzen ist. Es geht also um die Art und das Gewicht der Gründe.[116]

Seit 1993 werden die beiden Versionen der Neuen Formel nebeneinander angewandt, ohne dass das BVerfG dies begründet.[117] In der Sache besteht zwischen den beiden Neuen Formeln aber kein Unterschied, obwohl dies gerade durch die verschiedenen Formulierungen nahe liegt. In den Entscheidungen werden die Begriffe häufig synonym gebraucht. In seiner Entscheidung zum Nachtarbeitsverbot fragt das BVerfG beispielsweise zunächst nach einem zureichenden Grund für die Ungleichbehandlung, um dann ohne Überleitung nach dem Bestehen von „Unterschieden von solcher Art und solchem Gewicht" zu fragen.[118] Ähnlich ging das BVerfG in einer weiteren Entscheidung zu den Kündigungsfristen von Arbeitgebern vor. Zunächst warf es die Frage nach den „Unterschieden von solcher Art und solchem Gewicht" auf, bevor das Gericht im nächsten

---

BVerfG 17.11.1992, BVerfGE 87, 234, 255; BVerfG 02.12.1992, BVerfGE 88, 5, 12; BVerfG 08.10.1996, BVerfGE 95, 39, 45.

[114] *Epping*, Grundrechte, Rn. 677.
[115] BVerfG 26.01.1993, BVerfGE 88, 87, 97.
[116] *Epping*, Grundrechte, Rn. 679.
[117] Auf die „Unterschiede von solcher Art und solchem Gewicht" stellen etwa BVerfG 30.05.1990, BVerfGE 82, 126, 146; BVerfG 28.01.1992, BVerfGE 85, 191, 210; BVerfG 07.07.1992, BVerfGE 87, 1, 35; BVerfG 02.12.1992, BVerfGE 88, 5, 12; BVerfG 12.03.1996, BVerfGE 94, 241, 260; BVerfG 12.11.1996, BVerfGE 95, 143, 155; BVerfG 14.10.1997, BVerfGE 96, 315, 325; BVerfG 08.04.1998, BVerfGE 98, 1, 12; BVerfG 08.04.1998, BVerfGE 98, 49, 63; BVerfG 28.10.1998, BVerfGE 99, 129, 139; BVerfG 10.11.1998, BVerfGE 99, 165, 177; BVerfG 28.04.1999, BVerfGE 100, 59, 90; BVerfG 14.03.2000, BVerfGE 102, 41, 54 ab; um „Gründe von solcher Art und solchem Gewicht" geht es etwa in BVerfG 26.01.1993, BVerfGE 88, 87, 97; BVerfG 10.01.1995, BVerfGE 91, 389, 401; BVerfG 08.04.1997, BVerfGE 95, 267, 317; BVerfG 15.07.1998, BVerfGE 98, 365, 389; BVerfG 02.03.1999, BVerfGE 99, 367, 389.
[118] BVerfG 28.01.1992, BVerfGE 85, 191, 210.

Satz ausführt, dass die Ungleichbehandlung und der rechtfertigende Grund in einem angemessenen Verhältnis stehen müssen.[119] Diese Entscheidung, in der die Neue Formel eigentlich eher in ihrer ursprünglichen Version zum Ausdruck kommt, wird vom BVerfG in der Folge als Beleg für die moderne Fassung der Neuen Formel verwandt.[120]

Ungleichbehandlungen können daher nach der Neuen Formel sowohl durch vorhandene Unterschiede als auch durch sonstige Gründe gerechtfertigt werden.[121]

(bb) Prüfungsmaßstab für die konkrete Fallgestaltung

Das BVerfG hat 1993 zum Verhältnis von Willkürformel zur Neuen Formel Stellung genommen.[122] Das BVerfG prüft bei Regelungen, die Personengruppen verschieden behandeln oder sich auf die Wahrnehmung von Grundrechten nachteilig auswirken, nach der Neuen Formel. Prüfungsmaßstab für sachbezogene Ungleichheiten ist dagegen die Willkürformel.

Maßgeblich für die Wahl des Prüfungsmaßstabs im Einzelfall ist daher die Unterscheidung zwischen personen- und sachbezogenen Ungleichheiten. Personenbezogene Ungleichbehandlungen sind solche, bei denen als Differenzierungskriterium Eigenschaften der Person gewählt werden.[123] Grundfall einer Ungleichbehandlung von Personengruppen ist die personenbezogene Ungleichbehandlung.[124] Eine solche liegt hier jedoch nicht vor. Als Unterscheidungskriterium dient nämlich die Geltendmachung der Elternzeit. Die Inanspruchnahme der Elternzeit ist kein personenbezogenes Unterscheidungskriterium, da es sich nicht um ein Merkmal handelt, welches eine Person ein Leben lang begleitet. Vielmehr handelt es sich um ein verhaltensbezogenes Unterscheidungskriterium, weil der Arbeitnehmer selbst entscheidet, ob er Elternzeit in Anspruch nimmt oder nicht. Formell liegt hier daher eine sachverhaltsbezogene Differenzierung vor, in materieller Hinsicht kann man allerdings durchaus von einer Ungleichbehandlung von Personengruppen sprechen (Arbeitnehmern, die Elternzeit in An-

---

[119] BVerfG 30.05.1990, BVerfGE 82, 126, 146.
[120] BVerfG 26.01.1993, BVerfGE 88, 87, 97.
[121] *Epping*, Grundrechte, Rn. 682.
[122] BVerfG 26.01.1993, BVerfGE 88, 87, 96 f.
[123] *Epping*, Grundrechte, Rn. 687.
[124] *Sachs*, Grundrechte, Kap. B 3 Rn. 23; *Epping*, Grundrechte, Rn. 687 ff.; *Bryde/Kleindiek*, Jura 1999, 36, 40.

spruch nehmen, im Gegensatz zu Arbeitnehmern, die keine Elternzeit in Anspruch nehmen).[125] Da der Grundsatz, dass alle Menschen vor dem Gesetz gleich sind, in erster Linie eine ungerechtfertigte Verschiedenbehandlung von Personen verhindern soll, unterliegt der Gesetzgeber bei Ungleichbehandlung von Personengruppen regelmäßig einer strengeren Bindung.[126] Diese ist jedoch nicht auf personenbezogene Differenzierungen beschränkt. Sie gilt vielmehr auch, wenn eine Ungleichbehandlung von Sachverhalten eine Ungleichbehandlung von Personengruppen bewirkt.[127] Bei solchen verhaltensbezogenen Unterscheidungen von Personengruppen hängt das Maß der Bindung vor allem davon ab, inwieweit die Betroffenen in der Lage sind, durch ihr Verhalten die Verwirklichung der Merkmale zu beeinflussen, nach denen unterschieden wird.[128] Zwar steht es dem Arbeitnehmer frei, ob er Elternzeit in Anspruch nimmt oder nicht. Der Betroffene ist daher in der Lage durch sein Verhalten die Verwirklichung des Differenzierungsmerkmals zu beeinflussen. Allerdings dient die Inanspruchnahme von Elternzeit der Kindererziehung und damit einer gesellschaftlich erwünschten Aufgabe. Dies führt dazu, dass eine Benachteiligung dieser Personengruppe von der Gemeinschaft nicht erwünscht ist und dem Gestaltungsspielraum des Gesetzgebers daher enge Grenzen gesetzt werden müssen. Daher ist die Ungleichbehandlung am Maßstab der Neuen Formel zu prüfen.

(b) Prüfung am Maßstab der Neuen Formel

Es stellt sich nun mit den Worten des Bundesverfassungsgerichts die Frage, ob für die vorgesehene Differenzierung Gründe oder Unterschiede von solcher Art und solchem Gewicht bestehen, dass sie die ungleichen Rechtsfolgen rechtfertigen können. Die Ungleichbehandlung muss daher verhältnismäßig sein. Das heißt, sie muss in Bezug auf einen legitimen Zweck geeignet, erforderlich und angemessen sein.[129]

---

[125] Vgl. zu einem ähnlichen Fall: *Epping*, Grundrechte, Rn. 689.
[126] BVerfG 11.01.1995, BVerfGE 92, 53, 68 f.; BVerfG 08.06.1993, BVerfGE 89, 15, 22; BVerfG 26.01.1993, BVerfGE 88, 87, 96.
[127] BVerfG 11.01.1995, BVerfGE 92, 53, 68 f.; BVerfG 26.01.1993, BVerfGE 88, 87, 96; *Jarass*, NJW 1997, 2545, 2547.
[128] BVerfG 08.06.1993, BVerfGE 89, 15, 22; BVerfG 26.01.1993, BVerfGE 88, 87, 96.
[129] Vgl. von Münch/Kunig-*von Münch*, Vorb. Art. 1-19 GG Rn. 55; *Ipsen*, Grundrechte, Rn. 171 ff.; *Pieroth/Schlink*, Grundrechte, Rn. 279.

(aa) Legitimer Zweck

Spezialität wegen § 16 III BEEG würde dem Schutz des Arbeitgebers hinsichtlich seiner durchgeführten Dispositionen für die Zeit der Arbeitsfreistellung dienen, wozu auch die Entscheidung gehört, den Arbeitsplatz des fehlenden Arbeitnehmers eine bestimmte Zeit unbesetzt zu lassen.[130] Dabei handelte es sich um einen legitimen Zweck.

(bb) Eignung

Die Ungleichbehandlung müsste ferner geeignet sein, den soeben festgestellten Zweck zu erreichen.[131] Dies setzt voraus, dass sich die Wahl des Differenzierungskriteriums im Hinblick auf den Zweck sachlich begründen lässt.[132] Dem Arbeitgeber würde durch die eingeschränkten Möglichkeiten des Arbeitnehmers die Elternzeit zu beenden die Gewissheit gewährt, dass die Organisationsentscheidungen, die er für die Zeit der Arbeitsfreistellung getroffen hat, durch die Wünsche des Arbeitnehmers (in der Regel) nicht konterkariert werden können.

(cc) Erforderlichkeit

Auf der dritten Stufe erfolgt die Prüfung der Erforderlichkeit. Die durch die Ungleichbehandlung bewirkte Belastung darf nicht weiter reichen, als es der die Verschiedenbehandlung tragende Differenzierungsgrund rechtfertigt.[133] Fraglich ist damit, ob eine treffsicherere, weniger belastende Unterscheidung – also ein milderes Mittel mindestens gleicher Effektivität – in Betracht kommt.

Ein milderes Mittel könnte sein, als Unterscheidungskriterium die Abwartung einer Frist heranzuziehen. Nur diejenigen Arbeitnehmer, die sich in Elternzeit befinden und diese Frist einhalten, könnten dann § 8 TzBfG neben § 15 BEEG geltend machen. Hier könnte an eine Anlehnung an § 622 I BGB gedacht werden. Danach kann das Arbeitsverhältnis eines Arbeiters oder eines Angestellten

---

[130] BT-Drucks. 14/3553, S. 23; ErfK-*Dörner*, § 16 BErzGG Rn. 14; *Buchner/Becker*, § 16 BErzGG Rn. 22.
[131] BVerfG 27.01.1983, BVerfGE 63, 88, 115; BVerfG 20.06.1984, BVerfGE 67, 157, 175; BVerfG 23.01.1990, BVerfGE 81, 156, 188 ff.; BVerfG 12.10.1994, BVerfGE 91, 207, 222; BVerfG 22.01.1997, BVerfGE 95, 173, 185 f.; BVerfG 10.04.1997, BVerfGE 96, 10, 23; von Mangoldt/Klein/Starck-*Starck*, Art. 1 III GG Rn. 278: von Münch/Kunig-*von Münch*, Vorb. Art. 1-19 GG Rn. 55; *Pieroth/Schlink*, Grundrechte, Rn. 283; *Ipsen*, Grundrechte, Rn. 176.
[132] *Epping*, Grundrechte, Rn. 700.
[133] BVerfG 11.02.1992, BVerfGE 85, 238, 245; *Epping*, Grundrechte, Rn. 701.

(Arbeitnehmers) mit einer Frist von vier Wochen zum Fünfzehnten oder zum Ende eines Kalendermonats gekündigt werden. Diese Frist soll ebenfalls der Personalplanung des Arbeitgebers dienen.[134] Wenn dem Arbeitgeber in diesem Kontext zugemutet wird, relativ kurzfristig seine Personalplanung anzupassen, so könnte ihm das möglicherweise auch im Rahmen der Elternteilzeit aufgebürdet werden. Dieses Differenzierungskriterium wäre zwar ebenfalls nicht unabhängig von Art. 6 I GG, da nur Arbeitnehmer, die sich in Elternzeit befinden, diese Frist einhalten müssten. Die Auswirkungen wären für diese Arbeitnehmer allerdings weniger gravierend, da sie nicht grundsätzlich von der Geltendmachung des Teilzeitanspruchs nach § 8 TzBfG ausgeschlossen wären, sondern diese Möglichkeit nur an das Verstreichen einer Frist gekoppelt wäre. Daher würde sich diese Differenzierung im Vergleich zu einem Ausschluss der vorzeitigen Beendigung für den Arbeitnehmer milder darstellen. Die Maßnahme müsste allerdings auch gleich geeignet sein. Dem Arbeitgeber würde durch die Fristsetzung die Möglichkeit ermöglicht seine Personalplanung anzupassen. Er würde jedoch dennoch – wenn auch mit mehr zur Verfügung stehender Zeit – zur erneuten Umorganisation gezwungen. Im Vergleich zur Annahme von Spezialität würde der Arbeitgeber ganz erheblich belastet. Denn wenn die Möglichkeit der Verkürzung der Elternzeit in den meisten Fällen völlig ausgeschlossen wäre, wäre keine Anpassung erforderlich. Die Planungsentscheidungen des Arbeitgebers werden so besser geschützt und aufrechterhalten. Daher ist dieses Differenzierungskriterium nicht gleich gut geeignet die Interessen des Arbeitgebers zu schützen. Es verwundert daher nicht, dass dieser Lösungsweg bis jetzt noch nicht in der Diskussion aufgetaucht ist.

Als milderes Anknüpfungskriterium könnte möglicherweise danach differenziert werden, ob der Arbeitgeber überhaupt schützenswerte Dispositionen für die Zeit der Arbeitsfreistellung getroffen hat. Hat er dies nicht, ist er einem Arbeitgeber vergleichbar, dessen Arbeitnehmer sich nicht in Elternzeit befindet und der seine Arbeitszeit nach § 8 TzBfG reduzieren möchte. Dieses Differenzierungskriterium wäre unabhängig von den Wertungen des Art. 6 I GG. Bezogen auf die Ungleichbehandlung stellt es sich somit auf den ersten Blick als milder dar. Dieses Differenzierungskriterium wurde ebenfalls bis jetzt nicht vorgeschlagen. Dies liegt wahrscheinlich daran, dass das Vorliegen von schützenswerten Dispositionen schwierig zu bestimmen ist. Kann davon nur ausgegangen werden, wenn der

---

[134] KDZ-*Zwanziger*, § 622 BGB Rn. 1; APS-*Linck*, § 622 BGB Rn. 11; HaKo-*Pfeiffer*, § 622 BGB Rn. 1.

Arbeitgeber eine neue befristete Kraft für diese Stelle eingestellt hat oder wenn er die Arbeitsabläufe und -aufgaben neu organisiert hat? Oder auch bereits dann, wenn der Arbeitgeber sich dafür entschieden hat, keine Umorganisation/Neueinstellung durchzuführen, sondern die Stelle einfach unbesetzt zu lassen? Auch letzteres stellt eine unternehmerische Entscheidung dar. Die Grenze zwischen schützenswerten und nicht schützenswerten Dispositionen zu ziehen, ist sehr schwierig. Grundsätzlich ist jede Art der unternehmerischen Entscheidung schutzbedürftig und schützenswert. Da kaum eine Situation denkbar ist, in der sich der Arbeitgeber keine Gedanken macht und keine Entscheidungen für die Zeit der Arbeitsfreistellung trifft, würde dieses Kriterium stets dazu führen, dass der Arbeitnehmer nicht die Möglichkeit hat Teilzeit nach § 8 TzBfG geltend zu machen. Somit wirkt sich dieses Kriterium im Endeffekt nicht milder aus. Daher kommt eine Anknüpfung an diese Unterscheidung nicht in Betracht.

Weitere gleich geeignete aber mildere Anknüpfungspunkte sind nicht ersichtlich. Damit ist die Differenzierung danach, ob der Arbeitnehmer Elternzeit in Anspruch genommen hat, auch erforderlich.

(dd) Angemessenheit

Darüber hinaus muss die Ungleichbehandlung angemessen sein. Dabei sind Zweck und Mittel gegeneinander abzuwägen.[135] Mit anderen Worten: Die Bedeutung des Zwecks ist der Intensität der Ungleichbehandlung gegenüber zu stellen.

(i) Zweck

Der Gesetzgeber verfolgt mit § 16 III BEEG das Ziel, dem Arbeitgeber Planungssicherheit zu geben. Die Freiheit, das Unternehmen selbstständig und in eigener Verantwortung nach selbstgesetzten Zielen zu betreiben, ist durch Art. 12 I GG geschützt.[136]

---

[135] *Jarass*, NJW 1997, 2545, 2549; von Münch/Kunig-*Gubelt*, Art. 3 GG Rn. 23 ff.; *Epping*, Grundrechte, Rn. 702.
[136] *Schell*, Der Rechtsanspruch auf Teilzeitarbeit, 90.

(ii) Mittel

Auf der anderen Seite ist ein Blick auf die Intensität der Ungleichbehandlung zu werfen. Die Bewertung der Intensität orientiert sich an den Auswirkungen auf den nachteilig Betroffenen.

Die Intensität der Ungleichbehandlung steigt, je stärker Freiheitsrechte oder sonstige Verfassungsnormen in ihrer Wirksamkeit beeinträchtigt werden.[137] In Betracht kommt eine Beeinträchtigung von Art. 12 GG und Art. 6 I GG.

Der Arbeitnehmer wird durch § 16 III BEEG daran gehindert, den regulären Teilzeitanspruch aus § 8 TzBfG während der Elternzeit geltend zu machen. Dies gilt allerdings nur, solange der Arbeitgeber der vorzeitigen Beendigung der Elternzeit nicht zustimmt und kein Härtefall vorliegt. Außerdem steht ihm die Möglichkeit der Elternteilzeit offen. Daher wird ihm die Möglichkeit zur Arbeit nicht insgesamt verwehrt, folglich ist Art. 12 I GG nicht tangiert.

Daher kommt nur eine Beeinträchtigung von Art. 6 I GG in Betracht. Wenn der Arbeitnehmer Elternteilzeit in Anspruch nimmt, führt das dazu, dass er bei einer einvernehmlichen Regelung nicht mehr als 30 Stunden, bei Durchsetzung seines Rechtsanspruchs bei seinem Arbeitgeber nicht weniger als 15 und nicht mehr als 30 Stunden pro Woche arbeiten kann. Im Rahmen des TzBfG gibt es keine solche zeitliche Beschränkung. Diese Einschränkung wird allerdings durch das neu eingeführte Elterngeld abgefedert.[138] Wer sein Berufsleben für ein Kind unterbricht oder auf höchstens 30 Stunden wöchentlich reduziert (vgl. § 1 VI BEEG), erhält Elterngeld (§ 1 BEEG). Die Höhe des Elterngeldes orientiert sich am bisherigen Einkommen (67 % des bisherigen Einkommens, § 2 I BEEG). Maßstab ist das in den zwölf Monaten vor der Geburt erzielte Nettoeinkommen. Elterngeld wird mindestens in Höhe von 300 € gezahlt, § 2 V BEEG. Der Höchstbetrag liegt bei 1.800 € pro Monat, § 2 I BEEG. Es gibt die Möglichkeit das Elterngeld zu halbieren und dann bis zu 28 Monate lang zu beziehen, § 6 S. 2 BEEG. Für die Gewährung des Elterngeldes ist unerheblich, ob Mutter, Vater oder beide sich um das Kind kümmern. Das Elterngeld kann zwölf Monate lang in Anspruch genommen werden (§ 2 I BEEG). Wenn beide Partner ihre Erwerbstätigkeit zugunsten der Kinder einschränken, gibt es zwei Monate länger Elterngeld, die so genannten Partnermonate (§ 4 II BEEG). Diese finanzielle Unterstützung des Staates führt dazu, dass eine wöchentliche Arbeitszeit von

---

[137] BVerfG 30.05.1990, BVerfGE 82, 126, 146; BVerfG 15.07.1998, BVerfGE 98, 365, 389; BVerfG 02.12.1992, BVerfGE 88, 5, 12; *Epping*, Grundrechte, Rn. 704.
[138] BGBl. I, 2006, S. 2748.

unter 30 Stunden zumindest in den ersten 14 Monaten erstrebenswert ist. Auch wenn der Arbeitnehmer seine Arbeitszeit gestützt auf § 8 TzBfG reduziert, wird er geneigt sein diesen zeitlichen Rahmen einzuhalten. Daher ist die zeitliche Einschränkung bezüglich der maximalen wöchentlichen Stundenzahl zumindest im ersten Jahr nach der Geburt des Kindes nicht so gravierend. Dass der Arbeitnehmer im Rahmen des BEEG mindestens 15 Stunden pro Woche arbeiten muss, wird allerdings nicht durch das Elterngeld ausgeglichen.

Die Verteilung der Arbeitszeit unterliegt im Rahmen der Elternteilzeit dem Direktionsrecht des Arbeitgebers. Beim Teilzeitanspruch wird die Arbeitszeit den Wünschen des Arbeitnehmers entsprechend angeordnet, solange keine betrieblichen Gründe dagegen sprechen.

Der Arbeitnehmer muss, wenn der Arbeitgeber der Elternteilzeit nicht zustimmt, diese stets gerichtlich geltend machen. Anders als bei § 8 TzBfG gibt es keine Zustimmungsfiktion.

Dafür kann der Arbeitgeber das Verlangen nach Elternteilzeit allerdings nur aus dringenden betrieblichen Gründen zurückweisen. Dies führt dazu, dass der Arbeitgeber dem Anspruch eher zustimmen wird.

Von den Vertretern, welche davon ausgehen, dass auf den Verringerungsanspruch nach § 8 TzBfG für die Dauer der Elternzeit nicht zurückgegriffen werden kann, wird ausgeführt, dass diese Einschränkung insbesondere durch den Sonderkündigungsschutz während der Elternteilzeit (§ 18 I BEEG) kompensiert würde, so dass sich die Ungleichbehandlung nicht so stark auswirken würde.[139] Nach § 18 I BEEG darf der Arbeitgeber das Arbeitsverhältnis ab dem Zeitpunkt, von dem an Elternzeit verlangt worden ist, höchstens jedoch acht Wochen vor Beginn der Elternzeit und während der Elternzeit nicht kündigen. Dies gilt nach § 18 II 1 Nr. 1 BEEG ebenfalls, wenn der Arbeitnehmer während der Elternzeit bei seinem Arbeitgeber Teilzeitarbeit leistet, sich also in Elternteilzeit befindet. Ein solcher besonderer Kündigungsschutz besteht im Rahmen des TzBfG grundsätzlich nicht. Allerdings gilt dieser besondere Kündigungsschutz gemäß § 18 II 1 Nr. 2 BEEG auch, wenn der Arbeitnehmer, ohne Elternzeit in Anspruch zu nehmen, bei seinem Arbeitgeber Teilzeitarbeit leistet und Anspruch auf Elterngeld nach § 1 BEEG während des Bezugszeitraums nach § 4 I BEEG hat. Dies trifft genau auf die Situation zu, dass der Arbeitnehmer seine Arbeitszeit gestützt auf § 8 TzBfG reduziert hat und zusätzlich die Voraussetzungen für die Geltendmachung der Elternteilzeit erfüllt, diese aber nicht beantragt hat. Somit

---

[139] HWK-*Gaul*, § 15 BErzGG Rn. 16; *Feldhoff*, ZTR 2006, 58, 61.

existiert in der hier zu betrachtenden Situation auch bei Teilzeitarbeit nach dem TzBfG stets ein besonderer Kündigungsschutz. Daher ergeben sich hinsichtlich dieses Punktes keine Abweichungen. Der besondere Kündigungsschutz kann daher nicht zum Ausgleich herangezogen werden.

Es bleibt insgesamt festzuhalten, dass die Elternteilzeit eine Privilegierung gegenüber der Teilzeit nach § 8 TzBfG insofern darstellt, als sie nur aus dringenden betrieblichen Gründen abgelehnt werden kann. Sie stellt eine Benachteiligung in der Weise dar, dass die Anzahl der möglichen Arbeitsstunden pro Woche begrenzt ist, keine Zustimmungsfiktion besteht und der Arbeitnehmer keinen Anspruch auf eine bestimmte Lage der Arbeitszeit hat. Die Nachteile werden aber durch den strengeren Maßstab für die Gründe, die der Arbeitgeber dem Teilzeitverlangen entgegenhalten kann (dringende betriebliche Gründe) zu einem großen Teil relativiert. Die Einschränkung der wöchentlichen Stundenzahl wird durch die Gewährung des Elterngeldes gemildert. Mit anderen Worten: Die Elternteilzeit wird eher gewährt, ist dann allerdings auch nicht so weitgehend wie der Teilzeitanspruch nach § 8 TzBfG.

Somit ist davon auszugehen, dass die Intensität der Ungleichbehandlung sich im unteren Bereich befindet.

(iii) Abwägung zwischen Zweck und Mittel

Die Intensität der Ungleichbehandlung muss dem verfolgten Zweck gegenüber gestellt werden. Planungssicherheit ist für den Arbeitgeber sehr wichtig. Er hat das wirtschaftliche Betriebsrisiko zu tragen. Das folgt daraus, dass der Arbeitgeber den Betrieb leitet, die Erträge erzielt, die Verantwortung trägt und deswegen dafür einzustehen hat, dass der Betriebsorganismus in Funktion bleibt.[140] Der Arbeitgeber kann die Bürde des Betriebsrisikos nur schultern, wenn ihm ein gewisses Maß an Planungssicherheit gewährleistet wird.[141] Die Freiheit, das Unternehmen selbstständig und in eigener Verantwortung nach selbstgesetzten Zielen zu betreiben, ist durch Art. 12 I GG geschützt.[142]

---

[140] BAG 08.02.1957, BAGE 3, 346, 348.

[141] Dieser Gedanke wird insbesondere auch im Rahmen der betriebsbedingten Kündigung angenommen. Danach unterliegen Unternehmerentscheidungen nur einer Missbrauchskontrolle, BAG 24.10.1979, AP Nr. 8 zu § 1 KSchG 1969, Betriebsbedingte Kündigung, LS 1; BAG 30.04.1987, AP Nr. 42 zu § 1 KSchG 1969, Betriebsbedingte Kündigung, LS 1; ErfK-*Ascheid/Oetker*, § 1 KSchG Rn. 401.

[142] *Schell*, Der Rechtsanspruch auf Teilzeitarbeit, 90.

Der Gedanke der erforderlichen Planungssicherheit hat auch im TzBfG Ausdruck gefunden. Nach § 8 VI TzBfG kann der Arbeitnehmer eine erneute Verringerung der Arbeitszeit frühestens nach Ablauf von zwei Jahren verlangen, nachdem der Arbeitgeber einer Verringerung seiner Arbeitszeit zugestimmt oder sie berechtigt abgelehnt hat. Das heißt, dass der Arbeitgeber nur beim ersten Mal auf die Verringerungswünsche des Arbeitnehmers kurzfristig reagieren muss und sich nicht darauf berufen kann, dass er sich die betriebliche Zusammenarbeit anders vorgestellt hat. Zu diesem Zeitpunkt kann er das Verringerungsverlangen des Arbeitnehmers nach § 8 TzBfG nur verweigern, wenn betriebliche Gründe entgegenstehen. In den darauf folgenden zwei Jahren ist er allerdings nicht verpflichtet, dem Verringerungsverlangen des Arbeitnehmers zuzustimmen, sondern kann sich auf die Sperrfrist berufen.

Durch Anspruchskonkurrenz zwischen § 8 TzBfG und § 15 BEEG würde dieser Planungsschutz unterlaufen. Der Arbeitgeber wird durch die Inanspruchnahme von Elternzeit durch den Arbeitnehmer bereits gezwungen seine Planungen anzupassen. Nach dem BEEG besteht daneben die Möglichkeit der Teilzeit durch den aus § 15 BEEG resultierenden Anspruch. Wäre darüber hinaus eine neuerliche Anpassung im Umfang des § 8 TzBfG möglich, wäre die Planungssicherheit des Arbeitgebers stark beeinträchtigt. Auf diese Weise könnte der Arbeitnehmer während der Gesamtdauer der Elternzeit (bei Inanspruchnahme der vollen Elternzeit immerhin drei Jahre) nicht wie von § 15 VI BEEG vorgesehen maximal zweimal seine Arbeitszeit verändern, sondern maximal viermal, zweimal über die Anspruchsgrundlage des § 8 TzBfG und zweimal über die Anspruchsgrundlage des § 15 BEEG. Wenn der Arbeitnehmer darüber hinaus zunächst Elternzeit unter vollständiger Befreiung von der Arbeitszeit beantragt, wäre der Arbeitgeber verpflichtet seine Planungen innerhalb eines Zeitraums von drei Jahren fünfmal anzupassen. Dies ist dem Arbeitgeber nicht zumutbar.

Da die Einschränkungen des Arbeitnehmers sich im Rahmen halten und das Planungsinteresse des Arbeitgebers demgegenüber sehr stark ausgeprägt ist, ist die Regelung des § 16 III BEEG, die eine Anspruchskonkurrenz ausschließt, auch angemessen.

(iv) Zusammenfassung

Die Intensität der Ungleichbehandlung steht in einem angemessenen Verhältnis zur Bedeutung des verfolgten Zwecks.

(3) Zwischenergebnis

Die rechtlich relevante Ungleichbehandlung ist daher gerechtfertigt.

cc) Verbotene Ungleichbehandlung wegen des Geschlechts

Art. 3 III 1 GG und Art. 3 II 1 GG verbietet die Ungleichbehandlung wegen des Geschlechts.[143] Eine Ungleichbehandlung „wegen" des Merkmals liegt nicht nur dann vor, wenn rechtlich unmittelbar an ein solches Merkmal angeknüpft wird (unmittelbare Ungleichbehandlung). Eine Anknüpfung an das Geschlecht liegt auch vor, wenn eine geschlechtsneutral formulierte Regelung überwiegend ein Geschlecht trifft und dies auf natürliche oder gesellschaftliche Unterschiede zwischen den Geschlechtern zurückzuführen ist. Auch mittelbare Ungleichbehandlungen, die sich lediglich statistisch überwiegend auf ein Geschlecht auswirken fallen darunter.[144] Elternzeit wird fast nur von Frauen beantragt.[145] Der Anteil der Männer, die wegen eines Kindes das Arbeitsverhältnis ruhen lassen wollen, ist verschwindend gering.[146] Daher wird der Anspruch aus § 8 TzBfG im Regelfall für Frauen ausgeschlossen. Der Wegfall des Anspruchs könnte sich in einigen Fällen negativ auswirken, so dass eine relevante Ungleichbehandlung anzunehmen ist.

Diese Ungleichbehandlung ist aber aus denselben Gründen, die bereits bei der Prüfung des Art. 6 I GG angeführt worden sind, gerechtfertigt.

dd) Ergebnis

Die Aushöhlung des § 16 III BEEG muss daher nicht aufgrund von verfassungsrechtlichen Erwägungen hingenommen werden.

---

[143] Art. 3 II 1 GG weist neben Art. 3 III 1 GG keinen eigenständigen Regelungsgehalt auf: BVerfG 28.01.1992, BVerfGE 85, 191, 206 f.; *Epping,* Grundrechte, Rn. 718.

[144] EuGH 27.06.1990, EuGHE I 1990, 2591, 2611; EuGH 27.10.1993, EuGHE I 1993, 5435, 5471; BAG 14.10.1986, AP Nr. 11 zu Art. 119 EWG Vertrag, LS 2; BAG 09.10.1991, AP Nr. 95 zu § 1 LohnFG, LS 1 und 2; BAG 02.12.1992, AP Nr. 28 zu § 23a BAT, LS 1; BVerfG 27.11.1997, BVerfGE 97, 35, 43; BVerfG 30.01.2002, BVerfGE 104, 373, 393; Jarass/Pieroth-*Jarass,* Art. 3 GG Rn. 86; von Münch/Kunig-*Gubelt,* Art. 3 GG Rn. 86, 104; *Epping,* Grundrechte, Rn. 717.

[145] BT-Drucks. 16/1360, S. XXXII.

[146] Nur 5 % der Väter gehen in Elternzeit, Entwurf eines Gesetzes zur Einführung des Elterngeldes, Kabinettsbeschluss vom 14.06.2006, S. 35.

f) Abschließende Betrachtung

Zwischen § 15 BEEG und 8 TzBfG liegt kein Fall der Anspruchskonkurrenz vor, sondern Elternteilzeit steht im Spezialitätsverhältnis zum allgemeinen Teilzeitanspruch nach § 8 TzBfG. Ansonsten würde § 16 III BEEG untergraben. Daher kann während der Elternzeit kein Anspruch auf Teilzeit gemäß § 8 TzBfG geltend gemacht werden.

II. Verhältnis von Elternzeit zur Elternteilzeit

Es stellt sich die Frage, ob die Geltendmachung der Elternteilzeit bereits eine bindende Inspruchnahme der Elternzeit voraussetzt oder ob der Anspruch auf Reduzierung der Arbeitszeit auch schon vor Inanspruchnahme der Elternzeit wirksam gestellt werden kann.

1. Bindende Inanspruchnahme der Elternzeit als Voraussetzung für die Geltendmachung der Elternteilzeit

Die Vertreter der Auffassung, die die bindende Inanspruchnahme der Elternzeit für die Geltendmachung der Elternteilzeit voraussetzen, stützen sich zur Begründung auf den Wortlaut von § 15 IV und VI BEEG. Dort heißt es, dass „während der Elternzeit die Erwerbstätigkeit zulässig" ist und dass „während der Gesamtdauer der Elternzeit" der Arbeitnehmer zweimal eine Verringerung seiner Arbeitszeit beanspruchen kann.[147] Aus der Formulierung „während" schlussfolgern sie, dass die Elternzeit bereits geltend gemacht worden sein muss, bevor Elternteilzeit beantragt werden kann.

Lambrich begründet das Erfordernis der bindenden Inanspruchnahme der Elternzeit darüber hinaus damit, dass es sich bei Elternzeit und Elternteilzeit um zwei nebeneinander stehende Ansprüche handele.[148] Zusätzlich berufen sich die Vertreter dieser Ansicht auf § 15 VII Nr. 5 BErzGG a.F. und § 16 I BErzGG a.F., die für die Geltendmachung des Anspruchs auf Verringerung der Arbeitszeit und für die Beanspruchung von Elternzeit jeweils unterschiedliche Fristen

---

[147] *Caamano Rojo*, Die Teilzeitarbeit im europäischen und deutschen Arbeitsrecht, 231; *Leßmann*, DB 2001, 94, 96; Annuß/Thüsing-*Lambrich*, § 23 TzBfG Rn. 18.
[148] Annuß/Thüsing-*Lambrich*, § 23 TzBfG Rn. 18.

vorsahen.[149] Solchen unterschiedlichen Fristen seien nur sinnvoll, wenn beides nicht voneinander abhängig gemacht werden kann. Nach § 15 VII Nr. 5 BErzGG a.F. musste der Anspruch auf Elternteilzeit dem Arbeitgeber mindestens acht Wochen vorher schriftlich mitgeteilt werden.[150] § 16 I 1 BErzGG a.F. sah vor, dass Arbeitnehmer Elternzeit, wenn sie unmittelbar nach der Geburt des Kindes oder der Mutterschutzfrist beginnen soll, spätestens sechs Wochen, sonst spätestens acht Wochen vor Beginn schriftlich verlangen müssen.[151] Nach § 16 I 2 BErzGG a.F. ist ausnahmsweise auch eine angemessene kürzere Frist möglich, wenn dringende Gründe dafür vorliegen.[152] Unter der aktuellen Rechtslage sind die Fristen aneinander angeglichen worden und betragen nun grundsätzlich jeweils sieben Wochen (vgl. § 15 VII 1 Nr. 5 BEEG und § 16 I 1 BEEG).

2. *Keine bindende Inanspruchnahme der Elternzeit als Voraussetzung für die Geltendmachung der Elternteilzeit*

Die Frage, ob die Elternzeit bereits bindend in Anspruch genommen sein muss, wird soweit ersichtlich fast nur von Autoren behandelt, die die bindende Inanspruchnahme der Elternzeit voraussetzen. Einzig *Heenen* vertritt ausdrücklich die Auffassung, dass der Anspruch auf Verringerung der Arbeitszeit auch schon vor Inanspruchnahme der Elternzeit wirksam gestellt werden kann; bis zur rechtswirksamen Inanspruchnahme der Elternzeit sei ein – im übrigen begründeter – Anspruch schwebend unwirksam.[153] Die Inanspruchnahme von Elternzeit könne als Rechtsbedingung für den Anspruch auf Elternteilzeit geltend gemacht werden.[154] Aus der Tatsache, dass viele Autoren dieses Erfordernis nicht nennen, kann möglicherweise geschlossen werden, dass sie es nicht voraussetzen, zwingend ist das allerdings nicht.[155]

---

[149] *Caamano Rojo*, Die Teilzeitarbeit im europäischen und deutschen Arbeitsrecht, 231; *Leßmann*, DB 2001, 94, 96.
[150] BGBl. I, 2000, S. 1426, 1429.
[151] BGBl. I, 2000, S. 1426, 1430.
[152] BGBl. I, 2000, S. 1426, 1430.
[153] MüArbR-*Heenen*, § 229 Rn. 3.
[154] MüArbR-*Heenen*, § 229 Rn. 3.
[155] Eine Problematisierung findet sich beispielsweise nicht bei: HWK-*Gaul*, § 15 BErzGG; BeckOK-ArbR-*Neumann*, § 15 BEEG; ErfK-*Dörner*, § 15 BErzGG; *Hamann*, Special zu BB 2005, 2 ff.; *Sowka*, BB 2001, 935 ff.

3. Umgehung des Problems des Verhältnisses von Elternzeit zu Elternteilzeit?

Das Problem des Verhältnisses von Elternzeit zu Elternteilzeit ist nur dann von hoher praktischer Bedeutung, wenn es nicht durch das Setzen einer Potestativ- oder einer Rechtsbedingung umgangen werden könnte.[156]

a) Umgehung des Problems durch Setzen einer Potestativbedingung?

Von den Vertretern, die eine bindende Inanspruchnahme der Elternzeit voraussetzen, wird vorgeschlagen, dass der Arbeitnehmer Elternzeit unter der Bedingung der Teilzeitbeschäftigung geltend machen kann.[157] Bei der Elternzeit handelt es sich um ein Gestaltungsrecht. Generell sind Gestaltungsrechte bedingungsfeindlich.[158] Das spricht daher zunächst gegen eine solche Konstruktion. Eine Ausnahme von dieser Bedingungsfeindlichkeit stellen jedoch Potestativbedingungen dar.[159] Das sind solche Bedingungen, bei denen der Bedingungseintritt nur vom Willen der anderen Partei abhängt. Damit eine Potestativbedingung vorliegt, müsste die Entscheidung, ob Elternteilzeit gewährt wird, im Belieben des Arbeitgebers stehen. Wenn ein Rechtsanspruch auf Elternteilzeit nach § 15 VII BEEG im Prozess geltend gemacht wird, liegt allerdings keine Potestativbedingung vor.[160] Wenn die Voraussetzungen von § 15 VII BEEG gegeben sind, besteht nämlich gerade unabhängig vom Willen des Arbeitgebers ein Rechtsanspruch. Der Arbeitgeber hat keine Einflussmöglichkeit auf den Ausgang des Prozesses, vielmehr trifft das Gericht die Entscheidung. Somit scheidet diese Lösungsmöglichkeit aus. Etwas anderes gilt allerdings für die einvernehmliche Vereinbarung der Elternteilzeit, vgl. § 15 V BEEG. Erst wenn eine einvernehmliche Regelung scheitert, kann der Arbeitnehmer versuchen seinen Anspruch

---

[156] Die Möglichkeit einer Bedingung von vornherein ablehnend: *Schell*, Der Rechtsanspruch auf Teilzeitarbeit, 197.

[157] BeckOK-ArbR-*Neumann*, § 15 BEEG Rn. 48; KDZ-*Zwanziger*, § 6 TzBfG Rn. 14, der dies mit dem Zweck des Gesetzes – Kindererziehung und Berufsleben besser miteinander zu vereinbaren – begründet; Arnold/Gräfl-*Imping*, § 23 TzBfG Rn. 15; *Buchner/Becker*, § 16 BErzGG Rn. 4; *Reinecke*, FA 2007, 98, 100.

[158] OLG Düsseldorf 07.06.1990, NJW-RR 1990, 1469; ErfK-*Müller-Glöge*, § 620 BGB Rn. 21; MüKo-*Hesse*, Vorb. zu §§ 620-630 BGB Rn. 80; a. A. bezogen auf Elternzeit: LAG Düsseldorf 03.03.04, DB 2004, 1562.

[159] ErfK-*Müller-Glöge*, § 620 BGB Rn. 21; MüKo-*Hesse*, Vorb. zu §§ 620-630 BGB Rn. 80.

[160] Zu diesem Ergebnis kommt ebenfalls Annuß/Thüsing-*Lambrich*, § 23 TzBfG Rn. 19.

gerichtlich durchzusetzen, vgl. § 15 VI BEEG.[161] Da kein Einigungszwang besteht,[162] hängt die Erfüllung des Reduzierungswunsches vom Willen des Arbeitgebers ab. Eine Potestativbedingung ist daher zulässig.[163]

b) Lösung des Problems durch Setzen einer Rechtsbedingung?

Möglicherweise könnte im gerichtlichen Verfahren die Elternzeit unter die prozessuale Bedingung gestellt werden, dass Elternteilzeit gewährt wird.[164] Prozesshandlungen dürfen zwar nicht mit einer (außerprozessualen) Bedingung verbunden werden, weil die Ungewissheit, die auf diese Weise in den Prozess hineingetragen wird, im Interesse der Rechtspflege und der Gegenpartei nicht hingenommen werden kann.[165] Etwas anderes gilt allerdings für innerprozessuale, das heißt auf prozessuale Ereignisse bezogene Bedingungen. Die hierdurch erzeugte Ungewissheit ist mit den Interessen des Gerichts und der Gegenpartei vereinbar, weil im Laufe des Rechtsstreits verbindlich geklärt wird, ob die gesetzte Bedingung eingetreten ist.[166] Im gerichtlichen Verfahren wird geklärt, ob Elternteilzeit gewährt wird. Daher ist zunächst davon auszugehen, dass durch diese Bedingung keine unzulässige Ungewissheit erzeugt wird. Wenn man allerdings die Prämisse dieser Auffassung zugrunde legt, nämlich dass die Beanspruchung der Arbeitszeitverringerung voraussetzt, dass Elternzeit bereits bindend in Anspruch genommen worden ist,[167] kann auch eine Rechtsbedingung nicht zu befriedigenden Ergebnissen führen. Voraussetzung der bindenden Inanspruchnahme der Elternzeit soll die Gewährung der Elternteilzeit sein. Voraussetzung der Gewährung der Elternteilzeit soll aber die bindende Inanspruchnahme der Elternzeit sein. Das Gericht kann daher weder Elternzeit noch Elternteilzeit gewähren. Bildlich

---

[161] Der Vorrang der vertraglichen Vereinbarung zwischen Arbeitgeber und Arbeitnehmer wurde in der Gesetzesbegründung explizit hervorgehoben, vgl. BT-Drucks. 14/3553, S. 21; *Buchner/Becker*, § 15 BErzGG Rn. 43; HWK-*Gaul*, § 15 BErzGG Rn. 13.

[162] § 15 V 1 BEEG: Über den Antrag auf eine Verringerung der Arbeitszeit und ihre Ausgestaltung *sollen* sich Arbeitnehmer und Arbeitgeber [...] einigen.

[163] So auch Annuß/Thüsing-*Lambrich*, § 23 TzBfG Rn. 19.

[164] So ausdrücklich MüArbR-*Heenen*, § 229 Rn. 3.

[165] Thomas/Putzo-*Reichold*, Einl. III Rn. 14; Hk-ZPO-*Saenger*, Einführung Rn. 119; Musielak-*Musielak*, Einl. Rn. 62, *derselbe*, Grundkurs ZPO, Rn. 160.

[166] Thomas/Putzo-*Reichold*, Einl. III Rn. 14; Hk-ZPO-*Saenger*, Einführung Rn. 119; Musielak-*Musielak*, Einl. Rn. 62; *derselbe*, Grundkurs ZPO, Rn. 160.

[167] Annuß/Thüsing-*Lambrich*, § 23 TzBfG Rn. 18; *Caamano Rojo*, Die Teilzeitarbeit im europäischen und deutschen Arbeitsrecht, 231; *Leßmann*, DB 2001, 94, 96.

gesprochen beißt sich bei dieser Konstruktion die Katze in den Schwanz. Somit führt der Vorschlag nicht zu einer Lösung des Problems.

c) Zusammenfassung

Die vorgeschlagenen Lösungsmöglichkeiten resultieren nicht in einer Klärung des Problems. Die Frage des Verhältnisses von Elternzeit und Elternteilzeit stellt sich daher in voller Schärfe.

4. Ablehnung des Erfordernisses einer bindenden Inanspruchnahme der Elternzeit als Voraussetzung für die Geltendmachung der Elternteilzeit

Das Erfordernis einer bindenden Geltendmachung der Elternzeit für die erfolgreiche Inanspruchnahme der Elternteilzeit ist abzulehnen.

Weder aus dem Wortlaut noch aus der Gesetzesbegründung können eindeutige Schlüsse gezogen werden. Aus der Formulierung „während der Elternzeit" kann lediglich abgeleitet werden, dass im Zeitpunkt des Antritts der Elternteilzeit beide Voraussetzungen kumulativ vorliegen müssen. Dies spricht nicht dagegen, dass der Arbeitnehmer zunächst nur Elternteilzeit beantragen könnte und erst bei einer positiven Gewährung Elternzeit.[168] In der Gesetzesbegründung wird keine Stellung zum Verhältnis von Elternzeit und Elternteilzeit genommen.

Gegen ein Prioritätsverhältnis spricht allerdings, dass die Erklärungsfristen für Elternzeit und Elternteilzeit einander angeglichen wurden und nun grundsätzlich sieben Wochen betragen, vgl. § 15 VII 1 Nr. 5 BEEG (Elternteilzeit) und § 16 I 1 BEEG (Elternzeit). Somit können aus den ursprünglich unterschiedlich geregelten Fristen keine Wertungen mehr gezogen werden. Müsste zunächst Elternzeit erklärt werden, könnte dies dazu führen, dass die Mindesterklärungsfrist für die Elternzeit auf mehr als sieben Wochen ausgedehnt würde, da ansonsten die Erklärungsfrist für die Elternteilzeit nicht mehr eingehalten werden könnte. Dies ist nicht mit dem Willen des Gesetzgebers in Einklang zu bringen, welcher eine Vereinheitlichung anstrebte. Das letztgenannte Argument trifft allerdings nicht zu, wenn auch die gleichzeitige Geltendmachung für ausreichend erachtet wird.[169]

---

[168] Auch Annuß/Thüsing-*Lambrich*, § 23 TzBfG Rn. 18 stellt ebenfalls fest, dass aus dem Wortlaut des Gesetzes keine Schlüsse für eine solche Voraussetzung gezogen werden können.
[169] Annuß/Thüsing-*Lambrich*, § 23 TzBfG Rn. 18 setzt lediglich Gleichzeitigkeit voraus.

Aus der Behauptung *Lambrichs*, dass es sich bei Elternzeit und Elternteilzeit um zwei nebeneinander stehende Ansprüche handele,[170] kann nicht geschlossen werden, dass die Inanspruchnahme von Elternzeit Voraussetzung für die Beanspruchung der Arbeitszeitverringerung ist. Dieses Auseinanderfallen von Elternzeit- und Teilzeitanspruch führt gerade dazu, dass diese gleichzeitig und auch nacheinander geltend gemacht werden können.[171] Eine zeitliche Priorität der Elternzeit ist daraus nicht abzuleiten.

Teleologische Erwägungen sprechen gegen das Erfordernis einer bindenden Geltendmachung der Elternzeit. Viele Arbeitnehmer würden sich gern selbst und intensiv um ihre Kinder kümmern. Sie sind aber an der Inanspruchnahme von Elternzeit, etwa wegen finanzieller Engpässe, nur interessiert, wenn sie während dieser Zeit zumindest noch einer Teilzeitbeschäftigung nachgehen können. Wenn sie Elternteilzeit nur beantragen können, wenn sie schon vorher Elternzeit bindend geltend gemacht haben, bestünde die Gefahr, dass dem Arbeitnehmer nach Ausübung des Gestaltungsrechts auf Elternzeit der Anspruch auf Elternteilzeit versagt würde. Er stünde dann, da er das Gestaltungsrecht ausgeübt hat, ohne Arbeit dar. Diese negative Auswirkung würde noch dadurch verstärkt, dass die vorzeitige Beendigung der Elternzeit nur unter den engen Voraussetzungen des § 16 III BEEG möglich ist. Wenn der Arbeitnehmer den Anspruch auf Verringerung der Arbeitszeit gemäß § 15 V – VII BEEG schon vor Inanspruchnahme der Elternzeit wirksam stellen könnte, würde diese Gefahr vermieden.

5. *Zusammenfassung*

Somit bleibt festzuhalten, dass der Anspruch auf Verringerung der Arbeitszeit nicht voraussetzt, dass Elternzeit bereits bindend in Anspruch genommen worden ist.

III. Mindestbeschäftigtenzahl

Damit ein Anspruch auf Verringerung der Arbeitszeit besteht, muss der Arbeitgeber in der Regel mehr als 15 Arbeitnehmer beschäftigen (§ 15 VII Nr. 1 BEEG). Auf die Beschäftigtenzahl im Betrieb kommt es nicht an, Anknüpfungs-

---

[170] Annuß/Thüsing-*Lambrich*, § 23 TzBfG Rn. 18.
[171] *Joussen*, NZA 2005, 336, 338.

punkt ist der Arbeitgeber.[172] Der Arbeitgeberbegriff ist unternehmensbezogen zu verstehen.[173] Nach der Gesetzesbegründung zu § 15 VII Nr. 1 BEEG sollen, entgegen des Wortlauts der Regelung, zwar nicht Kleinarbeitgeber sondern Kleinbetriebe vom Geltungsbereich ausgenommen werden.[174] Der Ausschuss für Familie, Senioren und Jugend (13. Ausschuss) hat allerdings explizit hervorgehoben, dass maßgeblicher Ansatzpunkt unverändert die Funktion des Arbeitgebers sei und nicht des Betriebes. Diese Bezeichnung in der Begründung des Gesetzesentwurfs sei rechtlich irrelevant.[175] Die Festsetzung des Schwellenwertes ist von der Arbeitszeit des einzelnen Arbeitnehmers unabhängig, vielmehr kommt es auf eine Pro-Kopf-Betrachtung an.[176] Eine quotale Berücksichtig von Teilzeitkräften durch eine analoge Anwendung von § 23 I 4 KSchG scheitert an der fehlenden planwidrigen, gesetzgeberischen Lücke.[177] Nach § 23 I 4 KSchG sind Teilzeitkräfte mit einer regelmäßigen wöchentlichen Arbeitszeit von nicht mehr als 20 Stunden mit 0,5 und von nicht mehr als 30 Stunden mit 0,75 zu berücksichtigen. Beim Gesetzgebungsverfahren zur Novellierung des Bundeserziehungsgeldgesetzes wurde der zunächst vorgesehene Verweis auf die anteilige Mitzählung von Teilzeitkräften ausdrücklich verworfen.[178] Der grundsätzliche Anspruch auf Verringerung der Arbeitszeit würde im Rahmen des BErzGG bereits durch eine Reihe von Faktoren eingegrenzt (mindestens 15 Arbeitnehmer und die Beachtung von entgegenstehenden dringenden betrieblichen Gründen). Unter Berücksichtigung dieser Einschränkungen sei es angemessen auf die quotale Berücksichtigung von Teilzeitkräften zu verzichten.[179] Diese Wertungen können auf das inhaltsgleiche BEEG übertragen werden. Eine Analogie scheitert daher daran, dass keine gesetzgeberische Lücke besteht. Somit ist eine Betrachtung nach dem Pro-Kopf-Prinzip de lege lata hinzunehmen. Die Mindestbeschäftigtenzahl hat zur Folge, dass von vornherein ca. 87% aller Betriebe mit ca. 25 % aller sozialversicherungspflichtigen Beschäftigten vom Teilzeitanspruch ausge-

---

[172] Noch zum BErzGG: BT-Drucks. 14/3808, S. 28; ErfK-*Dörner*, § 15 BErzGG Rn. 20.
[173] Annuß/Thüsing-*Lambrich*, § 23 TzBfG Rn. 12; *Vetter*, FS Löwisch, 407, 422; *Fischer*, BB 2002, 94, 95; *Lindemann/Simon*, NJW 2001, 258, 261.
[174] BT-Drucks. 14/3553, S. 22.
[175] BT-Drucks. 14/3553, S. 28.
[176] HWK-*Gaul*, § 15 BErzGG Rn. 14.
[177] Ohne Argumente die Norm bereits anwendend: *Peters-Lange/Rolfs*, NZA 2000, 682, 686.
[178] BT-Drucks. 14/3808, S. 28.
[179] BT-Drucks. 14/3808, S. 28.

nommen sind.¹⁸⁰ Dieses Erfordernis wirft de lege lata zwei Fragen auf. Erstens: In welchem Zeitpunkt muss die Mindestbeschäftigtenzahl vorliegen? Zweitens: Muss die Mindestbeschäftigtenzahl aufgrund von Art. 3 I GG aufgehoben werden?¹⁸¹

1. Maßgeblicher Zeitpunkt für das Vorliegen der Mindestbeschäftigtenzahl

Zunächst soll geklärt werden, in welchem Zeitpunkt die Mindestbeschäftigtenzahl vorliegen muss. Man könnte hier auf den Moment der Geltendmachung des Anspruchs, auf den angestrebten Beginn der Elternteilzeit oder schließlich auf den Zeitpunkt der gerichtlichen Entscheidung abstellen. Es ist allerdings zu berücksichtigen, dass es darauf ankommt, dass der Arbeitgeber *in der Regel* 15 Arbeitnehmer beschäftigt. Es kommt daher auf den Normalzustand an. Daher sind vorübergehende Schwankungen irrelevant.¹⁸² Bei dieser Betrachtung wird sowohl in die Vergangenheit geblickt als auch die zukünftige Entwicklung prognostiziert. Somit kommt es nicht auf einen bestimmten maßgeblichen Zeitpunkt an, vielmehr ist eine Zeitraum-Betrachtung erforderlich.¹⁸³ Ruhende Arbeitsverhältnisse sind grundsätzlich bei der Berechnung des Schwellenwertes mitzurechnen, da das Arbeitsverhältnis weiter besteht.¹⁸⁴ Eine Ausnahme dazu trifft § 21 VII BEEG. Danach sind bei der Ermittlung der regelmäßigen Beschäftigtenzahl die Arbeitnehmer, die sich in Elternzeit befinden oder zur Betreuung eines Kin-

---

[180] Zum Zeitpunkt des Erlass des Gesetzes: Bundesanstalt für Arbeit, Betriebe und ihre Beschäftigten nach Größenklassen in Deutschland (Stand 31.12.1999 beziehungsweise 12.09.2000); aktueller Stand (30.06.2005): 6.204.348 Arbeitnehmer bei insgesamt 26.563.100 sozialpflichtigen Beschäftigten, d.h. ca. 23,35 %, persönliche Anfrage bei der Bundesagentur für Arbeit – Statistik Datenzentrum.

[181] De lege ferenda ist zu fragen, ob Teilzeitkräfte bei der Berechnung des Schwellenwertes nur quotal berücksichtigt werden sollen und ob die zur Zeit geltende Mindestbeschäftigtenzahl angehoben oder verringert werden sollte, auf diese Fragen wird im dritten Abschnitt näher eingegangen, vgl. unten D.III.6, S. 212 ff.

[182] Zur gleichen Formulierung bei § 8 TzBfG: *Lindemann/Simon*, BB 2001, 146, 148; *Däubler*, ZIP 2001, 217, 218; *Schell*, Der Rechtsanspruch auf Teilzeitarbeit, 46.

[183] Vgl. für den in § 23 I KSchG enthaltenen Schwellenwert: BAG 31.01.1991, AP Nr. 11 zu § 23 KSchG 1969, LS 1; für die Vorschriften der §§ 111-113 BetrVG vgl. BAG 09.05.1995, AP Nr. 33 zu § 111 BetrVG 1979, Gründe B. II. 1.; BAG 19.07.1983, AP Nr. 23 zu § 113 BetrVG 1972, LS 1.

[184] Zu § 23 KSchG: ErfK-*Kiel*, § 23 KSchG Rn. 13; HWK-*Pods/Quecke*, § 23 KSchG Rn. 14.

des freigestellt sind, nicht mitzuzählen, solange für sie ein Vertreter eingestellt ist. Diese Vorschrift dient dazu Doppelberücksichtigungen zu verhindern.[185]

2. Verfassungsmäßigkeit des Schwellenwertes

Es stellt sich die Frage, ob der Schwellenwert mit der Verfassung zu vereinbaren ist. Arbeitnehmer, die bei Kleinarbeitgebern beschäftigt sind, sind nicht vom sachlichen Geltungsbereich des BEEG erfasst. Dies wirft verfassungsrechtliche Fragen im Hinblick auf die Vereinbarkeit mit Art. 3 I GG auf.

a) Rechtlich relevante Ungleichbehandlung

Eine rechtliche relevante Ungleichbehandlung liegt vor, da der Anwendungsbereich des BEEG für Arbeitnehmer, die bei Kleinarbeitgebern beschäftigt sind, nicht eröffnet ist.

b) Rechtfertigung

Möglicherweise ist die rechtlich relevante Ungleichbehandlung gerechtfertigt.

aa) Prüfungsmaßstab

Als Prüfungsmaßstab für die Ungleichbehandlung kommt eine Prüfung nach der Willkürformel oder nach der Neuen Formel in Betracht. Bei Ungleichbehandlungen von Personengruppen gilt ein strengerer Maßstab als bei der Ungleichbehandlung von Sachverhalten.[186] Als Unterscheidungskriterium dient die Anzahl der beschäftigten Arbeitnehmer. Dabei handelt es sich um ein verhaltensbezogenes Unterscheidungskriterium, weil der Arbeitnehmer selbst entscheidet, bei welchem Arbeitgeber er arbeitet. Formell liegt hier daher eine sachverhaltsbezogene Differenzierung vor, in materieller Hinsicht kann man allerdings durchaus von einer Ungleichbehandlung von Personengruppen sprechen (Arbeitnehmern die bei Kleinarbeitgebern im Gegensatz zu Arbeitnehmern die bei Großarbeitgebern) beschäftigt sind).[187] Oben wurde bereits darauf hingewiesen, dass aufgrund

---

[185] ErfK-*Müller-Glöge*, § 21 BErzGG Rn. 13; KDZ-*Däubler*, § 21 BErzGG Rn. 22 f.
[186] Vgl. oben B.I.2.e)bb)(2)(a)(bb), S. 37 ff.
[187] Vgl. zu einem ähnlichen Fall: BVerfG 26.01.1993, BVerfGE 88, 87, 96 f.; BVerfG 08.06.1993, BVerfGE 89, 15, 22 f.; BVerfG 11.01.1995, BVerfGE 92, 53, 68 f.; *Epping*, Grundrechte, Rn. 689.

des Grundsatzes, dass alle Menschen vor dem Gesetz gleich sind, der Gesetzgeber bei einer Ungleichbehandlung von Personengruppen regelmäßig einer strengen Bindung unterliegt.[188] Einigkeit besteht auch dahingehend, dass bei solchen verhaltensbezogenen Unterscheidungen, die zu einer Ungleichbehandlung von Personengruppen führen, das Maß der Bindung davon abhängt, inwieweit die Betroffenen in der Lage sind, durch ihr Verhalten die Verwirklichung des Merkmals zu steuern.[189]. Der Arbeitnehmer hat keinen Einfluss auf die Größe der Belegschaft. Dies hängt vielmehr allein von den Erwägungen des Arbeitgebers ab. Entsprechend ist die Neue Formel anzuwenden.[190] Die Ungleichbehandlung muss daher verhältnismäßig sein. Das heißt, sie muss in Bezug auf einen legitimen Zweck geeignet, erforderlich und angemessen sein.[191]

bb) Legitimer Zweck

Grundlage für die Wahl des jetzigen Schwellenwertes ist die Annahme einer geringeren wirtschaftlichen und verwaltungsmäßigen Belastbarkeit von Kleinarbeitgebern im Vergleich zu einem Großarbeitgeber.[192]

Es ist zwar fraglich, ob der Behauptung in dieser Pauschalität zuzustimmen ist. Die Wirtschaftskraft eines Betriebes kann zwar in Zusammenhang mit dem Arbeitsvolumen stehen. Eine Korrelation zwischen der Arbeitnehmerkopfzahl und der Wirtschaftskraft besteht allerdings nicht zwingend. Gerade in Zeiten zunehmender Technisierung ist auch bei minimalem Personalaufwand Gewinnerzielung möglich.[193] Allerdings können die technischen Möglichkeiten auch von Großarbeitgebern genutzt werden. Insbesondere die Anschaffung neuer Techniken verursacht erhebliche Kosten, welche leichter von größeren wirtschaftlichen Einheiten getragen werden können.[194] Daher kann die geringere wirtschaftliche

---

[188] Vgl. oben B.I.2.e)bb)(2)(a)(bb), S. 37 ff.
[189] Vgl. oben B.I.2.e)bb)(2)(a)(bb), S. 37 ff.
[190] So auch *Endres*, Schwellenwertregelungen im Arbeitsrecht, 37, welche sich allerdings abstrakt auf Schwellenwertregelungen bezieht.
[191] Vgl. von Münch/Kunig-*von Münch*, Vorb. Art. 1-19 GG Rn. 55; *Ipsen*, Grundrechte, Rn. 171 ff.; *Pieroth/Schlink*, Grundrechte, Rn. 279.
[192] *Kleinsorge*, MDR 2001, 181, 182; *Schell*, Der Rechtsanspruch auf Teilzeitarbeit, 44 f.
[193] *Ramm*, AuR 1991, 257, 264, der die geringere wirtschaftliche Belastbarkeit von Kleinbetrieben als „Scheinargument" bezeichnet.
[194] *Hönsch*, DB 1988, 1650, 1651.

Belastbarkeit kleinerer Betriebe zwar in Frage gestellt werden, widerlegt ist sie aber bisher nicht.

An der eingeschränkten verwaltungsmäßigen Belastbarkeit kann nicht gezweifelt werden. Mit Teilzeitarbeit gehen zwangsläufig höhere Kosten und mehr Verwaltungsaufwand einher, da die Reduzierung der Arbeitszeit einzelner Arbeitnehmer zu einem größeren Organisationsaufwand etwa im Bereich der Personalverwaltung führt, da mehr Arbeitnehmer zu verwalten sind. Massive Auswirkungen sind nicht nur im Bereich Planung und Organisation zu sehen. Folge von Teilzeitarbeit ist die komplexere Abwicklung von Sonderzahlungen wie Urlaubs- und Weihnachtsgeld, da diese nur quotal gewährt werden.[195] Unter Umständen fallen Kosten für einen zusätzlichen Arbeitsplatz oder für zusätzliche Arbeitskleidung an. Arbeitnehmer können außerdem Ansprüche auf Fortbildungen haben oder betriebliche Belange können eine Fortbildung erfordern. Der Informationsaustausch zwischen den einzelnen Teilzeitkräften kann ebenfalls zu zusätzlichen Kosten führen.[196] Eine Einschränkung der Anwendbarkeit des BEEG auf wirtschaftlich und finanziell besser gestellte größere Arbeitgeber könnte die ökonomischen Folgen insoweit begrenzen. Ansonsten könnte bei Kleinarbeitgebern das angemessene Verhältnis von Kosten und Nutzen empfindlich beeinträchtigt werden. Daher stellt die aus ökonomischer Sicht besondere Situation der Kleinarbeitgeber einen berücksichtigenswerten Zweck dar.

cc) Geeignetheit

Die Ungleichbehandlung müsste ferner geeignet sein, den soeben festgestellten Zweck zu erreichen.[197] Dies setzt voraus, dass sich die Wahl des Differenzierungskriteriums in Hinblick auf den Zweck sachlich begründen lässt.[198] Indem Kleinarbeitgeber vom Anwendungsbereich des Gesetzes ausgenommen werden,

---

[195] Stellungnahme der BDA vom 02.11.2000, S. 8; *Brügge*, Das Gesetz über Teilzeitarbeit, 99 f.
[196] *Vetter*, FS Löwisch, 407, 417.
[197] BVerfG 22.05.1963, BVerfGE 16, 147, 181; BVerfG 27.01.1983, BVerfGE 63, 88, 115; BVerfG 20.06.1984, BVerfGE 67, 157, 175; BVerfG 23.01.1990, BVerfGE 81, 156, 188 ff.; BVerfG 12.10.1994, BVerfGE 91, 207, 222 ff.; BVerfG 22.01.1997, BVerfGE 95, 173, 185 ff.; BVerfG 10.04.1997, BVerfGE 96, 10, 23; von Mangoldt/Klein/Starck-*Starck*, Art. 1 III GG Rn. 278; von Münch/Kunig-*von Münch*, Vorb. Art. 1-19 GG Rn. 55; *Pieroth/Schlink*, Grundrechte, Rn. 283; *Ipsen*, Grundrechte, Rn. 176.
[198] *Epping*, Grundrechte, Rn. 700.

werden sie nicht mit dem erhöhten Aufwand von Teilzeittätigkeit konfrontiert. Somit lässt sich das Unterscheidungsmerkmal in Hinblick auf den Zweck sachlich begründen.

dd) Erforderlichkeit

Die Ungleichbehandlung müsste ebenfalls erforderlich sein. Das heißt, es dürfte keine weniger belastende Unterscheidung mindestens gleicher Effektivität in Betracht kommen.[199]

Ein milderes Mittel könnte sein auf den Schwellenwert ganz zu verzichten und darauf zu vertrauen, dass der Anspruch bei entgegenstehenden dringenden betrieblichen Gründen sowieso ausscheidet. Solche entgegenstehenden dringenden betrieblichen Gründe werden bei Kleinarbeitgebern eher vorliegen. Dadurch würde nicht pauschal der Anspruch für Arbeitnehmer, die bei Kleinarbeitgebern beschäftigt sind, ausgeschlossen, sondern nur dann, wenn die individuelle Situation im Betrieb es erfordert.[200] Eine solche Regelung würde sich für den Arbeitnehmer milder darstellen. Es fragt sich aber, ob dies aus Sicht des Kleinarbeitgebers genauso effektiv ist. Schwellenwertregelungen dienen auch der bürokratischen Entlastung. Wenn Kleinarbeitgeber stets nachweisen müssten, dass dringende betriebliche Gründe dem Verlangen entgegenstehen, würde dies zu einem höheren Verwaltungsaufwand führen als jetzt. Somit ist die gegenwärtige Regelung zumindest aus Sicht des Kleinarbeitgebers wirkungsvoller.

Als Unterscheidungskriterium käme unter Umständen in Betracht, nicht an die Größe der Arbeitnehmerzahl pro Arbeitgeber, sondern an Umsatz und Gewinn des Betriebes anzuknüpfen. Auf diese Weise könnte die wirtschaftliche Kraft des Betriebes besser berücksichtigt werden. Gegen eine solche Differenzierung spricht allerdings, dass keine wirtschaftliche Einheit Gewinn und Umsatz offen legen möchte. Eine solche Regelung würde empfindlich in ihre Freiheitsrechte eingreifen. Somit kommt diese Regelung nicht in Betracht.

Da keine weiteren Möglichkeiten ersichtlich sind, ist die unterschiedliche Behandlung auch erforderlich.

---

[199] BVerfG 11.02.1992, BVerfGE 85, 238, 245; *Epping*, Grundrechte, Rn. 701.
[200] Siehe zur Berücksichtigung dieses Vorschlages bei der Neugestaltung des § 15 BEEG unten D.III.6.b), S. 214.

ee) Angemessenheit

Darüber hinaus muss die Ungleichbehandlung auch angemessen sein. Bei dieser Angemessenheitsprüfung sind Zweck und Mittel gegeneinander abzuwägen.[201] Mit anderen Worten: Die Bedeutung des Zwecks ist der Intensität der Ungleichbehandlung gegenüber zu stellen.

(1) Zweck

Der Gesetzgeber verfolgt das Ziel, die besondere Situation, die bei Kleinarbeitgebern auftritt, zu berücksichtigen. Wie bereits dargestellt, zeichnen sich Kleinarbeitgeber durch eine geringe wirtschaftliche und verwaltungsmäßige Belastbarkeit im Vergleich zu Arbeitgebern aus, die in der Regel mehr als 15 Arbeitnehmer beschäftigen.

Außerdem hängt in einem Betrieb mit wenigen Arbeitskräften der Geschäftserfolg verstärkt von jedem einzelnen Arbeitnehmer ab.[202] Deswegen ist es für den Kleinarbeitgeber von sehr großer Relevanz, wer wann für ihn arbeitet. Dabei kommt es auf die Leistungsfähigkeit des einzelnen Arbeitnehmers ebenso an wie auf Persönlichkeitsmerkmale, die für die Zusammenarbeit, die Außenwirkung und das Betriebsklima von Bedeutung sind.[203] Kleine Teams sind anfälliger für Missstimmungen und Querelen. Zwar wird auch bei Großarbeitgebern die Arbeit oft in kleinen Teams erledigt, diese können allerdings bei Problemen leichter neu gemischt werden. Kleinarbeitgeber steht dieser Weg der Problemlösung aufgrund der geringen Anzahl der beschäftigten Arbeitnehmer nicht offen. Störungen des Betriebsklimas können zu Leistungsminderungen führen, die bei geringem Geschäftsvolumen spürbar auf das Ergebnis durchschlagen.[204] Ausfälle lassen sich bei niedrigem Personalbestand nur schwer ausgleichen.[205] Kleinarbeitgeber verfügen in der Regel nicht über Personalreserven, wodurch sie eventuell frei werdende Arbeitspensa ausfüllen könnten. Der Anspruch auf Teilzeit, die die Integrierung neuer Arbeitnehmer oder die stärkere Belastung der vorhan-

---

[201] *Jarass*, NJW 1997, 2545, 2548 ff.; von Münch/Kunig-*Gubelt*, Art. 3 GG Rn. 23 ff.; *Epping*, Grundrechte, Rn. 702.
[202] BVerfG 27.01.1998, BVerfGE 97, 169, 177; *Brügge*, Das Gesetz über Teilzeitarbeit, 116; *Kraushaar*, AuR 1988, 137, 142.
[203] BVerfG 27.01.1998, BVerfGE 97, 169, 177; *Brügge*, Das Gesetz über Teilzeitarbeit, 116; *Kraushaar*, AuR 1988, 137, 142.
[204] BVerfG 27.01.1998, BVerfGE 97, 169, 177 f.
[205] BVerfG 27.01.1998, BVerfGE 97, 169, 178.

denen Arbeitnehmer durch eine andere Verteilung der Arbeitszeit und -aufgaben erforderlich macht, kann zu solchen Spannungen führen. Die Herausnahme der Kleinarbeitgeber aus dem Anwendungsbereich des BEEG dient daher ebenfalls dazu, diese Missstimmigkeiten und damit einhergehende Leistungsminderungen zu vermeiden.

(2) Mittel

Auf der anderen Seite ist ein Blick auf die Intensität der Ungleichbehandlung zu werfen. Die Bewertung der Intensität orientiert sich an den Auswirkungen auf den nachteilig Betroffenen. Der Arbeitnehmer, der bei einem Kleinarbeitgeber beschäftigt ist, wird durch die Schwellenwertregelung daran gehindert den Elternteilzeitanspruch nach § 15 BEEG durchzusetzen.

Um die Intensität dieser Ungleichbehandlung zu bestimmen, soll zunächst auf die besonderen persönlichen Beziehungen zwischen Kleinarbeitgebern und ihren Mitarbeitern eingegangen werden. Anschließend wird die Möglichkeit der Einflussnahme auf das Differenzierungskriterium durch den Arbeitnehmer untersucht. Zum Schluss wird betrachtet, ob durch diese Ungleichbehandlung Grundrechte des betroffenen Arbeitnehmers in ihrer Wirksamkeit beeinträchtigt werden.

(aa) Geringere Intensität der Ungleichbehandlung durch die besonderen persönlichen Beziehungen zwischen Arbeitnehmer und Kleinarbeitgeber

Die besondere Lage bei Kleinarbeitgebern spricht für eine geringere Intensität der Ungleichbehandlung. Ein Kleinarbeitgeber arbeitet mit seinen Arbeitnehmern in der Regel in einem persönlichen Verhältnis zusammen.[206] Aufgrund dieses Näheverhältnisses ist ein Anspruch auf Elternteilzeit seltener erforderlich als bei Großarbeitgebern, da die Möglichkeit der einzelvertraglichen freiwilligen Vereinbarung von Teilzeit häufiger genutzt werden wird.[207] Das gilt insbesondere dann, wenn dem Teilzeitverlangen keine dringenden betrieblichen Gründe entgegenstehen. Wenn der gewünschten Reduzierung der Arbeitszeit dringende betriebliche Gründe entgegenstehen käme sowieso kein durchsetzbarer Anspruch

---

[206] *Kleinsorge*, MDR 2001, 181, 182; *Schell*, Der Rechtsanspruch auf Teilzeitarbeit, 44 f.; *Brügge*, Das Gesetz zur Teilzeitarbeit, 117.

[207] *Brügge*, Das Gesetz zur Teilzeitarbeit, 117.

auf Elternteilzeit in Betracht. Somit wirkt sich die Ungleichbehandlung faktisch kaum aus.

Es werden aber Bedenken gegen diese „Nähetheorie" erhoben. Selbst Kleinarbeitgeber können juristische Personen sein. Persönliche Nähe könne aber nur zu natürlichen Personen aufgebaut werden.[208] Dieses Argument vermag allerdings nicht zu überzeugen, da auch bei juristischen Personen ein Näheverhältnis zwischen dem Arbeitnehmer und der leitenden Person (beispielsweise dem Geschäftsführer bei der GmbH) bestehen kann, die über die Gewährung der Teilzeittätigkeit entscheidet.[209]

Die typischerweise bestehende persönliche Nähe und die daraus in der Regel resultierende freiwillige Gewährung der Elternteilzeit spricht für ein Sinken der Intensität der Ungleichbehandlung.

(bb) Erhöhte Intensität der Ungleichbehandlung durch die Unmöglichkeit das Differenzierungskriterium zu beeinflussen

Grundsätzlich ist die Intensität desto höher, je weniger der Betroffene das Differenzierungskriterium durch Verhaltensänderungen beeinflussen kann.[210] Eine Beeinflussung ist hier nicht möglich. Differenzierungskriterium ist die Belegschaftsgröße. Der Arbeitnehmer kann zwar kündigen und ein Arbeitsverhältnis bei einem Arbeitgeber aufnehmen, welcher mehr als 15 Arbeitnehmer beschäftigt. Ein solcher Schritt ist dem Arbeitnehmer allerdings nicht zumutbar. Dieser Aspekt spricht für eine erhöhte Intensität der Ungleichbehandlung.

(cc) Erhöhte Intensität der Ungleichbehandlung durch die Beeinträchtigung von Verfassungsnormen?

Die Intensität der Ungleichbehandlung steigt, je stärker Freiheitsrechte oder sonstige Verfassungsnormen in ihrer Wirksamkeit beeinträchtigt werden.[211] Durch die eingeschränkte Möglichkeit der Teilzeit könnte unzulässig in grundrechtlich geschützte Positionen des Arbeitnehmers eingegriffen werden. Dies

---

[208] *Ramm*, AuR 1991, 257, 264.
[209] So auch *Endres*, Schwellenwertregelungen im Arbeitsrecht, 79 f.
[210] BVerfG 07.10.1980, BVerfGE 55, 72, 89; BVerfG 02.12.1992, BVerfGE 88, 5, 12; BVerfG 26.01.1993, BVerfGE 88, 87, 96; BVerfG 15.07.1998, BVerfGE 98, 365, 389; *Epping*, Grundrechte, Rn. 704.
[211] BVerfG 30.05.1990, BVerfGE 82, 126, 146; BVerfG 15.07.1998, BVerfGE 98, 365, 389; BVerfG 02.12.1992, BVerfGE 88, 5, 12; *Epping*, Grundrechte, Rn. 704.

wäre der Fall, wenn die Möglichkeit zur Verringerung der Arbeitszeit während der Elternzeit durch einen grundrechtlich geschützten Anspruch gesichert ist oder durch die Grundrechte ein besonderer Schutz gewährt wird.

Ein Anspruch auf Elternteilzeit ergibt sich weder aus Art. 12 I GG noch aus Art. 6 I GG. Art. 12 I GG schützt die Berufswahl- und die Berufsausübungsfreiheit. Der Wunsch nach Teilzeit kann die Berufswahlfreiheit nicht betreffen, da die Reduzierung der Arbeitszeit nur in einem bestehenden Arbeitsverhältnis durchgeführt werden kann.

Die Berufsausübungsfreiheit ist in erster Linie als Abwehrrecht konzipiert, welches vor Regelungen schützen soll, die das „Wie" der Berufstätigkeit[212] regeln.[213] Die Berufsfreiheit wird nicht als soziales Grundrecht, sondern als liberales Abwehrrecht verstanden.[214] Art. 12 I GG begründet weder ein Recht auf Arbeit,[215] noch kann daraus eine bestimmte Ausgestaltung der Arbeit abgeleitet werden[216].

Art. 6 I GG begründet ebenfalls keinen Anspruch auf Teilzeittätigkeit während der Elternzeit. Die aus der Verfassung dem Staat erwachsende Verpflichtung, Ehe und Familie zu fördern, führt nicht zu konkreten Ansprüchen von Ehegatten und Familienangehörigen auf Förderungsleistungen.[217] Der aus der Verfassung

---

[212] *Epping*, Grundrechte, Rn. 364; *Sachs*, Grundrechte, B 12 Rn. 17.
[213] Dreier-*Wieland*, Art. 12 GG Rn. 35.
[214] Dreier-*Wieland*, Art. 12 GG Rn. 33.
[215] BVerfG 24.04.1991, BVerfGE 84, 133, LS 1; Dreier-*Wieland*, Art. 12 GG Rn. 33; eine derartige Formulierung findet sich zwar in Art. 8 I der Bremischen Verfassung, Art. 28 II der Hessischen Verfassung, Art. 24 I 3 der Nordrhein Westfälischen Verfassung. Der Staat kann eine solche Verpflichtung nur erfüllen, wenn im äußersten Fall das Instrumentarium der zentral verwalteten Wirtschafts- und Arbeitsmarktplanung zur Verfügung stünde. Das ist aber nur in einem Staat denkbar, der anders als der dem GG unterworfene weder an die Berufsfreiheit, Freiheit der Arbeitsplatz- und Ausbildungswahl, Freizügigkeit, Vertrags- und Eigentumsfreiheit sowie an die Koalitionsfreiheit gebunden ist. Es kommt erschwerend hinzu, dass die Verfassung die staatliche Wirtschafts-, Finanz- und Sozialpolitik auf die Wahrung bzw. Wiedererlangung des gesamtwirtschaftlichen Gleichgewichts festlegt, Art. 109 III GG; ein Recht auf Arbeit würde die Erreichung des gesamtwirtschaftlichen Gleichgewichts (fast) unmöglich machen, vgl. zu dieser Argumentation, *Papier*, RdA 2000, 1, 2 f.
[216] Dreier-*Wieland*, Art. 12 GG Rn. 38, a. A. *Brügge*, Das Gesetz über Teilzeitarbeit, 114, der durch die Freiheit der Berufsausübung auch Form, Mittel, Umfang und Inhalt der Betätigung schützen möchte. Ein solches Recht des Arbeitnehmers wäre allerdings zu weitgehend und würde empfindlich in die Unternehmerfreiheit des Arbeitgebers eingreifen.
[217] BVerfG 29.05.1990, BVerfGE 82, 60, 81 unter Bezugnahme auf BVerfG 06.05.1975, BVerfGE 39, 316, 326; BK-*Pirson*, Art. 6 I GG Rn. 96; Dreier-*Gröschner*, Art. 6 I GG Rn. 22.

abgeleiteten Handlungspflicht steht keine subjektiv-rechtliche Entsprechung gegenüber. Das verfassungsrechtliche Gebot erstreckt sich nur auf das Tätigwerden der staatlichen Organe in eine bestimmte Richtung, eine Determination des Inhalts und Umfangs des Tätigwerdens ist aber nicht gegeben.[218] Nur wenn sich das allgemeine Förderungsgebot aufgrund einer Gefahrensituation für das geschützte Gut verdichtet, kann ein subjektives Recht entstehen.[219] Eine solche Gefahrensituation könnte möglicherweise bei (drohender) Verwahrlosung des Kindes entstehen, die wegen der Arbeitsverpflichtung eingeschränkten Möglichkeiten der Betreuung hervorgerufen wurde. Durch die Möglichkeit der Ausübung des Gestaltungsrechts auf Elternzeit und damit der vollständigen Freistellung von der Arbeit wird eine solche Gefahrensituation aber prinzipiell nie vorliegen. Daher kann aus Art. 6 I GG kein Anspruch auf Einräumung von Elternteilzeit abgeleitet werden.

Es besteht somit kein grundrechtlicher Anspruch auf Teilzeit. Aus diesem Grund wird die Intensität der Ungleichbehandlung nicht erhöht.

Die Ungleichbehandlung könnte als erhöht beurteilt werden, wenn die in Art. 6 I GG getroffene wertentscheidende Grundsatznorm – der besondere Schutz von Ehe und Familie[220] – beeinträchtigt wird. Durch die Schwellenwertregelung wird Arbeitnehmern, die bei Kleinarbeitgebern beschäftigt sind, die Vereinbarkeit von Beruf und Familie erschwert. Dies könnte sich negativ auf das Familienleben der betroffenen Arbeitnehmer auswirken. Allerdings haben sie gemäß § 15 I BEEG die Möglichkeit das Gestaltungsrecht auf Elternzeit auszuüben, was zu einer völligen Freistellung von der Arbeit führt. Dadurch wird die Betreuung der Kinder gewährleistet. Auch finanziell bedürftige Arbeitnehmer können sich (meistens) durch die vom Staat gewährte Unterstützung die Freistellung von der Arbeit leisten. Der besondere Schutz von Ehe und Familie ist daher nicht besonders stark tangiert.

---

[218] BK-*Pirson*, Art. 6 I GG Rn. 96.
[219] BK-*Pirson*, Art. 6 I GG Rn. 96.
[220] BVerfG 17.01.1957, BVerfGE 6, 55, 71 ff.; BVerfG 04.05.1971, BVerfGE 31, 58, 67; BVerfG 18.04.1989, BVerfGE 80, 81, 92 f.; BVerfG 12.05.1987, BVerfGE 76, 1, 72 ff.; BVerfG 10.11.1998, BVerfGE 99, 216, 232; *Epping*, Grundrechte, Rn. 460 und Rn. 467.

(dd) Zwischenergebnis

Somit ist insgesamt davon auszugehen, dass sich die Intensität der Ungleichbehandlung aufgrund der besonderen Situation bei Kleinarbeitgebern und der geringen grundrechtlichen Relevanz im unteren Bereich befindet.

(3) Abwägung zwischen Zweck und Mittel

Dem Gesetzgeber, der diese Interessen zu einem gerechten Ausgleich bringen will, ist ein weiter Gestaltungsfreiraum eingeräumt.[221] Die Einschätzung der für die Konfliktlage maßgeblichen ökonomischen und sozialen Rahmenbedingungen liegt in seiner politischen Verantwortung, ebenso die Vorausschau auf die künftige Entwicklung und die Wirkungen seiner Regelung. Dasselbe gilt für die Bewertung der Interessenlage, das heißt die Gewichtung der einander entgegenstehenden Belange und die Bestimmung ihrer Schutzbedürftigkeit. Eine Verletzung grundrechtlicher Schutzpflichten kann daher in einer solchen Lage nur festgestellt werden, wenn eine Grundrechtsposition den Interessen des anderen Vertragspartners in einer Weise untergeordnet wird, dass in Anbetracht der Bedeutung und Tragweite des betroffenen Grundrechts von einem angemessenen Ausgleich nicht mehr gesprochen werden kann.[222] Die Intensität der Ungleichbehandlung muss dem verfolgten Zweck gegenüber gestellt werden. Durch die relativ niedrige Schwellenzahl von 15 und der Bezugnahme auf den „Arbeitgeber" wird sichergestellt, dass der Bezugspunkt tatsächlich Einheiten sind, die sich in der Regel durch eine wirtschaftlich und verwaltungsmäßig geringere Belastbarkeit auszeichnen. Gerade Kleinarbeitgeber sollen vor dem erhöhten Aufwand, der mit der Gewährung von Elternteilzeit einhergeht, geschützt werden, da sie dadurch typischerweise überfordert werden. Dem Gesetzgeber ist es im Rahmen seines Gestaltungsspielraums nicht verwehrt Typisierungen vorzunehmen.[223] Die Intensität der Ungleichbehandlung hält sich daher in Grenzen. Daher ist davon auszugehen, dass sich die Festlegung des Schwellenwertes innerhalb des Gestaltungsfreiraums des Gesetzgebers bewegt.

(4) Resümee

Die Ungleichbehandlung ist daher angemessen.

---

[221] BVerfG 27.01.1998, BVerfGE 97, 169, 176; *Brügge*, Das Gesetz über Teilzeitarbeit, 115.
[222] BVerfG 27.01.1998, BVerfGE 97, 169, 176 f.
[223] BVerfG 27.01.1998, BVerfGE 97, 169, 176 f.

ff) Zusammenfassung

Die rechtlich relevante Ungleichbehandlung ist im Ergebnis gerechtfertigt.

c) Ergebnis

Die Höhe des Schwellenwertes muss nicht angepasst werden, da sie mit Art. 3 I GG vereinbar ist.

IV. Auslegung des Begriffs „dringende betriebliche Gründe"

Als Negativvoraussetzung dürfen dem Teilzeitverlangen nach § 15 VII 1 Nr. 4 BEEG keine dringenden betrieblichen Gründe entgegenstehen. Aufgrund der Unbestimmtheit dieses Rechtsbegriffs ist die Auslegung schwierig. Das führt in der Praxis häufig dazu, dass der Arbeitgeber nicht weiß, ob er die gewünschte Elternteilzeit verweigern darf oder nicht. Der Arbeitnehmer kann in der Regel die Chancen einer gerichtlichen Durchsetzungen genauso wenig einschätzen. Diese Rechtsunsicherheit könnte viele Arbeitnehmer davon abhalten bei Ablehnung ihres Teilzeitverlangens durch den Arbeitgeber ein Gerichtsverfahren anzustrengen, beziehungsweise der Arbeitnehmer könnte ein gerichtliches Verfahren in Gang setzen, obwohl sein Verringerungsverlangen nicht berechtigt ist.

Diese Unwägbarkeit kann dazu führen, dass bereits in der Verhandlungsphase rechtsanwaltliche Hilfe herangezogen wird, um die Verhandlungsbasis zu klären, das heißt, wie hoch die Chancen einer gerichtlichen Durchsetzung stehen. Dadurch entstehen Rechtsberatungs- und Rechtsverfolgungskosten, die sich im Falle einer gerichtlichen Auseinandersetzung noch erhöhen.[224]

Eine Klärung der Formulierung ist daher erforderlich. Als erstes werden die Ansätze der Rechtsprechung dargestellt. Die Spannbreite der möglichen Interpretationen verdeutlicht die zurzeit bestehende Unsicherheit.

Zur näheren Konkretisierung der dringenden betrieblichen Gründe wird zunächst auf den Wortlaut des Begriffs, danach auf dessen Historie, die sich aus der Gesetzesbegründung ergibt, und anschließend auf vergleichbare Vorschriften in anderen Gesetzen eingegangen. Die Konkretisierung der dringenden betrieblichen Gründe des § 15 VII 1 Nr. 4 BEEG wird in einen Formulierungsvorschlag für den Gesetzgeber münden.

---

[224] *Eckert*, DStR 2002, 2222, 2228; *Gehring*, Das Recht auf Teilzeitarbeit – Anspruch und Wirklichkeit, 169 f.

1. Rechtsprechungsansätze zur Auslegung der „dringenden betrieblichen Gründe"

Die Rechtsprechung legt den Begriff sehr unterschiedlich aus. Vielfach erfolgt eine Orientierung an Einzelfällen. Bei der Untersuchung der Rechtsprechung fällt auf, dass in den jeweiligen Urteilen fast immer versucht wird zunächst einen abstrakten Anforderungsmaßstab festzulegen, bevor eine genaue Konkretisierung der Gründe bezogen auf den zu entscheidenden Fall erfolgt.

Bei der nun folgenden exemplarischen Darstellung wird deutlich, dass es zwei Grundströmungen gibt: eine eher arbeitgeber- und eine eher arbeitnehmerfreundliche. Zunächst werden vier arbeitnehmerfreundliche Ansätze dargestellt, anschließend zwei arbeitgeberfreundliche.

Das BAG orientiert sich bei der Bestimmung des Anforderungsniveaus an den Wertungen des § 8 IV 2 TzBfG, der bestimmt, dass ein entgegenstehender betrieblicher Grund insbesondere dann vorliege, wenn die Verringerung der Arbeitszeit die Organisation, den Arbeitsablauf oder die Sicherheit im Betrieb wesentlich beeinträchtigt oder unverhältnismäßige Kosten verursacht.[225] Die Richter stellen fest, dass im Gegensatz zu § 8 IV TzBfG für die Ablehnung eines Anspruchs auf Verringerung der wöchentlichen Arbeitszeit nach § 15 VII 1 Nr. 4 BErzGG (jetzt BEEG) nicht betriebliche Gründe jeder Art ausreichen. Diese müssen vielmehr dringend, das heißt von besonderem Gewicht sein. Daher müssten die dringenden betrieblichen Gründe über die in § 8 IV TzBfG genannten Anforderungen hinausgehen. Dabei sei zusätzlich zu berücksichtigen, dass der Arbeitgeber keine Einwendungen gegen die Inanspruchnahme von Elternzeit erheben könne, die dazu führten, dass der Arbeitnehmer überhaupt nicht arbeitet. Daraus folgt, dass die dringenden betrieblichen Gründe im Sinne des § 15 VII 1 Nr. 4 BErzGG (jetzt BEEG) sich gerade daraus ergeben müssen, dass durch die Realisierung des Wunsches nach Teilzeitarbeit erhebliche Beeinträchtigungen für den Arbeitgeber entstehen. Angewendet auf den zu entscheidenden Fall kamen die Richter zu dem Ergebnis, dass eine solche erhebliche Beeinträchtigung des Arbeitgebers vorliege, wenn ein Arbeitnehmer zunächst Elternzeit unter völliger Freistellung von der Arbeitsleistung in Anspruch nimmt, der Arbeitgeber eine Vertretung befristet eingestellt hat und weder diese noch die übrigen vergleichbaren Arbeitnehmer bereit sind, ihre Arbeitszeit zu verringern. Anderenfalls wäre der Arbeitgeber gezwungen, den Arbeitnehmer in Elternzeit mit ver-

---

[225] BAG 19.04.2005, AP Nr. 44 zu § 15 BErzGG, Gründe II. 4. b).

ringerter Arbeitszeit während der Elternzeit zu beschäftigen, obwohl für ihn auf Grund der erfolgten Einstellung einer Vertretungskraft kein Beschäftigungsbedarf besteht. Eine solche zusätzliche wirtschaftliche Belastung könne dem Arbeitgeber jedoch regelmäßig nicht auferlegt werden.[226]
Nach der Ansicht des Arbeitsgerichts Hamburg müssen entgegenstehende dringende betriebliche Gründe auf Schwierigkeiten beruhen, die sich gerade aus der beantragten Teilzeitbeschäftigung ergeben.[227] Die Beeinträchtigungen müssten deutlich über das hinausgehen, was bereits mit der hypothetischen Umsetzung des Teilzeitwunsches einhergeht.[228] Die Beeinträchtigungen müssten vielmehr einen unvertretbar negativen betriebswirtschaftlichen Faktor darstellen beziehungsweise das gesamte Organisationskonzept des Arbeitgebers erheblich beeinträchtigen.[229] Der Arbeitgeber müsse darlegen können, dass er alle Möglichkeiten der betrieblichen Organisation geprüft habe und eine Reduzierung der bisherigen Arbeitszeit an Stelle des vom Gesetz ohne Einschränkung vorgesehenen Totalausfalls für die Dauer der Elternzeit nicht machbar sei.[230] In dem 2004 zu entscheidenden Fall kam das Gericht zu dem Ergebnis, dass die Organisationsentscheidung, dass der Arbeitsplatz eines Produktmanagers als Schnittstelle zwischen zwei Abteilungen nicht teilbar sei, kein dringendes betriebliches Erfordernis darstelle, wenn die Arbeitgeberin den Arbeitsplatz nach Beginn der Elternzeit aufgeteilt und die Aufgaben des sich in Elternzeit befindenden Arbeitnehmers auf drei Beschäftigte verteilt habe.[231] Auch 2005 verneinte das Gericht das Vorliegen eines entgegenstehenden dringenden betrieblichen Grunds unter Zugrundelegung des gerade dargestellten Anforderungsniveaus. Dort beschäftigte die Beklagte sechs Betriebsingenieure, um sofort auf Störungen reagieren zu können. Das Gericht stimmte mit der Beklagten darin überein, dass eine sofortige Reaktion auf betriebliche Störungen unverzichtbar und von größter Bedeutung sei. Das Gericht kam allerdings zum Ergebnis, dass dies nicht durch die Reduzierung der Arbeitszeit des Klägers beeinträchtigt werde. Daher liege kein entgegenstehender dringender betrieblicher Grund vor.

---

[226] BAG 19.04.2005, AP Nr. 44 zu § 15 BErzGG, Gründe II. 4. b).
[227] ArbG Hamburg 10.08.2005, 21 Ga 5/05 (unveröffentlicht).
[228] ArbG Hamburg 24.11.2004 – 16 Ca 558/03 (unveröffentlicht).
[229] ArbG Hamburg 24.11.2004 – 16 Ca 558/03 (unveröffentlicht).
[230] ArbG Hamburg 10.08.2005 – 21 Ga 5/05 (unveröffentlicht).
[231] ArbG Hamburg 24.11.2004 – 16 Ca 558/03 (unveröffentlicht).

Ähnlich argumentiert das Landesarbeitsgericht München. Dringlich könnten betriebliche Gründe nur sein, wenn sie sich nicht nur aus Zweckmäßigkeits- oder Praktikabilitätsüberlegungen ergeben, sondern wenn die Gründe die Unmöglichkeit oder zumindest die Unzumutbarkeit des Teilzeitverlangens ergeben.[232] In Anknüpfung an den Begriff der Dringlichkeit in § 1 II KSchG bei der betriebsbedingten Kündigung sei auf den Grundsatz der Verhältnismäßigkeit und auf die Unvermeidbarkeit abzustellen. Ebenso wie der Arbeitgeber eine betriebsbedingte Kündigung erst aussprechen dürfe, wenn es ihm nicht möglich sei, die Kündigung durch andere Maßnahmen auf technischem, organisatorischem oder wirtschaftlichem Gebiet zu vermeiden, müsse vom Arbeitgeber auch im Rahmen des § 15 VII BErzGG (jetzt BEEG) gefordert werden, das Teilzeitverlangen des Arbeitnehmers nur dann zurückzuweisen, wenn er die begehrte Teilzeitbeschäftigung auch nicht durch organisatorische Maßnahmen ermöglichen könne.[233] Im konkreten Fall kam das Landesarbeitsgericht zu dem Ergebnis, dass der Beklagte nicht schlüssig dargelegt habe, dass eine Weiterbeschäftigung nicht möglich oder nicht zumutbar sei, so dass kein entgegenstehender, dringender betrieblicher Grund vorliege. Der Arbeitgeber müsse insbesondere explizit darlegen, dass er den Kläger nicht anderweitig im Rahmen seiner Kenntnisse und Fähigkeiten entsprechend seiner Eingruppierung mit der gewünschten reduzierten Stundenanzahl pro Woche weiterbeschäftigen könne.

Ohne auf das Anforderungsniveau einzugehen, stellt das Landesarbeitsgericht Baden-Württemberg fest, dass dringende betriebliche Gründe vorliegen, wenn weder die Bereitschaft der gegenwärtigen Arbeitnehmerschaft bestehe, ihre Wochenarbeitszeit entsprechend zu reduzieren, noch auf dem Arbeitsmarkt eine Arbeitskraft mit der Bereitschaft mit den Wünschen der Klägerin kompatible Teilzeitarbeit zu leisten gefunden werden kann. Eine Beschäftigung der Klägerin über den tatsächlichen Bedarf hinaus sei nicht zumutbar.[234]

Die dargestellten arbeitnehmerfreundlichen Auffassungen führen dazu, dass nur im Ausnahmefall dringende betriebliche Gründe bestünden, welche der Inanspruchnahme der Elternteilzeit entgegen gehalten werden können. Teilweise erfolgt eine Anlehnung an § 8 IV 2 TzBfG, teilweise an § 1 II KSchG und teilweise wird der relevante Maßstab ohne Anlehnung an andere Paragraphen be-

---

[232] LAG München 03.03.2004, LAG Report 2005, 197.
[233] LAG München 03.03.2004, LAG Report 2005, 197, 198 f.
[234] LAG Baden-Württemberg 06.05.2004, AuA 2004/08, 44, 45.

stimmt. Die dargestellten Maßstäbe weichen aber nur hinsichtlich ihrer Formulierungen voneinander ab. Sie führen zu identischen Ergebnissen.

Das Arbeitsgericht Magdeburg vertritt eine ganz entgegengesetzte Meinung. Es legt den Begriff in Anlehnung an den entsprechenden Begriff in § 1 II KSchG aus und überträgt die gerichtlichen Überprüfungsmöglichkeiten.[235] Der Unternehmer, der das wirtschaftliche Risiko trage, könne sich unternehmenspolitisch frei entscheiden. In Anerkennung dieser Freiheit sei grundsätzlich die Entscheidung eines Arbeitgebers bindend, keine Teilzeitarbeitsplätze im Betrieb oder in der Betriebsebene einzurichten, soweit diese Entscheidung nicht unsachlich, unvernünftig oder willkürlich sei.[236] Bezogen auf den konkreten Fall wurde es vom Arbeitsgericht Magdeburg daher für ausreichend erachtet, dass auf der Hierarchieebene, in der die Anspruchsstellerin tätig war, ausschließlich Vollzeitkräfte arbeiteten und dass der Betrieb seit jeher so organisiert war. Dieses unternehmerische Konzept sei weder rechtsmissbräuchlich, noch willkürlich oder unsachlich. Es stelle daher einen dringenden betrieblichen Grund dar, der der Teilzeitbeschäftigung entgegenstehe.

Das Landesarbeitsgericht Düsseldorf vertritt die Auffassung, dass dringende betriebliche Gründe vorliegen, wenn betriebstechnische, wirtschaftliche oder sonstige berechtigte Bedürfnisse die Beschäftigung einer ganztags tätigen Vollzeitkraft erfordern und die Aufteilung des Aufgabenbereichs auf zwei Teilzeitkräfte, falls praktisch überhaupt realisierbar, betriebswirtschaftlich nicht vernünftig erscheint.[237] In der Entscheidung hat das Landesarbeitsgericht sich allerdings nicht weiter mit diesem Anforderungsniveau auseinandergesetzt, sondern vielmehr explizit offen gelassen, ob in dem zu entscheidenden Sachverhalt betriebliche Bedürfnisse die Beschäftigung einer Vollzeitkraft erfordern.[238] Vielmehr hat es festgestellt, dass im Übrigen dem Arbeitgeber die Umstellung auf zwei Teilzeitkräfte statt einer Vollzeitkraft nur zuzumuten sei, wenn er den Arbeitsausfall, der infolge der dem sich in Elternzeit befindlichen Arbeitnehmer zugestandenen Arbeitszeitverringerung entsteht, durch Einstellung einer geeigneten, in kom-

---

[235] ArbG Magdeburg 17.09.2003, 11 Ca 673/03 (unveröffentlicht).
[236] Zu der gerichtlichen Überprüfungsmöglichkeit im Rahmen von § 1 KSchG vgl. BAG 30.04.1987, AP Nr. 42 zu § 1 KSchG 1969, Betriebsbedingte Kündigung, LS 1; BAG 17.10.1980, AP Nr. 10 zu § 1 KSchG 1969, Betriebsbedingte Kündigung, Gründe 3. a); ErfK-*Ascheid/Oetker*, § 1 KSchG Rn. 401.
[237] LAG Düsseldorf 03.03.2004, DB 2004, 1562.
[238] LAG Düsseldorf 03.03.2004, DB 2004, 1562, 1563.

plementärer Teilzeit tätigen Ersatzkraft ausgleichen kann. Dabei könne vom Arbeitgeber grundsätzlich nicht verlangt werden, dass er den Arbeitsausfall durch Einstellung einer in Vollzeit oder einer überproportional tätigen Ersatzkraft abdecke.[239] Die Kammer ging davon aus, dass zu keiner Zeit zu erwarten war, dass auf dem Arbeitsmarkt ein zu entsprechender Teilzeitarbeit bereiter und fachlich geeigneter Arbeitnehmer zu finden sei.[240] Daher kam sie zu dem Ergebnis, dass ein entgegenstehender, dringender betrieblicher Grund vorliege.[241]

Die soeben dargestellten Maßstäbe des Arbeitsgerichts Magdeburg und des Landesarbeitsgerichts Düsseldorf richten ihren Fokus auf die wirtschaftliche Entscheidungsfreiheit des Arbeitgebers. Sie hätten zur Folge, dass Arbeitgeber relativ leicht verhindern können, dass Arbeitnehmer in Elternteilzeit arbeiten.

Es wird also deutlich, dass in der Rechtsprechung zwei Tendenzen bestehen, eine eher arbeitgeber- und eine eher arbeitnehmerfreundliche.

2. Auslegung der „dringenden betrieblichen Gründe" nach dem Wortlaut

Bei der Auslegung nach dem Wortlaut kommt es primär auf die Bedeutung der Wortverbindung im allgemeinen Sprachgebrauch zur Zeit der Entstehung des Gesetzes an.[242] Wenn Ausdrücke in der Rechtssprache eine spezielle Bedeutung haben, ist anzunehmen, dass sie in diesem spezifischen Sinn gemeint sind.[243]

Der Begriff der „dringenden betrieblichen Gründe" setzt sich aus zwei Aspekten zusammen: „dringend" und „betriebliche Gründe".

Nach dem allgemeinen Sprachgebrauch kommen als Synonyme für *dringend* Begriffe wie „schwerwiegend", „wichtig", „zwingend", „essentiell", „erheblich" in Betracht.[244] Diese Wortbedeutungen sprechen für ein hohes Anforderungsniveau, welches an das Vorliegen von dringenden betrieblichen Gründen gestellt

---

[239] LAG Düsseldorf 03.03.2004, DB 2004, 1562.
[240] LAG Düsseldorf 03.03.2004, DB 2004, 1562, 1563.
[241] Das BAG 19.04.2005, AP Nr. 43 zu § 15 BErzGG, Gründe II. 1., ging in seiner Revisionsbegründung nicht auf den Anforderungsmaßstab ein, sondern stellte nur darauf ab, dass nicht nachvollziehbar dargelegt wurde, aus welchen tatsächlichen Umständen das LAG Düsseldorf zur Überzeugung gelangt sei, es sei für die Beklagte praktisch ausgeschlossen eine geeignete Ersatzkraft zu finden.
[242] *Schwintowski*, Juristische Methodenlehre, 4.4.1.
[243] *Schwintowski*, Juristische Methodenlehre, 4.4.1.
[244] Einige dieser Synonyme finden sich im Duden, Band 2, S. 867.

wird. Um festzustellen, ob etwas dringlich ist, ist eine umfassende Abwägung der entgegenstehenden Interessen erforderlich.[245]

Aus dem Umstand, dass es sich um dringende *betriebliche* Gründe handelt, wird deutlich, dass Anknüpfungspunkt der jeweilige Betrieb ist. Im BEEG findet sich keine Definition des Betriebs. Nach herrschender, allerdings zunehmend auch in Frage gestellter Auffassung,[246] ist der betriebsverfassungsrechtliche Betriebsbegriff für alle arbeitsrechtlichen Gesetze mit Ausnahme von § 613a BGB[247] und mit Einschränkungen bei § 23 I 2, 3 KSchG[248] maßgeblich. Ausgehend von dieser Annahme ist der betriebsverfassungsrechtliche Betriebsbegriff Bezugspunkt für die folgende Darstellung. Der heutzutage herrschende Betriebsbegriff[249] geht auf eine Definition von *Jacobi* zurück,[250] die von *A. Hueck* modifiziert wurde.[251] Unter einem Betrieb versteht man danach die organisatorische Einheit, innerhalb derer ein Arbeitgeber allein oder zusammen mit den von ihm beschäftigten Arbeitnehmern bestimmte arbeitstechnische Zwecke fortgesetzt verfolgt, die sich nicht in der Befriedigung des Eigenbedarfs erschöpfen. Dazu müssen die in einer Betriebsstätte vorhandenen materiellen und immateriellen Betriebsmittel für den oder die verfolgten arbeitstechnischen Zwecke zusam-

---

[245] Annuß/Thüsing-*Lambrich*, § 23 TzBfG Rn. 28; HWK-*Gaul*, § 15 BErzGG Rn. 17; *Peters-Lange/Rolfs*, NZA 2000, 682, 686; *Lindemann/Simon*, NJW 2001, 258, 261; gegen das Erfordernis einer konkreten Interessenabwägung: *Reiserer/Penner*, BB 2002, 1962, 1963.

[246] Vgl. beispielsweise *Preis*, RdA 2000, 257 ff.

[247] Das BAG hat die Rspr. des EuGH zur EG-RL 77/187 übernommen und dadurch einen § 613a BGB spezifischen Betriebsbegriff begründet: BAG 22.01.1998, AP Nr. 173 zu § 613a BGB, Gründe B. II. 1.

[248] Der Betriebsbegriff ist verfassungskonform auszulegen, das heißt, die Kleinbetriebsklausel gilt nur für Betriebe, in denen die Gründe für die Privilegierung des „kleinen" Arbeitgebers – insbesondere die enge persönliche Zusammenarbeit mit den Arbeitnehmern sowie die geringe Finanzkraft und Verwaltungskapazität – zutreffen, BVerfG 27.01.1998, BVerfGE 97, 169, 184.

[249] Vgl. nur BAG 18.03.1997, AP Nr. 16 zu § 1 BetrAVG, Betriebsveräußerung, Gründe I. 1. a) aa); BAG 14.05.1997, AP Nr. 6 zu § 8 BetrVG 1972, Gründe B. I. 2.; BAG 14.09.1988, AP Nr. 9 zu § 1 BetrVG 1972, Gründe B. 2.; BAG 17.02.1981, AP Nr. 9 zu § 111 BetrVG 1972, Gründe II. 2. b); zwischenzeitlich definierte das BAG den Betriebsbegriff vereinzelt anhand eines Katalogs aus Merkmalen und Grundsätzen, so BAG 01.02.1963, BAGE 14, 82, 90 ff.; gab diesen Ansatz aber in den folgenden Entscheidungen ohne Kommentierung wieder auf.

[250] *Jacobi*, Betrieb und Unternehmen als Rechtsbegriffe, 9; *derselbe*, Grundlehren des Arbeitsrechts, 286.

[251] *Hueck/Nipperdey*, Lehrbuch des Arbeitsrechts, 93; die Begriffsbestimmung geht auf das Beratungsergebnis im „Arbeitsrechtsausschuß der Akademie für Deutsches Recht" von 1938 zurück.

mengefasst, geordnet, gezielt eingesetzt und die menschliche Arbeitskraft von einem einheitlichen Leistungsapparat gesteuert werden.
Der arbeitstechnische Zweck grenzt den Betrieb vom Unternehmen ab, das in der Regel wirtschaftliche Zwecke verfolgt.[252]
Durch die Begrenzung auf den Betrieb kann der Arbeitgeber sich nur auf dringende Gründe berufen, die sich gerade in dem Betrieb ergeben. Sonstige Aspekte, die sich möglicherweise in Bezug auf das Unternehmen ergeben, bleiben außen vor.
Weitere Schlussfolgerungen sind aber aus dem bloßen Wortlaut nicht abzuleiten. Weder lassen sich aus dem Wortlaut der genaue Schweregrad der Ablehnungsgründe ableiten, noch gibt er Aufschluss über Situationen, in denen stets das Vorliegen von dringenden betrieblichen Gründen anzunehmen ist.
Es bleibt somit festzuhalten, dass die entgegenstehenden Gründe nur aus betrieblichen Umständen resultieren dürfen und eine umfassende Abwägung mit den Interessen des Arbeitnehmers erforderlich ist, um zu bestimmen, ob diese im Einzelfall tatsächlich dringlich sind.

3. Historische Auslegung der „dringenden betrieblichen Gründe"

Bei der historischen Auslegung geht es um die Entstehungsgeschichte eines Gesetzes, sowie darum welchen Sinn der Gesetzgeber mit der jeweiligen Norm oder dem verwendeten Begriff innerhalb der Norm verbunden hat.[253]
In der Gesetzesbegründung wird zur Auslegung dieses Rechtsbegriffs auf das Bundesurlaubsgesetz verwiesen.[254] Danach entspreche der Begriff der entgegenstehenden dringenden betrieblichen Gründe denjenigen in § 7 II BUrlG.[255]
Zunächst wird dargestellt, wie die dringenden betrieblichen Gründe im Rahmen des Urlaubsrechts ausgelegt werden. Anschließend wird geprüft, ob eine Übertragung dieser Wertungen auf § 15 BEEG sinnvoll ist.

---

[252] BAG 24.02.1976, AP Nr. 2 zu § 4 BetrVG 1972, Gründe III. 2.; ErfK-*Eisemann*, § 1 BetrVG Rn. 9.
[253] *Schwintowski*, Juristische Methodenlehre, 4.4.2.
[254] BT-Drucks. 14/3553, S. 22.
[255] BT-Drucks. 14/3553, S. 22.

a) Dringende betriebliche Gründe des § 7 II BUrlG

Nach § 7 II 1 BUrlG ist der Urlaub zusammenhängend zu gewähren, es sei denn, dass dringende betriebliche Gründe eine Teilung des Urlaubs erforderlich machen. Im Urlaubsrecht liegen betriebliche Gründe noch nicht bereits dann vor, wenn es zu Störungen im Betriebsablauf kommt, da diese regelmäßig bei Fehlen eines Mitarbeiters auftreten.[256] Dringende betriebliche Gründe sind vielmehr unvorhersehbare Umstände (z.b. Krankheit) und besondere Gegebenheiten beim Arbeitgeber (beispielsweise Saisonarbeit), die zu Personalmangel führen.[257] Auch sonstige Eigenarten der Branche (z.B. besonders verkaufsstarke Zeiten im Einzelhandel, Vorlesungszeiten in Bildungseinrichtungen) können ein Leistungsverweigerungsrecht begründen.[258] Im Konfliktfall sind daher die Umstände des Einzelfalls zu berücksichtigen.[259] Nur wenn ein deutlich überwiegendes Interesse des Arbeitgebers an der dauernden Anwesenheit im Betrieb zu bejahen ist, darf der Urlaubsanspruch abgelehnt werden. Überwiegt keines der beiden Interessen, ist den Urlaubswünschen des Arbeitnehmers nachzukommen.[260]

b) Übertragbarkeit auf den Elternteilzeitanspruch?

Hinsichtlich der möglichen Übertragbarkeit auf den Elternteilzeitanspruch ist zwischen der Gewichtung der Umstände des Einzelfalls und des generellen Erfordernis einer umfassenden Interessenabwägung zu differenzieren.

Es wurde bereits herausgearbeitet, dass bei § 15 VII 1 Nr. 4 BEEG aufgrund des Erfordernisses der Dringlichkeit der entgegenstehenden betrieblichen Gründe eine umfassende Abwägung der entgegenstehenden Interessen vorzunehmen ist.[261] Dies wird durch die historische Auslegung unterstützt, da auch bei § 7 II BUrlG eine umfassende Interessenabwägung erforderlich ist. Klarzustellen wäre weiter, was passiert, wenn die Interessen keiner Seite überwiegen. Aufgrund der hohen, durch Art. 6 I GG grundrechtlich geschützten Bedeutung des Elternteilzeitanspruchs für den Arbeitnehmer und des Verweises in der Geset-

---

[256] ErfK-*Dörner*, § 7 BUrlG Rn. 23; *Leinemann/Linck*, § 7 BUrlG Rn. 39; HWK-*Schinz*, § 7 BUrlG Rn. 27.
[257] HWK-*Schinz*, § 7 BUrlG Rn. 27 i.V.m. Rn. 49; ErfK-*Dörner*, § 7 BUrlG Rn. 24.
[258] HWK-*Schinz*, § 7 BUrlG Rn. 27 i.V.m. Rn. 49; ErfK-*Dörner*, § 7 BUrlG Rn. 24.
[259] ErfK-*Dörner*, § 7 BUrlG Rn. 24; *Leinemann/Linck*, § 7 BUrlG Rn. 39.
[260] ArbG Ulm 14.12.1967, DB 1968, 716; *Neumann/Fenski*, § 7 BUrlG Rn. 13; *Feldhoff*, ZTR 2006, 58, 66.
[261] Vgl. oben B.IV.2, S. 70.

zesbegründung auf die Wertungen des § 7 II BUrlG ist davon auszugehen, dass in diesem Fall die Interessen des Arbeitnehmers vorrangig sind.[262]

Die im Rahmen des § 7 II BUrlG getroffenen Wertungen bezogen auf die Gewichtung der Umstände können nicht auf den Elternteilzeitanspruch übertragen werden. Eine Transferierung scheitert an der mangelnden Vergleichbarkeit von Elternteilzeit und Erholungsurlaub, welche sowohl Ausfluss des unterschiedlichen Zeitrahmens als auch der unterschiedlich starken Beeinträchtigung der betroffenen Interessen ist.

Bei § 15 VI und VII BEEG geht es um eine Reduzierung der Arbeitsleistungspflicht für einen Zeitraum zwischen zwei Monaten und drei Jahren, bei § 7 II 1 BUrlG um eine vollständige Freistellung von mindestens 24 Tagen pro Jahr (§ 3 I BUrlG). Der Arbeitgeber muss daher im Rahmen der Urlaubserteilung nur für einen sehr überschaubaren und kurzen Zeitraum prüfen, wer den Arbeitsplatz während der Urlaubszeit besetzen oder ob der Arbeitsplatz frei bleiben kann. Im Fall einer Teilzeittätigkeit während der Elternzeit muss der Arbeitgeber hingegen untersuchen, ob dauerhaft, das heißt bis zu drei Jahre eine nur anteilige Beschäftigung auf dem betroffenen Arbeitsplatz möglich ist. Somit sind die Umstände des Einzelfalles aufgrund der unterschiedlichen betrieblichen Planungshorizonte stets verschieden. Unvorhersehbare Umstände und Eigenarten der Branchen werden in einem Zeitraum von drei Jahren immer irgendwann auftreten. Würde dies schon zur Verweigerung der Elternteilzeit ausreichen, hätte dies eine starke Entwertung des Rechts zur Folge. Eine Übertragung ist daher nicht angezeigt.[263]

Die Beeinträchtigung der betroffenen Interessen der Arbeitnehmer ist nur sehr bedingt vergleichbar.

Mit dem Erholungsurlaub wird der gesundheitspolitische Zweck verfolgt, die Arbeitskraft des Arbeitnehmers aufzufrischen und wiederherzustellen.[264] § 7 II BUrlG liegt die medizinische Erkenntnis zugrunde, dass dem Erholungszweck am besten mit einem möglichst zusammenhängenden Urlaub Rechnung

---

[262] Annuß/Thüsing-*Lambrich*, § 23 TzBfG Rn. 28; *Feldhoff*, ZTR 2006, 58, 66; *Gaul/Wisskirchen*, BB 2000, 2466, 2468; zur umfassenden Interessenabwägung: *Peters-Lange/Rolfs*, NZA 2000, 682, 686; *Lindemann/Simon*, NJW 2001, 258, 261; HWK-*Gaul*, § 15 BErzGG Rn. 17.

[263] So auch Annuß/Thüsing-*Lambrich*, § 23 TzBfG Rn. 27; *Lindemann/Simon*, NJW 2001, 258, 261; *Leßmann*, DB 2001, 94, 97; *Reiserer/Penner*, BB 2002, 1962.

[264] BAG 08.03.1984, AP Nr. 14 zu § 3 BUrlG, Rechtsmissbrauch, Gründe II. 3.; HWK-*Schinz*, § 7 BUrlG, Rn. 45.

getragen werden kann.[265] Zwar zeigt die Forschung, dass ein zusammenhängender Urlaub die meiste Erholung bringt, aber auch einzelne Urlaubstage können zu einer Belebung der Arbeitskraft führen.[266] Das geschützte Rechtsgut, die Gesundheit, ist daher auch bei einer Verteilung einzelner Urlaubstage über das Jahr nur in einem geringen Maß betroffen. Daher sind die Interessen des Arbeitnehmers an der Zusammengewährung des Urlaubs als nicht so bedeutend zu gewichten.

Bei der Elternteilzeit geht es dagegen um die Vereinbarkeit von Beruf und Familie. Sowohl bei der Kindeserziehung (Art. 6 I und II GG) als auch bei der Möglichkeit zu arbeiten (Art. 12 I GG) handelt es sich um für den Arbeitnehmer sehr wichtige Rechtsgüter. Wird dem Arbeitnehmer die Teilzeitbeschäftigung verwehrt, sehen sich viele Betroffene zum Wohl des Kindes gezwungen ihre Tätigkeit ganz aufzugeben. Die grundrechtlich geschützten Interessen des Arbeitnehmers sind daher stark betroffen.

Es bestehen somit große Unterschiede zwischen der Relevanz der betroffenen Interessen des Arbeitnehmers.

Die konkreten Wertungen können daher nicht übertragen werden. Dagegen ist auch bei § 15 BEEG eine umfassende Interessenabwägung erforderlich.

4. Systematische Auslegung der „dringenden betrieblichen Gründe"

Die systematische Auslegung befasst sich sowohl mit dem inneren Bedeutungszusammenhang einer Norm als auch mit ihrem Verhältnis zu anderen, vergleichbaren Normen.[267] Der Begriff der dringenden betrieblichen Gründe könnte durch eine Orientierung an vergleichbaren Formulierungen in anderen Gesetzen näher bestimmt werden. Vergleichbare Formulierungen finden sich in §§ 1 II, III 2 KSchG, 6 IV ArbZG, 7 I, II BUrlG, und § 8 IV 1, 2 TzBfG. Bis jetzt fand in der Literatur noch keine umfassende systematische Auslegung des Begriffs statt. Lediglich die Wertungen von § 7 BUrlG und § 8 TzBfG wurden berücksichtigt.

---

[265] HWK-*Schinz*, § 7 BUrlG, Rn. 45.
[266] *Fritz/Sonnentag*, Journal of Applied Psychology, volume 91 [2006], 936 ff.; *Schäfer*, Maxi 04.2007, 121.
[267] *Schwintowski*, Juristische Methodenlehre, 4.4.3.

a) Rückschlüsse auf die Auslegung der „dringenden betrieblichen Gründe" aus § 1 II KSchG?

Möglicherweise können Rückschlüsse über die Auslegung der dringenden betrieblichen Gründe aus § 1 II KSchG gezogen werden.[268]

Eine betriebsbedingte Kündigung ist nach § 1 II KSchG sozial gerechtfertigt, wenn dringende betriebliche Erfordernisse vorliegen, die einer Weiterbeschäftigung des Arbeitnehmers im Betrieb entgegenstehen. Zunächst wird auf die Auslegung des Begriffs der „dringenden betrieblichen Erfordernisse" eingegangen, anschließend auf einen Transfer der dort getroffenen Wertungen.

„Dringende betriebliche Erfordernisse" setzen sich aus zwei Komponenten zusammen: *dringend* und *betriebliche Erfordernisse*. Diese unterschiedlichen Begriffsmerkmale sind nach der Rechtsprechung in einem unterschiedlichen Maß justiziabel.

aa) Betriebliche Erfordernisse

Die „betrieblichen Erfordernisse" werden durch inner- oder außerbetriebliche Ursachen konkretisiert.[269]

Zu den innerbetrieblichen Umständen zählen unter anderem die Änderung oder Einführung neuer Fertigungsmethoden oder Rationalisierungsmaßnahmen. Diese Ursachen fallen regelmäßig mit einer gestaltenden unternehmerischen Entscheidung zusammen, die zum Wegfall von Arbeitsplätzen führen kann.[270]

---

[268] Für eine Übertragung der Wertungen auf die betrieblichen Gründe bei § 8 TzBfG: *Rohr*, Teilzeitarbeit und Kündigungsrecht, 37 ff. (insbesondere 87), die sich dabei auf einen Vergleich zur Änderungskündigung stützt. Aufgrund des Kündigungsschutzes des § 18 BEEG lassen sich ihre Überlegungen aber nicht auf den Elternteilzeitanspruch übertragen.

[269] Zur Unterscheidung: grundlegend BAG 07.12.1978, AP Nr. 6 zu § 1 KSchG 1969, Betriebsbedingte Kündigung, LS 1; weitergeführt zum Beispiel durch BAG 17.10.1980, AP Nr. 10 zu § 1 KSchG 1969, Betriebsbedingte Kündigung, Gründe 3. b); BAG 17.06.1999, AP Nr. 102 zu § 1 KSchG, Betriebsbedingte Kündigung, Gründe II. 1. a); zur Kritik an dieser Differenzierung vgl. *Annuß*, Betriebsbedingte Kündigung und arbeitsvertragliche Bindung, 47 f.; *von Finckenstein*, Freie Unternehmerentscheidung und dringende betriebliche Erfordernisse bei der betriebsbedingten Kündigung, 121.

[270] Stahlhacke/Preis/Vossen-*Preis*, Kündigung und Kündigungsschutz, 2. Abschnitt, § 2 Rn. 941; HWK-*Quecke*, § 1 KSchG Rn. 260 ff.; KR-*Etzel*, § 1 KSchG Rn. 519.

Außerbetriebliche Ursachen werden im Wesentlichen durch das Marktgeschehen bestimmt.[271] Zu ihnen zählen zum Beispiel Auftragsmangel, Umsatzrückgang oder Veränderungen der Marktstruktur. Die außerbetrieblichen Umstände können unmittelbar zum Wegfall von Arbeitsplätzen führen (selbstbindende Unternehmerentscheidung).[272] Meistens bedarf es dazu aber einer zusätzlichen unternehmerischen Entscheidung, die auf die geänderten Umstände reagiert.[273]

Grundsätzlich ist der Umfang der gerichtlichen Kontrolle begrenzt. Das liegt daran, dass zur Unternehmerfreiheit (Art. 12 I GG)[274] die Wahl der Größenordnung des Unternehmens gehört (Grundsatz der freien unternehmerischen Gestaltung), von daher muss dem Unternehmer auch die Freiheit zustehen, die Anzahl der Mitarbeiter auf ein von ihm bestimmtes Maß zu beschränken.[275] Nach inzwischen gefestigter Rechtsprechung ist daher die Entscheidung nur dahingehend zu überprüfen, ob sie offenbar unsachlich, unvernünftig oder willkürlich erscheint.[276]

bb) Anforderungen aufgrund des ultima-ratio-Grundsatzes

Wenn betriebliche Erfordernisse vorliegen, die zu einem Arbeitskräfteüberhang geführt haben, so ist das allein noch nicht ausreichend für die soziale Rechtfertigung einer betriebsbedingten Kündigung. Als weitere Voraussetzung muss hinzukommen, dass diese betrieblichen Erfordernisse auch dringlich sind. Seit der Entscheidung vom 07.12.1978 ist ständige Rechtsprechung des BAG, dass

---

[271] Von Finckenstein, Freie Unternehmerentscheidung und dringende betriebliche Erfordernisse bei der betriebsbedingten Kündigung, 110.

[272] BAG 30.05.1985, AP Nr. 24 zu § 1 KSchG 1969, Betriebsbedingte Kündigung, Gründe II. 1. c) aa); BAG 15.06.1989, AP Nr. 45 zu § 1 KSchG 1969, Betriebsbedingte Kündigung, Gründe II. 1. a); KR-Etzel, § 1 KSchG Rn. 518; von Finckenstein, Unternehmerentscheidung und dringende betriebliche Erfordernisse bei der betriebsbedingten Kündigung, 123 f.

[273] Stahlhacke/Preis/Vossen-Preis, Kündigung und Kündigungsschutz, 2. Abschnitt, § 2 Rn. 942; HWK-Quecke, § 1 KSchG Rn. 260 ff.; KR-Etzel, § 1 KSchG Rn. 518.

[274] Vgl. BVerfG 01.03.1979, BVerfGE 50, 290, 363 ff.; ebenso Stein, BB 2000, 457, 462.

[275] BVerfG 27.01.1998, BVerfGE 97, 169, 179; Hanau, FS Dieterich, 201, 206.

[276] BAG 30.04.1987, AP Nr. 42 zu § 1 KSchG 1969, Betriebsbedingte Kündigung, Gründe I.; BAG 29.03.1990, AP Nr. 50 zu § 1 KSchG 1969, Betriebsbedingte Kündigung, Gründe B. I.; BAG 09.05.1996, AP Nr. 79 zu § 1 KSchG 1969, Betriebsbedingte Kündigung, LS 1. Zur Herleitung der nur eingeschränkten gerichtlichen Kontrolle der Unternehmerentscheidung aus einfachgesetzlichen Regelungen, vgl. von Finckenstein, Freie Unternehmerentscheidung und dringende betriebliche Erfordernisse der betriebsbedingten Kündigung, 207 ff.

Dringlichkeit vorliegt, wenn es dem Arbeitgeber nicht möglich ist, der betrieblichen Situation durch andere Maßnahmen auf technischem, organisatorischem oder wirtschaftlichem Gebiet als durch die Kündigung zu entsprechen.[277] Dadurch soll dem Gebot der Verhältnismäßigkeit entsprochen werden.[278] Dieser Umstand wird als negative Voraussetzung vom Gericht überprüft.[279]

cc) Übertragbarkeit der Wertungen des § 1 II KSchG

Es stellt sich nun die Frage, ob die bei § 1 II KSchG geltenden Grundsätze auf die Auslegung der dringenden betrieblichen Gründe bei § 15 VII 1 Nr. 4 BEEG übertragen werden können.

(1) Übertragbarkeit der Auslegung der dringenden „betrieblichen" Erfordernisse

Es könnte daran gedacht werden, dass die inner- und außerbetrieblichen Umstände, die zu einem betrieblichen Erfordernis führen, ebenfalls einen betrieblichen Grund im Sinne des BEEG darstellen können. Dagegen spricht allerdings erstens die Verschiedenartigkeit der geregelten Situation. Bei der betriebsbedingten Kündigung geht es um den Wegfall des Arbeitsplatzes. Es tritt daher eine dauerhafte Veränderung der Anzahl an Arbeitsplätzen und der betrieblichen Situation ein. Dagegen bleibt bei der Elternteilzeit zum einen der Arbeitsplatz erhalten und die Veränderung ist zum anderen auf die Dauer der Elternzeit beschränkt. Zweitens geht bei innerbetrieblichen Gründen die Initiative vom Arbeitgeber aus und bei außerbetrieblichen Gründen reagiert der Arbeitgeber zumindest selbst auf äußere Umstände. Der Arbeitnehmer hat in beiden Fällen nicht mitgeredet. Dagegen geht die Initiative beim Teilzeitanspruch vom Arbeit-

---

[277] BAG 07.12.1978, BAGE 31, 157, 162 f.; BAG 18.01.1990, AP Nr. 27 zu § 2 KSchG 1969, LS 1; *Berkowsky*, Betriebsbedingte Kündigung, Rn. 115; *von Finckenstein*, Freie Unternehmerentscheidung und dringende betriebliche Erfordernisse bei der betriebsbedingten Kündigung, 246.

[278] BAG 18.01.1990, AP Nr. 27 zu § 2 KSchG 1969, Gründe B. I. 2. b).

[279] *Henssler*, Kölner Tage des Arbeitsrechts 2000, 89, 102 ff.; *Steinmeyer*, Anm. zu BAG v. 18.01.1990, EzA Nr. 65 zu § 1 KSchG, Betriebsbedingte Kündigung: „Es ist jeweils eine Gratwanderung zwischen der Achtung der unternehmerischen Entscheidungsfreiheit einerseits und einem funktionierenden Kündigungsschutz andererseits"; *von Finckenstein*, Freie Unternehmerentscheidung und dringende betriebliche Erfordernisse bei der betriebsbedingten Kündigung, 246; daher stellt auch *Annuß*, Betriebsbedingte Kündigung und arbeitsvertragliche Bindung, 49 ff., die dogmatische Ableitung in Frage.

nehmer aus. Aufgrund dieser Erwägungen besteht daher keine Parallelität zwischen den betrieblichen Erfordernissen und den betrieblichen Gründen.

(2) Übertragbarkeit der Auslegung der „dringenden" betrieblichen Erfordernisse
Die Anforderungen, die aus den „*dringenden* betrieblichen Erfordernissen" abgeleitet werden, sind nicht übertragbar. Zwar kann der Arbeitgeber das Elternteilzeitverlangen nicht ablehnen, wenn der betriebliche Grund durch Maßnahmen auf technischem, wirtschaftlichem oder organisatorischem Gebiet verhindert werden kann. Wenn aber solche Möglichkeiten nicht bestehen, führt dies im Rahmen des BEEG nicht zwangsläufig zur Dringlichkeit der betrieblichen Gründe. Aufgrund der hohen grundrechtlichen Bedeutung der Elternteilzeit für den Arbeitnehmer und der betroffenen Gemeinwohlinteressen muss der Arbeitgeber auch Beeinträchtigungen der Betriebs- und Organisationsabläufe hinnehmen. Dies ergibt sich aus einer Abwägung der betroffenen Interessen.

Der Elternteilzeitanspruch dient der Förderung der Vereinbarkeit von Beruf und Familie. Daher ist die verfassungsrechtlich geschützte Position der Kindererziehung betroffen, welche in Art. 6 I GG ihre grundrechtliche Ausprägung gefunden hat. Die Berufsfreiheit (Art. 12 I GG) ist nicht zu beachten, da es sich bei der Elternteilzeit nur um eine teilweise Reduzierung der Arbeitszeit handelt, welche nicht vom Schutzbereich erfasst ist.[280] Somit kann sich der Arbeitnehmer lediglich auf Art. 6 I GG berufen. Durch die Regelungen der Elternteilzeit sind auch Gemeinwohlinteressen tangiert. Die Regelungen zur Elternteilzeit dienen der besseren Vereinbarkeit von Familie und Beruf. Insbesondere von Frauen wird diese Möglichkeit wahrgenommen. Ebenso wie beim Teilzeitanspruch nach dem TzBfG dient die Regelung daher auch der Gleichstellung der Frauen im Berufsleben.[281] Die Gewichtung dieses Zieles ist allerdings schwierig. Man wandelt dabei auf dem schmalen Grat zwischen wissenschaftlich-rechtlichen Erwägungen und subjektiven, politischen Urteilen.[282] Grundsätzlich ist festzuhalten, dass das Ziel der Frauengleichberechtigung in Art. 3 II 2 GG Ausdruck gefunden hat und damit Verfassungsrang genießt. Somit ist dieser Belang von einer hohen Relevanz.

---

[280] Vgl. dazu oben B.III.2.b)ee)(2)(cc), S. 61 ff.
[281] Vgl. zu dieser Zielsetzung im Rahmen von § 8 TzBfG: BT-Drucks. 14/4374, S. 1.
[282] *Gehring*, Das Recht auf Teilzeitarbeit – Anspruch und Wirklichkeit, 110.

Auf der anderen Seite müssen allerdings auch die Interessen des Arbeitgebers berücksichtigt werden. Wenn die Voraussetzungen von § 15 VII BEEG vorliegen, ist der Arbeitgeber verpflichtet, dem Teilzeitwunsch des Arbeitnehmers nachzukommen. Dadurch könnte er in seiner Berufsfreiheit eingeschränkt werden. In Hinblick auf den persönlichen Schutzbereich schützt Art. 12 I GG sowohl die berufliche Betätigung einer natürlichen als über Art. 19 III GG einer juristischen Person.[283] In sachlicher Hinsicht wird sowohl die Berufswahl als auch die Berufsausübung geschützt. Unter die Berufsausübung fällt die Freiheit, dass Unternehmen selbstständig und in eigener Verantwortung nach selbstgesetzten Zielen zu betreiben. Als „Regelungen" im Sinne von Art. 12 GG können staatliche Maßnahmen bezeichnet werden, die sich entweder unmittelbar oder mittelbar mit berufsregelnder Tendenz auf die berufliche Betätigung auswirken und dazu führen, dass diese ganz oder teilweise unterbunden wird oder nicht in der gewünschten Weise ausgeübt werden kann.[284] Indem der Arbeitgeber verpflichtet wird bei Vorliegen von gewissen Voraussetzungen Elternteilzeit zu gewähren, kann er nicht mehr völlig frei bestimmen wie viele Stunden jemand für ihn arbeitet. Dadurch wird seine Organisationshoheit verletzt. Es wird damit unmittelbar in seine Berufsbetätigungsfreiheit eingegriffen.[285]

Die betroffenen Interessen müssen gegeneinander abgewogen werden. Elternteilzeit muss nur gewährt werden, wenn die Voraussetzungen des § 15 VII BEEG vorliegen. Das heißt, der Arbeitnehmer muss die Voraussetzungen der Elternzeit (§ 15 I BEEG) erfüllen und diese geltend machen, mindestens sechs Monate in demselben Betrieb/Unternehmen beschäftigt sein, sein Arbeitgeber muss mindestens in der Regel 15 Arbeitnehmer beschäftigen, der Teilzeitanspruch muss für mindestens zwei Monate und höchstens drei Jahre auf eine wö-

---

[283] Zum Schutz der juristischen Person: BVerfG 01.03.1979, BVerfGE 50, 290, 363; BVerfG 17.02.1998, BVerfGE 97, 228, 253; BVerfG 19.07.2000, BVerfGE 102, 197, 212 f.; BVerfG 26.06.2002, BVerfGE 105, 252, 265; einschränkender Dreier-*Wieland*, Art. 12 GG Rn. 71, der auf die Funktion der juristischen Person abstellt: Wenn diese Funktion darin besteht öffentliche Aufgaben zu erfüllen, der juristischen Person durch Gesetz zugewiesen sind und die im Gesetz geregelt sind, so kann diese sich nicht auf Art. 12 I GG berufen.

[284] Von Münch/Kunig-*Gubelt*, Art. 12 GG Rn. 42 in Anlehnung an BVerfG 12.06.1990, BVerfGE 82, 209, 223.

[285] Es könnte auch noch daran gedacht werden, dass Art. 14 GG und Art. 2 I GG betroffen sind. Eine Abgrenzung spielt aber aufgrund der Ergebnisidentität keine Rolle. Zur Annahme von Ergebnisidentität vgl. von Münch/Kunig-*Bryde*, Art. 14 GG Rn. 109; *Gehring*, Das Recht auf Teilzeitarbeit – Anspruch und Wirklichkeit, 103 f.

chentliche Arbeitszeit von 15-30 Wochenstunden gerichtet sein und dem Teilzeitverlangen dürfen keine dringenden betrieblichen Gründe entgegenstehen. Anhand dieser Auflistung ergibt sich, dass die Voraussetzungen des Elternteilzeitanspruchs sehr hoch sind und daher nur in einer geringen Zahl von Fällen vorliegen. Dadurch werden die Interessen des Arbeitgebers berücksichtigt. Lediglich beim letztgenannten Punkt – den dringenden betrieblichen Gründen – besteht ein Auslegungsspielraum. Wenn entgegenstehende dringende betriebliche Gründe bereits vorlägen, wenn die betrieblichen Beeinträchtigungen nicht durch andere Maßnahmen auf technischem, organisatorischem oder wirtschaftlichem Gebiet aufgehoben werden könnten, würden die betroffenen Interessen der Arbeitnehmer und die Gemeinwohlbelange nicht ausreichend berücksichtigt.[286] Denn dadurch würde es für den Arbeitnehmer sehr schwierig, die Voraussetzungen für die Inanspruchnahme der Elternteilzeit zu erfüllen. Dadurch würden die in Art. 6 I GG und Art. 3 II 2 GG zum Ausdruck gebrachten Wertungen nicht ausreichend berücksichtigt. Somit können die aus § 1 II KSchG abgeleiteten Erwägungen nicht übertragen werden.

Welche Hürden an die Erheblichkeit der wirtschaftlichen Unzumutbarkeit zu stellen sind, bleibt daher weiterhin unklar.

(3) Übertragbarkeit der gerichtlichen Überprüfungsmöglichkeiten

Möglicherweise kann die Einschränkung der gerichtlichen Überprüfungsmöglichkeiten übertragen werden. Der Grundsatz der freien unternehmerischen Gestaltung ist auch bei der Elternteilzeit zu berücksichtigen. Wer wann für ihn arbeitet, gehört ebenfalls zum grundrechtlich geschützten Bereich des Arbeitgebers (Art. 12 I GG). Man könnte daher daran denken, dass auch das Vorliegen von dringenden betrieblichen Gründen nur auf offenbare Unsachlichkeit, Unvernünftigkeit oder Willkür überprüft werden kann. Dabei wird allerdings übersehen, dass auch bei der betriebsbedingten Kündigung in vollem Umfang überprüft

---

[286] Vgl. dazu auch *Preis/Gotthardt*, DB 2001, 145, 147; ErfK-*Preis*, § 8 TzBfG Rn. 24; *Preis*, Ausschuss-Drucks. 14/956, S. 86 die im Zusammenhang von § 8 TzBfG den Grundsatz aufgestellt haben, je präziser die – verfassungsrechtlich legitimierten – Tatbestandsvoraussetzungen für den Teilzeitanspruch gefasst sind, um so gewichtiger müssen die entgegenstehenden betrieblichen Gründe sein. Bei einem praktisch voraussetzungslosen, allgemeinen Teilzeitanspruch müssen dagegen die Anforderungen an die betrieblichen Gründe geringer sein; dahingehend auch ArbG Frankfurt/Oder 14.09.2000, DB 2001, 983 zum Teilzeitanspruch auf Grund eines Abgeordnetenmandats; vgl. auch *Reiserer/Penner*, BB 2002, 1694, 1695.

wird, ob die Konzeption des Arbeitgebers die Kündigung notwendig macht.[287] Das bedeutet, dass das BAG zwar nicht die Notwendigkeit der betrieblich-organisatorischen Maßnahme isoliert betrachtet überprüft, sehr wohl aber deren Notwendigkeit mit Blick auf die konkrete Kündigung.[288] Im Rahmen der Elternteilzeit soll daher vom Gericht ebenfalls nicht überprüft werden, ob die betrieblich organisatorischen Maßnahmen, die der Arbeitgeber getroffen hat, sinnvoll sind. Überprüft werden muss dagegen, ob diese zum Vorliegen eines entgegenstehenden dringenden betrieblichen Grundes geführt haben. Insofern ist in diesem Punkt eine ähnliche Problemlage erkennbar, so dass Rückschlüsse auf die Möglichkeiten der gerichtlichen Überprüfbarkeit gezogen werden können.

dd) Ergebnis

Insgesamt bleibt daher festzuhalten, dass ein Vergleich mit der Formulierung der „dringenden betrieblichen Erfordernisse" für die Auslegung der „dringenden betrieblichen Gründe" im Rahmen der Elternteilzeit wenig ergiebig ist. Hinsichtlich der gerichtlichen Überprüfungsmöglichkeiten ergeben sich immerhin Parallelen.

b) Rückschlüsse auf die Auslegung der „dringenden betrieblichen Gründe" aus § 1 III 2 KSchG?

Möglicherweise können Anhaltspunkte für die Auslegung der dringenden betrieblichen Gründe in § 1 III 2 KSchG gefunden werden.

aa) Berechtigte betriebliche Interessen

Bei allen betriebsbedingten Kündigungen ist gemäß § 1 III 1 KSchG eine Sozialauswahl vorzunehmen, die durch § 1 IV und V KSchG modifiziert wird. Die soziale Auswahl bezieht sich auf alle vergleichbaren Arbeitnehmer des Betriebs.[289] Aus diesem Kreis sind dann die sozial am wenigsten schutzwürdigen Arbeitnehmer zu bestimmen, die eine Kündigung am ehesten verkraften kön-

---

[287] BAG 18.01.1990, AP Nr. 27 zu § 2 KSchG 1969, LS 1; BAG 26.06.1997, AP Nr. 86 zu § 1 KSchG 1969, Betriebsbedingte Kündigung, Gründe II. 1.; APS-*Kiel*, § 1 KSchG Rn. 562; Stahlhacke/Preis/Vossen-*Preis*, Kündigung und Kündigungsschutz, 2. Abschnitt, § 2 Rn. 947; *Wank*, RdA 1987, 129, 136; KR-*Etzel*, § 1 KSchG Rn. 534.

[288] Stahlhacke/Preis/Vossen-*Preis*, Kündigung und Kündigungsschutz, 2. Abschnitt, § 2 Rn. 947.

[289] ErfK-*Ascheid/Oetker*, § 1 KSchG Rn. 468.

nen.[290] Nach § 1 III 2 KSchG können Arbeitnehmer aus der Sozialauswahl herausgenommen werden, wenn deren Weiterbeschäftigung im berechtigten betrieblichen Interesse liegt.

Als berechtigtes betriebliches Interesse wurde im Gesetz in der Zeit vom 01.10.1996 bis 31.12.1998[291] und wird wieder seit dem 01.01.2004[292] ausdrücklich die Weiterbeschäftigung des Arbeitnehmers wegen seiner Kenntnisse, Fähigkeiten und Leistungen oder zur Sicherung einer ausgewogenen Personalstruktur des Betriebes genannt.

Die vor dem 01.10.1996[293] und in der Zeit vom 01.01.1999 bis zum 31.12.2003[294] geltende Fassung der Norm lautet: „Satz 1 gilt nicht, wenn betriebstechnische, wirtschaftliche oder sonstige berechtigte betriebliche Bedürfnisse die Weiterbeschäftigung eines oder mehrerer bestimmter Arbeitnehmer bedingen und damit der Auswahl nach sozialen Gesichtspunkten entgegenstehen."

Die Frage, wann ein berechtigtes betriebliches Interesse vorliegt, das die Herausnahme des Arbeitnehmers aus der Sozialauswahl erfordert, wird in der Rechtsprechung und Literatur seit langem diskutiert.

Die gefestigte Rechtsprechung des BAG zur nun nicht mehr geltenden Formulierung des § 1 III 2 KSchG ging davon aus, dass betriebstechnische Gründe vorlagen, wenn die Weiterbeschäftigung des entsprechenden Arbeitnehmers im Interesse eines geordneten Betriebsablaufs erforderlich ist.[295] Erforderlich war die Weiterbeschäftigung nicht erst dann, wenn bei Entlassung des Arbeitnehmers eine „gewisse Zwangslage" für den Arbeitgeber eintreten würde,[296] Nützlichkeitserwägungen allein reichten allerdings ebenfalls nicht aus.[297] Es musste

---

[290] ErfK-*Ascheid/Oetker*, § 1 KSchG Rn. 460.
[291] BGBl. I, 1996, S. 1476.
[292] BGBl. I, 2003, S. 3002.
[293] BGBl. I, 1969, S. 1317, 1318.
[294] BGBl. I, 1998, S. 3843, 3849.
[295] Grundlegend BAG 24.03.1983, AP Nr. 12 zu § 1 KSchG 1969, Betriebsbedingte Kündigung, Gründe B. V. 2) d); BAG 25.04.1985, AP Nr. 7 zu § 1 KSchG 1969, Soziale Auswahl, Gründe B. II. 4) a); Stahlhacke/Preis/Vossen-*Preis*, Kündigung und Kündigungsschutz, Abschnitt 2, § 2 Rn. 1119; *Jobs*, DB 1986, 538, 540; Klinkhammer/Klinkhammer, AuR 1984, 62, 63 f.; *Schaub*, BB 1993, 1089, 1093.
[296] Eine derartige Zwangslage hatte das BAG zwischen 1961 und 1983 gefordert, vgl. BAG 20.01.1961, AP Nr. 7 zu § 1 KSchG, Betriebsbedingte Kündigung, LS 3; ausführlich zur Entwicklung der Rechtsprechung *Bitter/Kiel*, RdA 1994, 333, 356 f.
[297] Stahlhacke/Preis/Vossen-*Preis*, Kündigung und Kündigungsschutz, 2. Abschnitt, § 2 Rn. 1119 f.

vielmehr ein besonderes, überwiegendes Interesse an der Weiterbeschäftigung bestimmter Arbeitnehmer bestehen, das stärker sein musste als das allgemeine Interesse etwa an der Weiterbeschäftigung leistungsstarker Arbeitnehmer.[298] Die betrieblichen Belange mussten von so großem Gewicht sein, dass sie auch in den Augen eines vernünftigen Arbeitgebers in der Position des kündigenden Arbeitgebers die Weiterbeschäftigung des Arbeitnehmers notwendig machen würden.

Diese Rechtsprechung dürfte auch zur Neufassung des § 1 III 2 KSchG Bestand haben, obwohl „nur" ein „berechtigtes betriebliches Interesse" gefordert ist.[299] Das BAG will verhindern, dass der Arbeitgeber zielgerichtet bestimmte Arbeitnehmer kündigt.[300] Die Möglichkeit des Arbeitgebers gemäß § 1 III 2 KSchG das Ergebnis der Sozialauswahl zu verändern, indem er einzelne Arbeitnehmer aus der Sozialauswahl ausnimmt, soll ihm daher nur bei Vorliegen von berechtigten Interessen gestattet sein. Berechtigt können Interessen nur sein, wenn ihr Gewicht ausreicht deswegen die Grundsätze der Sozialauswahl nicht zur Anwendung kommen zu lassen.[301] Daher reichen auch nach geltender Rechtslage bloße Nützlichkeitserwägungen nicht aus.[302]

bb) Übertragbarkeit der bei § 1 III KSchG getroffenen Wertungen

Es stellt sich nun die Frage, ob dieser Maßstab Rückschlüsse auf die Auslegung der „dringenden betrieblichen Gründe" im Rahmen der Elternteilzeit ermöglicht. Ein dringender betrieblicher Grund könnte dann vorliegen, wenn die Weiterbeschäftigung des Arbeitnehmers als Vollzeitkraft im Interesse eines geordneten Betriebsablaufs erforderlich ist. Eine solche Übertragung scheitert allerdings daran, dass der Arbeitnehmer gemäß § 15 I BEEG das Gestaltungsrecht auf Elternzeit geltend machen kann. Der Arbeitgeber kann nicht verhindern, dass der

---

[298] *Kittner*, AuR 1997, 182, 188; *Lakies*, NJ 1997, 121, 124.

[299] Stahlhacke/Preis/Vossen-*Preis*, Kündigung und Kündigungsschutz, 2. Abschnitt, § 2 Rn. 1119.

[300] BAG 23.11.2000, AP Nr. 114 zu § 1 KSchG 1969, Betriebsbedingte Kündigung, Gründe B. III. 4.; Stahlhacke/Preis/Vossen-*Preis*, Kündigung und Kündigungsschutz, 2. Abschnitt, § 2 Rn. 1120.

[301] *Bader*, NZA 2004, 65, 73 f.; Stahlhacke/Preis/Vossen-*Preis*, Kündigung und Kündigungsschutz, 2. Abschnitt, § 2 Rn. 1120; *Annuß*, Betriebsbedingte Kündigung und arbeitsvertragliche Bindung, 242.

[302] Stahlhacke/Preis/Vossen-*Preis*, 2. Abschnitt, § 2 Rn. 1120; *v. Hoyningen-Huene/Linck*, § 1 KSchG Rn. 476; a. A. *Willemsen/Annuß*, NJW 2004, 177, 179; *Thüsing/Stelljes*, BB 2003, 1673, 1675, die sich auf den Wortlaut berufen.

Arbeitnehmer vollständig von der Arbeit aussetzt. Das Interesse des Arbeitgebers an einer Vollzeitkraft wird daher vom Gesetz nicht geschützt.

Es könnte allerdings darauf abgestellt werden, dass entgegenstehende dringende betriebliche Gründe vorliegen, wenn die gewünschte Elternteilzeit nicht mit dem berechtigten betrieblichen Interesse in Einklang gebracht werden kann. Im Rahmen dieser Fragestellung könnten die bei § 1 III KSchG getroffenen Wertungen berücksichtigt werden. Dies scheitert allerdings daran, dass bei der Bestimmung, ob berechtigte betriebliche Interessen vorliegen, ausschließlich die Interessen des Arbeitgebers berücksichtigt werden und keine Abwägung mit den Interessen des Arbeitnehmers vorgenommen wird. [303] Aus dem Wortlaut und dem Verweis in der Gesetzesbegründung auf § 7 II BUrlG ergibt sich aber, dass bei der Bestimmung der dringenden betrieblichen Gründe des § 15 VII 1 Nr. 4 BEEG eine umfassende Interessenabwägung im Einzelfall erforderlich ist.[304]

Es ist allerdings nicht unumstritten, dass bei § 1 III KSchG keine einzelfallbezogene Interessenabwägung zwischen den Arbeitgeberbedürfnissen auf der eine Seite und den sozialen Belangen des sozial schutzbedürftigeren Arbeitnehmers, der anstelle des sozial stärkeren Arbeitnehmers entlassen werden soll, auf der anderen Seite stattfindet.[305] Für die Außerachtlassung der Interessen des Arbeitnehmers im Rahmen des § 1 III 2 KSchG und damit gegen eine Übertragbarkeit der Wertungen auf § 15 BEEG sprechen zwei Erwägungen.

Erstens: Ob ein betriebliches Interesse berechtigt ist, kann und sollte ohne Abwägung mit dem Grad der sozialen Schutzbedürftigkeit des Arbeitnehmers

---

[303] Stahlhacke/Preis/Vossen-*Preis*, Kündigung und Kündigungsschutz, 2. Abschnitt, § 2 Rn. 1120; Bitter/Kiel, RdA 1994, 333, 353; Löwisch/Schüren, SAE 1984, 50, 51; Rieble, NJW 1991, 65, 68; Schröder, ZTR 1995, 394, 402; Stückmann, AuA 1997/1, 5, 8; Weber, RdA 1986, 341, 347; v. Hoyningen-Huene/Linck, DB 1997, 41, 43; Matthießen, NZA 1998, 1153, 1155.

[304] Vgl. oben B.IV.2, S. 70 und B.IV.3, S. 72 ff.; ebenso Feldhoff, ZTR 2006, 58, 66; Gaul/Wisskirchen, BB 2000, 2466, 2468; zur umfassenden Interessenabwägung: Annuß/Thüsing-*Lambrich*, § 23 TzBfG Rn. 28; Peters-Lange/Rolfs, NZA 2000, 682, 686; Lindemann/Simon, NJW 2001, 258, 261; HWK-*Gaul*, § 15 BErzGG Rn. 17; gegen das Erfordernis einer konkreten Interessenabwägung: Reiserer/Penner, BB 2002, 1962, 1963.

[305] Dafür: BAG 12.04.2002, AP Nr. 56 zu § 1 KSchG 1969, Soziale Auswahl, Gründe II. 4. b) bb); LAG Schleswig-Holstein 08.07.1994, BB 1995, 2660, 2661; Bader, NZA 1999, 64, 68; Berkowsky, BB 1983, 2057, 2061; APS-*Kiel*, § 1 KSchG Rn. 743; v. Hoyningen-Huene/Linck, § 1 KSchG Rn. 478; Rost, ZIP 1982, 1396, 1401; HWK-*Quecke*, § 1 KSchG Rn. 394.

festgestellt werden.[306] Mit anderen Worten: Die subjektive, persönliche Situation des einzelnen zu kündigenden Arbeitnehmers kann nicht beeinflussen, was unter berechtigten betrieblichen Interessen zu verstehen ist. Ansonsten müssten soziale Schwächen des einen Arbeitnehmers gegen betriebliche Vorzüge eines anderen Arbeitnehmers abgewogen werden.[307] Soziale Daten würden letztlich „in Mark und Pfennig bewertet."[308] Eine solch unwürdige Betrachtungsweise, die auch schwer zu realisieren wäre, kann allein durch eine streng getrennte Betrachtungsweise vermieden werden.

Zweitens: Würden die Interessen gegeneinander abgewogen, würde das in der Sache nichts anderes bedeuten, als die Einbeziehung des konkreten Arbeitgeberinteresses, in ihrer Ausformung als berechtigtes betriebliches Interesse, als weiteren Abwägungsgesichtspunkt in die Sozialauswahl.[309] In der zum 01.01.2004 in Kraft getretenen Neufassung des § 1 III 1 KSchG sind als Auswahlgesichtspunkte die Dauer der Betriebszugehörigkeit, das Lebensalter, die Unterhaltspflichten und die Schwerbehinderung genannt.[310] Die Begrenzung der Auswahlkriterien auf die genannten soll mehr Rechtssicherheit herstellen und Kündigungen besser berechenbar machen.[311] Sonstige Gesichtspunkte müssen sich nach der Gesetzesbegründung „aus solchen betrieblichen Gegebenheiten herleiten, die evident einsichtig sind."[312] Das beträfe beispielsweise „Berufskrankheiten und einen vom Arbeitnehmer nicht verschuldeten Arbeitsunfall, die zugunsten des Arbeitnehmers berücksichtigt werden können."[313] Dadurch werden betriebliche Gegebenheiten beschrieben, die die Schutzbedürftigkeit des Arbeitnehmers erhöhen. Die Berücksichtigung der Interessen des Arbeitgebers würde nicht die Schutzbedürftigkeit des Arbeitnehmers erhöhen. Es ist daher vom Gesetzgeber gerade nicht vorgesehen, dass die Arbeitgeberinteressen Teil der Abwägung und damit im Endeffekt ein neues Kriterium bei der Sozialauswahl werden. Daher sollen die

---

[306] Stahlhacke/Preis/Vossen-*Preis*, Kündigung und Kündigungsschutz, 2. Abschnitt, § 2 Rn. 1120; *Bader*, NZA 2004, 65, 73 f.; *Willemsen/Annuß*, NJW 2004, 177, 179; *Thüsing/Wege*, RdA 2005, 12, 17, die sich auf die methodische Unmöglichkeit einer Abwägung berufen.
[307] *Annuß*, Betriebsbedingte Kündigung und arbeitsvertragliche Bindung, 241.
[308] *Rieble*, NJW 1991, 65, 68.
[309] *Annuß*, Betriebsbedingte Kündigung und arbeitsvertragliche Bindung, 241.
[310] BGBl. I, S. 3002.
[311] BT-Drucks. 15/1204, S. 16.
[312] BT-Drucks. 15/1204, S. 11.
[313] BT-Drucks. 15/1204, S. 11.

Interessen von Arbeitgebern und Arbeitnehmern bei § 1 III KSchG nicht gegeneinander abgewogen werden.

Es kommt also bei der Bestimmung, ob ein berechtigtes betriebliches Interesse vorliegt, im Rahmen des § 1 III KSchG einzig auf die Interessen des Arbeitgebers an. Bei der Frage, ob die Elternteilzeit gewährt wird, spielen aber nicht nur die Interessen des Arbeitgebers eine Rolle, sondern auch die Interessen des Arbeitnehmers, welche grundrechtlich sogar besonders geschützt sind (Art. 6 I GG).

cc) Ergebnis

Mangels vergleichbarer Sach- und Interessenlage können die bei § 1 III 2 KSchG getroffenen Wertungen nicht übertragen werden.

c) Rückschlüsse auf die Auslegung der „dringenden betrieblichen Gründe" aus § 6 IV ArbZG?

Es stellt sich die Frage, ob ein Vergleich mit § 6 IV ArbZG fruchtbarer ist. Dafür soll zunächst der Begriff der dringenden betrieblichen Erfordernisse des § 6 IV ArbZG ausgelegt und anschließend auf die Möglichkeit einer Übertragung auf die dringenden betrieblichen Gründe im Rahmen der Elternteilzeit eingegangen werden.

aa) Dringende betriebliche Erfordernisse

Nach § 6 IV ArbZG hat der Arbeitgeber den Nachtarbeitnehmer auf dessen Verlangen auf einen für ihn geeigneten Tagesarbeitsplatz umzusetzen. Voraussetzung dafür ist, dass nach arbeitsmedizinischer Feststellung die weitere Verrichtung von Nachtarbeit den Arbeitnehmer in seiner Gesundheit gefährdet oder im Haushalt des Arbeitnehmers ein Kind unter zwölf Jahren lebt, das nicht von einem anderen im Haushalt lebenden Angehörigen betreut werden kann, oder der Arbeitnehmer einen schwerpflegebedürftigen Angehörigen zu versorgen hat, der nicht von einem anderen im Haushalt lebenden Angehörigen versorgt werden kann. Außerdem dürfen dem Verlangen keine dringenden betrieblichen Erfordernisse entgegenstehen. Trotz identischer Formulierung ist umstritten, ob das letztgenannte Tatbestandsmerkmal in Anlehnung an die Rechtsprechungsgrundsätze zu § 1 II KSchG auszulegen ist.[314]

Von der ablehnenden Ansicht wird eine fachliche Anlehnung an § 7 I BUrlG propagiert.[315] Bei § 1 II KSchG gehe es um den Wegfall des Arbeitsplatzes und um dadurch bedingte Kündigungen. Dabei finde in aller Regel eine Abwägung zwischen der unternehmerischen Entscheidung mit dem Interesse des Arbeitnehmers am Erhalt seines Arbeitsplatzes statt. § 6 IV ArbZG befasse sich dagegen nur mit der Frage, ob dem Arbeitnehmer aus betrieblichen Gründen eine Umsetzung auf einen Tagesplatz verwehrt werden kann.[316] Eine Abwägung sei gerade nicht erwünscht.

Diese Argumentation vermag allerdings aus drei Gründen nicht zu überzeugen. Zwar ist es richtig, dass beim Umsetzungsanspruch auf einen Tagesarbeitsplatz kein Verlust des Arbeitsplatzes droht, allerdings sind ebenso hohe Rechtsgüter betroffen wie bei § 1 II KSchG, so dass Parallelität besteht.[317] Nach § 6 IV 1 a ArbZG hat der Arbeitgeber den Nachtarbeitnehmer auf dessen Verlangen auf einen für ihn geeigneten Tagesarbeitsplatz umzusetzen, wenn nach arbeitsmedizinischer Feststellung die weitere Verrichtung von Nachtarbeit den Arbeitnehmer in seiner Gesundheit gefährdet. Durch diese Regelung wird die Gesundheit des Nachtarbeitnehmers geschützt, der nach Art. 2 II GG erhebliche Bedeutung zukommt. § 6 IV 1 b ArbZG nennt als weitere Fallgestaltung, die einen Umsetzungsanspruch begründen kann, dass ein Kind unter 12 Jahren im Haushalt lebt und nicht anderweitig dort betreut werden kann. Der normale Tagesablauf soll vor allem im Interesse des Kindes und dessen Erziehung aufrecht erhalten bleiben. Daher wird dadurch insbesondere die Familie (Art. 6 I GG) und der elterliche Erziehungsanspruch (Art. 6 II GG) geschützt. § 6 IV 1 c ArbZG beschreibt den Fall, dass ein schwerpflegebedürftiger Angehöriger zu versorgen ist, welcher sich allein nicht behelfen kann. Im Gegensatz zu lit. b wird hier nicht von „Person", sondern ausdrücklich von anderen im Haushalt lebenden Angehörigen gesprochen. Es soll damit der persönlichen Nähe und daher dem durch das Grundgesetz gewährten Schutz der Familie (Art. 6 I GG) Rechnung getragen

---

[314] Verneinend: *Anzinger/Koberski*, § 6 ArbZG Rn. 58, ErfK-*Wank*, § 6 ArbZG Rn. 21, Schliemann/Meyer-*Schliemann*, Arbeitszeitrecht, Rn. 462; bejahend: HK-ArbZG-*Rauschenberg*, § 6 ArbZG Rn. 82; HWK-*Gäntgen*, § 6 ArbZG Rn. 14

[315] *Anzinger/Koberski*, § 6 ArbZG Rn. 58, ErfK-*Wank*, § 6 ArbZG Rn. 21.

[316] *Anzinger/Koberski*, § 6 ArbZG Rn. 58, ErfK-*Wank*, § 6 ArbZG Rn. 21.

[317] HWK-*Gäntgen*, § 6 ArbZG Rn. 14.

werden. Die gerade erwähnten Rechtsgüter stellen ebenso hohe Rechtsgüter dar, wie der durch Art. 12 I GG geschützte Arbeitsplatz, so dass dadurch gerade eine Parallelität zu § 1 II KSchG begründet wird.

Zweitens wäre es für den Gesetzgeber möglich gewesen, eine andere Formulierung anstelle derjenigen aus § 1 II KSchG zu wählen, beispielsweise wie in § 7 I BUrlG: „dringende betriebliche Belange".[318] Da der Begriff des „dringenden betrieblichen Erfordernisses" in der arbeitsgerichtlichen Praxis von herausragender Bedeutung ist, ist davon auszugehen, dass deren Inhalt dem Gesetzgeber im Zeitpunkt der Gesetzgebung ebenfalls bekannt war.

Drittens ergeben sich aus den Gesetzesmaterialien keine Anhaltspunkte, dass dieser Begriff eine abweichende Bedeutung haben soll, so dass davon auszugehen ist, dass der Gesetzgeber eine Anlehnung an § 1 II KSchG angestrebt hat.

Aus den genannten Gründen orientiert sich § 6 ArbZG an den bei § 1 II KSchG getroffenen Wertungen.

Betriebliche Erfordernisse können daher sowohl innerbetriebliche als auch außerbetriebliche Gründe sein (z.B. wenn ein für den Arbeitnehmer geeigneter Tagesarbeitsplatz[319] wegen Auftragsmangels oder Produktionsrückgangs weggefallen ist).[320] Dabei darf es nicht möglich sein, der betrieblichen Lage durch Maßnahmen auf technischem, wirtschaftlichem oder organisatorischem Gebiet zu entsprechen.[321] Zusätzlich muss das Interesse beider Seiten gegeneinander abgewogen werden, denn ob ein Interesse wirklich dringend ist, hängt von den Umständen des Einzelfalles ab.[322]

---

[318] HWK-*Gäntgen*, § 6 ArbZG Rn. 14.

[319] Die Umsetzungsverpflichtung besteht lediglich „im Rahmen der objektiven Weiterbeschäftigungsmöglichkeiten" (BT-Drucks. 12/5888, S. 26), das heißt, es muss ein geeigneter Tagesarbeitsplatz zur Verfügung stehen; *Neumann/Biebl*, § 6 ArbZG Rn. 22; *Baeck/Deutsch*, § 6 ArbZG Rn. 56.

[320] *Neumann/Biebl*, § 6 ArbZG Rn. 22; HWK-*Gäntgen*, § 6 ArbZG Rn. 14.

[321] *Neumann/Biebl*, § 6 ArbZG Rn. 22, unter Verweis auf die Rechtsprechung zu § 1 KSchG: BAG 25.06.1964, AP Nr. 14 zu § 1 KSchG, Betriebsbedingte Kündigung, LS 3; *Baeck/Deutsch*, § 6 ArbZG Rn. 61.

[322] *Neumann/Biebl*, § 6 ArbZG Rn. 22; *Baeck/Deutsch*, § 6 ArbZG Rn. 61; a.A. *Anzinger/Koberski*, § 6 ArbZG Rn. 60, der meint, dass dieses Merkmal nur auf die Schwere des betrieblichen Erfordernisses hindeutet, zusätzlich fordert er aber noch eine Beachtung von § 315 BGB, welche nur vorliegt, wenn die wesentlichen Umstände des Falles abgewogen und die beiderseitigen Interessen angemessen berücksichtigt wurden (vgl. *Anzinger/Koberski*, § 6 ArbZG Rn. 61).

bb) Übertragbarkeit der bei § 6 IV ArbZG getroffenen Wertungen

Es stellt sich die Frage, ob die im Rahmen von § 6 IV ArbZG getroffenen Wertungen auf die Auslegung der dringenden betrieblichen Gründe des § 15 VII BEEG übertragen werden können. Die Umsetzung des Nachtarbeitnehmers auf einen für ihn geeigneten Tagesarbeitsplatz führt ebenso wie eine Kündigung zu einer dauerhaften Veränderung. Elternteilzeit wird dagegen stets nur für die Dauer der Elternzeit gewährt, so dass dadurch nur ein vorübergehender Zustand geschaffen wird. Mangels vergleichbarer Situationen besteht keine Parallelität. Wie bereits bei § 1 II KSchG dargestellt wurde,[323] liegen entgegenstehende dringende betriebliche Gründe nicht bereits vor, wenn die betrieblichen Beeinträchtigungen nicht durch andere Maßnahmen auf technischem, organisatorischem oder wirtschaftlichem Gebiet verhindert werden können, da eine solch weitgehende Auslegung dazu führen würde, dass die betroffen Interessen der Arbeitnehmer (Art. 6 I GG) und die Gemeinwohlbelange (Art. 3 II 2 GG) nicht ausreichend berücksichtigt werden würden. Hier ist es dem Arbeitgeber zuzumuten, gewisse Unannehmlichkeiten in Kauf zu nehmen. Ab welcher Grenze es wirtschaftlich nicht mehr zumutbar ist, bleibt allerdings weiterhin unklar.

cc) Ergebnis

Die Wertungen des § 6 IV ArbZG können daher ebenso wenig wie die Rechtsprechungsgrundsätze des § 1 II KSchG zur Auslegung der Voraussetzungen der Elternteilzeit herangezogen werden.

d) Rückschlüsse auf die Auslegung der „dringenden betrieblichen Gründe" aus § 7 I, II BUrlG?

Rückschlüsse auf die Auslegung der dringenden betrieblichen Gründe bei der Elternteilzeit können aus § 7 I, II BUrlG nur hinsichtlich des Erfordernisses einer umfassenden Interessenabwägung gezogen werden. Auf § 7 II BUrlG ist bereits bei den Ausführungen zur Gesetzesbegründung näher eingegangen worden. Hinsichtlich der betrieblichen Gründe gelten die Erläuterungen zu § 7 I BUrlG, da die Auslegung der betrieblichen Gründe bei § 7 I und II identisch ist.[324]

---

[323] Vergleiche dazu oben B.IV.4.a)cc)(2), S. 79 ff.
[324] HWK-*Schinz*, § 7 BUrlG Rn. 49.

e) Rückschlüsse auf die Auslegung der dringenden betrieblichen Gründe aus § 8 IV 1 TzBfG

Nach § 8 IV 1 TzBfG hat der Arbeitgeber dem Teilzeitbegehren zuzustimmen, soweit betriebliche Gründe nicht entgegenstehen. Das Gesetz gilt seit 2001. Seit damals beschäftigt sich die gerichtliche Praxis vor allem mit Einwänden der Arbeitgeber, dass der Teilzeitanspruch nicht mit ihren unternehmerischen Konzepten vereinbar sei.

aa) Prüfungsschema des BAG zum Vorliegen von entgegenstehenden betrieblichen Gründen

Vom 9. Senat des BAG wurde ein Prüfungsschema erarbeitet, welches er zur Bestimmung des Vorliegens von entgegenstehenden betrieblichen Gründen anwendet.[325] Seit Februar 2003 wendet das BAG ebenso wie die Instanzgerichte dieses Schema durchgehend an, so dass von einer gefestigten Rechtsprechung auszugehen ist.[326]

Ob betriebliche Gründe vorliegen, ist gerichtlich anhand folgender dreistufiger Prüfungsfolge zu untersuchen.[327]

In einem ersten Schritt ist zu prüfen, ob der als erforderlich angesehenen Arbeitszeitregelung ein betriebliches Organisationskonzept zugrunde liegt. Organisationskonzept ist das Konzept, mit dem die unternehmerische Aufgabenstellung im Betrieb verwirklicht werden soll. Der Arbeitgeber muss im Prozess darlegen, dass das Organisationskonzept die Arbeitszeitregelung bedingt. Ob das Organisationskonzept tatsächlich im Betrieb durchgeführt wird und die Arbeitszeitrege-

---

[325] BAG 18.02.2003, AP Nr. 2 zu § 8 TzBfG, Gründe B. III. 3.
[326] BAG 30.09.2003, AP Nr. 5 zu § 8 TzBfG, Gründe A. III. 1. a); BAG 14.10.2003, AP Nr. 6 zu § 8 TzBfG, Gründe B. II. 3. b); BAG 09.12.2003, AP Nr. 8 zu § 8 TzBfG, Gründe A. II. 2. a); LAG Berlin 12.12.2003, NZA-RR 2004, 522, 523; LAG Rheinland-Pfalz 11.02.2004, NZA-RR 2004, 341, 342; BAG 27.04.2004, AP Nr. 12 zu § 8 TzBfG, Gründe A. II. 4. b); BAG 18.05.2004, 9 AZR 319/03 (unveröffentlicht); LAG Baden-Württemberg 19.05.2004, 4 Sa 52/03 (unveröffentlicht); BAG 20.07.2004; AP Nr. 11 zu § 8 TzBfG, Gründe B. III. 1.; BAG 21.06.2005, AP Nr. 14 zu § 8 TzBfG, Gründe IV. 4. b); LAG Köln 03.02.2006, NZA-RR 2006, 343, 344; LAG Köln 15.03.2006, NZA-RR 2006, 515; LAG Köln 31.03.2006, 11 Sa 1637/05 (unveröffentlicht); LAG Rheinland-Pfalz 29.06.2006, 4 Sa 249/06 (unveröffentlicht); LAG Hamburg 04.09.2006, 4 Sa 41/06 (unveröffentlicht); ArbG Hamburg 13.10.2006, 27 Ca 53/06, (unveröffentlicht); LAG Hamm 19.10.2006, 15 Sa 837/06 (unveröffentlicht); KDZ-*Zwanziger*, § 8 TzBfG Rn. 31b.
[327] BAG 18.02.2003, AP Nr. 2 zu § 8 TzBfG, Gründe B. III. 3.

lung erfordert, ist gerichtlich voll überprüfbar. Soweit die dem Organisationskonzept zugrunde liegende unternehmerische Aufgabenstellung und die daraus abgeleiteten organisatorischen Entscheidungen nicht willkürlich sind, sind sie jedoch hinzunehmen.

Zweitens ist festzustellen, ob die geltende Arbeitszeitregelung mit dem Arbeitszeitverlangen des Arbeitnehmers in Einklang gebracht werden kann. Dabei untersucht das Gericht auch, ob dies durch eine dem Arbeitgeber zumutbare Änderung von betrieblichen Abläufen oder des Personaleinsatzes geschehen kann.[328]

Wenn die Arbeitszeitregelung dem Arbeitsverlangen des Arbeitnehmers entgegensteht, ist in einem dritten Schritt das Gewicht der entgegenstehenden betrieblichen Gründe zu prüfen. Es ist zu untersuchen, ob durch die Realisierung des Arbeitszeitverlangens die in § 8 IV 2 TzBfG genannten besonderen betrieblichen Belange oder das betriebliche Organisationskonzept und die ihm zugrunde liegende unternehmerische Aufgabenstellung wesentlich beeinträchtigt werden. Ist dies der Fall, so liegt nach Auffassung des BAG ein entgegenstehender betrieblicher Grund vor.

bb) Vereinbarkeit des Prüfungsumfangs und -inhalts mit der Bindung an die unternehmerische Entscheidung im Rahmen betriebsbedingter Kündigungen?

Der 9. Senat hat in seiner Entscheidung ausdrücklich darauf hingewiesen, dass dieses Ergebnis nicht in Widerspruch mit den vom 2. Senat im Rahmen der Prüfung dringender betrieblicher Erfordernisse für eine betriebliche Kündigung (§ 1 II 1, 3. Alternative KSchG) entwickelten Grundsätzen über die gerichtliche Überprüfbarkeit unternehmerischer Entscheidungen stehe.[329] Eine solche Unvereinbarkeit wird von *Gehring* allerdings aufgrund der dritten Stufe der Prüfung angenommen. Es sei unzulässig zu verlangen, dass der Widerspruch zwischen

---

[328] Dem Arbeitgeber werden zum Ausgleich der verringerten Arbeitszeit von der Rechtsprechung nur sehr zurückhaltend besondere Maßnahmen zugemutet, BAG 09.12.2003, ZTR 2004, 428, 429, wonach der Arbeitgeber zur Ermöglichung der Teilzeittätigkeit nicht gehalten sei, eine Vollzeitkraft einzustellen und gleichzeitig Überstunden abzubauen. In Betracht kämen aber vorübergehende Überstunden anderer Arbeitnehmer und auch die Inanspruchnahme von Leiharbeit zur Überbrückung; zustimmend Annuß/Thüsing-*Mengel*, § 8 TzBfG Rn. 136; *Feldhoff*, ZTR 2006, 58, 65.

[329] BAG 18.02.2003, AP Nr. 2 zu § 8 TzBfG, Gründe B. III. 5.

unternehmerischer Entscheidung und Teilzeitwunsch eine gewisse Qualität aufweisen müsse, indem eine wesentliche Beeinträchtigung gefordert werde.[330] Die Freiheit unternehmerische Entscheidungen treffen zu können würde konterkariert, wenn ein Gericht festlegen dürfe, dass Abweichungen von einem organisatorischen Konzept bis zu einem bestimmten Wesentlichkeitsgrad hinzunehmen seien.[331] Die Beeinträchtigung von unternehmerischen Konzepten sei kaum zu quantifizieren, jegliche Abweichung würde eine Vernichtung des alten und die Statuierung eines neuen Konzepts darstellen.[332] Eine solche Vorgehensweise führe daher zu einer Aushöhlung des Kernbereichs der Berufsfreiheit.[333]

Wie bereits oben dargelegt, geht der 2. Senat in ständiger Rechtsprechung davon aus, dass die Notwendigkeit oder Zweckmäßigkeit einer Maßnahme, die ein dringendes betriebliches Erfordernis für die Kündigung darstellt, von den Arbeitsgerichten inhaltlich nicht zu überprüfen sei. Eine gerichtliche Kontrolle findet allerdings dennoch in begrenztem Umfang statt. Sie bezieht sich auf Missbrauch, ob die Unternehmerentscheidung mit gesetzlichen und tariflichen Vorgaben vereinbar sei und ob sie dringend sei. Die Entscheidung ist nicht dringend, wenn ob der betrieblichen Situation durch andere Maßnahmen auf technischem, organisatorischem oder wirtschaftlichem Gebiet als durch die Kündigung entsprochen werden könnte, das heißt ob sie notwendig sei.[334]

Die dritte Stufe der Prüfung, ob entgegenstehende betriebliche Gründe vorliegen, ist mit den im Rahmen der betriebsbedingten Kündigung aufgestellten Wertungen vereinbar. Denn auch bei der betriebsbedingten Kündigung wird in vol-

---

[330] *Gehring*, Das Recht auf Teilzeitarbeit – Anspruch und Wirklichkeit, 119.
[331] *Gehring*, Das Recht auf Teilzeitarbeit – Anspruch und Wirklichkeit, 119. *Gehring* führt dabei das Beispiel eines Schichtplans an. Er fragt, welchen Wert ein vom Arbeitgeber aufgestellter Schichtplan hätte, wenn einem Gericht die Kompetenz zugesprochen würde, eine Abweichung als nicht wesentlich zu deklarieren. Wenn das Gericht zulässige Abweichungen vom Schichtplan definieren dürfte, würde das Gericht im Endeffekt selbst einen neuen Schichtplan aufstellen.
[332] *Gehring*, Das Recht auf Teilzeitarbeit – Anspruch und Wirklichkeit, 119; so auch *Hohenhaus*, DB 2003, 1954, 1959.
[333] *Gehring*, Das Recht auf Teilzeitarbeit – Anspruch und Wirklichkeit, 120.
[334] Vgl. oben B.IV.4.a), S. 76 ff.; BAG 07.12.1978, BAGE 31, 157, 162 f.; BAG 18.01.1990, AP Nr. 27 zu 2 KSchG 1969, LS 1; BAG 26.09.2002, AP Nr. 124 zu § 1 KSchG 1969, Betriebsbedingte Kündigung, Gründe II. 1. a); zur Überprüfung von Beendigungs- und Änderungskündigungen auf den Verstoß gegen Rechtsnormen vgl. BAG 17.06.1999, AP Nr. 102 zu § 1 KSchG 1969, Betriebsbedingte Kündigung, Gründe II. 1. a); *Berkowsky*, Betriebsbedingte Kündigung, Rn. 115; *von Finckenstein*, Freie Unternehmerentscheidung und dringende betriebliche Erfordernisse bei der betriebsbedingten Kündigung, 246.

lem Umfang überprüft, ob die Konzeption des Arbeitgebers die Kündigung notwendig macht.[335] Das bedeutet, dass das BAG zwar nicht die Notwendigkeit der betrieblich-organisatorischen Maßnahme isoliert betrachtet, sehr wohl aber deren Notwendigkeit mit Blick auf die konkrete Kündigung überprüft.[336] Etwas anderes findet auch nicht im Rahmen der Prüfung des § 8 IV TzBfG statt. Eine Verweigerung der Teilzeittätigkeit ist nur notwendig und damit zulässig, wenn die in § 8 IV 2 TzBfG genannten Belange durch die Realisierung des Teilzeitwunsches des Arbeitnehmers wesentlich beeinträchtigt werden.

cc) Übertragbarkeit

Es stellt sich die Frage, ob die vom 9. Senat des BAG aufgestellten Anforderungen auf die Ablehnung des Elternteilzeitanspruches übertragbar sind. Dies hätte zur Folge, dass das Vorliegen von entgegenstehenden dringenden betrieblichen Gründen unter Zugrundelegung eines dreistufigen Prüfungsschemas überprüft werden würde.

§ 8 TzBfG und § 15 BEEG zeichnen sich durch eine parallele Normstruktur aus. Das Elternteilzeitverlangen darf vom Arbeitgeber aber erst abgelehnt werden, wenn dringende betriebliche Gründe dem Verlangen entgegenstehen. Im Rahmen des § 8 TzBfG genügen schon entgegenstehende betriebliche Gründe. Die Anforderungen des § 15 BEEG sind daher höher. Allerdings war in der ursprünglichen Fassung des § 8 TzBfG, welche im Verlauf des Gesetzgebungsverfahrens aufgegeben wurde, ebenfalls vorgesehen, dass der Teilzeitanspruch erst bei entgegenstehenden dringenden betrieblichen Gründen scheitert.[337] Dies verdeutlicht, dass die beiden Konzepte immerhin sehr ähnlich sind.

Diese unterschiedlichen Maßstäbe führen daher nicht dazu, dass eine Übertragung des Prüfungsmaßstabs scheitert, welchen das BAG im Rahmen des § 8 TzBfG aufgestellt hat. Vielmehr können diese Anforderungen in die dreistufige

---

[335] BAG 18.01.1990, AP Nr. 27 zu § 2 KSchG 1969, Gründe B. I. 2. b); BAG 26.06.1997, AP Nr. 86 zu § 1 KSchG 1969, Betriebsbedingte Kündigung, Gründe II. 1.; BAG 17.06.1999, AP Nr. 101 zu § 1 KSchG 1969, Betriebsbedingte Kündigung, Gründe II. 1. a); APS-*Kiel*, § 1 KSchG Rn. 562; Stahlhacke/Preis/Vossen-*Preis*, Kündigung und Kündigungsschutz, 2. Abschnitt, § 2 Rn. 947; *Wank*, RdA 1987, 129, 136; KR-*Etzel*, § 1 KSchG Rn. 534.

[336] Stahlhacke/Preis/Vossen-*Preis*, Kündigung und Kündigungsschutz, 2. Abschnitt, § 2 Rn. 947.

[337] Entwurf des Bundesministeriums für Arbeit und Sozialordnung, Aktenzeichen: III a 4/III a 1-31 325, abgedruckt in NZA 2000, 1045, 1046.

Prüfungsreihenfolge eingebaut werden.[338] Auf der Ebene der dritten Stufe, wo das Gewicht der entgegenstehenden betrieblichen Belange geprüft wird, können die Besonderheiten der Elternteilzeit berücksichtigt werden. Auf dieser Ebene kann eine umfassende Interessenabwägung zwischen den Belangen des Arbeitnehmers und Arbeitgebers durchgeführt werden.[339] Damit der Arbeitgeber den Teilzeitwunsch ablehnen kann, muss auf dieser Stufe festgestellt werden, dass die gewünschte Elternteilzeit die betrieblichen Belange (beziehungsweise das betriebliche Organisationskonzept) so wesentlich beeinträchtigt, dass die Interessen des Arbeitgebers an der Ablehnung der Elternteilzeit überwiegen. Überwiegt keines der betroffenen Interessen, ist dem Wunsch des Arbeitnehmers nach einer Arbeitszeitverringerung nachzukommen.

Diese strengen Anforderungen berücksichtigen die besonderen Interessen des Arbeitnehmers Beruf und Familie zu vereinbaren. Mit dieser starken Rechtsstellung der Eltern soll den grundrechtlichen Schutzpflichten aus Art 6 GG und den betroffenen Gemeinwohlbelangen (Art. 3 II GG) Rechnung getragen werden.

dd) Ergebnis

Die dreistufige Prüfungsfolge ist, leicht modifiziert, ein geeignetes Instrument im Verfahren nach § 15 BEEG zu angemessenen Lösungen zu gelangen.

f) Rückschlüsse auf die Auslegung der „dringenden betrieblichen Gründe" aus § 8 IV 2 TzBfG?

Die „dringenden betrieblichen Gründe" könnten durch einen Blick auf § 8 IV 2 TzBfG noch näher eingegrenzt werden. Wie bereits dargestellt, wird im dritten Schritt der Prüfung von entgegenstehenden betrieblichen Gründen im Rahmen des allgemeinen Teilzeitanspruchs festgestellt, ob die in § 8 IV 2 TzBfG genannten besonderen betrieblichen Belange oder das betriebliche Organisationskonzept durch die vom Arbeitnehmer gewünschte Abweichung wesentlich beeinträchtigt werden.[340] Es stellt sich nun die Frage, ob die in § 8 IV 2 TzBfG genannten Belange auch im Rahmen der Elternteilzeit den Interessen des Arbeitnehmers ge-

---

[338] Für eine Orientierung am Maßstab des TzBfG auch *Kohte*, BT-Drucks. 15/3400, S. 80, 92 f.; *Feldhoff*, ZTR 2006, 58, 66.
[339] Das Erfordernis einer Interessenabwägung ergibt sich aufgrund einer Auslegung nach der Historie, vgl. B.IV.3, S. 72 ff.
[340] Vgl. oben B.IV.4.e)aa), S. 91.

genübergestellt werden können, oder ob nur betriebliche Belange von höherem Gewicht als die in § 8 IV 2 TzBfG genannten dem Interesse des Arbeitnehmers an der Reduzierung entgegengehalten werden können.

aa) Betriebliche Gründe des § 8 IV 2 TzBfG

Nach § 8 IV 1 TzBfG hat der Arbeitgeber der Verringerung der Arbeitszeit zuzustimmen [...] soweit betriebliche Gründe nicht entgegenstehen. Laut § 8 IV 2 TzBfG liegt ein betrieblicher Grund insbesondere dann vor, wenn die Verringerung der Arbeitszeit die Organisation, den Arbeitsablauf oder die Sicherheit im Betrieb wesentlich beeinträchtigt oder unverhältnismäßige Kosten verursacht.

bb) Übertragbarkeit

Grundsätzlich sind „dringende betriebliche Gründe" eine Steigerung von „betriebliche Gründe". Kombiniert man diese Prämisse mit der Formulierung in § 8 IV 2 TzBfG, könnte dies zur Folge haben, dass selbst dann kein dringender betrieblicher Grund vorliegen würde, wenn die Verringerung der Arbeitszeit die Organisation, den Arbeitsablauf oder die Sicherheit im Betrieb wesentlich beeinträchtigen oder unverhältnismäßige Kosten verursachen würde. Konstellationen, in denen ein dringender betrieblicher Grund dann noch vorliegen würde, wären schwer denkbar. Eine solche Interpretation würde dazu führen, dass der Arbeitgeber sich in den seltensten Fällen auf diese negativen Tatbestandsvoraussetzungen berufen könnte und deswegen der Elternteilzeitanspruch, bei Vorliegen der sonstigen Voraussetzungen, grundsätzlich immer gewährt werden müsste.

Nach einer Meinung werden durch § 8 IV 2 TzBfG aber nicht betriebliche Gründe exemplarisch erläutert, sondern dringende betriebliche Gründe.[341] Wenn diese These zutrifft, könnten die in § 8 IV 2 TzBfG genannten Belange zur Konkretisierung der dringenden betrieblichen Gründe in § 15 VII 1 Nr. 4 BEEG unmittelbar herangezogen werden. Diese Behauptung vermag aus fünf Gründen zu überzeugen.

---

[341] HWK-*Schmalenberg*, § 8 TzBfG Rn. 23; ErfK-*Preis*, § 8 TzBfG Rn. 23; *Meinel/Heyn/Herms*, § 8 TzBfG Rn. 54; *Schell*, Der Rechtsanspruch auf Teilzeitarbeit, 110; *Richardi/Annuß*, BB 2000, 2201, 2202, die formulieren: „Etwas überzeichnend könnte man davon sprechen, dass Satz 2 die Regelung des Satzes 1 nicht konkretisiert sondern konterkariert."; *Beckschulze*, DB 2000, 2598; *Däubler*, ZIP 2001, 217, 219.

Erstens führt diese Auslegung nicht zu systematischen Unregelmäßigkeiten oder Verstößen gegen den Wortlaut der Norm. § 8 IV 2 TzBfG besagt, dass „insbesondere" in den dort genannten Fällen ein betrieblicher Grund vorliege. Die Systematik des § 8 IV TzBfG lässt Rückschlüsse daher nur dahingehend zu, dass zumindest bei Vorliegen der in § 8 IV 2 TzBfG genannten Umstände ein betrieblicher Grund vorliegt. Betriebliche Gründe müssen allerdings nicht zwangsläufig dieses Gewicht haben. Da betriebliche Gründe stets in dringenden betrieblichen Gründen enthalten sind, wäre eine solche Auslegung mit dem Wortlaut vereinbar.[342]

Der Referentenentwurf sah zweitens noch vor, dass nur für den Fall des Vorliegens „dringender betrieblicher Gründe" der Arbeitgeber sich dem Begehren des Arbeitnehmers verwehren kann.[343] Das Adjektiv „dringend" ist im weiteren Gesetzgebungsverfahren dann jedoch gestrichen worden. Dafür sind die ursprünglich nur in der Begründung vorgesehenen Beispiele für dringende betriebliche Gründe in den Gesetzestext zur Konkretisierung der betrieblichen Gründe in § 8 IV 2 TzBfG fast unverändert aufgenommen worden. Nach der Begründung des Referentenentwurfs konnte ein dringender betrieblicher Grund zum Beispiel vorliegen, „wenn durch die Verkürzung der Arbeitszeit die Organisation, Planung und Sicherheit im Betrieb wesentlich beeinträchtigt" wird.[344] Daher wird in der Literatur davon ausgegangen, dass der Gesetzgeber nicht beachtet hat, die Regelbeispiele an den geänderten Maßstab anzupassen.[345]

Drittens kann für diese These auch die Intention des Gesetzgebers herangezogen werden. Er beabsichtigte mit der Herabsenkung der Anforderungen an die negativen Tatbestandsvoraussetzungen des § 8 TzBfG die Interessen der Arbeitgeber verstärkt zu berücksichtigen.[346] Dass betriebliche Gründe nicht mehr "dringend" sein müssen, soll nach seiner Auffassung dazu führen, dass der Arbeitgeber das Verringerungsverlangen des Arbeitnehmers leichter zurückweisen kann. Dieses Ziel würde jedoch konterkariert, wenn betriebliche Gründe in Anlehnung an § 8 IV 2 TzBfG ausgelegt werden, da diese Regelbeispiele auf die

---

[342] ArbG Nienburg 23.01.2002, NZA 2002, 382, 384; *Schell*, Der Rechtsanspruch auf Teilzeitarbeit, 110; *Rolfs*, RdA 2001, 129, 136; *Lakies*, NJ 2001, 70, 71; *derselbe*, DZWIR 2001, 1, 4.

[343] Entwurf des Bundesministeriums für Arbeit und Sozialordnung, Aktenzeichen: III a 4/III a 1-31 325, abgedruckt in NZA 2000, 1045, 1046.

[344] Referenten-Entwurf zum TzBfG, S. 30.

[345] *Schell*, Der Rechtsanspruch auf Teilzeitarbeit, 110; HWK-*Schmalenberg*, § 8 TzBfG Rn. 23; ErfK-*Preis*, § 8 TzBfG Rn. 23.

[346] BT-Drucks. 14/4374, S. 17.

Vorgaben der dringenden betrieblichen Gründe zugeschnitten sind, die sehr viel seltener vorliegen.[347]

Als viertes Argument kann angeführt werden, dass die Gesetzesbegründung „rationale, nachvollziehbare Gründe" genügen lässt.[348] Eine solche Hürde kann nicht in Einklang mit den in § 8 IV 2 TzBfG genannten Beispielen gebracht werden.[349]

Dass § 8 IV 2 TzBfG keine beispielhafte Aufzählung von betrieblichen Gründen enthält, sondern von dringenden betrieblichen Gründen, wird fünftens durch ein systematisches Argument verdeutlicht. Das TzBfG enthält an weiteren Stellen die Formulierung der dringenden betrieblichen Gründe, vgl. §§ 9, 10 TzBfG. Wären die Anforderungen für das Vorliegen von betrieblichen Gründen schon so hoch, könnten dringende betriebliche Gründe zumindest im Rahmen des TzBfG nur bei Unmöglichkeit vorliegen. Dadurch würden die schutzwürdigen Interessen des Arbeitgebers nicht hinreichend berücksichtigt.[350]

Aufgrund dieser Erwägungen wird deutlich, dass die Beispiele in § 8 IV 2 TzBfG „dringende betriebliche Gründe" konkretisieren. Diese Aufzählung hat daher großen Einfluss auf die Auslegung der dringenden betrieblichen Gründe in § 15 VII 1 Nr. 4 BEEG.[351] Es zeigt sich, dass die betrieblichen Gründe von erheblichem Gewicht sein müssen, um sich gegen den Elternteilzeitwunsch des Arbeitnehmers durchsetzen zu können.

5. Ergebnis

Entgegenstehende dringende betriebliche Gründe liegen vor, wenn:
1. ein Organisationskonzept der vom Arbeitgeber als erforderlich angesehenen Arbeitszeitregelung zugrunde liegt,
2. die Arbeitszeitregelung den Arbeitszeitwünschen des Arbeitnehmers tatsächlich entgegensteht und sie insbesondere auch nicht durch zumutbare Ände-

---

[347] *Meinel/Heyn/Herms*, § 8 TzBfG Rn. 54; *Richardi/Annuß*, BB 2000, 2201, 2202; *Beckschulze*, DB 2000, 2598; *Däubler*, ZIP 2001, 217, 219; *Schell*, Der Rechtsanspruch auf Teilzeitarbeit, 110.
[348] BT-Drucks. 14/4374, S. 17.
[349] *Meinel/Heyn/Herms*, § 8 TzBfG Rn. 54; *Richardi/Annuß*, BB 2000, 2201, 2202; *Beckschulze*, DB 2000, 2598; *Däubler*, ZIP 2001, 217, 219; *Schell*, Der Rechtsanspruch auf Teilzeitarbeit, 110.
[350] *Beckschulze*, DB 2000, 2598; *Schell*, Der Rechtsanspruch auf Teilzeitarbeit, 110.
[351] So auch HWK-*Gaul*, § 15 BErzGG Rn. 17.

rungen von betrieblichen Abläufen oder des Personaleinsatzes in Einklang gebracht werden können und

3. die gewünschte Elternteilzeit insbesondere die Organisation, den Arbeitsablauf oder die Sicherheit im Betrieb so wesentlich beeinträchtigt oder so unverhältnismäßige Kosten verursacht, dass die Interessen des Arbeitgebers an der Ablehnung die Interessen des Arbeitnehmers an der Reduzierung überwiegen (umfassende Interessenabwägung).

V. Lage und Verteilung der Arbeitszeit während der Elternteilzeit

Der Arbeitgeber entscheidet aufgrund seines Direktionsrechts im Rahmen seines billigen Ermessens über die Verteilung der Arbeitszeit während der Elternteilzeit.[352] Das Weisungsrecht gehört zum wesentlichen Inhalt eines jeden Arbeitsvertrages.[353] Dieses Recht hat seit dem 01.01.2003 eine eigene gesetzliche Normierung in § 106 GewO gefunden.[354] Unbeschadet dessen ergibt sich das Direktionsrecht aus dem Arbeitsvertrag selbst. Die Lage der Arbeitszeit kann für den Arbeitnehmer eine große Rolle spielen, zum Beispiel wenn er sein Kind vom Kindergarten abholen muss, er wegen fehlender externer Kinderbetreuungsmöglichkeiten am Nachmittag nur Vormittags arbeiten kann oder wenn er sich hinsichtlich der Verteilung mit seinem Partner absprechen muss. Diese Interessen können für den Arbeitnehmer so weit gehen, dass er in Teilzeit nur arbeiten möchte, wenn der Arbeitgeber seinen Vorstellungen hinsichtlich der Verteilung der Arbeitszeit folgt. Der Gesetzgeber hat zwar in § 15 VII 3 BEEG festgelegt, dass die gewünschte Verteilung der verringerten Arbeitszeit im Antrag angegeben werden soll. Anders als bei § 8 IV 1 TzBfG enthält der Anspruch auf Elternteilzeit aber keine Hinweise darauf, dass der Arbeitgeber sich daran halten muss.

---

[352] Annuß/Thüsing-*Lambrich*, § 23 TzBfG Rn. 35; ErfK-*Preis*, § 611 BGB Rn. 275.
[353] BAG 27.03.1980, AP Nr. 26 zu § 611 BGB, Direktionsrecht, Gründe III. 1.; ErfK-*Preis*, § 611 BGB Rn. 274.
[354] BGBl. I, S. 3412; vgl. § 6 II GewO wonach nun die arbeitsrechtlichen Normen der GewO für alle Arbeitnehmer gelten und nicht mehr nur für gewerbliche Arbeitnehmer.

1. Einschränkung des Direktionsrechts durch § 8 IV 1 TzBfG analog?

Teilweise wird daher vertreten, den Entscheidungsspielraum des Arbeitgebers durch eine analoge Anwendung von § 8 IV 1 TzBfG einzuschränken.[355] Der Arbeitgeber hat im Rahmen des TzBfG die Verteilung der Arbeitszeit den Wünschen des Arbeitnehmers entsprechend festzulegen, soweit nicht betriebliche Gründe entgegenstehen.

Eine Analogie setzt eine planwidrige Regelungslücke und eine vergleichbare Interessenlage voraus.[356]

Problematisch erscheint bereits die planwidrige Regelungslücke.[357] § 15 VI und VII BErzGG (jetzt BEEG) sind zeitgleich mit dem TzBfG in Kraft getreten.[358] Zwar wurde das BErzGG bereits am 12.10.2000 verabschiedet[359] und das TzBfG erst am 21.12.2000[360], allerdings enthält bereits der Gesetzesentwurf der Bundesregierung zum „Gesetz über Teilzeitarbeit und befristete Arbeitsverträge und zur Änderung und Aufhebung arbeitsrechtlicher Bestimmungen" vom 28.09.2000 einen Anspruch auf Verteilung der Arbeitszeit.[361] Der Gesetzgeber hatte sich daher im Zeitpunkt des Gesetzgebungsverfahrens mit dem Problem auseinander gesetzt und hat sich für eine unterschiedliche Ausgestaltung der beiden Teilzeitansprüche entschieden. Dieser Aspekt spricht gegen eine planwidrige Gesetzeslücke.

---

[355] *Leßmann*, DB 2001, 94, 96 f.; *Boewer* § 23 TzBfG Rn. 4; *Sowka*, NZA 2000, 1185, 1189; *Reiserer/Penner*, BB 2002, 1962, 1963; ähnlich *Reinecke*, FS Leinemann, 191, 198, die den Verteilungswunsch allerdings nur versagen möchte, wenn „dringende betriebliche Gründe" entgegenstehen.

[356] BGH 04.05.1988, NJW 1988, 2109, 2110; Palandt-*Heinrichs*, Einl. zum BGB Rn. 48; Staudinger-*Coing/Honsell*, Einl. zum BGB Rn. 156; *Wank*, Auslegung von Gesetzen, § 11 III.

[357] Ablehnend *Buchner/Becker*, § 15 BErzGG Rn. 52; Annuß/Thüsing-*Lambrich*, § 23 TzBfG Rn. 22; *Sievers*, § 23 TzBfG Rn. 8; *Ülger*, Der Teilzeitanspruch und seine prozessuale Durchsetzung, 54.

[358] Zum 01.01.2001 sind sowohl das TzBfG (BGBl. I, S. 1966, 1970) als auch das BErzGG (BGBl. I, S. 1426, 1432) in Kraft getreten.

[359] BGBl. I, S. 1426, 1432.

[360] BGBl. I, S. 1966, 1970.

[361] BR-Drucks. 591/00, S. 4. Unrichtig daher *Ülger*, Der Teilzeitanspruch und seine prozessuale Durchsetzung, 54, die davon ausgeht, dass der Anspruch auf Verteilung erst nachträglich durch den Ausschuss für Arbeit und Sozialordnung eingeführt worden sei (abgedruckt: BT-Drucks. 14/4625, S. 7 vom 15.11.2000).

Diese Annahme wird noch dadurch unterstützt, dass § 15 V 1 BEEG für die einvernehmliche Vereinbarung von Teilzeitarbeit die Ausgestaltung, und damit Lage und Verteilung der Arbeitszeit, ausdrücklich als Verhandlungs- und Vertragsbestandteil nennt. Im Rahmen des Elternteilzeitanspruchs stehen dem Arbeitnehmer aber keine solchen Rechte zu.[362]

Außerdem war dem Gesetzgeber spätestens zum Zeitpunkt der Einführung des BEEG diese Diskussion bekannt. Er hat aber keinen Anspruch auf Realisierung des Verteilungswunsches des Arbeitnehmers inkorporiert.

Aufgrund der genannten Erwägungen besteht somit keine planwidrige Regelungslücke. Eine analoge Anwendung von § 8 IV 1 TzBfG ist daher ausgeschlossen.

2. Einfluss auf die Lage der Arbeitszeit durch Setzen einer Bedingung?

Eine andere Lösungsmöglichkeit für das Problem, dass der Anspruch des Arbeitnehmers ohne Einflussmöglichkeit auf die Lage und Verteilung der Arbeitszeit in der Praxis vielfach ins Leere gehen würde, wird von *Gaul* vorgeschlagen. Er propagiert, dass der Arbeitnehmer sein Teilzeitverlangen unter die Bedingung einer Einigung über die Verteilung der Arbeitszeit stellen kann.[363]

Bei der einvernehmlichen Vereinbarung der Elternteilzeit (§ 15 V BEEG) kann der Arbeitnehmer eine solche Potestativbedingung setzen, da die Entscheidung über die gewünschte Reduzierung der Arbeitszeit vom Willen des Arbeitgebers abhängt.[364] Diese Verbindungsmöglichkeit ist aber insofern nicht ausreichend, als der Arbeitnehmer zwar entweder Elternteilzeit mit der gewünschten Verteilung durchsetzen kann oder gar keine Elternteilzeit bekommt. Eine rechtliche Handhabe, wie er seinen Wünschen bezüglich der Verteilung stärkeres Gewicht verleihen kann, ist dadurch nicht gegeben.

Wenn ein Anspruch auf Elternteilzeit im Prozess geltend gemacht wird, kommt eine Potestativbedingung nicht in Betracht. Wenn die Voraussetzungen von § 15 VII BEEG vorliegen, besteht nämlich gerade unabhängig vom Willen

---

[362] Annuß/Thüsing-*Lambrich*, § 23 TzBfG Rn. 22 zieht ebenfalls daraus den Schluss, dass dies gegen eine planwidrige Regelungslücke spricht.
[363] HWK-*Gaul*, § 15 BErzGG Rn. 23; diese Möglichkeit im Rahmen von § 8 TzBfG bejahend: BAG 18.02.2003, NZA 2003, 911, 912.
[364] Vgl. oben B.II.3.a), S. 49 f.

des Arbeitgebers ein Rechtsanspruch auf Elternteilzeit.[365] Ebenso wenig kann im gerichtlichen Verfahren die Inanspruchnahme der Elternteilzeit unter die prozessuale Bedingung gestellt werden, dass die Verteilung der Arbeitszeit den Wünschen des Arbeitnehmers entspricht. Das liegt daran, dass dem Arbeitnehmer gemäß § 15 VI und VII BErzGG kein Rechtsanspruch auf eine bestimmte Verteilung und Lage der Arbeitszeit zusteht.[366] Diese kann der Arbeitgeber im Rahmen billigen Ermessens einseitig bestimmen. Daher ist die Verteilung der Arbeitszeit nicht Gegenstand des gerichtlichen Verfahrens und, falls das Gericht das Bestehen des Elternteilzeitanspruchs bejaht, auch nicht Gegenstand des stattgebenden Urteils. Eine Bedingung kann sich nur auf prozessuale Ereignisse beziehen.[367] Außerprozessuale Bedingungen sind unzulässig, weil die Ungewissheit, die auf diese Weise in den Prozess hineingetragen wird, im Interesse der Rechtspflege und der Gegenpartei nicht hingenommen werden kann.[368] Bei der Ausgestaltung des Teilzeitanspruchs handelt es sich um eine außerprozessuale Bedingung, da sie nicht Gegenstand der Klage ist. Eine Rechtsbedingung ist daher unzulässig.

3. Einschränkung des Direktionsrechts des Arbeitgebers gemäß § 106 S. 1 GewO

Der Arbeitgeber muss sein Direktionsrecht nach billigem Ermessen (§ 106 S. 1 GewO) ausüben.[369] Die Wahrung billigen Ermessens setzt voraus, dass die wesentlichen Umstände des Falles abgewogen und die beiderseitigen Interessen angemessen berücksichtigt werden.[370] Ob das geschehen ist, unterliegt der gerichtlichen Kontrolle, vgl. § 315 III BGB. Unbillig ist es, wenn der Arbeitgeber

---

[365] Vgl. oben B.II.3.a), S. 49 f.
[366] BAG 09.05.2006, AP Nr. 47 zu § 15 BErzGG, Gründe IV. 2. a); anders noch die Vorinstanz in LAG München 25.01.2005, 6 Sa 514/04 (unveröffentlicht).
[367] Thomas/Putzo-*Reichold*, Einl. III Rn. 14; Hk-ZPO-*Saenger*, Einführung Rn. 119; Musielak-*Musielak*, Einl. Rn. 62; *derselbe*, Grundkurs ZPO Rn. 160.
[368] Thomas/Putzo-*Reichold*, Einl. III Rn. 14; Hk-ZPO-*Saenger*, Einführung Rn. 119; Musielak-*Musielak*, Einl. Rn. 62; *derselbe*, Grundkurs ZPO Rn. 160.
[369] BAG 17.12.1997, AP Nr. 52 zu § 611 BGB, Direktionsrecht, Gründe IV. 1.; BAG 11.02.1998, AP Nr. 54 zu § 611 BGB, Direktionsrecht, II. 2. a); BAG 07.12.2000, AP Nr. 61 zu § 611 BGB, Direktionsrecht, Gründe I. 2.; BAG 17.04.2002, 4 AZR 134/01 (unveröffentlicht), LS 2; Erman-*Hager*, § 315 BGB Rn. 24.
[370] BAG 24.04.1996, AP Nr. 48 zu § 611 BGB, Direktionsrecht, Gründe 1.; ErfK-*Preis*, § 611 BGB Rn. 278.

allein seine Interessen durchzusetzen versucht.[371] Beim billigen Ermessen handelt es sich um einen unbestimmten Rechtsbegriff, so dass die Berücksichtigung der Umstände im Lichte der grundrechtlichen Wertungen vorgenommen werden muss.[372] Bei der Auslegung des Begriffs des „billigen Ermessens" sind zunächst die widerstreitenden Interessen von Arbeitnehmer und Arbeitgeber zu betrachten. Anschließend soll ein Kompromiss gefunden werden, der für beide Seiten einen möglichst schonenden Ausgleich bedeutet.[373]

a) Betroffene grundrechtlich relevante Interessen

Die Verteilung der Arbeitszeit kann in Einzelfällen für den Arbeitnehmer so ausschlaggebend sein, dass er von der Inanspruchnahme von Elternteilzeit abgehalten wird, wenn sich seine Verteilungswünsche nicht realisieren. Das gilt insbesondere für Eltern, die auf eine Teilerwerbstätigkeit während der Elternzeit finanziell angewiesen sind oder die im Interesse ihrer weiteren beruflichen Entwicklung den Kontakt zum Beruf nicht verlieren wollen und während ihrer berufsbedingten Abwesenheit das Kind durch Dritte (Kinderfrau beziehungsweise -mann, Tagesmutter beziehungsweise -vater, Familienangehörige) betreuen lassen. Sie sind insoweit von deren Verfügbarkeit und bei einer Betreuung in Kindertagesstätten oder Horten von deren Öffnungszeiten und dem Vorhandensein eines Platzes im entsprechenden Zeitraum abhängig. In diesem Fall kann sich der Arbeitnehmer auf den grundrechtlichen Schutz der Familie (Art. 6 I GG) und den im Grundgesetz verankerten Erziehungsauftrag (Art. 6 II GG) berufen.[374]

Wie die Arbeitszeit verteilt wird, berührt auf Seiten des Arbeitgebers die wirtschaftliche Betätigungsfreiheit, kurz die sog. Unternehmerfreiheit. Diese ist verfassungsrechtlich in Art. 12 I GG verankert. Der Unternehmer wird dabei in seiner Freiheit geschützt, unternehmerische Tätigkeiten als wirtschaftliche Lebens- und Erwerbsgrundlage auszuüben.[375]

---

[371] BAG 19.05.1992, AP Nr. 1 zu Art. 70 Verf. Baden-Württemberg, Gründe III.
[372] Vgl. BVerfG 22.11.1951, BVerfGE 7, 198, 203 ff.
[373] Vgl. BVerfG 27.01.1998, BVerfGE 97, 169, 176; BVerfG 19.10.1993, BVerfGE 89, 214, 232; *Löwisch*, ZfA 1996, 293, 299; *Söllner*, AuR 1991, 45, 52; *Dörner*, FS Dieterich, 83, 89 f.
[374] Vgl. dazu BAG 09.05.2006, AP Nr. 47 zu § 15 BErzGG, Gründe IV. 3.
[375] *Von Finckenstein*, Freie Unternehmerentscheidung und dringende betriebliche Erfordernisse bei der betriebsbedingten Kündigung, 178.

b) Praktische Konkordanz der betroffenen Interessen

Diese Interessen müssen nun in Einklang gebracht werden. Unbillig wäre es, wenn der Arbeitgeber die Verteilung allein nach seinen Vorstellungen organisieren würde, ohne die Wünsche des Arbeitnehmers zu berücksichtigen. Würde der Arbeitgeber auf der anderen Seite dazu verpflichtet, die Arbeitszeit stets nach den Vorstellungen des Arbeitnehmers anzuordnen, würde seine unternehmerische Entscheidungsfreiheit empfindlich beschnitten. Daher kann diese Auslegung nicht überzeugen. Vielmehr ist es nur billig, dass der Arbeitgeber den Verteilungswünschen des Arbeitnehmers nachkommt, es sei denn, dass diesem Verlangen betriebliche Gründe entgegenstehen. Diese Wertung ergibt sich aus einer Anlehnung an § 8 IV 1 TzBfG. Der Regelungsgegenstand „Arbeitszeit im Betrieb" spricht dafür, dass es sich um betriebliche Gründe handeln muss.[376]

Das BAG geht dagegen davon aus, dass die Verteilungswünsche des Arbeitnehmers nur wegen entgegenstehender dringender betrieblicher Gründe abgelehnt werden dürfen. Ansonsten würde die Durchsetzung des Anspruchs auf Elternteilzeit in der Praxis oft gefährdet. Wenn der Arbeitnehmer wegen seiner familiären Einbindung und damit aus Gründen, die mit dem durch Art. 6 GG gewährten Schutz zusammenhängen, auf eine bestimmte Lage seiner Arbeitszeit angewiesen ist, seien die Interessen des Arbeitnehmers an einer bestimmten Verteilung der Arbeitszeit von höherem Gewicht als beim Teilzeitanspruch nach § 8 TzBfG. Seinen Interessen gebühre daher regelmäßig der Vorrang, so dass die Möglichkeiten des Arbeitgebers die Verteilungswünsche des Arbeitnehmers abzulehnen im Verhältnis zu § 8 TzBfG noch stärker eingeschränkt werden müssen.[377]

Bei einer solchen Lösung werden allerdings die Interessen des Arbeitgebers nicht angemessen berücksichtigt. Während der Arbeitgeber bei § 8 IV 1 TzBfG dem Teilzeitverlangen das Vorliegen „betrieblicher Gründe" entgegenhalten kann, schließt § 15 VII 1 Nr. 4 BEEG den Teilzeitanspruch erst bei Vorliegen „dringender betrieblicher Gründe" aus. Ist die Hürde für den Arbeitgeber zur Verhinderung der Teilzeit somit höher, muss ihm dafür grundsätzlich zunächst ein größerer Spielraum hinsichtlich der Lage der Arbeitszeit gewährt werden. Auf den ersten Blick sind daher noch nicht einmal entgegenstehende betriebliche

---

[376] Ebenso BAG 09.05.2006, AP Nr. 47 zu § 15 BErzGG, Gründe IV. 3. a).
[377] BAG 09.05.2006, AP Nr. 47 zu § 15 BErzGG, Gründe IV. 3. a); im Ergebnis ebenso *Reinecke*, FS Leinemann, 191, 198, die dies durch eine analoge Anwendung von § 8 IV 1 TzBfG erreichen möchte.

Gründe erforderlich, um die gewünschte Verteilung der Arbeitszeit abzulehnen.[378] Dieser Spielraum wird allerdings wiederum eingeschränkt, da der Arbeitnehmer, wie das BAG richtig erkannt hat, im Rahmen des Elternteilzeitanspruchs im Vergleich zur Reduzierung nach § 8 TzBfG ein gesteigertes Interesse an einer bestimmten Lage der Arbeitszeit hat.

Der Arbeitgeber darf daher dem Arbeitnehmer den Wunsch auf eine bestimmte Verteilung der Arbeit nur abschlagen, wenn betriebliche Gründe entgegenstehen. Ansonsten ist die Ermessensentscheidung nicht billig.[379]

4. Gerichtliche Durchsetzung der Verteilungswünsche

Dem Gericht ist es mangels eines gesetzlichen Anknüpfungspunkts verwehrt, die Verteilung der Arbeitszeit selbst vorzunehmen.[380] Diese unterliegt dem Direktionsrecht des Arbeitgebers. Für den Arbeitnehmer führt das zu einer unbefriedigenden Situation. Er kann sich erst gegen die Verteilung der Arbeitszeit wehren, nachdem der Arbeitgeber sie bereits angeordnet hat. Im schlimmsten Fall führt das dazu, dass er zunächst sein Elternteilzeitverlangen durchsetzen muss und dann erst in einem zweiten Prozess die Verteilung der Arbeitszeit auf ihre Billigkeit hin überprüfen lassen kann. Denn erst wenn der Anspruch auf Verringerung der Arbeitszeit rechtskräftig festgestellt worden ist, ist der Arbeitgeber gehalten die konkrete Verteilung der Teilzeitarbeit vorzunehmen.[381] Aufgrund der Länge der jeweiligen Verfahren wird dadurch die Möglichkeit des Arbeitnehmers zur Einflussnahme auf die Verteilung sehr stark entwertet. Dies ist allerdings nach der gesetzlichen Konzeption unvermeidbar. Damit keine solchen Zeitverzögerungen entstehen, wäre eine gesetzliche Änderung rechtspolitisch wünschenswert. Diese könnte in der Weise erfolgen, dass die Verteilung der Arbeitszeit

---

[378] Annuß/Thüsing-*Lambrich*, § 23 TzBfG Rn. 22; ähnlich HWK-*Gaul*, § 15 BErzGG Rn. 23, die beide dieses Argument heranziehen um eine analoge Anwendung von § 8 IV 1 TzBfG abzulehnen.

[379] Ähnlich LAG Nürnberg 08.03.1999, NZA 2000, 263, das davon ausgeht, dass es nicht billigem Ermessen entspricht, wenn einer aus dem Erziehungsurlaub (jetzt Elternzeit) zurückkehrenden Mutter mitgeteilt wird, dass sie ab sofort früher mit der Arbeit anfangen muss, wenn sie wegen der Änderung der Arbeitszeit ihr Kind nicht in den Kindergarten bringen kann (Prüfung des Einzelfalles).

[380] Annuß/Thüsing-*Lambrich*, § 23 TzBfG Rn. 35; *Rudolf/Rudolf*, NZA 2002, 602, 604.

[381] Annuß/Thüsing-*Lambrich*, § 23 TzBfG Rn. 35.

vom Gericht unter Berücksichtigung von Billigkeit anzuordnen ist, wenn keine Einigung zwischen Arbeitnehmer und Arbeitgeber im Verfahren erfolgt.[382]

5. Ergebnis

Der Arbeitgeber bestimmt die Lage der Arbeitszeit des Arbeitnehmers aufgrund seines Direktionsrechts. Da er dabei Billigkeitserwägungen berücksichtigen muss, führt das dazu, dass sich der Arbeitgeber in den meisten Fällen an die Verteilungswünsche der Arbeitnehmer halten muss, solange keine betrieblichen Gründe entgegenstehen. Allerdings kann die Lage der Arbeitszeit nicht vom Gericht festgelegt werden. Die vom Arbeitgeber bereits vorgenommene Verteilung kann nur von den Richtern nachträglich auf ihre Billigkeit hin untersucht werden.

VI. Möglichkeit der Geltendmachung der Elternteilzeit während der laufenden Elternzeit?

Im Verhältnis zwischen Elternzeit und Elternteilzeit stellt sich die Frage, ob trotz Ausübung des Gestaltungsrechts auf Elternzeit und Inanspruchnahme der Elternzeit nachträglich noch der Anspruch auf Elternteilzeit geltend gemacht werden kann.

Grundsätzlich gilt, dass Gestaltungsrechte bedingungsfeindlich und nicht widerrufbar sind.[383] Ansonsten würde für den Gestaltungsgegner die erforderliche Überschaubarkeit und Rechtssicherheit nicht gewahrt.[384] Elternzeit ist ein Gestaltungsrecht. Die Inanspruchnahme der Elternzeit führt zu einem vollständigen Aussetzen mit der Arbeit. Die Unwiderruflichkeit würde dazu führen, dass ein einmal geäußertes Elternzeitverlangen den Arbeitnehmer bindet. § 15 VI i.V.m. VII BEEG enthält eine Ausnahme zu diesem Grundsatz. Dort wird die Möglichkeit eröffnet, zweimal „während der Gesamtdauer der Elternzeit" eine „Verringerung" der Arbeitszeit zu beanspruchen. Es stellt sich nun die

---

[382] Vgl. zur lege ferenda unten E, S.222 ff.
[383] BGH 15.06.1960, BGHZ 32, 375, 383; BeckOK-BGB-*Grothe*, § 346 BGB Rn. 6; *Larenz/Wolf*, Allgemeiner Teil des Bürgerlichen Rechts, § 15 Rn. 75; *Medicus*, Allgemeiner Teil des BGB, Rn. 90.
[384] *Larenz/Wolf*, Allgemeiner Teil des Bürgerlichen Rechts, § 15 Rn. 75; *Medicus*, Allgemeiner Teil des BGB, Rn. 90.

Frage, ob eine „Verringerung" der Arbeitszeit vorliegt, wenn sich der Arbeitnehmer in Elternzeit befindet, er also gar nicht arbeitet, und nun Teilzeit beantragt. Hierzu entwickelte sich in der Literatur in den letzten drei Jahren eine lebhafte Diskussion.

1. Vertretene Ansichten zur Zulässigkeit der nachträglichen Geltendmachung der Elternteilzeit

Zunächst werden die vertretenen Ansichten dargestellt. Das Spektrum reicht von der Unmöglichkeit der nachträglichen Geltendmachung über die eingeschränkte Zulässigkeit der nachträglichen Geltendmachung bis zur einschränkungslosen Zulässigkeit der nachträglichen Geltendmachung der Elternteilzeit.

a) Nachträgliche Geltendmachung der Elternteilzeit ausgeschlossen

Teilweise wird vertreten, dass Elternteilzeit ausgeschlossen sei, wenn der Arbeitnehmer sich einmal vorbehaltlos für eine vollständige Freistellung von seiner Arbeitspflicht durch Beantragung der Elternzeit entschieden hat.[385] Dieser Ansicht liegen zwei Erwägungen zu Grunde.

Eine „Verringerung der Arbeitszeit" im Sinne von § 15 VI BEEG könne nicht mehr vorliegen, wenn die Arbeitszeit durch die Realisierung der Elternzeit vollständig auf Null reduziert worden sei.[386]

Die Vertreter dieser Ansicht rücken insbesondere auch die Interessen des Arbeitgebers in den Vordergrund. Dieser vertraue darauf, dass der Arbeitnehmer, wenn er beispielsweise für zwei Jahre Elternzeit in Anspruch nimmt, in dieser Zeit nicht arbeitet.[387] Wenn der Arbeitgeber befristet auf diesen Zeitraum eine Vertretungskraft einstellt und der Arbeitnehmer die Möglichkeit hat es sich nachträglich noch anders zu überlegen, hätte der Arbeitgeber zwei Arbeitnehmer für einen Arbeitsplatz. Der Arbeitgeber solle aber nicht gezwungen werden können, seine Arbeitsorganisation im Zusammenhang mit dem nachträglichen Verlangen

---

[385] Arnold/Gräfl-*Imping*, § 23 TzBfG Rn. 17 ff.; *Lindemann/Simon*, NJW 2001, 258, 261; *Peters-Lange/Rolfs*, NZA 2000, 682, 686; *Hamann*, Special zu BB 2005, 2, 12.

[386] Arnold/Gräfl-*Imping*, § 23 TzBfG Rn. 17; *Lindemann/Simon*, NJW 2001, 258, 261; *Peters-Lange/Rolfs*, NZA 2000, 682, 686; *Hamann*, Special zu BB 2005, 2, 12.

[387] *Hamann*, Special zu BB 2005, 2, 12; *Sowka*, BB 2001, 935, 937; *Peters-Lange/Rolfs*, NZA 2000, 682, 686.

nach Elternteilzeit anpassen zu müssen, daher müsse die Möglichkeit eines Teilzeitbegehrens in diesem Fall bereits als solche a priori ausgeschlossen werden.[388]

b) Nachträgliche Geltendmachung der Elternteilzeit stets möglich

Nach anderer Ansicht – die insbesondere auch das BAG vertritt – ist die nachträgliche Geltendmachung der Elternteilzeit einschränkungslos möglich, da es sich um eine „Verringerung" der Arbeitszeit handle.[389] Ausgangspunkt dafür ist die Erwägung, dass bei Inanspruchnahme der Elternzeit die Arbeitsverpflichtung ruhe, die Vereinbarung über die Arbeitspflicht jedoch nicht aufgehoben werde.[390] Der Arbeitnehmer werde vielmehr lediglich von seiner Pflicht befreit in der vereinbarten Zeit Arbeit zu leisten. Dies habe zur Folge, dass die ursprüngliche Arbeitszeit der Vergleichsmaßstab bleibe.

c) Nachträgliche Geltendmachung der Elternteilzeit grundsätzlich möglich

Nach anderer Ansicht kann der Arbeitnehmer zwar grundsätzlich den Teilzeitanspruch nachträglich geltend machen. Bereits im Antrag auf Elternzeit habe aber der Arbeitnehmer die zukünftige Dauer der verlangten Elternteilzeit und den zukünftigen Umfang der Beschäftigung anzugeben, das heißt für welchen Zeitraum er Elternteilzeit in Anspruch nehmen möchte. Wenn der Arbeitnehmer diese Mitteilung unterlässt, wird die Möglichkeit der nachträglichen Geltendmachung der Elternteilzeit eingeschränkt.[391] Die Konsequenzen, die an eine fehlende Mitteilung geknüpft werden, sind unterschiedlich. Der Umfang der Einschränkung der Möglichkeit zur nachträglichen Geltendmachung richtet sich

---

[388] *Hamann*, Special zu BB 2005, 2, 12; *Sowka*, BB 2001, 935, 937; *Peters-Lange/Rolfs*, NZA 2000, 682, 686.
[389] BAG 19.04.2005, AP Nr. 44 zu § 15 BErzGG, Gründe II. 3. b) hh); bestätigt durch BAG 09.05.2006, AP Nr. 47 zu § 15 BErzGG, Gründe II. 1. c); LAG München 25.01.2005, 6 Sa 514/04 (unveröffentlicht); *Joussen*, NZA 2005, 336, 339; *derselbe*, Anmerkung zu BAG 19.04.2005, AP Nr. 44 zu § 15 BErzGG.
[390] BAG 19.04.2005, AP Nr. 44 zu § 15 BErzGG, Gründe II. 3. b) hh); vgl. auch oben B.I.2.b), S. 25 f.; zustimmend *Joussen*, Anmerkung zu BAG 19.04.2005, AP Nr. 44 zu § 15 BErzGG.
[391] BAG 27.04.2004, AP Nr. 39 zu § 15 BErzGG, Gründe A. I. 2. b) aa); LAG Baden-Württemberg 06.05.2004, AuA 2004/08, 44 f.; *Rudolf/Rudolf*, NZA 2002, 602, 604; *Brors*, RdA 2005, 51, 53.

danach, ob diese Mitteilung als Pflicht[392] oder als bloße Obliegenheit[393] eingeordnet wird.

Das BAG geht in einem Urteil aus dem Jahr 2004 ebenso wie das LAG Baden-Württemberg von einer Mitteilungspflicht aus.[394] Diese Pflicht ergebe sich aus § 16 I BEEG.[395] Nach § 16 I BEEG ist der Arbeitnehmer vor Beginn der Elternzeit verpflichtet zu erklären, für welchen Zeitraum innerhalb von zwei Jahren er Elternzeit in Anspruch nehmen wird. Dies beinhaltet nach der Ansicht der Gerichte auch, dass der Arbeitnehmer mitteilen muss, ob er einen völligen Wegfall der Arbeitspflicht anstrebt oder nur eine Herabsetzung der Arbeitszeit in den Grenzen des § 15 IV-VII BEEG (also Elternteilzeit). Ansonsten würden dem Arbeitgeber nicht die notwendigen Informationen für seine Personalplanung während der kommenden zwei Jahre gegeben. Die Fristen des § 15 V-VII BEEG modifizierten die Antragsfrist des § 16 I 1 BEEG nur mit der Maßgabe, dass das Begehren, in Teilzeitarbeit während der Elternzeit weiterbeschäftigt zu werden, generell nur sieben Wochen vor Beginn der Elternzeit schriftlich geltend gemacht werden müsse, § 15 VII 1 Nr. 5 BEEG.[396] An diese Erklärungen sei der Arbeitnehmer gebunden. Das ergebe sich aus allgemeinem Vertragsrecht.[397] Diese Bindungswirkung gelte nur in den ersten zwei Jahren der Elternzeit. Daher sei in den ersten zwei Jahren die nachträgliche Geltendmachung der Elternteilzeit ausgeschlossen. Im dritten Jahr der Elternzeit könne der Arbeitnehmer, auch ohne dass er dies im Zeitpunkt der Geltendmachung des Elternzeitverlangens angekündigt hat, einen Antrag auf Elternteilzeit stellen, der es ihm ermöglicht mit reduzierter Stundenanzahl zu arbeiten.[398]

Bei Annahme einer Mitteilungsobliegenheit verletzt der Arbeitnehmer die berechtigten Planungsinteressen des Arbeitgebers, wenn er dem Arbeitgeber bei Geltendmachung des Elternzeitanspruchs seinen Wunsch nach Teilzeit nicht

---

[392] So BAG 27.04.2005, AP Nr. 39 zu § 15 BErzGG, Gründe A. I. 2. b) aa); LAG Baden-Württemberg 06.05.2004, AuA 2004/08, 44 f.
[393] So *Rudolf/Rudolf*, NZA 2002, 602, 604.
[394] BAG 27.04.2004, AP Nr. 39 zu § 15 BErzGG, Gründe A. I. 2. b) aa); LAG Baden-Württemberg 06.05.2004, AuA 2004/08, 44 f.
[395] BAG 27.04.2004, AP Nr. 39 zu § 15 BErzGG, Gründe A. I. 2. b) aa); LAG Baden-Württemberg 06.05.2004, AuA 2004/08, 44 f.
[396] LAG Baden-Württemberg 06.05.2004, AuA 2004/08, 44 f.
[397] LAG Baden-Württemberg 06.05.2004, AuA 2004/08, 44 f.
[398] BAG 27.04.2004, AP Nr. 39 zu § 15 BErzGG, Gründe A. I. 2. b) aa); LAG Baden-Württemberg 06.05.2004, AuA 2004/08, 44 f.

anzeigt. Bei Obliegenheiten handelt es sich um zum Vertragsinhalt erhobene Voraussetzungen für die Erhaltung des Anspruchs. Sie können, anders als Rechtspflichten, vom Vertragspartner nicht eingeklagt werden. Ihre Verletzung begründet ebenfalls keinen Schadensersatzanspruch.[399] Die Verletzung der Obliegenheit führe dazu, dass regelmäßig während der gesamten Dauer der Elternzeit dem Teilzeitbegehren des Arbeitnehmers dringende betriebliche Gründe entgegen stünden. Der Arbeitnehmer könne allerdings den Gegenbeweis antreten.[400]

2. Begründung der einschränkungslosen Zulässigkeit der nachträglichen Geltendmachung der Elternteilzeit

Der Arbeitnehmer hat gegen seinen Arbeitgeber bei Vorliegen der Voraussetzungen des § 15 VII BEEG einen Anspruch auf Elternteilzeit, selbst wenn er vorher bereits Elternzeit in Anspruch genommen hat. Die Zulässigkeit der nachträglichen Geltendmachung wird im Folgenden anhand des Wortlauts, der Systematik und des Telos begründet.

a) Auslegung nach dem Wortlaut des § 15 VI und § 15 V 4 BEEG

Die Ansicht, die die nachträgliche Geltendmachung generell für möglich hält, stützt sich auf die Annahme, dass die Vereinbarung über die Arbeitsverpflichtung nur ruhe und nicht aufgehoben sei.[401] Diese Annahme erscheint bei Betrachtung der Formulierungen in § 15 VI und § 15 V 4 BEEG auf den ersten Blick problematisch.

§ 15 V 4 BEEG besagt, dass der Arbeitnehmer das Recht hat „nach der Elternzeit zu der Arbeitszeit zurückzukehren, die vor Beginn der Elternzeit vereinbart war". § 15 VI BEEG ermöglicht dem Arbeitnehmer während der Gesamtdauer der Elternzeit zweimal eine Verringerung seiner Arbeitszeit zu beanspruchen. Der Gesetzgeber differenziert somit scheinbar zwischen der Arbeitszeit, die vor Beginn der Elternzeit vereinbart war, und der Arbeitszeit während der Elternzeit.

---

[399] *Rühl*, Obliegenheiten im Versicherungsvertragsrecht, 65; *Larenz*, Schuldrecht Band II, § 41 I d 4.
[400] *Rudolf/Rudolf*, NZA 2002, 602, 604.
[401] BAG 19.04.2005, AP Nr. 44 zu § 15 BErzGG, Gründe II. 3. b) aa).

Wenn der Gesetzgeber dem Arbeitnehmer die Möglichkeit hätte eröffnen wollen, während der laufenden Elternzeit Elternteilzeit zu beantragen, hätte er § 15 VI BEEG auch dahingehend formulieren können, dass der Arbeitnehmer während der Elternzeit zweimal eine Verringerung seiner Arbeitszeit, die vor Beginn der Elternzeit vereinbart war, beanspruchen kann.

Der Gesetzgeber hat aber nicht diese Formulierung gewählt, sondern nur festgestellt, dass der Arbeitnehmer während der Gesamtdauer der Elternzeit zweimal eine Verringerung seiner Arbeitszeit beanspruchen kann.

Wenn der Gesetzgeber tatsächlich zwischen der Arbeitszeit vor Beginn und während der Elternzeit differenziert, könnte dies gegen die Möglichkeit der nachträglichen Geltendmachung sprechen, da dann die Arbeitszeit während der Elternzeit Bezugspunkt wäre. Die Arbeitszeit während der Elternzeit, wenn der Arbeitnehmer zunächst keine Elternteilzeit beantragt hat, beträgt „Null", eine Verringerung ist dann nicht denkbar.

Aus den unterschiedlichen Formulierungen kann allerdings nicht zwangsläufig der Schluss gezogen werden, dass der Gesetzgeber eine Differenzierung zwischen der Arbeitszeit vor Beginn und während der Elternzeit anstrebt. Es ist durchaus mit dem Wortlaut vereinbar, die in § 15 VI genannte Arbeitszeit auf die Arbeitszeit zu beziehen, die der Arbeitnehmer vor Beginn der Elternzeit hatte, ohne dass dies explizit genannt sein muss. Aus der unterschiedlichen Wortwahl kann daher nicht zwingend geschlossen werden, dass eine ruhende Arbeitsverpflichtung, welche sich auf die Arbeitszeit vor Beginn der Elternzeit bezieht, während der Elternzeit ausgeschlossen ist.

b) Systematische Auslegung unter Berücksichtigung von § 15 V 4 BEEG

Die Ablehnung der Möglichkeit der nachträglichen Geltendmachung der Elternteilzeit findet möglicherweise eine Unterstützung im Wortlaut des § 15 V 4 BEEG. Danach steht dem Arbeitnehmer das Recht zu, nach der Elternzeit zu der Arbeitszeit zurückzukehren, die vor Beginn der Elternzeit vereinbart war. Die Aussage, dass dem Arbeitnehmer zwar das Recht zusteht, nicht aber die Pflicht, könnte darauf hindeuten, dass während der Elternzeit aus der früheren Arbeitszeitverpflichtung keine Rückschlüsse gezogen werden dürfen. Der Arbeitnehmer, der nicht mehr zu der früheren Arbeitszeit zurückkehrt, würde ansonsten anhand eines Maßstabs beurteilt, welcher für ihn nicht mehr einschlägig ist.

Gegen diese Argumentation spricht allerdings, dass trotz dieser (eher unglücklichen) Formulierung der Arbeitnehmer nach Beendigung der Elternzeit automatisch zur früheren Arbeitszeit zurückkehrt.⁴⁰² Es besteht gerade keine Wahlmöglichkeit. Elternteilzeit ist auf die Teilzeitbeschäftigung während der Elternzeit begrenzt. Jeder kehrt daher zur früheren Arbeitszeit zurück. Soll die Teilzeit im Anschluss an die Elternzeit fortgesetzt oder erstmalig vereinbart werden, kann sich ein solcher Teilzeitanspruch nur aus anderen Rechtsgrundlagen ergeben (§ 8 TzBfG beziehungsweise § 81 SGB IX). Somit spricht der Wortlaut von § 15 V 4 BEEG nicht gegen die nachträgliche Geltendmachung der Elternteilzeit.

c) Systematische Auslegung unter Berücksichtigung von § 15 VI i.V.m. VII BEEG

Eventuell kann direkt aus § 15 VI i.V.m. VII BEEG ein systematisches Argument gezogen werden, welches für die Möglichkeit der nachträglichen Geltendmachung der Elternteilzeit spricht. Nach dieser Vorschrift kann der Arbeitnehmer „zweimal eine Verringerung seiner Arbeitszeit" verlangen. Das Gesetz geht somit davon aus, dass der Arbeitnehmer auch nachträglich noch seine Arbeitszeit verringern kann. Daher wird dem Arbeitgeber vom Gesetzgeber zugemutet sich an geänderte Arbeitszeitwünsche des Arbeitnehmers anzupassen. Dem Argument der Gegenseite, dass durch die Möglichkeit der nachträglichen Veränderung die Position des Arbeitgebers geschwächt würde, wurde daher vom Gesetzgeber keine große Bedeutung zugemessen.⁴⁰³

Der dem Arbeitnehmer eingeräumte Anspruch, die Arbeitszeit während der Gesamtdauer der Elternzeit zweimal zu Gunsten einer Teilzeitbeschäftigung zu verringern, beruht auf der Erfahrung, dass mit steigendem Alter des Kindes zwar (noch) nicht der Betreuungsbedarf sinkt, ⁴⁰⁴ wohl aber zunehmend eine Fremdbetreuung in Betracht kommt.⁴⁰⁵ Dies führt dazu, dass dem Arbeitnehmer mehr Zeit für seine Arbeit verbleibt und daher vermehrt Teilzeittätigkeit in Betracht kommt. Das BAG erkennt den Willen des Gesetzgebers diese Erfahrungswerte umzusetzen. Der Gesetzgeber habe gerade den berücksichtigenswerten Interes-

---

[402] Zu § 15 BErzGG: HWK-*Gaul*, § 15 BErzGG Rn. 25; Annuß/Thüsing-*Lambrich*, § 23 TzBfG Rn. 41; *Schell*, Der Rechtsanspruch auf Teilzeitarbeit, 212; *Lindemann/Simon*, NJW 2001, 258, 263; *Gaul/Wisskirchen*, BB 2000, 2466, 2468 f.; *Sowka*, NZA 2000, 1185, 1190.

[403] BAG 19.04.2005, AP Nr. 44 zu § 15 BErzGG, Gründe II. 3. b) ff); BAG 09.05.2006, AP Nr. 47 zu § 15 BErzGG, Gründe II. 1. c) aa) (3).

[404] BAG 09.05.2006, AP Nr. 47 zu § 15 BErzGG, Gründe II. 1. c) aa) (3).

[405] BAG 09.05.2006, AP Nr. 47 zu § 15 BErzGG, Gründe II. 1. c) aa) (3).

sen des Arbeitnehmers den Vorrang vor den Planungsinteressen des Arbeitgebers eingeräumt.[406]

Im Ergebnis bleibt daher festzuhalten, dass § 15 VI i.V.m. VII BEEG für die Möglichkeit der nachträglichen Geltendmachung spricht.

d) Systematische Auslegung unter Berücksichtigung von § 16 I 1 BEEG

Die Vertreter der Ansicht, die die Zulässigkeit der nachträglichen Geltendmachung teilweise einschränkt, stützen sich auch auf § 16 I 1 HS 2 BEEG. Sie leiten daraus ab, dass der Arbeitnehmer dem Arbeitgeber nicht nur über den geplanten Zeitraum der Elternzeit zu informieren habe, sondern auch für welchen Zeitraum er innerhalb der nächsten zwei Jahre davon Elternteilzeit in Anspruch nehmen werde.[407] Die Konsequenzen, die an diese Mitteilung geknüpft werden, sind unterschiedlich. Teilweise wird angenommen, dass eine Mitteilungspflicht besteht und der Arbeitnehmer an seine Erklärung gebunden ist.[408] Teilweise wird davon ausgegangen, dass es sich nur um eine Mitteilungsobliegenheit handele. Bei Verletzung dieser Obliegenheit würden dem zukünftigen Elternteilzeitverlangen regelmäßig dringende betriebliche Gründe entgegenstehen, wobei der Arbeitnehmer allerdings den Gegenbeweis antreten könne.[409]

Für die Annahme einer Mitteilungspflicht bestehen weder im Wortlaut der Regelung noch in der Gesetzesbegründung irgendwelche Anhaltspunkte. Wie sich aus der Überschrift des § 16 BEEG und der ausschließlichen Benutzung des Wortes Elternzeit (an keiner Stelle Elternteilzeit) ergibt, bezieht sich § 16 BEEG eindeutig nur auf Elternzeit und nicht auf Elternteilzeit. Der Gesetzgeber hat ebenfalls keine gegenteiligen Ausführungen in der Gesetzesbegründung getroffen.[410] Daher erstreckt sich die Bindungswirkung des § 16 I 1 BEEG nur auf das vollständige Aussetzen mit der Arbeit, welches der Arbeitnehmer autonom bestimmen kann. Mitteilungen über die geplante Elternteilzeit sind gerade nicht von der Vorschrift erfasst.

Auch Erwägungen zum Zweck der Vorschrift führen nicht zu einer Einbeziehung der Elternteilzeit. Laut Gesetzesbegründung haben Erfahrungen in der Praxis gezeigt, dass einzelne mittelständische und hochspezialisierte Betriebe in

---

[406] BAG 19.04.2005, AP Nr. 44 zu § 15 BErzGG, Gründe II. 3. b) gg).
[407] *Rudolf/Rudolf*, NZA 2002, 602, 604; LAG Baden-Württemberg 06.05.2004, AuA 2004/08, 44 f.
[408] LAG Baden-Württemberg 06.05.2004, AuA 2004/08, 44 f.
[409] *Rudolf/Rudolf*, NZA 2002, 602, 604.
[410] Vgl. BT-Drucks. 14/3553, S. 22; BT-Drucks. 14/3118, S. 21.

Schwierigkeiten gebracht werden, wenn eine Fachkraft ohne ausführliche Vorbereitung für eine längere Zeit aufgrund von Elternzeit nach § 16 I BEEG überhaupt nicht zur Verfügung steht.[411] Die Möglichkeit einer nachträglichen Teilzeittätigkeit führt aber nicht zu wirtschaftlichen Schwierigkeiten des Betriebes. Das liegt daran, dass es sich bei der Elternteilzeit anders als bei der Elternzeit nicht um ein Gestaltungsrecht handelt. Vielmehr ist die Ausübung der Elternteilzeit an mehrere Voraussetzungen geknüpft. Insbesondere dürfen dem Elternteilzeitverlangen keine dringenden betrieblichen Gründe entgegenstehen. Wenn der Betrieb bereits andere Dispositionen getroffen hat, kann er die gewünschte Elternteilzeit aufgrund dieser negativen Anspruchsvoraussetzung verhindern. Liegen keine dringenden betrieblichen Gründe vor, die gegen eine Elternteilzeit sprechen, muss der Arbeitgeber auch nicht vorher wissen, wann der Arbeitnehmer innerhalb eines Zeitraums von 2 Jahren in Elternteilzeit tätig sein möchte, da es dann für ihn möglich ist spontan darauf zu reagieren.

Das Ergebnis, dass § 16 I 1 BEEG nicht die Pflicht enthält, dem Arbeitgeber auch schon die Daten für die gewünschte Teilzeittätigkeit innerhalb eines Zeitraums von zwei Jahren mitzuteilen, wird durch den Zweck der Elternteilzeitregelung bestätigt. Ziel war eine bessere Vereinbarkeit von Beruf und Familie in den ersten Lebensjahren des Kindes. Es würde eine Überforderung der Mütter und Väter darstellen, wenn sie sich für den Zeitraum von zwei Jahren abschließend festlegen müssten, ob und wann die Betreuung des Kindes Zeit und Raum für eine Teilzeittätigkeit lässt. Dadurch würde eine familiengerechte, flexible Handhabung konterkariert.

Somit kann aus § 16 I BEEG nicht der Schluss gezogen werden, dass der Arbeitnehmer die Pflicht, hat dem Arbeitgeber auch seine Teilzeitwünsche für den Zeitraum von zwei Jahren mitzuteilen.[412]

Es besteht ebenfalls keine Mitteilungsobliegenheit. Eine solche Obliegenheit hat im Gesetz keinen Ausdruck gefunden.[413] Sie würde außerdem zu einer empfindlichen Einschränkung der Möglichkeit einer nachträglichen Geltendmachung der Elternteilzeit führen. Der Arbeitnehmer könnte nicht mehr auf die geänderten Umstände reagieren, sondern müsste schon bei Geltendmachung der Elternzeit antizipieren, für welchen Zeitraum und für wie viele Stunden er später Teilzeit arbeiten möchte. Diese Obliegenheit ist aus Sicht des Arbeitgebers auch nicht

---

[411] Vgl. BT-Drucks. 14/3553, S. 22; BT-Drucks. 14/3118, S. 21.
[412] Im Ergebnis ebenso BAG 19.04.2005, AP Nr. 44 zu § 15 BErzGG, Gründe II. 3. b) ee).
[413] *Joussen*, NZA 2005, 336, 341.

erforderlich. Da Elternteilzeit nur gewährt wird, wenn keine dringenden betrieblichen Gründe vorliegen, werden seine Interessen ausreichend berücksichtigt. Diese müssen allerdings jedes Mal festgestellt werden.[414] Eine Vermutungsregelung, dass bei Verletzung der Mitteilungsobliegenheit dringende betriebliche Gründe entgegenstehen, ist nicht erforderlich. Daher können die restriktiven Ansätze von *Rudolf/Rudolf*[415] nicht überzeugen.

e) Auslegung unter Berücksichtigung der betroffenen Interessen von Arbeitgeber und Arbeitnehmer

In einem nächsten Schritt sollen die betroffenen Interessen von Arbeitgebern und Arbeitnehmern betrachtet werden. Nur ein Ergebnis, das beide Seiten angemessen berücksichtigt, vermag am Ende zu überzeugen.

Die Vertreter der Ansicht, die dem Arbeitnehmer nicht die Möglichkeit der nachträglichen Geltendmachung gewährt, haben bereits auf die betroffenen Interessen des Arbeitgebers hingewiesen. Es besteht die Gefahr, dass die Arbeitsorganisation des Arbeitgebers durch die spätere Geltendmachung des Teilzeitverlangens nicht mehr aufrechterhalten werden kann. Dabei muss allerdings berücksichtigt werden, dass die Organisation der Arbeit nicht statisch ist, sondern ständig wechselnden Anforderungen gerecht werden muss. Das kann sowohl aus innerbetrieblichen – Arbeitnehmer kündigen, werden krank, nehmen Elternzeit, beantragen Teilzeit, wollen ihre Arbeitszeit verlängern – als auch außerbetrieblichen – stärkere oder schwächere Nachfrage am Markt, Einführung neuer Arbeitszeitrichtlinien – Umständen resultieren. Außerdem muss der Arbeitgeber nicht immer dem Teilzeitverlangen des Arbeitnehmers zustimmen, vielmehr ist erforderlich, dass die Voraussetzungen von § 15 VII BEEG vorliegen. Insbesondere dürfen dem Teilzeitverlangen keine dringenden betrieblichen Gründe entgegenstehen.[416] Wenn der Arbeitgeber bereits einen anderen Arbeitnehmer befristet auf der Stelle eingestellt hat, ist davon auszugehen, dass entgegenstehende dringende betriebliche Gründe vorliegen.[417] Der Arbeitgeber wird daher durch die Möglichkeit der nachträglichen Geltendmachung der Elternteilzeit nicht unzu-

---

[414] *Joussen*, NZA 2005, 336, 341.
[415] *Rudolf/Rudolf*, NZA 2002, 602, 604.
[416] Vgl. *Joussen*, NZA 2005, 336, 341, der darin auch eine angemessene Berücksichtigung der Interessen des Arbeitgebers sieht.
[417] BAG 19.04.2005, AP Nr. 44 zu § 15 BErzGG, Gründe II. 3. b) ii)

mutbar eingeschränkt, da er sich auf das Vorliegen von entgegenstehenden dringenden betrieblichen Gründen berufen kann.[418]

Auf der anderen Seite müssen auch die Interessen des Arbeitnehmers berücksichtigt werden. Hauptziel des Gesetzes ist die bessere Vereinbarkeit von Beruf und Familie.[419] Die Möglichkeit eines Teilzeitanspruchs soll insbesondere auch der besseren finanziellen Absicherung der Familie dienen.[420] Falls die nachträgliche Geltendmachung von Elternteilzeit ausgeschlossen wäre, wenn der Arbeitnehmer bereits Elternzeit in Anspruch genommen hat, würde dies diesen Zielvorgaben zuwiderlaufen. Gerade bei einer langen Dauer der Elternzeit können sich die zum Zeitpunkt der Geltendmachung angenommenen Umstände für den Arbeitnehmer gravierend verändern.[421] Beispielsweise können sich die wirtschaftlichen Verhältnisse aus vielerlei Gründen wie etwa plötzlicher Arbeitslosigkeit des Ehegatten negativ wandeln, so dass eine Teilzeittätigkeit erforderlich wird. Oder das Kind könnte weniger Zeit in Anspruch nehmen als eigentlich angenommen, beispielsweise weil es trotz gegenteiliger Erwartungen einen Platz in der Kinderkrippe erhalten hat. Dadurch könnte ein Freiraum geschaffen werden, in welchem der Arbeitnehmer in Teilzeit arbeiten könnte. Bei geänderten Umständen könnte der Wunsch beziehungsweise sogar die Notwendigkeit einer Teilzeittätigkeit von großer Bedeutung sein.

Somit ist die nachträgliche Geltendmachung der Elternteilzeit interessengerecht. Der Arbeitnehmer erhält dadurch die Möglichkeit auf geänderte Umstände zu reagieren. Die Interessen des Arbeitgebers werden dadurch geschützt, dass die Elternteilzeit nur gewährt wird wenn keine dringenden betrieblichen Gründe entgegenstehen.

3. Ergebnis

Der Arbeitnehmer hat gegen seinen Arbeitgeber bei Vorliegen der Voraussetzungen des § 15 VII BEEG einen Anspruch auf Elternteilzeit, selbst wenn er

---

[418] BAG 19.04.2005, AP Nr. 44 zu § 15 BErzGG, Gründe II. 3. b) ii); *Joussen*, Anmerkung zu BAG 19.04.2005, AP Nr. 44 zu § 15 BErzGG.
[419] BT-Drucks. 14/3553, S. 16; BT-Drucks. 13/6577, S. 4, 11.
[420] Annuß/Thüsing-*Lambrich*, § 23 TzBfG Rn. 8.
[421] BAG 19.04.2005, AP Nr. 44 zu § 15 BErzGG, Gründe II. 3. b) gg); *Joussen*, NZA 2005, 336, 340.

vorher bereits Elternzeit in Anspruch genommen hat. Die nachträgliche Geltendmachung ist möglich.

VII. Änderungen der tatsächlichen Umstände während der Elternzeit

Negative Voraussetzung des gesetzlichen Elternteilzeitanspruchs ist nach § 15 VII 1 Nr. 4 BEEG, dass keine dringenden betrieblichen Gründe dem Verlangen des Arbeitnehmers entgegenstehen. Die tatsächlichen Umstände können sich während der Elternzeit ändern: Entweder in der Weise, dass dem Teilzeitverlangen nun keine dringenden betrieblichen Gründe mehr entgegenstehen oder dass dringende betriebliche Gründe nun nachträglich gegen die Teilzeittätigkeit sprechen. Die Probleme und Fragestellungen, die sich aus den zwei genannten Konstellationen ergeben, sind sehr verschieden. Daher soll im Folgenden nacheinander auf sie eingegangen werden.

1. Nachträglicher Wegfall der entgegenstehenden dringenden betrieblichen Gründe

Sind im Zeitpunkt der Antragstellung dringende betriebliche Gründe gegeben, die einer Teilzeitbeschäftigung entgegenstehen und entfallen diese nachträglich während der laufenden Elternzeit, kann der Arbeitnehmer erneut einen Antrag auf Teilzeitarbeit stellen, der in diesem Fall Erfolg haben wird. Allerdings wird der Arbeitnehmer nur einen solchen Antrag stellen, wenn er von der Veränderung der Umstände Kenntnis erlangt. Gerade da die entgegenstehenden dringenden betrieblichen Gründe häufig in der Sphäre des Arbeitgebers liegen, wird eine Veränderung dieser Umstände aus Sicht des Arbeitnehmers nicht immer erkennbar sein. Es ist deswegen problematisch, dass das BEEG keinen dahingehenden Informationsanspruch des Arbeitnehmers enthält.

a) Informationsanspruch aus § 7 II TzBfG bezogen auf das Freiwerden beziehungsweise Entstehen von entsprechenden Teilzeitarbeitsplätzen?

Möglicherweise könnte auch für den Arbeitnehmer, der ein Interesse an Elternteilzeit geäußert hat, ein Informationsanspruch über freiwerdende, neu gestaltete oder umgestaltete Arbeitsplätze aus § 7 II TzBfG bestehen, die Teilzeittätigkeit während der Elternzeit ermöglichen. Dadurch würde der Arbeitnehmer zumindest in den dort genannten Fällen über den nachträglichen Wegfall von entgegenstehenden dringenden betrieblichen Gründen informiert. Nach § 7 II TzBfG hat der Arbeitgeber einen Arbeitnehmer, der ihm den Wunsch nach einer Veränderung von Dauer und Lage seiner vertraglich vereinbarten Arbeitszeit angezeigt hat, über entsprechende Arbeitsplätze zu informieren, die im Betrieb oder Unternehmen besetzt werden sollen. Dieser Anspruch setzt nicht voraus, dass der Veränderungswunsch vorher abgelehnt wurde, sondern greift ab Geltendmachung des Wunsches ein.

Für eine Anwendung auch auf Arbeitnehmer, die ein Interesse an Elternteilzeit geäußert haben, spricht, dass sich § 7 II TzBfG von seinem Wortlaut gerade nicht auf Arbeitnehmer bezieht, welche Teilzeit nach dem TzBfG beantragen möchten, sondern auf alle Arbeitnehmer, die dem Arbeitgeber den Wunsch nach einer Veränderung von Dauer und Lage ihrer vertraglich vereinbarten Arbeitszeit angezeigt haben.

Durch den Informationsanspruch werden § 5 III, Buchstabe c und e der Rahmenvereinbarung über Teilzeitarbeit umgesetzt (RL 97/81/EG).[422] Nach § 2 I der RL 97/81/EG gelten die Richtlinie und damit auch der Informationsanspruch für Teilzeitbeschäftigte, die nach den Rechtsvorschriften, Tarifverträgen oder Gepflogenheiten in dem jeweiligen Mitgliedstaat einen Arbeitsvertrag haben oder in einem Arbeitsverhältnis stehen. Die Richtlinie differenziert dabei nicht zwischen Arbeitnehmern, die Teilzeit nach dem TzBfG oder nach dem BEEG anstreben, vielmehr kommt nach der Richtlinie Teilzeittätigkeit nach allen Rechtsvorschriften in Betracht. Die Gerichte der Mitgliedstaaten sind gemäß Art. 10 EGV verpflichtet, die Vorschriften des nationalen Rechts so anzuwenden, dass die Ziele des Gemeinschaftsrechts nicht gefährdet werden und dieses seine größtmögliche Wirkung entfalten kann. Die Pflicht zur richtlinienkonformen Auslegung stellt nur einen Sonderfall jener allgemeineren Pflicht zur gemeinschaftskonformen Auslegung dar.[423] Sie erhält eine zusätzliche Stütze in der Verpflichtung der Mitgliedstaaten auf die Ziele der Richtlinie, vergleiche Art. 249 III EGV. Der EuGH sowie die deutschen Gerichte gehen von einer Pflicht zur richtlinienkonformen Auslegung in ständiger Rechtsprechung aus.[424] Im Sinne einer richtli-

---

[422] HWK-*Schmalenberg*, § 7 TzBfG Rn. 1.
[423] Calliess/Ruffert-*Ruffert*, Art. 249 EGV Rn. 115; Grabitz/Hilf-*Wolf*, A 1 Grundzüge Rn. 29.
[424] EuGH 10.04.1984, Rs. 14/83, Slg. 1984, 1891 (von Colson und Kamann/Land Nordrhein-Westfalen); BVerfG 08.04.1987, BVerfGE 75, 223, 237; BGH 05.12.1974, BGHZ 63, 261, 264 f.; BGH 09.05.1995, BGHZ 129, 353, 358 ff.; BGH 26.09.1995, BGHZ 131, 1, 4; BAG 14.03.1989, AP Nr. 5 zu § 611a BGB, Gründe A. IV.; BAG 21.05.1992, AP Nr. 96 zu

nienkonformen Auslegung müssen daher auch Arbeitnehmer, die den Wunsch nach Elternteilzeit geäußert haben, einen Informationsanspruch gemäß § 7 II TzBfG haben.

Aus diesen Erwägungen wird deutlich, dass sich § 7 II TzBfG nicht nur auf eine Teilzeittätigkeit nach dem TzBfG bezieht, sondern dass jeder Arbeitnehmer erfasst ist, der einen Wunsch nach einer Veränderung der Dauer der Arbeitszeit anzeigt. Aufgrund dieses eindeutigen Ergebnisses verwundert es, dass dies bis jetzt noch nicht diskutiert wurde.

Der Arbeitgeber ist daher auch gegenüber Arbeitnehmern, die Elternteilzeit beantragen, verpflichtet diese über entsprechende freiwerdende, neu gestaltete oder umgestaltete Teilzeitarbeitsplätze zu informieren.

Dieser Informationsanspruch trägt auch dem Aspekt Rechnung, dass gerade aufgrund der kurzen Dauer der Elternteilzeitmöglichkeit der Arbeitnehmer ein großes Interesse daran hat über seine nachträglich entstehenden Möglichkeiten zur Teilzeit informiert zu werden.

Ein solcher Informationsanspruch führt dazu, dass der Arbeitnehmer in gewissen Situationen über den Wegfall von entgegenstehenden dringenden betrieblichen Gründen informiert wird. Dies ist nämlich immer dann der Fall, wenn diese Gründe darin lagen, dass im Zeitpunkt der erstmaligen Geltendmachung des Elternteilzeitverlangens kein entsprechender Arbeitsplatz im Betrieb zur Verfügung stand, der nun jedoch besteht.

b) Informationsanspruch aus § 7 II TzBfG analog bezogen auf den Wegfall der entgegenstehenden dringenden betrieblichen Gründe?

Dem Arbeitnehmer könnte ein Informationsanspruch bezogen auf den Wegfall der entgegenstehenden dringenden betrieblichen Gründe zustehen, wenn er dem Arbeitgeber seinen Wunsch nach Elternteilzeit angezeigt hat. Eine solche Informationspflicht ergibt sich nicht aus der Richtlinie 97/81/EG. Aus § 7 II TzBfG

---

§ 613a BGB, Gründe IV. 4. b) bb) (4) (a); BAG 15.10.1992, AP Nr. 8 zu § 611a BGB, Gründe II. 2. a); BGH 05.02.1998, BGHZ 138, 55, 60 ff.; BGH 26.02.1991, BGHSt 37, 333, 336; BVerwG 02.07.1975, BVerwGE 49, 60 f.; BVerwG 07.08.1997, NVwZ-RR 1998, 645 f.; BFH 12.11.1980, BFHE 132, 319, 320 f.; BFH 05.04.1984, BFHE 140, 393, 395 f.; BFH 11.02.2003, BFHE 201, 359, 361 ff.; BFH 22.05.2003, BFHE 203, 193, 197; BFH 09.10.2003, BFHE 203, 395, 397; BFH 17.06.2004, BFHE 206, 457, 460 f. Ausführliche Analyse der deutschen höchstrichterlichen Rechtsprechung bei *Brechmann*, Die richtlinienkonforme Auslegung, S. 77 f.; im Überblick bei *Schnorbus*, AcP 201 (2001), 860, 871 ff.

analog könnte möglicherweise ein Informationsanspruch bezogen auf den Wegfall der entgegenstehenden dringenden betrieblichen Gründe abgeleitet werden.[425] Dadurch würde § 7 II TzBfG in der Weise erweiternd angewendet, dass der Arbeitnehmer nicht nur über Arbeitsplätze informiert wird, die eine Teilzeittätigkeit erlauben, sondern dass er über alle Veränderungen informiert wird, die dazu führen, dass entgegenstehende betriebliche Gründe nun nicht mehr vorhanden sind.

Eine Analogie setzt eine vergleichbare Interessenlage und eine planwidrige gesetzgeberische Lücke voraus.

Durch die Informationspflichten in § 7 TzBfG soll eine transparentere und bedarfsgerechtere Ausgestaltung der Möglichkeiten in Teilzeit zu arbeiten erreicht werden.[426] Die Information über die freien Stellen soll dazu dienen, den Wechsel von einem Vollzeit- in ein Teilzeitarbeitsverhältnis und umgekehrt zu erleichtern.[427] Ein Informationsanspruch während der Elternzeit, welcher sich auf den möglichen Wegfall von entgegenstehenden dringenden betrieblichen Gründen bezieht, würde dazu führen, dass der Arbeitnehmer leichter aus der Elternzeit in die Elternteilzeit wechseln könnte. In diesem Punkt ist eine gewisse Vergleichbarkeit erkennbar.

Allerdings bezieht sich der Informationsanspruch aus § 7 II TzBfG darauf, den Arbeitnehmer auf frei werdende wie auch auf neu gestaltete oder umgestaltete Arbeitsplätze hinzuweisen.[428] Dabei handelt es sich stets um Umstände, von denen der Arbeitgeber konkrete Kenntnisse hat. Dem Arbeitgeber wird allerdings nicht in allen Fällen der Wegfall des entgegenstehenden dringenden betrieblichen Grundes bewusst sein, so dass von einer vergleichbaren Interessenlage nicht immer auszugehen ist. Die entgegenstehenden dringenden betrieblichen Gründe können innerbetrieblicher Art sein. Sie können beispielsweise Ausfluss der betrieblichen Organisation, der Arbeitsabläufe oder der im Betrieb vorgesehenen Sicherheit sein. Tritt eine Veränderung dieser Parameter ein, ist davon auszugehen, dass der Arbeitgeber davon Kenntnis erlangt beziehungsweise die Kenntnis seiner Mitarbeiter ist ihm zuzurechnen. Die Situation ist daher mit derjenigen gemäß § 7 TzBfG vergleichbar. Es deutet nicht darauf hin, dass keine

---

[425] Ohne Argumentation bejahend: HWK-*Gaul*, § 15 BErzGG Rn. 19.
[426] BT-Drucks. 14/4374, S. 12; ErfK-*Preis*, § 7 TzBfG Rn. 1 f.; KDZ-*Zwanziger*, § 7 TzBfG Rn. 1 und 9; *Däubler*, ZIP 2000, 1961, 1962.
[427] ErfK-*Preis*, § 7 TzBfG Rn. 1 f.
[428] ErfK-*Preis*, § 7 TzBfG Rn. 6.

planwidrige Regelungslücke vorliegt. Es besteht daher ein Informationsanspruch aus § 7 II TzBfG analog bezogen auf den Wegfall von entgegenstehenden dringenden innerbetrieblichen Gründen.

Die entgegenstehenden dringenden betrieblichen Gründe können sich aber auch aus außerbetrieblichen Umständen ergeben, insbesondere aus dem Arbeitsmarktangebot. Beispielsweise ist denkbar, dass der Arbeitgeber das Teilzeitverlangen abgelehnt hat, weil er auf dem Arbeitsmarkt keinen Arbeitnehmer für die Teilzeitstelle finden kann und deswegen den durch die gewünschte Arbeitszeitverringerung entstehenden Arbeitszeitausfall nicht abdecken kann. Wenn sich nun während der Elternzeit des Arbeitnehmers die Arbeitmarktsituation in der Weise ändert, dass nun eine mögliche Teilzeitkraft zur Verfügung steht, kann der Arbeitgeber oder seine Mitarbeiter davon nur erfahren, wenn sie Nachforschungen anstellen. Forschen sie nicht nach, werden sie weiter davon ausgehen, dass dringende betriebliche Gründe entgegenstehen. Wenn der Arbeitgeber den Arbeitnehmer über den Wegfall der entgegenstehenden dringenden betrieblichen Gründe auch in diesem Fall stets informieren soll, führte das dazu, dass der Arbeitgeber verpflichtet wäre Nachforschungen zu betreiben. Eine solche Nachforschungspflicht kann nicht von § 7 II TzBfG analog gedeckt sein, da § 7 II TzBfG nicht diesen Inhalt hat. Die hohen Belastungen des Arbeitgebers – beispielsweise Inseratskosten und Kosten, welche durch das Sichten der Bewerberunterlagen und die Durchführung von Bewerberinterviews hervorgerufen werden – sprechen gegen eine vergleichbare Interessenlage. Die Situation, der sich der Arbeitgeber bei § 7 II TzBfG stellen muss – Mitteilung von Umständen, welche er bereits kennt –, ist daher nicht mit der Situation vergleichbar, mit der er bei einem Informationsanspruch im Rahmen des BEEG konfrontiert werden würde. Es besteht daher kein Informationsanspruch aus § 7 II TzBfG analog bezogen auf den Wegfall von entgegenstehenden dringenden betrieblichen Gründen, die sich aus außerbetrieblichen Umständen ergeben.

2. *Nachträgliches Entstehen von entgegenstehenden (dringenden) betrieblichen Gründen*

Die Situation kann sich allerdings auch dergestalt nachträglich ändern, dass nun (dringende) betriebliche Gründe gegen die Elternteilzeit insgesamt beziehungsweise gegen die gegenwärtige Lage und Verteilung der Arbeit sprechen.

a) Nachträgliches Entstehen von dringenden betrieblichen Gründen, die gegen die bereits gewährte Elternteilzeit sprechen

Grundsätzlich dürfen dem Elternteilzeitverlangen keine dringenden betrieblichen Gründe entgegenstehen. Es stellt sich nun die Frage, was passiert, wenn nach der erfolgreichen Geltendmachung der Elternteilzeit nachträglich dringende betriebliche Gründe entstehen, die, wenn sie im Zeitpunkt der Geltendmachung der Elternteilzeit bereits vorgelegen hätten, den Anspruch auf Elternteilzeit verhindert hätten. Ein solcher Fall liegt beispielsweise vor, wenn die für den sich in Elternteilzeit befindenden Arbeitnehmer eingestellte Ersatzkraft ausfällt und auf dem Arbeitsmarkt kein weiterer Arbeitnehmer mehr zu finden ist, der diese Position ausfüllen kann, beispielsweise aufgrund des Erfordernisses einer besonderen Qualifikation oder der angebotenen schlechten Vergütung. Es stellt sich die Frage, ob der Arbeitgeber in einer solchen Situation die Verlängerung der Arbeitszeit des sich in Elternteilzeit befindlichen Arbeitnehmers durchsetzen kann.[429]

aa) Elternteilzeit unter der auflösenden Bedingung des Vorliegens der Anspruchsvoraussetzung des § 15 VII 1 BEEG

Es könnte zunächst daran gedacht werden, dass die Zustimmung des Arbeitgebers bei der einvernehmlichen Entscheidung über die Elternteilzeit stets unter der auflösenden Bedingung des Vorliegens der Anspruchsvoraussetzungen des § 15 VII 1 BErzGG steht.[430] Eine solche Bedingung müsste allerdings explizit vereinbart werden. In der Regel wird eine solche Vereinbarung allerdings nicht getroffen. Daher taugt dieser Weg nicht als Universallösung. Außerdem ist diese Möglichkeit generell ausgeschlossen, wenn der Teilzeitanspruch auf dem Klageweg durchgesetzt wird. Wenn die Voraussetzungen des Elternteilzeitanspruchs vorliegen, wird der Anspruch gewährt. Eine auflösende Bedingung ist nicht Teil des der Klage stattgebenden Urteils.

bb) Beendigung der Elternteilzeit gemäß § 313 I BGB

Die Elternteilzeit könnte gemäß § 313 I BGB beendet werden, wenn nachträglich dringende betriebliche Gründe der Elternteilzeit entgegenstehen. § 313 I BGB befasst sich damit, welche Folgen eintreten, wenn sich Umstände, die zur Grund-

---

[429] Ablehnend Annuß/Thüsing-*Lambrich*, § 23 TzBfG Rn. 40; *Buchner/Becker*, § 15 BErzGG Rn. 49; HWK-*Gaul*, § 15 BErzGG Rn. 20.
[430] So *Leßmann*, DB 2001, 94, 98.

lage des Vertrags geworden sind, nach Vertragsschluss wesentlich ändern und die Parteien bei Kenntnis dieser Veränderung den Vertrag nicht oder nicht so geschlossen hätten. Eine Anpassung des Vertrags kann verlangt werden, soweit einer Partei unter Berücksichtigung aller Umstände des Einzelfalls, insbesondere der vertraglichen oder gesetzlichen Risikoverteilung, das Festhalten am unveränderten Vertrag nicht zugemutet werden kann.[431]

Es stellt sich die Frage, ob § 313 I BGB auf die vorliegende Konstellation überhaupt anwendbar ist. Dagegen spricht, dass es bei der Gewährung des Anspruchs auf Elternteilzeit an einer gemeinsamen Geschäftsgrundlage fehlt. Die Lehre vom Wegfall der Geschäftsgrundlage ist entwickelt worden, um auf der Ebene des Schuldrechts bei Verträgen mit gegenseitigem Leistungsaustausch die Folgen schwerwiegender Störungen der Vertragsgrundlage in den Grenzen des Zumutbaren zu halten.[432] Darum geht es aber beim Elternteilzeitanspruch nicht. Beim Elternteilzeitanspruch handelt es sich nicht um einen gegenseitigen Leistungsaustausch auf der Ebene des Schuldrechts, sondern vielmehr um einen Anspruch. Dieser wird gewährt, wenn zu einem bestimmten Zeitpunkt die Voraussetzungen vorliegen. Dass das zukünftige Nicht-Vorliegen von entgegenstehenden dringenden betrieblichen Gründen nicht Grundlage der Anspruchsgewährung ist, ergibt sich aus drei Erwägungen.

Erstens kann dafür der Wortlaut des § 15 VII 1 Nr. 4 BEEG angeführt werden. Danach wird der Anspruch gewährt, wenn keine dringenden betrieblichen Gründe entgegenstehen. Wenn auch das zukünftige Fehlen von entgegenstehenden betrieblichen Gründen ausschlaggebend wäre, hätte der Gesetzgeber formulieren sollen, dass der Anspruch gewährt wird, *solange* keine dringenden betrieblichen Gründe entgegenstehen. Da die gesetzliche Regelung klar auf den Zeitpunkt der Anspruchsgewährung abstellt, ist für eine davon abweichende Geschäftsgrundlage kein Raum.

Zweitens können die in § 16 III und IV BEEG genannten vorzeitigen Beendigungsmöglichkeiten der Elternzeit (womit gleichzeitig auch eine Beendigung der Elternteilzeit einhergeht, da diese nur während der Elternzeit möglich ist)[433] gegen das Vorliegen einer gemeinsamen Geschäftsgrundlage angeführt werden.

---

[431] Die Lehre von der Geschäftsgrundlage wird auch als Lehre von der Risikobefreiung bezeichnet, vgl. *Köhler*, 50 Jahre Bundesgerichtshof – Festgabe aus der Wissenschaft, 295 ff.

[432] BGH 25.11.1992, NJW 1993, 850; Soergel-*Teichmann*, § 242 BGB Rn. 200; MüKo-*Roth*, § 313 BGB Rn. 4; Bamberger/Roth-*Grüneberg*, § 313 BGB Rn. 4.

[433] Vgl. § 15 VI BEEG.

Der Gesetzgeber hat in § 16 III 2 BEEG explizit festgelegt, dass die vorzeitige Beendigung der Elternzeit wegen der Geburt eines weiteren Kindes oder wegen eines besonderen Härtefalls im Sinne des § 5 I 3 BEEG möglich ist, solange keine dringenden betrieblichen Gründe entgegenstehen. Nach § 16 IV BEEG führt der Tod des Kindes zur Beendigung der Elternzeit. Der Gesetzgeber hat nur in diesen Fällen eine Anpassung für erforderlich gehalten. Hätte er im Fall des Entstehens von entgegenstehenden dringenden betrieblichen Gründen ebenfalls eine Anpassung für nötig befunden, hätte er dies gesetzlich normieren können. Diese gesetzgeberischen Wertungen dürfen nicht durch eine Anpassung auf Grundlage des § 313 BGB unterlaufen werden.

Drittens spricht der Zweck der Elternteilzeit – die Verbesserung der Vereinbarkeit von Familie und Beruf – gegen die Möglichkeit einer Anpassung, wenn nachträglich dringende betriebliche Gründe entstehen. Denn diese Möglichkeit würde wie ein Damoklesschwert über dem Haupt des Arbeitnehmers schweben und ihn stark in seiner Planungssicherheit beeinträchtigen, da er nicht weiß, ob ihm doch noch nachträglich die Elternteilzeit wieder aberkannt wird. Das ist insbesondere deshalb gravierend, weil er auf das Entstehen von dringenden betrieblichen Gründen keinen Einfluss hat und deren Erscheinen auch nur sehr schwer vorhersehen kann. Somit wäre eine nachträgliche Anpassungsmöglichkeit nicht interessengerecht.

Dass auch zukünftig keine dringenden betrieblichen Gründe der bereits gewährten Elternteilzeit entgegenstehen, ist daher nicht Teil der Geschäftsgrundlage. Damit scheitert die Anwendbarkeit des § 313 I BGB.

cc) Ergebnis

Auch die Berücksichtigung des nachträglichen Entstehens von dringenden betrieblichen Gründen auf einer anderen gesetzlichen Grundlage scheidet aus den genannten Erwägungen aus. Der Arbeitgeber trägt das Risiko, wenn nach der Gewährung der Elternteilzeit dringende betriebliche Gründe gegen die Elternteilzeit sprechen. In einer einvernehmlichen Teilzeitvereinbarung können hierzu zwar abweichende Regelungen getroffen werden, eine solche kann der Arbeitgeber aber nur erreichen, wenn sich der Arbeitnehmer damit einverstanden erklärt.[434]

---

[434] Annuß/Thüsing-*Lambrich*, § 23 TzBfG Rn. 40; MüArbR-*Heenen*, § 229 Rn. 10; *Leßmann*, DB 2001, 94, 98.

b) Nachträgliches Entstehen von entgegenstehenden betrieblichen Gründen, die gegen die Lage und Verteilung der Arbeitszeit sprechen

Der Arbeitgeber kann aufgrund seines Direktionsrechts (vgl. § 106 GewO) eine Änderung der Lage und Verteilung der Arbeit anordnen.[435] Bei dieser Festlegung muss er allerdings die Grundsätze der Billigkeit berücksichtigen (§ 106 S. 1 GewO). Um vom Verteilungswunsch des Arbeitnehmers abweichen zu können, müssen betriebliche Gründe dagegen sprechen.[436]

Wenn nun nachträglich betriebliche Gründe entstehen, kann der Arbeitgeber grundsätzlich aufgrund seines Direktionsrechts eine Veränderung der Lage der Arbeitszeit veranlassen. Das kann dazu führen, dass die Elternteilzeit für den Arbeitnehmer jeden Reiz verliert. Dies gilt insbesondere dann, wenn die Verteilung der Arbeitszeit für den Arbeitnehmer eine große Rolle spielt.

aa) Einschränkung der nachträglichen Veränderungsmöglichkeiten gemäß § 8 V 4 TzBfG analog?

Im Rahmen des TzBfG werden die nachträglichen Veränderungsmöglichkeiten des Arbeitgebers hinsichtlich der Verteilung der Arbeitszeit eingeschränkt. § 8 V 4 TzBfG sieht vor, dass der Arbeitgeber die festgelegte Verteilung der Arbeitszeit nur ändern kann, wenn das betriebliche Interesse daran das Interesse des Arbeitnehmers an der Beibehaltung der festgelegten Arbeitszeit erheblich überwiegt und der Arbeitgeber die Änderung spätestens einen Monat zuvor angekündigt hat. Erforderlich ist eine einzelfallbezogene Interessenabwägung.[437] Diese Anforderungen sind höher als bei den entgegenstehenden betrieblichen Gründen, welche sonst gemäß § 8 IV 1, 2 TzBfG den Verteilungswünschen des Arbeitnehmers entgegenstehen können. Es wird nämlich im Rahmen des § 8 V 4 TzBfG, anders als bei § 8 IV 1, 2 TzBfG, ein erhebliches Überwiegen der Interessen des Arbeitgebers verlangt.[438] Berücksichtigt werden können insbesondere wirtschaftliche und organisatorische Gründe seitens des Arbeitgebers und Teilzeitwünsche anderer Arbeitnehmer, die aus sozialen Gründen Vorrang genießen. Wichtige Gründe auf Seiten des Arbeitnehmers können insbesondere familiäre Gründe sein, etwa die Betreuung Angehöriger, die durch die gewünsch-

---

[435] Annuß/Thüsing-*Lambrich*, § 23 TzBfG Rn. 35.
[436] Vgl. dazu oben B.V.3.b), S. 104 f.
[437] ErfK-*Preis*, § 8 TzBfG Rn. 46; *Schell*, Der Rechtsanspruch auf Teilzeitarbeit, 172; *Oelmüller*, Teilzeitarbeitsrecht nach dem Gesetz über Teilzeitarbeit und befristete Arbeitsverträge, 143.
[438] ErfK-*Preis*, § 8 TzBfG Rn. 46.

te Neuverteilung der Arbeitszeit beeinträchtigt werden würden.[439] Möglicherweise kommt eine analoge Anwendung dieser Regelung bei der Elternteilzeit in Betracht.

Die analoge Anwendung von § 8 V 4 TzBfG im Rahmen des BEEG setzt das Vorliegen einer vergleichbaren Interessenlage und einer planwidrigen Regelungslücke voraus.

(1) Vergleichbare Interessenlage

Dem Gesetzgeber ging es bei § 8 V 4 TzBfG darum, für die nach § 8 I TzBfG geschaffenen Teilzeitarbeitsverhältnisse einen Bestandsschutz zu garantieren.[440] Es sei sinnlos, wenn man dem Arbeitnehmer einen Rechtsanspruch auf Teilzeit und gleichzeitig dem Arbeitgeber weitgehende Möglichkeiten zur Rückgängigmachung der erfolgten Verteilung der Arbeitszeit einräume.[441] Eine Teilzeitarbeit, die nach dem Willen des Gesetzgebers die unterschiedlichen Lebensentwürfe der Arbeitnehmer berücksichtigen soll,[442] bringe nur dann den erwünschten Erfolg, wenn der Arbeitnehmer bei der Verteilung der Arbeitszeit mitbestimmen dürfe und nicht befürchten müsse, dass der Arbeitgeber die Festlegung der Arbeitszeit im Rahmen seines Direktionsrechts wieder ändern könne.[443] Der Arbeitnehmer solle sich auf die Verteilung der Arbeitszeit verlassen dürfen, da sich ansonsten der Zweck des Verringerungswunsches möglicherweise nicht realisieren ließe. Daher liefe die Möglichkeit zur ständigen Änderung der Verteilung der Arbeitszeit dem Zweck des TzBfG – der Förderung der Teilzeitarbeit[444] – zuwider.

Ein solches Bestandsinteresse besteht auch für den Arbeitnehmer, der Elternteilzeit beantragt hat. Meistens wird er die Kindesbetreuung an seine Arbeitszeiten angepasst haben, beispielsweise durch eine/einen vormittags tätige(n) Kinderfrau/Kindermann oder einen Platz in der Nachmittagsbetreuung des Kinderhorts. Die Veränderung solcher Organisationsstrukturen ist schwierig.

---

[439] *Oelmüller*, Teilzeitarbeitsrecht nach dem Gesetz über Teilzeitarbeit und befristete Arbeitsverträge, 143.
[440] *Schell*, Der Rechtsanspruch auf Teilzeitarbeit, 171.
[441] *Schell*, Der Rechtsanspruch auf Teilzeitarbeit, 171.
[442] BT-Drucks. 14/4374, S. 11.
[443] *Ülger*, Der Teilzeitanspruch und seine prozessuale Durchsetzung, 41 f.
[444] BT-Drucks. 14/4374, S. 11; HWK-*Schmalenberg*, § 8 TzBfG Rn. 1; ErfK-*Preis*, § 8 TzBfG Rn. 1; *Preis/Gotthard*, DB 2000, 2065, 2067.

Wenn keine Einschränkung des Direktionsrechts erfolgt, kann der Arbeitgeber zum einen die Lage der Arbeitszeit ohne Berücksichtigung einer Ankündigungsfrist verändern, zum anderen findet keine Abwägung mit den entgegenstehenden Interessen des Arbeitnehmers statt. Dies würde dazu führen, dass sich erstens der Arbeitnehmer sehr schnell auf die geänderte Situation einstellen müsste und es zweitens eher zu einer Änderung der Verteilung der Arbeitszeit käme.

Gerade aufgrund der grundrechtlich geschützten Interessen des Arbeitnehmers (Art. 6 I GG – Schutz von Ehe und Familie), die den Hintergrund der Teilzeit bilden, der kurzen Dauer der Elternteilzeit (maximal drei Jahre) sowie der hohen Bedeutung, die die Verteilung der Arbeitszeit für den Arbeitnehmer haben kann, erscheint es aus Sicht des Arbeitnehmers geradezu geboten, das Änderungsrecht des Arbeitgebers gemäß § 8 V 4 TzBfG analog einzuschränken. Die Ankündigungsfrist des § 8 V 4 TzBfG von einem Monat sollte in analoger Anwendung übernommen werden, um dem Arbeitnehmer im Falle der Änderung der Arbeitszeit zumindest eine Anpassung der Betreuungsarrangements zu erleichtern.

Für den Arbeitgeber scheint es hingegen auf den ersten Blick keine Rolle zu spielen, ob ein Arbeitnehmer aufgrund von § 8 TzBfG oder § 15 BEEG seine Arbeitszeit reduziert hat. Beide sind Teilzeitbeschäftigte. Allerdings ist an dieser Stelle wieder zu berücksichtigen, dass der Arbeitgeber den Teilzeitwunsch des Arbeitnehmers gestützt auf § 8 TzBfG bereits bei Vorliegen von entgegenstehenden betrieblichen Gründen verweigern kann, das Verlangen nach Elternteilzeit aber nur verhindern kann, wenn dringende betriebliche Gründe dem entgegenstehen.[445] Aufgrund dieser Unterschiede ist es angemessen, dem Arbeitgeber mehr Flexibilität bei der Ausgestaltung der Elternteilzeit als bei der Teilzeit nach § 8 TzBfG zu gewähren. Allerdings wird dies wiederum durch das im Vergleich zu § 8 TzBfG erhöhte Interesse des Arbeitnehmers an einer bestimmten Verteilung der Elternteilzeit ausgeglichen. Daher liegt eine vergleichbare Interessenlage vor.

(2) Planwidrige Regelungslücke

Es stellt sich zusätzlich die Frage, ob überhaupt eine planwidrige Regelungslücke vorliegt. In der Gesetzesbegründung zum BErzGG und zum BEEG finden sich keine Ausführungen zur nachträglichen Änderung der Umstände. § 15 VI

---

[445] Annuß/Thüsing-*Lambrich*, § 23 TzBfG Rn. 22; ähnlich HWK-*Gaul*, § 15 BErzGG Rn. 23; Ausführungen oben B.V.3.b), S. 104 f.

und VII BErzGG sind zeitgleich mit dem TzBfG in Kraft getreten[446]. Bereits der Gesetzesentwurf der Bundesregierung zum „Gesetz über Teilzeitarbeit und befristete Arbeitsverträge und zur Änderung und Aufhebung arbeitsrechtlicher Bestimmungen" vom 28.09.2000 enthielt eine Einschränkung des nachträglichen Änderungsrechts des Arbeitgebers gemäß § 8 V 3 TzBfG.[447] Somit ist davon auszugehen, dass der Gesetzgeber sich im Zeitpunkt des Gesetzgebungsverfahrens bereits mit dem Problem auseinandergesetzt hatte. Gegen eine planwidrige Gesetzgebungslücke spricht, dass damals im Rahmen des BErzGG keine entsprechende Regelung getroffen wurde.

Außerdem war dem Gesetzgeber spätestens zum Zeitpunkt der Einführung des BEEG diese Diskussion bekannt. Er hat aber keine Einschränkung des Änderungsrechts des Arbeitgebers in das Gesetz inkorporiert.

Aufgrund der genannten Erwägungen besteht somit keine planwidrige Regelungslücke.

(3) Zusammenfassung

Eine Analogie scheitert daher an der fehlenden planwidrigen Regelungslücke.

bb) Einschränkung der nachträglichen Veränderungsmöglichkeiten gemäß § 106 S. 1 GewO?

Der Arbeitgeber muss sein Direktionsrecht nach billigem Ermessen (§ 106 S. 1 GewO) ausüben.[448] Die Wahrung billigen Ermessens setzt voraus, dass die wesentlichen Umstände des Falles angemessen berücksichtigt werden.[449] Dieser Umstand könnte sein nachträgliches Änderungsrecht bezüglich der Verteilung der Arbeitszeit einschränken, da die betroffenen Interessen angemessen ausgeglichen werden müssen. Die Interessen des Arbeitgebers an einer bestimmten Verteilung der Arbeitszeit werden durch die Unternehmerfreiheit, Art. 12 I GG,

---

[446] Zum 01.01.2001 sind sowohl das TzBfG (BGBl. I, S. 1966, 1970) als auch das BErzGG (BGBl. I, S. 1426, 1432) in Kraft getreten.
[447] BR-Drucks. 591/00, S. 4.
[448] BAG 17.12.1997, AP Nr. 52 zu § 611 BGB, Direktionsrecht, Gründe IV. 1.; BAG 11.02.1998, AP Nr. 54 zu § 611 BGB, Direktionsrecht, Gründe II. 2. a); BAG 07.12.2000, AP Nr. 61 zu § 611 BGB, Direktionsrecht, Gründe I. 2.; BAG 17.04.2002, 4 AZR 134/01 (unveröffentlicht), LS 2; Erman-*Hager*, § 315 BGB Rn. 24.
[449] BAG 24.04.1996, AP Nr. 48 zu § 611 BGB, Direktionsrecht, Gründe 1.; ErfK-*Preis*, § 611 BGB Rn. 278.

geschützt.[450] Die Interessen an der Beibehaltung einer bestimmten Verteilung der Arbeitszeit sind durch Art. 6 I GG geschützt.[451]

Billig kann im Sinne des § 106 S. 1 GewO nur die Beibehaltung der gegenwärtigen Verteilung der Arbeitszeit sein, es sei denn, dass betriebliche Interessen dazu führen, dass das Interesse an der Veränderung der Lage der Arbeitszeit das Interesse des Arbeitnehmers an der Beibehaltung der Lage der Arbeitszeit erheblich überwiegt und der Arbeitgeber die Änderung mindestens einen Monat vorher angekündigt hat. Das Abstellen auf betriebliche Interessen stellt einen angemessenen Ausgleich der Arbeitnehmer- und Arbeitgeberinteressen dar. Es ist zwar im Vergleich zur Teilzeit nach § 8 TzBfG für den Arbeitgeber schwieriger die Elternteilzeit zu verhindern, dies wird allerdings durch das höhere grundrechtlich geschützte Interesse des Arbeitnehmers an einer bestimmten Verteilung ausgeglichen.[452] Das Erfordernis einer zusätzlichen Abwägung in der Weise, dass das betriebliche Interesse an der Veränderung der festgelegten Verteilung der Arbeitszeit das Interesse des Arbeitnehmers an der Beibehaltung erheblich überwiegen muss, trägt dem Umstand Rechnung, dass die nachträgliche Veränderung der Arbeitszeit gravierende Konsequenzen für den Arbeitnehmer haben kann. Die Betreuung des Kindes muss während der Arbeitszeit der Teilzeitarbeitenden sichergestellt sein. Eine Änderung von solchen Betreuungsarrangements ist nicht (immer) leicht zu realisieren. Aufgrund der geringen Anzahl an Tageskrippen-, Kindergartenplätzen und sonstigen öffentlichen Betreuungsmöglichkeiten ist eine Umorganisation schwierig und braucht zumindest eine gewisse Vorlaufzeit. Die Einschränkung des Arbeitgebers in diesem Punkt und die Einführung einer Ankündigungsfrist berücksichtigt die hohe grundrechtliche Relevanz und die Probleme, die der Arbeitnehmer lösen muss, um sich mit der geänderten Verteilung der Arbeitszeit zu arrangieren.

cc) Ergebnis

Das nachträgliche Entstehen von betrieblichen Gründen kann daher eine Veränderung der Lage der Arbeitszeit zur Folge haben. Dabei müssen allerdings die Grundsätze des § 106 I GewO beachtet werden; dazu gehört es insbesondere auch, dass der Arbeitgeber eine Ankündigungsfrist einhält. Damit insofern

---

[450] Vgl. zur ausführlichen Darstellungen oben B.V.3.a), S. 104 ff.
[451] Vgl. zur ausführlichen Darstellung oben B.V.3.a), S. 104 ff.
[452] Vgl. oben B.V.3.b), S. 104 f.

Rechtssicherheit herrscht, wäre es wünschenswert die genaue Ausformung der Billigkeit in den dargestellten Konstellationen bei einer Neuformulierung des Elternteilzeitanspruchs in den Wortlaut der Regelung aufzunehmen.[453]

VIII. Rechtsfolgen eines Verstoßes gegen § 15 VII 4 BEEG

Falls der Arbeitgeber die beanspruchte Verringerung der Arbeitszeit ablehnen will, muss er dies innerhalb von vier Wochen mit schriftlicher Begründung tun (§ 15 VII 4 BEEG). Es ist umstritten, welche Konsequenzen ein Verstoß gegen diese Vorschrift hat. Teilweise wird vertreten, dass der Arbeitgeber bei Versäumung der Frist oder bei Nichteinhaltung der Schriftform keine entgegenstehenden Interessen mehr geltend machen kann. Seine Zustimmung gelte bereits als erteilt.[454] Nach anderer Ansicht ist eine Zustimmungsfiktion zu weitgehend. Aus dieser Norm könne allerdings abgeleitet werden, dass der Arbeitgeber bei der gerichtlichen Auseinandersetzung an die vorgebrachten Gründe gebunden sei. Nicht vorgebrachte Gründe seien daher präkludiert.[455] Wieder andere gehen davon aus, dass die Nichtbeachtung der Regelung sanktionslos bleibt.[456]

1. Keine Zustimmungsfiktion aufgrund eines Verstoßes gegen § 15 VII 4 BEEG

Dass die Verletzung von § 15 VII 4 BEEG zu einer Zustimmungsfiktion führen soll, wird durch zwei verschiedene Ansätze begründet. Teilweise wird eine Entscheidung des BAG aus dem Jahr 1997 als Grundlage herangezogen und teilweise eine Analogie zu § 8 V 2 TzBfG angenommen. Auf die beiden Begründungsversuche wird im Folgenden nacheinander näher eingegangen.

---

[453] Vgl. unten zum Neugestaltungsvorschlag E, S. 222 f.

[454] *Sowka*, NZA 2000, 1185, 1189; *Oelmüller*, Teilzeitarbeitsrecht nach dem Gesetz über Teilzeitarbeit und befristete Arbeitsverträge, 166.

[455] HWK-*Gaul*, § 15 BErzGG Rn. 21; *Gaul/Wisskirchen*, BB 2000, 2466, 2468; *Grobys/Bram*, NZA 2000, 1175, 1178; *Sowka*, NZA 2000, 1185, 1189; *Reinecke*, FS Leinemann, 191, 200; *Schell*, Der Rechtsanspruch auf Teilzeitarbeit, 207 f.

[456] LAG München 03.03.2004, 9 Sa 782/03 (unveröffentlicht), LAG Düsseldorf 02.07.2003, NZA-RR 2004, 234, 235; ErfK-*Dörner*, § 15 BErzGG Rn. 27; Annuß/Thüsing-*Lambrich*, § 23 TzBfG Rn. 32; *Rolfs*, RdA 2001, 129, 138; zu der vergleichbaren Situation bei § 8 TzBfG: *Diller*, NZA 2001, 589, 592.

a) Keine Zustimmungsfiktion aufgrund der Entscheidung des BAG vom 26.06.1997

Sowka beruft sich zur Begründung der Zustimmungsfiktion auf die Entscheidung des BAG vom 26.06.1997[457].[458] In der Entscheidung ging es darum, dass eine Arbeitnehmerin während ihres Erziehungsurlaubs Teilzeitarbeit bei einem anderen Arbeitgeber leisten wollte. Nach § 15 IV BErzGG in der Fassung vom 06.12.1991[459] war dafür die Zustimmung des Arbeitgebers erforderlich. Die Ablehnung seiner Zustimmung konnte der Arbeitgeber damals nur mit entgegenstehenden betrieblichen Interessen innerhalb einer Frist von vier Wochen schriftlich begründen. Nach dem BAG begründete diese Regelung einen Frist-, Form- und Begründungszwang. Daher sei das Zustimmungsverweigerungsrecht des Arbeitgebers in dreifacher Hinsicht gebunden.[460] Wenn der Arbeitgeber gegen die geregelten Anforderungen verstößt, gelte die Zustimmung als erteilt.

Das Ergebnis des BAG vermag unter Zugrundelegung der gegenwärtigen Rechtslage nicht zu überzeugen.

Beim § 15 IV 3 BErzGG 1992 ging es um eine Teilzeittätigkeit bei einem anderen Arbeitgeber. § 15 V BEEG gewährt dagegen einen Anspruch auf Teilzeittätigkeit beim eigenen Arbeitgeber. Eine Übertragung der Wertungen des BErzGG 1992 scheitert daher daran, dass der Arbeitgeber durch die Bereitstellung eines Teilzeitarbeitsplatzes im eigenen Betrieb stärker betroffen ist, als durch eine Teilzeittätigkeit des Arbeitnehmers bei einem anderen Arbeitgeber.[461]

Nach dem BErzGG 1992 gab es keinen Anspruch auf Teilzeitarbeit. Eine Teilzeittätigkeit war nur mit Zustimmung des Arbeitgebers möglich. Eine gerichtliche Durchsetzung des Anspruchs, wie sie nun in § 15 VII 5 BEEG vorgesehen ist, war seinerzeit nicht im Gesetz enthalten.

Die Möglichkeit, Klage zu erheben, wird heutzutage gemäß § 15 VII 5 BEEG dem Arbeitnehmer stets gewährt, soweit der Arbeitgeber der Verringerung der Arbeitszeit nicht oder nicht rechtzeitig zustimmt.

Wenn der Arbeitgeber gegen den angeblichen „Fristzwang" verstößt, kann nach heutiger Rechtslage zumindest keine Zustimmungsfiktion angenommen werden. Dieser Fall berechtigt gemäß § 15 VII 5 BEEG lediglich zur gerichtli-

---

[457] BAG 26.06.1997, AP Nr. 22 zu § 15 BErzGG.
[458] *Sowka*, NZA 2000, 1185, 1189.
[459] BGBl. I, S. 2141, fortan: BErzGG 1992.
[460] BAG 26.06.1997, AP Nr. 22 zu § 15 BErzGG, Gründe I. 1. a).
[461] *Schell*, Der Rechtsanspruch auf Teilzeitarbeit, 207.

chen Durchsetzung, da der Arbeitgeber in diesem Fall nicht rechtzeitig zugestimmt hat.[462]

Eine Zustimmungsfiktion kann ebenso wenig bei Verletzung des Form- beziehungsweise des Begründungserfordernisses unter der jetzt geltenden Rechtslage angenommen werden. Eine solche Annahme würde zu seltsamen Wertungswidersprüchen führen. Der Arbeitgeber, der überhaupt nicht auf das Verringerungsverlangen reagiert und damit nicht rechtzeitig zustimmt, würde besser behandelt als der Arbeitgeber, der diesen Wunsch ohne Angabe von Gründen oder beispielsweise mündlich ablehnt. Im ersten Fall, das heißt bei nicht fristgemäßer Reaktion, wäre ein Gerichtsverfahren erforderlich. Im zweiten Fall, bei der Verletzung des Form- und Begründungserfordernisses, würde die Zustimmungsfiktion greifen. Eine solche Diskrepanz ist nicht hinnehmbar und spricht daher gegen eine Zustimmungsfiktion.

Das vom BAG 1997 getroffene Ergebnis entspricht nicht mehr der gegenwärtigen Rechtslage und ist daher abzulehnen. Eine Zustimmungsfiktion kann mit dieser Entscheidung heute nicht mehr begründet werden.

b) Keine Zustimmungsfiktion aufgrund von § 8 V 2 TzBfG analog

Oelmüller begründet die Zustimmungsfiktion durch eine Analogie zu § 8 V 2 TzBfG.[463] Wenn der Arbeitgeber die Arbeitszeitverringerung nicht spätestens einen Monat vor deren gewünschtem Beginn schriftlich ablehnt, verringert sich nach § 8 V 2 TzBfG die Arbeitszeit in dem vom Arbeitnehmer gewünschtem Umfang. Ohne weitere Begründung stellt *Oelmüller* fest, dass eine Analogie im Ergebnis berechtigt sei.

Eine solche Analogie kann aber nicht gezogen werden, da es sowohl an der planwidrigen Regelungslücke als auch an einer vergleichbaren Interessenlage fehlt. § 15 VI und VII BErzGG (als Vorgängernorm von § 15 BEEG) ist zeitgleich mit dem TzBfG 2001 in Kraft getreten.[464] Die Regelungen der Elternteilzeit wurden danach noch mehrmals verändert und angepasst. Aufgrund der Auseinandersetzung in der Literatur hätte dem Gesetzgeber das Problem bekannt sein müssen. Hätte er auch bei der Elternteilzeit eine Zustimmungsfiktion einfüh-

---

[462] *Schell*, Der Rechtsanspruch auf Teilzeitarbeit, 207.
[463] *Oelmüller*, Teilzeitarbeitsrecht nach dem Gesetz über Teilzeitarbeit und befristete Arbeitsverträge, 166.
[464] Zum TzBfG: ErfK-*Müller-Glöge* (3. Auflage), § 1 TzBfG Rn. 1, zum BErzGG: ErfK-*Dörner* (3.Auflage), § 15 BErzGG Rn. 1.

ren wollen, hätte er dazu die Möglichkeit gehabt. Diese Chance hat er nicht wahrgenommen. Daraus lässt sich schließen, dass die unterschiedliche Ausgestaltung der beiden Teilzeitansprüche auf einer bewussten gesetzgeberischen Entscheidung beruht und keine planwidrige Regelungslücke vorliegt.[465]

Selbst wenn man annimmt, dass der Gesetzgeber dies nur vergessen habe, fehlt es an der für eine Analogie erforderlichen vergleichbaren Interessenlage. *Oelmüller* hat lediglich festgestellt, dass die Interessenlage der Arbeitnehmer im Rahmen des Teilzeitanspruchs nach § 8 TzBfG und demjenigen nach § 15 BEEG vergleichbar sei.[466] Auf die Interessenlage des Arbeitgebers geht er nicht ein. Dabei ergeben sich gerade hier deutliche Unterschiede.

Der Arbeitnehmer muss nach § 8 II 1 TzBfG die Verringerung seiner Arbeitszeit nämlich spätestens drei Monate vor dem gewünschten Beginn geltend machen. Im Rahmen des TzBfG hat der Arbeitgeber dem Arbeitnehmer spätestens einen Monat vor dem gewünschten Beginn der Verringerung seine Entscheidung über die Verringerung der Arbeitszeit und ihre Verteilung schriftlich mitzuteilen (§ 8 V 1 TzBfG). Der Arbeitgeber hat daher im Rahmen des TzBfG zwei Monate Zeit über den Verringerungswunsch des Arbeitnehmers nachzudenken. Beim BEEG hat der Arbeitgeber hingegen nur vier Wochen Zeit dafür, § 15 VII 4 BEEG.

Der Anspruch auf Teilzeit nach dem TzBfG führt zu einer dauerhaften Veränderung der Arbeitszeit. Der Anspruch auf Elternteilzeit führt zu einer vorübergehenden Umgestaltung der Arbeitszeit, welche mindestens zwei Monate (§ 15 VII 1 Nr. 3 BEEG) und maximal drei Jahre (§ 15 IV i.V.m. § 15 II 1 BEEG) andauert. Eine Anpassung an Veränderungen, die dauerhaft bestehen bleiben, ist sehr viel leichter als eine Anpassung an temporäre Umstände. Generell ist es einfacher unbefristete Teilzeitkräfte zu finden als beispielsweise eine Teilzeitkraft, die nur für zwei Monate eingestellt werden soll. Die Annahme einer Zustimmungsfiktion bei der Elternteilzeit würde den Arbeitgeber daher ungleich härter treffen, da er durch die Bereitstellung eines Elternteilzeitarbeitsplatzes vor erheblich größere Organisationsschwierigkeiten gestellt wird, als durch eine Teilzeittätigkeit nach dem TzBfG.

---

[465] So auch Annuß/Thüsing-*Lambrich*, § 23 TzBfG Rn. 22.
[466] *Oelmüller*, Teilzeitarbeitsrecht nach dem Gesetz über Teilzeitarbeit und befristete Arbeitsverträge, 166.

Eine Analogie von § 8 V 2 TzBfG scheitert daher sowohl an der nicht vorhandenen planwidrigen gesetzlichen Regelungslücke als auch an der mangelnden Vergleichbarkeit der Interessenlage.

c) Ergebnis

Die Ansichten, dass bei Verletzung von § 15 VII 4 BEEG die Zustimmung als erteilt gelte, sind daher abzulehnen.

2. *Verletzung von § 15 VII 4 BEEG führt nicht zur Präklusion*

Bei der gerichtlichen Geltendmachung der Elternteilzeit gelten die allgemeinen Grundsätze der Darlegungs- und Beweislast. Das heißt, der Arbeitgeber hat das Vorliegen dringender betrieblicher Gründe, die dem Teilzeitverlangen des Arbeitnehmers entgegenstehen, darzulegen und zu beweisen, da es sich hierbei um eine rechtsvernichtende Einwendung handelt.[467] Dabei stellt sich die Frage, ob der Arbeitgeber sich im Fall einer gerichtlichen Auseinandersetzung nur auf Gründe stützen kann, die in der schriftlichen Begründung seiner Ablehnung (§ 15 VII 4 BEEG) enthalten waren.[468] Wenn der Arbeitgeber keine Gründe genannt hat, würde dies im Endeffekt dazu führen, dass dem Elternteilzeitverlangen des Arbeitnehmers keine dringenden betrieblichen Gründe entgegengehalten werden können. Ob aus § 15 VII 4 BEEG eine Präklusion abgeleitet werden kann, soll unter Zugrundelegung des Wortlauts, der Systematik und des Telos untersucht werden.

a) Auslegung nach dem Wortlaut

§ 15 VII 4 BEEG besagt, dass der Arbeitgeber, falls er die beanspruchte Verringerung der Arbeitszeit ablehnen will, dies innerhalb von vier Wochen mit schriftlicher Begründung tun muss. Der Wortlaut besagt nur, dass der Arbeitgeber dies

---

[467] Annuß/Thüsing-*Lambrich*, § 23 TzBfG Rn. 33; ErfK-*Dörner*, § 15 BErzGG Rn. 24; *Sowka*, NZA 2000, 1185, 1189; offen gelassen von *Leßmann*, DB 2001, 94, 97.

[468] Dafür HWK-*Gaul*, § 15 BErzGG Rn. 27; Küttner-*Reinecke*, Personalbuch, 157 Elternzeit Rn. 27; HWK-*Gaul*, § 15 BErzGG Rn. 21; *Gaul/Wisskirchen*, BB 2000, 2466, 2468; *Grobys/Bram*, NZA 2000, 1175, 1178; *Sowka*, NZA 2000, 1185, 1189; *Düwell*, AuA 2002, 58, 60; *Reinecke*, FS Leinemann, 191, 200; *dieselbe*, FA 2007, 98, 101; *Schell*, Der Rechtsanspruch auf Teilzeitarbeit, 207 f.

tun „muss", nicht welche Folgen an eine Verletzung geknüpft werden. Das Erfordernis einer schriftlichen Begründung erscheint überflüssig, wenn aus der Missachtung keine Konsequenzen resultieren. Dieser Gedanke hat aber keinen gesetzlichen Ausdruck gefunden. Der Wortlaut begründet daher keine Präklusion, er verbietet sie allerdings auch nicht. Daher können aus dem Wortlaut keine Schlüsse gezogen werden.

b) Auslegung nach der Systematik

Systematische Überlegungen könnten möglicherweise zur Lösung des Problems beitragen. Dafür soll ein Vergleich zum Kündigungsschutzrecht, § 9 III 2 MuSchG und § 22 III BBiG gezogen werden.

aa) Vergleich zum Kündigungsschutzrecht

Die Kündigung braucht regelmäßig nicht begründet zu werden.[469] Es ist deshalb zwischen der Notwendigkeit des Vorliegens von Kündigungsgründen einerseits und dem Erfordernis der Angabe von Gründen andererseits zu unterscheiden.[470] Da die Angabe von Gründen gerade keine Wirksamkeitsvoraussetzung der Kündigung ist, können Kündigungsgründe, die bereits vor Ausspruch der Kündigung vorlagen, im Kündigungsschutzprozess nachgeschoben werden.[471] Das gilt selbst dann, wenn der Arbeitgeber freiwillig im Kündigungsschreiben Kündigungsgründe genannt hat.

Dieser Grundsatz wird allerdings eingeschränkt, wenn die Kündigung von der Zustimmung oder jedenfalls der Information anderer Stellen abhängt (vgl. zum Beispiel: Betriebsrat: § 102 I BetrVG / Integrationsamt: §§ 85 ff. SGB IX). Nur Gründe, die diesen Instanzen vor Ausspruch der Kündigung mitgeteilt wurden, dürfen zur Rechtfertigung der Kündigung herangezogen werden, gegebenenfalls kann und muss ein neues Anhörungs- beziehungsweise Zustimmungsverfahren durchgeführt werden.[472]

---

[469] Ausnahmen finden sich beispielsweise in § 9 III 2 MuSchG und § 22 III BBiG. Auf diese Normen wird unten noch näher eingegangen, vgl. B.VIII.2.b)bb), S. 136 f.
[470] *Dütz*, Arbeitsrecht, Rn. 285; *Junker*, Grundkurs Arbeitsrecht, Rn. 326.
[471] BAG 11.04.1985, AP Nr. 39 zu § 102 BetrVG 1972, LS 1; *Dütz*, Arbeitsrecht, Rn. 360.
[472] Zur Information des Integrationsamtes: BVerwG 02.07.1992, BVerwGE 90, 287, 292 ff.; HWK-*Thies*, § 91 SGB IX Rn. 8; zur Information des Betriebsrats: BAG 11.04.1985, AP Nr. 39 zu § 102 BetrVG 1972, LS 2; BAG 13.05.2004, AP Nr. 140 zu § 102 BetrVG 1972, Gründe II. 4.

Gerade dieser Vergleich spricht gegen die Annahme, dass eine Verletzung von § 15 VII 4 BEEG zu einer Einschränkung des Beweisrechts führt. Präklusion wird dort angenommen, damit der Zweck des Anhörungsverfahrens gemäß § 102 BetrVG beziehungsweise des Zustimmungsverfahrens nach § 85 SGB IX nicht unterlaufen wird.[473] Die Mitteilung der Gründe dient aber im Rahmen der Elternteilzeit nicht dem Schutz eines anderen Verfahrens. Somit scheint eine Beschränkung der möglichen Begründungen nicht erforderlich zu sein.

bb) Vergleich zu § 9 III 2 MuSchG und § 22 III BBiG

Von den Verfechtern der Präklusion wird zur Begründung insbesondere auch eine Parallele zu § 9 III 2 MuSchG und § 22 III BBiG[474] herangezogen.[475] Die Vorschriften besagen, dass Kündigungen während der Schwangerschaft und bis zum Ablauf von vier Monaten nach der Entbindung beziehungsweise während des Berufsausbildungsverhältnisses nur schriftlich und unter Angabe der Gründe erfolgen können. Bei diesen Regelungen ist anerkannt, dass die Angabe der maßgeblichen Gründe Wirksamkeitsvoraussetzung für die Kündigung ist.[476] Im Prozess kann der Arbeitgeber sich daher nur auf die Gründe stützen, mit denen er vorher schriftlich die Kündigung begründet hat. Aus dem Vergleich zu § 9 III 2 MuSchG und § 22 III BBiG ergibt sich, dass eine Präklusionswirkung nur angenommen werden kann, wenn die Angabe der Gründe Wirksamkeitsvoraussetzung ist. Ansonsten würde der Arbeitgeber durch die Einschränkung seines Beweisrechts zur Begründung verpflichtet, obwohl keine Pflicht besteht.

Im Rahmen des Elternteilzeitverlangens ist es für die Wirksamkeit der Ablehnung nicht entscheidend, ob der Arbeitgeber Gründe angegeben hat oder nicht.

---

a); *Junker*, Grundkurs Arbeitsrecht, Rn. 333 unter Verweis auf § 102 I 3 BetrVG; *Dütz*, Arbeitsrecht, Rn. 360.

[473] ErfK-*Rolfs*, § 85 SGB IX Rn. 1; HWK-*Thies*, § 85 SGB IX Rn. 20; ErfK-*Kania*, § 102 BetrVG Rn. 27; HWK-*Ricken*, § 102 BetrVG Rn. 28.

[474] Frühere Vorschrift § 15 III BBiG, gesetzliche Verortung geändert durch das Gesetz zur Reform der beruflichen Bildung (Berufsbildungsreformgesetz – BerBiRefG), 23.03.2005, BGBl. I, S. 931 ff.

[475] HWK-*Gaul*, § 15 BErzGG Rn. 22; *Gaul/Wisskirchen*, BB 2000, 2466, 2468; *Schell*, Der Rechtsanspruch auf Teilzeitarbeit, 208.

[476] Zum MuSchG: KR-*Bader*, § 9 MuSchG Rn. 4; ErfK-*Schlachter*, § 9 MuSchG Rn. 18; *Buchner/Becker*, § 9 MuSchG Rn. 253; zum BBiG: ErfK-*Schlachter*, § 22 BBiG Rn. 9; zu § 15 III BBiG a.F.: BAG 22.02.1972, AP Nr. 1 zu § 15 BBiG, LS 3; LAG Hamburg 30.09.1994, LAGE § 15 BBiG Nr. 9; LAG Berlin 22.08.1977, DB 1978, 259.

Daher kann nicht von einer Präklusionswirkung ausgegangen werden. Es spricht daher viel dafür, dem Arbeitgeber nicht zu verwehren, sich im gerichtlichen Verfahren auf Gründe zu stützen, die er vorher dem Arbeitnehmer nicht genannt hat.

cc) Ergebnis

Systematische Vergleiche sprechen gegen eine Präklusionswirkung als Folge einer Verletzung von § 15 VII 4 BEEG.

c) Auslegung nach dem Telos

Möglicherweise kann der Zweck der Regelung für eine Präklusion sprechen.

Die Befürworter der Präklusionswirkung führen insbesondere prozessökonomische Erwägungen ins Feld. Wenn die Verletzung von § 15 VII 4 BEEG eine Einschränkung der Beweismöglichkeiten zur Folge hätte, würde der Arbeitgeber dazu angehalten, in der Begründung die entgegenstehenden dringenden betrieblichen Gründe zu nennen. Dadurch erlange der Arbeitnehmer von ihnen Kenntnis und werde keinen aussichtslosen Prozess anstrengen. Zumindest werde der Arbeitnehmer in die Lage versetzt, das Prozessrisiko besser abschätzen zu können.
477

Es ist zwar richtig, dass der Arbeitnehmer die Chance eines Rechtsstreits und die damit einhergehende Belastung seines Arbeitsverhältnisses nur realistisch einschätzen kann, wenn er weiß, auf welche dringenden betrieblichen Gründe sich der Arbeitgeber im Verfahren berufen wird. Diese Gründe befinden sich vorwiegend in der Sphäre des Arbeitgebers, so dass der Arbeitnehmer sie häufig nicht kennt und sich auch allein von ihnen keine Kenntnisse verschaffen kann.

Damit der Arbeitnehmer weiß, auf welches Risiko er sich einlässt, ist aber eine den Arbeitgeber belastende Einschränkung seines Beweisrechts nicht erforderlich. Die berechtigten Interessen des Arbeitnehmers werden ebenso gut geschützt, wenn er die Möglichkeit hat, sich zu informieren, das heißt, wenn ein Informationsanspruch besteht.

Informationsansprüche, die dafür sorgen, dass der Arbeitnehmer Prozessrisiken abschätzen kann, sind dem Gesetz nicht fremd. Explizite Normierungen

---

[477] Dafür *Gaul/Wisskirchen*, BB 2000, 2466, 2468; *Grobys/Bram*, NZA 2000, 1175, 1178; *Reinecke*, FS Leinemann, 191, 200; *dieselbe*, FA 2007, 98, 101 f.; *Küttner-Reinecke*, Personalbuch, 157 Elternzeit Rn. 27.

finden sich in § 626 II 3 BGB[478] und in § 1 III 1 HS 2 KSchG. Für die ordentliche Kündigung besteht nach ganz herrschender Meinung ebenfalls ein Anspruch des Arbeitnehmers, ihm auf Verlangen die Kündigungsgründe mitzuteilen. Anspruchsgrundlage ist der Arbeitsvertrag i.V.m. §§ 241 II, 242 BGB.[479] Diese Vorschriften dienen dazu, die Aussichten einer Klage gegen die Kündigung abschätzen zu können.[480] Kommt der Arbeitgeber seiner Auskunftspflicht schuldhaft nicht oder nicht vollständig beziehungsweise nicht wahrheitsgemäß nach, ist das für die Wirksamkeit der Kündigung grundsätzlich unbeachtlich. Der Arbeitgeber macht sich aber schadensersatzpflichtig. Der Schaden kann in den Kosten eines vergeblichen Kündigungsschutzprozesses bestehen, bei arglistiger Täuschung hinsichtlich einer fehlerhaften beziehungsweise fehlenden Information ist auch Schadensersatz für den Verlust des Arbeitsplatzes wegen unterlassener Kündigungsschutzklage denkbar.[481]

Die dargestellten Wertungen sind auf die Elternteilzeit übertragbar. Als Anspruchsgrundlage kommt dafür der Arbeitsvertrag i.V.m. §§ 241 II, 242 BGB, § 15 VII 4 BEEG in Betracht. Dem Arbeitnehmer steht danach ein Informationsanspruch zu, so dass er Kenntnis von den entgegenstehenden dringenden betrieblichen Gründen erlangen kann. Wenn der Arbeitgeber auf Verlangen des Arbeitnehmers die entgegenstehenden dringenden betrieblichen Gründe schuldhaft nicht oder nicht vollständig beziehungsweise nicht wahrheitsgemäß nennt, ist die Verweigerung der Elternteilzeit dennoch wirksam. Der Arbeitgeber macht sich aber dadurch schadensersatzpflichtig. Parallel zu den Wertungen im Rahmen der Kündigung kann ein solches Verhalten dazu führen, dass der Arbeitgeber dem Arbeitnehmer die Kosten des gerichtlichen Verfahrens beziehungsweise einen Ersatz für die Nichtgeltendmachung der Elternteilzeit zu zahlen hat.

Ein solcher Informationsanspruch berücksichtigt die Interessen von Arbeitgeber und Arbeitnehmer. Wenn der Arbeitgeber sich allerdings weigert, dem Arbeitnehmer diese Gründe mitzuteilen, muss der Arbeitnehmer seinen Anspruch und darauf basierende Schadensersatzansprüche gerichtlich durchsetzen. Dies

---

[478] Der Kündigende muss dem anderen Teil auf Verlangen den Kündigungsgrund unverzüglich mitteilen.
[479] *Dütz*, Arbeitsrecht, Rn. 285.
[480] BAG 24.03.1983, AP Nr. 12 zu § 1 KSchG 1969, Betriebsbedingte Kündigung, Gründe III. 2. a); BAG 21.07.1988, AP Nr. 17 zu § 1 KSchG 1969, Soziale Auswahl, Gründe II. 2. a); HWK-*Quecke*, § 1 KSchG Rn. 438.
[481] HWK-*Quecke*, § 1 KSchG Rn. 439.

führt zu Zeitverzögerungen. Aufgrund der ansonsten drohenden Schadensersatzansprüche und dem Interesse an einem guten Verhältnis zum Arbeitnehmer ist jedoch davon auszugehen, dass der Arbeitgeber dem Informationsverlangen in der Regel nachkommen wird.

Es ist überraschend, dass dieser Gedanke in der Diskussion noch keine Beachtung gefunden hat. Damit der Arbeitnehmer Kenntnis von diesem Informationsanspruch erhält, sollte dieser bei einer Neuformulierung der Elternteilzeit im Gesetz Ausdruck finden.[482] Aufgrund des bestehenden Informationsanspruchs besteht auch nach dem Zweck des § 15 VII 4 BEEG kein Bedürfnis an die Nichtbeachtung von § 15 VII 4 BEEG eine Präklusionswirkung hinsichtlich der nicht vorgebrachten Gründe zu knüpfen.

d) Ergebnis

Es bleibt daher festzuhalten, dass die Verletzung von § 15 VII 4 BEEG nicht zu einer Präklusionswirkung führt, da sich dies weder aus dem Wortlaut, systematischen Erwägungen noch aus dem Zweck der Regelung ergibt. Aus dem Arbeitsvertrag i.V.m. §§ 241 II, 242 BGB, § 15 VII 4 BEEG ist allerdings ein Anspruch des Arbeitnehmers gegen den Arbeitgeber auf Mitteilung der entgegenstehenden dringenden betrieblichen Gründe abzuleiten.

IX. Einstweiliger Rechtsschutz

Die Klage des Arbeitnehmers auf Elternteilzeit führt erst mit Rechtskraft des Urteils zu einem durchsetzbaren Ergebnis (§ 894 ZPO). In der Zwischenzeit bleibt es beim bisherigen Vertrag. In dieser Zeit bestehen bereits Familienpflichten. Das führt für den Arbeitnehmer insbesondere dann zu einer Konfliktlage, wenn er die nicht reduzierte Vertragsarbeitszeit wegen der Betreuung des Kindes nicht einhalten kann, er aber zugleich auf die Einkünfte aus der Arbeit dringend angewiesen ist. Aufgrund der langen Dauer des gerichtlichen Verfahrens, das sich über mehrere Instanzen erstrecken kann, besteht die Gefahr, dass sich ein siegreiches Urteil als Pyrrhussieg herausstellt. Besonders offensichtlich ist dies, wenn das Urteil nach dem dritten Geburtstag des Kindes gefällt wird, so dass die Elternzeit bereits beendet ist. Die besondere Eilbedürftigkeit wird auch deutlich, wenn der Arbeitnehmer nur für einen kurzen Zeitraum oder während bestimmter

---

[482] Vgl. zur lege ferenda unten E, S. 222 ff.

Lebensmonate des Kindes Elternteilzeit verlangen möchte (die vertraglich vereinbarte Arbeitszeit muss mindestens für zwei Monate verringert werden, vgl. § 15 VII 1 Nr. 3 BEEG). Das Elternteilzeitverlangen muss in der Regel mindestens sieben Wochen vor Beginn der Reduzierung schriftlich geltend gemacht werden, § 15 VII 1 Nr. 5 BEEG. Lehnt der Arbeitgeber die beanspruchte Verringerung innerhalb von vier Wochen ab oder reagiert er während dieses Zeitraums überhaupt nicht (§ 15 VII 4 BEEG), bleiben dem Arbeitnehmer nur noch drei Wochen bis zu dem von ihm angestrebten Beginn der Elternteilzeit. Bis zum Kammertermin wird sich die Verringerung häufig aufgrund Zeitablaufs erledigt haben. Aufgrund der langen Verfahrensdauer und der kurzen Möglichkeit der Geltendmachung der Elternteilzeit würde die Ablehnung des Verfügungsantrages in vielen Fällen faktisch zu einer endgültigen Rechtsverweigerung führen.[483] Daher besteht ein Bedürfnis den Reduzierungsanspruch auch im einstweiligen Rechtsschutz, das heißt mittels einstweiliger Verfügung, durchsetzen zu können.

1. Zulässigkeit des einstweiligen Rechtsschutzes bei § 15 BEEG

Über die Verweisungsnorm der §§ 62 II, 85 ArbGG finden grundsätzlich die allgemeinen Regelungen der §§ 935 ff. ZPO zur Sicherungs-, Regelungs- und Leistungsverfügung Anwendung. Es ist allerdings dennoch umstritten, ob ein Elternteilzeitverlangen im Rahmen des einstweiligen Rechtsschutzes durchgesetzt werden kann.[484] Im Schrifttum wird die Möglichkeit des vorläufigen Rechtsschutzes teilweise abgelehnt, da sie zu einer unzulässigen Vorwegnahme der Hauptsache führen würde.[485]

---

[483] A.A. *Leßmann*, DB 2001, 94, 99; *Peters-Lange/Rolfs*, NZA 2000, 682, 686 welche die Möglichkeit des einstweiligen Rechtsschutzes im Rahmen der Elternteilzeit generell ablehnen.

[484] Dafür LAG München 19.08.1992, NZA 1993, 1130, 1132; LAG Berlin 31.08.2006, 14 Ta 1560/06 (unveröffentlicht); Küttner-*Reinecke*, Personalbuch, 157 Elternzeit Rn. 28, die dies durch eine Parallelität zum einstweiligen Rechtsspruch bei Entgeltansprüchen erreichen möchte; *Reinecke*, FA 2007, 98, 102; zu § 8 TzBfG unter Berufung auf die Parallelität zu den einstweiligen Verfügungen für Urlaub: *Beckschulze*, DB 2000, 2598, 2606; *Gotthardt*, NZA 2001, 1183, 1185; *Grobys/Bram*, NZA 2001, 1175, 1181; unter Berufung auf den Justizgewährleistungsanspruch: *Walker*, ZfA 2005, 45 ff.

[485] Annuß/Thüsing-*Lambrich*, § 23 TzBfG Rn. 36 unter Verweis auf Annuß/Thüsing-*Mengel*, § 8 TzBfG Rn. 263; MüArbR-*Heenen*, § 229 Rn. 23; *Peters-Lange/Rolfs*, NZA 2000, 682, 686; *Leßmann*, DB 2001, 94, 99, der allerdings trotzdem damit rechnet, dass sich in der Praxis hier ein neues Feld für einstweilige Verfügungen auftun wird.

Es ist zwar zutreffend, dass eine vorläufige Verringerung der geschuldeten Arbeitszeit dazu führt, dass die Hauptsache teilweise vorweggenommen wird, da die Reduzierung der Arbeitszeit in dem vorläufigen Zeitraum irreversibel ist. Allerdings ist eine solche Vorwegnahme grundsätzlich hinzunehmen, da eine generelle Ablehnung des einstweiligen Rechtsschutzes mit dem Justizgewährungsanspruch unvereinbar ist. Dieser Anspruch garantiert ein Recht auf umfassenden, effektiven gerichtlichen Rechtsschutz.[486] Wenn der Staat dem einzelnen Bürger die Selbsthilfe verbietet, muss er ihm dafür Rechtsschutz gewähren. Gegenüber Akten der öffentlichen Gewalt folgt er aus Art. 19 IV GG. Wenn es um die Durchsetzung privatrechtlicher Ansprüche geht, werden vorrangig das Rechtsstaatsprinzip und nachrangig die verfahrensrechtliche Komponente verschiedener Einzelgrundrechte[487] als Grundlage herangezogen.[488] Der einstweilige Rechtsschutz sichert den in der Hauptsache verfassungsrechtlich geforderten Rechtsschutz, wobei insbesondere der Gläubiger vor Nachteilen durch den mit dem Hauptsacheverfahren verbundenen Zeitablauf geschützt werden soll.[489] Um effektiven Rechtsschutz zu gewährleisten, kann in gewissen Konstellationen die

---

[486] BVerfG 25.07.1979, BVerfGE 52, 131, 153; *Benda/Weber*, ZZP 96 (1983), 285, 292; Maunz/Dürig-*Schmidt-Assmann*, Art. 19 IV GG Rn. 6 f.; *Schumann*, ZZP 96 (1983), 137, 162; *Gaul*, AcP 168 (1968), 27, 46 ff.

[487] Siehe etwa zu Art. 14 I GG: BVerfG 18.12.1968, BVerfGE 24, 367, 401; BVerfG 23.04.1974, BVerfGE 37, 132, 148 f.; zu Art. 5 GG: BVerfG 29.05.1973, BVerfGE 35, 79, 115 f.; zu Art. 12 GG: BVerfG 02.04.1974, BVerfGE 37, 67, 77; BVerfG 13.11.1979, BVerfGE 52, 380, 389 f.; zu Art. 2 I GG: BVerfG 25.10.1978, BVerfGE 50, 1; BVerfG 03.10.1979, BVerfGE 52, 203, 206 ff.; zu Art. 2 II GG: BVerfG 19.06.1979, BVerfGE 51, 324, 343 ff.; BVerfG 20.12.1979, BVerfGE 53, 30, 57 ff., 65; zu Art. 16 GG: BVerfG 25.02.1981, BVerfGE 56, 216, 244; zu Art. 4 GG: BVerfG 25.10.1988, BVerfGE 79, 69, 77; Hk-ZPO-*Saenger*, Einführung Rn. 9; *Baumbach/Lauterbach/Albers/Hartmann*, Einl. III Rn. 1; Zöller-*Vollkommer*, Einl. Rn. 48 ff.; teilweise wird diese Gewährleistung auch aus einer zusammenfassenden Wertung der einschlägigen rechtsstaatlichen Verfassungsnomen in den Art. 1 III, 19 IV, 20, 28, 92 GG hergeleitet, so Isensee/Kirchhof-*Papier*, Handbuch des Staatsrechts der Bundesrepublik Deutschland, Bd. VI, § 153 Rn. 7 f.; *Scholz*, GS Grabitz, 725, 727 ff.; BK-*Schenke*, Art. 19 IV GG Rn. 77 und 172; von Mangoldt/Klein/Starck-*Sommermann*, Art. 20 III GG Rn. 311; *Dütz*, AuR 2003, 161; *Benda/Weber*, ZZP 96 (1983), 285, 292.

[488] Vgl. etwa BVerfG 15.12.1970, BVerfGE 30, 1, 25; BVerfG 27.04.1988, NJW 1988, 3141; umfassende Darstellung zum Justizgewährleistungsanspruch bei Stein/Jonas-*Brehm*, vor § 1 ZPO Rn. 284 ff.; *Benda/Weber*, ZZP 96 (1983), 285, 292.

[489] *Baumbach/Lauterbach/Albers/Hartmann*, Einl. III Rn. 7; *Baumbach/Lauterbach/Albers/Hartmann*, § 940 ZPO Rn. 2; *Thomas/Putzo-Reichold*, § 935 ZPO Rn. 3; *Thomas/Putzo-Reichold*, § 940 ZPO Rn. 1; *Walker*, ZfA 2004, 45, 48.

Notwendigkeit bestehen, die Hauptsache vorwegzunehmen. Problematisch erscheint dabei, dass auch der Antragsgegner ein Recht auf effektiven Rechtsschutz hat, welches in dieser Situation betroffen sein könnte, da die gewährte Verringerung der Arbeitszeit in dem vorläufigen Zeitraum nicht mehr rückgängig zu machen ist. Grundsätzlich sind nach der Verfassung Antragsteller und Antragsgegner gleich schutzwürdig. Würde einstweiliger Rechtsschutz im Fall der Vorwegnahme stets für unzulässig gehalten, würde dem Recht des Anspruchsgegners Vorrang vor dem Recht des Anspruchstellers bis zum Abschluss des Hauptverfahrens eingeräumt. Eine solche Bevorzugung wirkt sich insbesondere in solchen Fällen für den Anspruchsteller nachteilig aus, in denen sich bis zum Hauptverfahren sein Anspruch erledigt hat und nur noch Schadensersatzansprüche in Betracht kommen. Dies wäre eine einseitige und damit verfassungswidrige Rechtsverweigerung.[490] Eine pauschale Ablehnung von einstweiligen Verfügungen, selbst wenn dabei die Vorwegnahme der Hauptsache droht, ist daher abzulehnen.[491] Ebenso wenig vermag eine pauschale Gewährung zu überzeugen, da dies nicht mit dem verfassungsrechtlich garantierten Schutz des Antragsgegners zu vereinbaren ist. Vielmehr ist in jedem Einzelfall zu entscheiden, in denen eine die Hauptsache vorwegnehmende einstweilige Verfügung angestrebt wird, ob eine solche zulässig ist. Der dogmatische Ansatz um dies zu entscheiden, ist die Frage nach dem Vorliegen eines Verfügungsgrundes.[492]

2. Voraussetzungen des einstweiligen Rechtsschutzes

Der einstweilige Rechtsschutz setzt voraus, dass das Vorliegen eines Verfügungsanspruchs und eines Verfügungsgrundes glaubhaft gemacht werden.[493]

---

[490] LAG München 19.08.1992, NZA 1993, 1130, 1132; *Wenzel*, MDR 1967, 889, 894; *Walker*, Der einstweilige Rechtsschutz im Zivilprozeß und im arbeitsgerichtlichen Verfahren, Rn. 72; *derselbe*, ZfA 2005, 45, 48; *Dütz*, AuR 2003, 161; *Oetker*, AuR 1984, 32, 34.

[491] BVerfG 16.05.1995, BVerfGE 93, 1, 13 ff.; LAG München 20.04.2004 (unveröffentlicht); Zöller-*Vollkommer*, § 940 ZPO Rn. 1; *Korinth*, Einstweiliger Rechtsschutz, Rn. 3; *Dütz*, AuR 2003, 161; *Gotthardt*, NZA 2001, 1183 ff.

[492] *Walker*, ZfA 2005, 45, 48 f.

[493] Zöller-*Vollkommer*, § 940 ZPO Rn. 6; Hk-ZPO-*Kemper*, § 940 ZPO Rn. 3 ff.

a) Verfügungsanspruch

Bei der Glaubhaftmachung des Verfügungsanspruchs muss der Arbeitnehmer die Voraussetzungen des Änderungsanspruchs vortragen.[494] Der Arbeitgeber trägt die Darlegungs- und Beweislast für die dringenden betrieblichen Ablehnungsgründe, die dem Elternteilzeitverlangen entgegenstehen könnten. Das Arbeitsgericht wird daher eine Leistungsverfügung zur Änderung der Arbeitszeit nie ohne Anhörung des Arbeitgebers und in der Regel auch erst nach Durchführung einer mündlichen Verhandlung erlassen.[495] Das hat zur Folge, dass auch im Eilverfahren aufgrund der Arbeitsbelastung der Gerichte nicht immer eine zeitnahe Entscheidung getroffen werden kann. Dieser Umstand ist allerdings Folge der Voraussetzungen des Elternteilzeitanspruchs und daher hinzunehmen.

b) Verfügungsgrund

Die Voraussetzungen für den Verfügungsgrund ergeben sich aus § 940 ZPO und aus der verfassungsrechtlich geforderten Ausgewogenheit des einstweiligen Rechtsschutzes.[496]

aa) Notwendigkeit

Nach § 940 ZPO muss die einstweilige Verfügung zur Abwendung wesentlicher Nachteile nötig sein. Über den Wortlaut hinaus, wird eine solche Notwendigkeit bereits angenommen, wenn anderenfalls die Gefahr eines endgültigen Rechtsverlusts droht.[497] Gerade bei einem zeitgebundenen Anspruch wie demjenigen auf

---

[494] Vgl. *Zimmermann*, § 940 ZPO Rn. 4.
[495] *Reinhard/Kliemt*, NZA 2005, 545, 549.
[496] OLG Karlsruhe 02.02.1995, NJW 1995, 1908; LAG Niedersachsen 22.05.1987, LAGE Nr. 21 zu § 611 BGB Beschäftigungspflicht, *Zöller-Vollkommer*, § 935 ZPO Rn. 2; *Baur/Stürner/Bruns*, Zwangsvollstreckungsrecht, Rn. 53.1; nach a.A. handelt es sich um ein eigenständiges Rechtsinstitut, die Vertreter dieser Auffassung gelangen aber dennoch zu den gleichen Voraussetzungen: *Stein/Jonas/Grunsky*, Vorb. § 935 ZPO Rn. 31 f.; *Oetker*, AuR 1984, 32, 33; vgl. zur Frage nach der Rechtsgrundlage der Befriedigungsverfügung auch die umfassende Darstellung bei *vom Holtz*, Die Erzwingung von Willenserklärungen im einstweiligen Rechtsschutz, 83 ff.
[497] Siehe dazu grundlegend: LAG München 19.12.1979, NJW 1980, 957, 958: „In einem Rechtsstaat, in dem das Selbsthilferecht grundsätzlich ausgeschlossen ist, gibt es keinen größeren Nachteil im Sinne des § 940 ZPO als den endgültigen Rechtsverlust"; LAG Sachsen 19.02.2001, NZA-RR 2002, 439, 440; *Stein/Jonas-Grunsky*, vor § 935 ZPO Rn. 50; *Thomas/Putzo-Reichold*, § 940 ZPO Rn. 15; *Walker*, Der einstweilige Rechtsschutz im Zivilprozeß und im arbeitsgerichtlichen Verfahren, Rn. 247; *derselbe*, ZfA 2005, 45, 52.

Gewährung von Elternteilzeit besteht typischerweise eine solche Gefahr. Der Anspruch des Arbeitnehmers kann durch Zeitablauf vereitelt werden. Allein aus dieser Gefahr eines endgültigen Rechtsverlusts folgt die Notwendigkeit des einstweiligen Rechtsschutzes.[498]

bb) Interessenabwägung

Darüber hinaus ist eine Abwägung der Interessen des Arbeitnehmers gegen die Interessen des Arbeitgebers erforderlich. Dies folgt aus dem verfassungsrechtlichen Gebot der Ausgewogenheit des einstweiligen Rechtsschutzes.[499] Bei dieser Interessenabwägung kommt es vorrangig auf die Erfolgsaussichten im Hauptsacheverfahren und nachrangig auf die Schutzbedürftigkeit und Schutzwürdigkeit der Parteien an.[500]

(1) Erfolgsaussichten in der Hauptsache

Zuerst prüft das Gericht die Erfolgsaussichten in der Hauptsache, das heißt, wer aller Voraussicht nach mit überwiegender Wahrscheinlichkeit in der Hauptsache obsiegen wird.[501] Wenn bei unstreitigem Sachverhalt und klarer Rechtslage keine Zweifel an dem Vorliegen der Voraussetzungen des Elternteilzeitanspruchs bestehen, ist die einstweilige Verfügung selbst dann zu erlassen, wenn sie beim Arbeitgeber zu einem unverhältnismäßigen Schaden führt. Ein mögliches Interesse des Antragsgegners an der Beibehaltung eines offensichtlich rechtswidrigen Zustandes ist niemals rechtlich schützenswert.[502] Das Gesuch auf eine einstweilige Verfügung ist dann zurückzuweisen, wenn alles darauf hindeutet, dass der Arbeitnehmer im Hauptsacheverfahren unterliegen wird, selbst dann, wenn

---

[498] Vgl. zur ähnlichen Situation bei Unterlassungsansprüchen bezogen auf Arbeitskampfmaßnahmen: *Walker*, ZfA 2005, 45, 52; zum Bildungsurlaub: *Oetker*, AuR 1984, 32, 33.

[499] Zöller-*Vollkommer*, § 940 ZPO Rn. 4; Thomas/Putzo-*Reichold*, § 940 ZPO Rn. 5; Hk-ZPO-*Kemper*, § 940 ZPO Rn. 8; *Walker*, Der einstweilige Rechtsschutz im Zivilprozeß und im arbeitsgerichtlichen Verfahren, Rn. 71, 258 ff.; *derselbe*, ZfA 2005, 45, 48 f., 52.

[500] *Walker*, ZfA 2005, 45, 53; *Dütz*, AuR 2003, 161, 163.

[501] OLG Hamburg 28.06.1991, WM 1992, 274, 276; *Walker*, Der einstweilige Rechtsschutz im Zivilprozeß und im arbeitsgerichtlichen Verfahren, Rn. 261; *derselbe*, ZfA 2005, 45, 53; *Dütz*, BB 1980, 533, 539; *v. Gerkan*, ZGR 1985, 167, 175; *Heinze*, RdA 1986, 273, 279.

[502] *Walker*, Der einstweilige Rechtsschutz im Zivilprozeß und im arbeitsgerichtlichen Verfahren, Rn. 261; *derselbe*, ZfA 2005, 45, 53; a.A. *Hahn*, FA 2007, 130, 131, die die Erfolgsaussichten in der Hauptsachen nur prüft, wenn die von den Parteien glaubhaft gemachten Gründe ein ungefähr gleiches Gewicht haben.

der Arbeitnehmer durch die Verweigerung des einstweiligen Rechtsschutzes besonders hart getroffen wird.[503]

(2) Schutzbedürftigkeit und Schutzwürdigkeit der Parteien

Wenn keine klare Sach- oder Rechtslage vorliegt, kommt es im Rahmen der Interessenabwägung insbesondere auf die Schutzbedürftigkeit und -würdigkeit von Arbeitnehmer und Arbeitgeber an.[504] Beim Teilzeitanspruch sind daher die persönlichen und wirtschaftlichen Interessen der Vertragsparteien zu berücksichtigen.[505] Da durch die – vorübergehende – Änderung der Arbeitszeit sehr weitgehend in die Vertragsgestaltung eingegriffen und dem Arbeitgeber eine Umverteilung der Arbeitszeit und Umorganisation zugemutet wird, werden strenge Anforderungen an die zu berücksichtigenden Interessen des Arbeitnehmers gestellt.[506] Der Arbeitnehmer muss daher ohne einstweiligen Rechtsschutz in eine anders nicht abwendbare Notlage kommen. Mit anderen Worten: Der Arbeitnehmer muss zur Vermeidung wesentlicher Nachteile auf die sofortige Erfüllung seines Verringerungsanspruchs dringend angewiesen sein.[507]

In der Rechtsprechung ist anerkannt, dass ein solcher Fall vorliegen kann, wenn ohne Verringerung der Arbeitszeit die Kinderbetreuung nicht mehr sichergestellt werden kann. Betrachtet man die Rechtsprechung wird deutlich, dass die Unmöglichkeit der Gewährleistung der Kinderbetreuung im Einzelfall unterschiedlich definiert wird. Das LAG Berlin[508] akzeptiert beispielsweise die Entscheidung des Arbeitnehmers, das Kind allein auf eine bestimmte Art betreuen lassen zu wollen (etwa durch Eltern, Großeltern oder eine bestimmte Kindertagesstätte). Danach soll es für die Eilbedürftigkeit genügen, wenn bei Verweigerung der Teilzeit genau diese Betreuungsmöglichkeit ausscheiden würde. Dage-

---

[503] *Walker*, ZfA 2005, 45, 53.
[504] *Walker*, Der einstweilige Rechtsschutz im Zivilprozeß und im arbeitsgerichtlichen Verfahren, Rn. 263.
[505] Zu § 8 TzBfG: *Dütz*, AuR 2003, 161, 164.
[506] LAG Rheinland-Pfalz 12.04.2002, NZA 2002, 856, 857; *Ülger*, Der Teilzeitanspruch und seine prozessuale Durchsetzung, 256 m.w.N.
[507] Zu § 8 TzBfG: *Korinth*, Einstweiliger Rechtsschutz, Rn. 216.
[508] LAG Berlin 20.02.2002, NZA 2002, 858, 860; vgl. grundsätzlich zu den hohen Anforderungen die im Rahmen einer Regelungsverfügung an den Verfügungsgrund gestellt werden: Zöller-*Vollkommer*, § 940 ZPO Rn. 4; Thomas/Putzo-*Reichold*, § 940 ZPO Rn. 5.

gen fordern andere Gerichte, dass der Arbeitnehmer alle ihm zumutbaren Anstrengungen unternimmt, die Betreuung des Kindes irgendwie sicherzustellen.[509]
Nach Art. 6 II 1 GG ist die Erziehung der Kinder das natürliche Recht der Eltern. Teil dieses Rechtes ist es, sich für ein bestimmtes pädagogisches Konzept zu entscheiden, beispielsweise eine anthroposophische Erziehung, Betreuung nur durch Familienmitglieder, Besuch von bilingualen, konfessionellen oder Montessori-Kindergärten. Dieses Recht würde empfindlich beschnitten, wenn es nur darauf ankäme die Betreuung des Kindes irgendwie sicherzustellen. Es muss daher ausreichend sein, wenn der Arbeitnehmer plausibel darlegt, warum nur bestimmte Betreuungsmöglichkeiten für ihn in Betracht kommen und dass diese bei Verweigerung der Teilzeittätigkeit ausscheiden, um Eilbedürftigkeit zu begründen.

Teilweise wird allerdings angeführt, dass die Verweigerung der Teilzeitmöglichkeit nur in den seltensten Fällen dazu führen kann, dass eine bestimmte Betreuungsmöglichkeit nicht mehr in Betracht kommt. Dem Arbeitnehmer stehe stets die Möglichkeit zur Verfügung mit der Arbeitszeit insgesamt auszusetzen, indem er uneingeschränkt Elternzeit in Anspruch nimmt. Die Inanspruchnahme der Elternzeit kann der Arbeitgeber nicht verhindern. Der Arbeitnehmer könne sich damit den für die Betreuung/Erziehung notwendigen Freiraum schaffen. Dies gelte nur dann nicht, wenn er auf die Teilzeitarbeit aufgrund finanzieller Bedürfnisse angewiesen sei.[510] Diese Ansicht würde dazu führen, dass nur in den seltensten Fällen vom Vorliegen von schutzwürdigen Interessen des Arbeitnehmers ausgegangen werden kann. Wenn solche Interessen nicht gegeben sind, wird die Interessenabwägung zugunsten des Arbeitgebers ausgehen und bei unsicherem Ausgang des Hauptsacheverfahrens das Vorliegen eines Verfügungsgrundes verneint werden. Dies würde die Möglichkeit des einstweiligen Rechtsschutzes stark einschränken. Eine solche Argumentation vermag allerdings nicht zu überzeugen. Erstens ist es schwierig festzustellen, wann jemand aufgrund finanzieller Bedürfnisse auf eine Teilzeittätigkeit angewiesen ist, da finanzielle Erfordernisse stark mit dem Lebensstandard verknüpft sind. Zweitens wäre es ungerecht, den finanziell besser gestellten Arbeitnehmer praktisch dazu zu verpflichten, vollständig mit der Arbeit auszusetzen. Nicht nur der Lohn, sondern

---

[509] LAG Rheinland-Pfalz 12.04.2002, NZA 2002, 856, 858; zum Teilzeitanspruch nach § 8 TzBfG: ArbG Nürnberg 28.11.2003, BB 2004, 560.
[510] Reinecke, FS Leinemann, 191, 201; *dieselbe*, FA 2007, 98, 102.

auch die Möglichkeit zur Selbstverwirklichung[511] und die Sicherstellung, dass betriebliche Fähigkeiten und betriebliches Know-how nicht verloren gehen, machen eine berufliche Tätigkeit interessant. Drittens kann die Entscheidung, ob vollständig von der Arbeit ausgesetzt wird oder nicht, nur vom Arbeitnehmer selbst getroffen werden und darf ihm nicht aufoktroyiert werden. Anderenfalls wäre Art. 12 I GG verletzt. Der vorgebrachte Einwand vermag daher nicht zu überzeugen.

Der Arbeitnehmer ist somit besonders schutzwürdig, wenn ohne die Gewährung der Teilzeit die gewünschte Art der Kinderbetreuung nicht mehr sichergestellt werden kann, selbst wenn diese Art der Kinderbetreuung bei Inanspruchnahme von Elternzeit gewährleistet wäre.

cc) Ergebnis

Ein Verfügungsgrund ist immer gegeben, wenn erstens die einstweilige Verfügung notwendig ist, das heißt, wenn anderenfalls die Gefahr eines endgültigen Rechtsverlusts droht, und zweitens die Interessenabwägung zu Gunsten des Arbeitnehmers ausfällt. Dies ist entweder der Fall, wenn der Arbeitnehmer nach aller Wahrscheinlichkeit in der Hauptsache obsiegen wird oder wenn der Ausgang des Hauptsacheverfahrens unklar ist, der Arbeitnehmer aber zur Vermeidung wesentlicher Nachteile auf die sofortige Erfüllung seines Verringerungsanspruchs dringend angewiesen ist.

3. Vollziehung

Ausgehend davon, dass die Verringerung der Arbeitszeit an die Zustimmung des Arbeitgebers geknüpft ist,[512] richtet sich die Vollziehung im Hauptsacheverfahren nach § 894 ZPO. Diese Vorschrift regelt den Fall, dass der Schuldner zur Abgabe einer Willenserklärung verurteilt wird. Die Erklärung gilt gemäß § 894 I 1 ZPO erst mit Rechtskraft des Urteils als abgegeben. Dies ist problematisch, weil im einstweiligen Rechtsschutz selten ein rechtskräftiges Urteil vorliegen wird.[513] Das liegt daran, dass der Arbeitgeber gegen eine ohne mündliche

---

[511] Den Zusammenhang zwischen der Berufsfreiheit und dem Recht auf freie Entfaltung der Persönlichkeit sieht auch Maunz/Dürig-*Scholz*, Art. 12 GG Rn. 9.

[512] HWK-*Gaul*, § 15 BErzGG Rn. 25.

[513] Deshalb wird die Durchsetzung mittels einstweiliger Verfügung auch zum Teil verneint, vgl. *Rolfs*, RdA 2001, 129, 136; kritisch auch *Schiefer*, NZA-RR 2002, 393, 394; Germel-

Verhandlung ergangene einstweilige Verfügung zeitlich unbefristet Widerspruch und gegen ein entsprechendes Urteil innerhalb der Berufungsfrist von einem Monat (§ 517 ZPO) Berufung einlegen könnte. Dadurch wird das Eintreten der Rechtskraft verhindert. Nur wenn der Arbeitgeber im Fall eines Urteils keine Berufung einlegt, kann auch im einstweiligen Rechtsschutz ein rechtskräftiges Urteil vorliegen. Darüber hinaus wird eingewandt, dass § 894 ZPO nicht angewendet werden könne, da er ein Urteil im ordentlichen Verfahren voraussetze, so dass einstweilige Verfügungen stets ausgeschlossen seien.[514]

a) Erfordernis eines Urteils im ordentlichen Verfahren

Das Erfordernis eines Urteils im ordentlichen Verfahren wird damit begründet, dass das einstweilige Verfügungsverfahren die Hauptsache nicht vorwegnehmen dürfe, die Abgabe einer Willenserklärung jedoch vielfach endgültig und im Hauptsacheverfahren nicht mehr änderbar sei.[515] Da dem Antragsteller in einem beschleunigten Verfahren sein (angeblicher) Anspruch ohne Vollbeweis (vgl. §§ 936, 920 II ZPO) zugesprochen wird, würde man ansonsten dem Antragsgegner das dadurch stark erhöhte Fehlentscheidungsrisiko mit etwaigen irreversiblen Schäden aufbürden.[516] Im Folgenden ist daher zu klären, ob § 894 ZPO im einstweiligen Rechtsschutz überhaupt zur Anwendung kommen kann.

aa) Auslegung nach dem Wortlaut

Aus dem Wortlaut des § 894 ZPO ergibt sich nicht, dass ein Urteil im ordentlichen Verfahren erforderlich ist. Nach § 894 ZPO greift die Fiktionswirkung ein „sobald das Urteil rechtskräftig ist". Die Konstruktion des § 894 ZPO knüpft nur an ein formell rechtskräftiges Verfahren an. Sie bezieht sich dabei nicht auf ein bestimmtes Verfahren.[517] Gegen die Einbeziehung von Urteilen, die im einstweiligen Rechtsschutz erlassen wurden, wird aber eingewandt, dass die Möglichkeit

---

mann/Matthes/Prütting/Müller-Glöge-*Germelmann*, § 62 ArbGG Rn. 97, der daher eine einstweilige Verfügung nur zulassen will, wenn ganz überwiegende Interessen des Arbeitnehmers dies erfordern.

[514] Musielak-*Huber*, § 940 ZPO Rn. 26; *vom Holtz*, Die Erzwingung von Willenserklärungen im einstweiligen Rechtsschutz, 96 ff.
[515] *Rolfs*, RdA 2001, 129, 136; kritisch auch *Schiefer*, NZA-RR 2002, 393, 394.
[516] *Vom Holtz*, Die Erzwingung von Willenserklärungen im einstweiligen Rechtsschutz, 96.
[517] OLG Köln 05.12.1995, NJW-RR 1997, 59, 60; OLG Frankfurt 16.10.1953, MDR 1954, 686; *Gotthardt*, NZA 2001, 1183, 1185.

des Vollzuges dann davon abhänge, ob das Gericht durch Verfügungsbeschluss, der nicht formell rechtskräftig werden kann, oder durch Verfügungsurteil entscheidet. Dem ist entgegenzuhalten, dass der Beschluss als Entscheidungsform zwar nicht ausgeschlossen ist, ihm jedoch kaum praktische Relevanz zukommen wird. Zum einen ist die Entscheidung durch Urteil der Regelfall (vgl. § 937 II ZPO zur Ausnahmemöglichkeit), zum anderen dürfte gerade beim Elternteilzeitanspruch eine Entscheidung ohne mündliche Verhandlung so gut wie ausgeschlossen sein, da dem Arbeitgeber auch im einstweiligen Rechtsschutz die Möglichkeit gegeben werden muss entgegenstehende dringende betriebliche Gründe vorzutragen.[518]

bb) Auslegung nach der Systematik

Möglicherweise ergibt allerdings eine systematische Auslegung, dass ein Urteil im ordentlichen Verfahren Voraussetzung für eine Vollstreckung gemäß § 894 I 1 ZPO ist. Der Gesetzgeber hat in § 895 S. 1 ZPO festgelegt, dass die Eintragung einer Vormerkung oder eines Widerspruchs als bewilligt gilt, wenn der Schuldner durch ein vorläufig vollstreckbares Urteil zur Abgabe einer Willenserklärung verurteilt wird. Dies gilt allerdings nur, wenn auf Grund der Willenserklärung eine Eintragung in das Grundbuch, das Schiffsregister oder das Schiffsbauregister erfolgen soll. § 895 ZPO zeigt, dass der Gesetzgeber nur in seltenen Fällen die vorläufige Vollstreckbarkeit für eine Fiktionswirkung ausreichen lässt. Daraus wird im Umkehrschluss gefolgert, dass eine im Eilverfahren ergangene Verfügung die Fiktionswirkung des § 894 ZPO nicht auslösen könne, da ein im beschleunigten Verfahren ohne Vollbeweis erlangter Titel im Vergleich zu einer im ordentlichen Verfahren ergangenen vorläufig vollstreckbaren Entscheidung eine geringere Richtigkeitsgewähr zukomme.[519] Eine solche Schlussfolgerung würde allerdings voraussetzen, dass der Gesetzgeber sich mit der Vollstreckung von Willenserklärungen im einstweiligen Rechtsschutz auseinandergesetzt hat. Da dies allerdings nicht geschehen ist,[520] kann aus § 895 ZPO dieser Schluss nicht gezogen werden. Vielmehr ging es dem Gesetzgeber bei der

---

[518] So zu § 8 TzBfG: *Gotthardt*, NZA 2001, 1183, 1185; so zu § 7 BUrlG: MüKo-ZPO-*Heinze*, § 935 ZPO Rn. 42; so zu § 15 BAT: *Kaiser*, ZTR 1996, 107, 115; *Hahn*, FA 2007, 130.

[519] *Vom Holtz*, Die Erzwingung von Willenserklärungen im einstweiligen Rechtsschutz, 100; *Zöllner*, ZHR 155 (1991), 168, 188 f.

[520] Vgl. dazu die umfassende geschichtliche Darstellung bei *vom Holtz*, Die Erzwingung von Willenserklärungen im einstweiligen Rechtsschutz, 17 ff.

Gestaltung des § 895 ZPO darum, dass für Eintragungen im Grundbuch geltende strikte Prioritätsprinzip und die Möglichkeiten des Schuldners, das Eintreten der Rechtskraft hinauszuzögern, zu berücksichtigen. Ansonsten könnte die Eintragung, auf deren Bewilligung der Titel abzielt, oft so spät kommen, dass dem Gläubiger durch vorrangige Eintragungen bereits ein nicht mehr wieder gut zu machender Schaden entstanden ist.[521] Die Regelung des § 895 ZPO zeigt daher, dass der Gesetzgeber irreversible Schäden vermeiden möchte. Daher spricht gerade eine systematische Auslegung dagegen, im Rahmen des § 894 ZPO ein Urteil im ordentlichen Verfahren vorauszusetzen.

cc) Auslegung nach dem Telos

Ebenfalls kann die pauschale Ablehnung von einstweiligen Verfügungen im Rahmen des § 894 ZPO aufgrund von teleologischen Erwägungen nicht überzeugen. Die Vertreter dieser Ansicht führen die Gefahr der Vorwegnahme der Hauptsache an. Allerdings können auch durch das Unterbleiben von Vollstreckungsmöglichkeiten im einstweiligen Rechtsschutz Tatsachen geschaffen werden, die im nachfolgenden Hauptsacheverfahren nicht mehr reguliert werden können. Gerade wenn Elternteilzeit während bestimmter Lebensmonate des Kindes gewünscht ist, steht und fällt diese Möglichkeit mit der schnellen gerichtlichen Durchsetzung, da Kinder nicht mit dem Älterwerden warten. Der einstweilige Rechtsschutz soll den Gläubiger vor Nachteilen durch den mit dem Hauptsacheverfahren verbundenen Zeitablauf schützen um so den verfassungsrechtlich geforderten Rechtsschutz sicherzustellen.[522] Der einstweilige Rechtsschutz ist allerdings nicht effektiv, wenn die zügig gefällte Regelung nicht auch schnell durchgesetzt werden kann.[523] Daher ist eine Vorwegnahme der Hauptsache in bestimmten Fällen geradezu geboten um wirksamen Rechtsschutz zu gewährleisten.

dd) Ergebnis

§ 894 ZPO steht der Vollstreckung einer einstweiligen Verfügung, zumindest wenn diese durch Urteil ergangen ist, nicht entgegen.

---

[521] *Baumbach/Lauterbach/Albers/Hartmann*, § 895 ZPO Rn. 2; Schuschke/Walker-*Schuschke*, § 895 ZPO Rn. 4.
[522] *Walker*, ZfA 2004, 45, 48.
[523] *Korinth*, Einstweiliger Rechtsschutz, Rn. 7, *Baur/Stürner/Bruns*, Zwangsvollstreckung, Rn. 50.1.

b) Erfordernis eines rechtskräftigen Urteils

Dass § 894 ZPO eigentlich ein rechtskräftiges Urteil voraussetzt, ist nicht nur bei der Vollziehung der einstweiligen Verfügung im Rahmen der Elternteilzeit problematisch. Dieses Problem tritt grundsätzlich bei der Vollstreckung von Willenserklärungen im Eilverfahren auf, da nur in den seltensten Fällen ein rechtskräftiges Urteil vorliegen wird. Damit eine Vollstreckung auch in diesen Fällen möglich ist, werden verschiedene Lösungsmöglichkeiten vorgeschlagen.

Zum Teil wird die Ansicht vertreten, die Vollstreckung der Willenserklärung im einstweiligen Rechtsschutz erfolge nicht nach § 894 ZPO sondern nach § 888 ZPO.[524] Nach dieser Ansicht wird die Zustimmung zur Elternteilzeit als unvertretbare Handlung kategorisiert. Auf Basis dessen könnte der Arbeitgeber durch die Festsetzung eines Zwangsgeldes beziehungsweise einer Zwangshaft zur Vornahme der Handlung angehalten werden. Diese Auffassung geht davon aus, dass zwar § 894 ZPO für die Vollstreckung von Willenserklärungen grundsätzlich die Spezialregelung sei, allerdings passe sie nicht immer. Insbesondere im einstweiligen Rechtsschutz, dessen Kennzeichen gerade die Vorläufigkeit ist, sei eine Vollstreckung gemäß § 894 ZPO nicht sachgerecht. In diesem Fall soll § 888 ZPO zur Anwendung kommen.

Von anderen wird vorgeschlagen, dass das Gericht in seiner Entscheidung bereits die vorläufige Reduzierung der Arbeitszeit anordnen könne.[525] Der Antrag des Arbeitnehmers müsse dann lauten, dass dem Arbeitgeber durch einstweilige Verfügung aufzugeben sei „zu dulden, dass der Arbeitnehmer ausschließlich an jedem .... der Woche in der Zeit von ... bis ... arbeitet, bis es zur Entscheidung in der Hauptsache kommt" (Duldungsverfügung),[526] beziehungsweise anders ausgedrückt: „Der Arbeitgeber [sei zu verurteilen], die Arbeitnehmerin mit einer bestimmten Zahl von Wochenstunden an bestimmten Tagen zu bestimmten Zeiten zu beschäftigen, bis zu einer Entscheidung in der Hauptsache" (Beschäftigungsverfügung).[527]

---

[524] So auch ArbG Berlin 03.01.2003, NZA-RR 2004, 51 zur Gewährung von Sonderurlaub nach § 50 II BAT; HWK-*Schinz*, § 7 BUrlG Rn. 59; ErfK-*Dörner*, § 7 BUrlG Rn. 50; *Brox/Walker*, ZPO, Rn. 1070 m.w.N

[525] *Eisemann*, RdA 2004, 136, 139; ähnlich ArbG Nürnberg 28.11.2003, BB 2004, 560; so zum Urlaubsanspruch: *Korinth*, Einstweiliger Rechtsschutz, Rn. 227.

[526] *Eisemann*, RdA 2004, 136, 139.

[527] ArbG Nürnberg 28.11.2003, BB 2004, 560; zum Urlaubsanspruch *Korinth*, Einstweiliger Rechtsschutz, Rn. 227; ähnlich LAG Hamm 06.05.2002, NZA-RR 2003, 178 f.; *Clemenz*, NZA 2005,

Schließlich folgern einige aus der Notwendigkeit einer einstweiligen Verfügung und der damit einhergehenden gebotenen Schnelligkeit, dass die Fiktionswirkung auf Abgabe einer Willenserklärung in diesem Fall abweichend von § 894 ZPO schon mit Erlass der Verfügung eintritt und bis zum Abschluss des Hauptsacheverfahrens eine Interimswirkung entfalte.[528]

Im Folgenden wird zu den vorgeschlagenen Lösungsmöglichkeiten Stellung genommen werden.

Eine Vollstreckung der Elternteilzeitgewährung als unvertretbare Handlung gemäß § 888 I ZPO würde dem einstweiligen Rechtsschutz viel von seiner Effektivität nehmen. Denn trotz der sofortigen Vollstreckbarkeit, der Entbehrlichkeit einer Vollstreckungsklausel gemäß §§ 929 I, 936 ZPO und der Möglichkeit einer Vollziehung vor Zustellung der einstweiligen Verfügung (§§ 929 III, 936 ZPO) beansprucht die Erzwingung der Elternteilzeitgewährung durch Zwangsgeld oder Zwangshaft (vgl. § 888 I 1 ZPO) eine gewisse Zeit. Dies wird der besonderen Eilbedürftigkeit des Elternteilzeitverlangens nicht gerecht und würde daher oft nicht mehr zum Erfolg führen.

Gegen die Möglichkeit einer Durchsetzung des Elternteilzeitverlangens per Duldungs- oder Beschäftigungsverfügung wird bei der Diskussion der Vollziehung von Teilzeitverfügungen nach § 8 TzBfG von *Walker* eingewandt, dass es sich um einen Anspruch auf Vertragsänderung handle, in der Sache gehe es daher gerade nicht um einen Duldungsanspruch oder um die tatsächliche Beschäftigung.[529] Diese Argumentation lässt sich allerdings nicht auf den Elternteilzeitanspruch übertragen, da dort keine Vertragsänderung angestrebt wird. Vielmehr ruhen lediglich während der Eltern(teil)zeit die Verpflichtungen aus dem ursprünglichen Arbeitsverhältnis. Mit Ende der Elternzeit kehrt der Arbeitnehmer zu der Arbeitszeit zurück, die er vor Beginn der Elternzeit hatte (vgl. § 15 V 3 BEEG).

2005, 129, 132 die davon ausgeht, dass das Gericht durch Hoheitsakt die wechselseitigen Rechte und Pflichten der Parteien durch die vom Gericht verordnete Arbeitszeitregelung bis zur Klärung des Hauptsacheverfahrens bestimmt; so zu § 8 TzBfG: *Meinel/Heyn/Herms*, § 8 TzBfG Rn. 129; *Eisemann/Le Friant/Liddington/Numhauser-Henning/Roseberry/Schinz/Waas*, RdA 2004, 129, 139.

[528] OLG Köln 07.12.1995, NJW-RR 1997, 59, 60; bereits auf den Erlass stellen ab: *Brox/Walker*, ZPO, Rn. 1594, 1620; *Jauernig*, NJW 1973, 1671, 1674; Stein/Jonas-*Grunsky*, vor § 935 ZPO Rn. 50; Schwab/Weth-*Walker*, § 62 ArbGG Rn. 134; *Gotthardt*, NZA 2001, 1183, 1187; etwas einschränkender *Hahn*, FA 2007, 130, die auf die Zustellung der Verfügung abstellt.

[529] *Walker*, ZfA 2005, 45, 64.

Allerdings scheitert die Möglichkeit einer Duldungs- beziehungsweise Beschäftigungsverfügung an der besonderen Situation bei der Elternteilzeit. Bei dem Teilzeitanspruch nach § 8 TzBfG und dem Urlaubsanspruch nach § 7 BUrlG hat der Arbeitgeber grundsätzlich die Verteilung der Arbeitszeit beziehungsweise die zeitliche Festlegung des Urlaubs entsprechend den Wünschen des Arbeitnehmers festzulegen (§ 8 IV 1 TzBfG / § 7 I 1 BUrlG). Bei der Elternteilzeit unterliegt die Verteilung der Arbeitszeit dagegen dem Direktionsrecht des Arbeitgebers. Eine Duldungs- oder Beschäftigungsverfügung, die genau bestimmt, wann der Arbeitnehmer arbeitet, ist nicht vom Elternteilzeitanspruch des Arbeitnehmers umfasst. Ohne genaue Festlegung der Verteilung der Arbeitszeit ist die Verfügung allerdings zu unbestimmt und daher nicht durchsetzbar. Daher kommt eine Unterlassungs- beziehungsweise Durchsetzungsverfügung im Rahmen der Elternteilzeit nicht in Betracht.

Schließlich bleibt die Möglichkeit, dass die Fiktionswirkung gemäß § 894 ZPO von einstweiligen Verfügungen schon mit deren Erlass eintritt.[530] Dies geht über den Wortlaut des § 894 ZPO hinaus. Nach § 894 ZPO greift die Fiktionswirkung erst mit Rechtskraft des Urteils ein. Eine Analogie ist jedoch geboten, da sowohl eine planwidrige Regelungslücke als auch eine vergleichbare Interessenlage vorliegt. Bei Erlass des Gesetzes hat sich der Gesetzgeber mit der Vollstreckung von Willenserklärungen im einstweiligen Rechtsschutz nicht beschäftigt.[531] Aufgrund der aufgezeigten Probleme liegt eine planwidrige Regelungslücke vor. Eine vergleichbare Interessenlage besteht ebenfalls. Der einstweilige Rechtsschutz dient dazu, vorläufige Regelungen hinsichtlich der Rechtsbeziehung insgesamt oder einzelner aus ihr folgender Ansprüche zu treffen, wenn ein Abwarten bis zur Hauptsacheentscheidung eine Partei unzumutbar beeinträchtigen würde und ihr deshalb nicht zuzumuten ist.[532] Der einstweilige Rechtsschutz ist allerdings nicht effektiv, wenn die zügig gefällte Regelung nicht auch schnell durchgesetzt werden kann.[533] Das gilt ebenfalls wenn die Abgabe einer Willenserklärung begehrt wird. Die schnelle Durchsetzung kann nur gewährleistet werden, wenn die Fiktionswirkung in diesem Fall mit Erlass der einstweiligen Ver-

---

[530] OLG Köln 05.12.1995, NJW-RR 1997, 59, 60; OLG Frankfurt 16.10.1953, MDR 1954, 686; *Gotthardt*, NZA 2001, 1183, 1185.
[531] *Vom Holtz*, Die Erzwingung von Willenserklärungen im einstweiligen Rechtsschutz, 17 ff.
[532] Schuschke/Walker-*Schuschke*, § 940 ZPO Rn. 1.
[533] *Korinth*, Einstweiliger Rechtsschutz, Rn. 7; *Baur/Stürner/Bruns*, Zwangsvollstreckung, Rn. 50.1; generell zum effektiven Rechtsschutz: Stein/Jonas-*Brehm*, Vor § 1 ZPO Rn. 97.

fügung eintritt. Es besteht auch nicht die Gefahr, dass diese Möglichkeit missbraucht wird, da sie nur eingreift, wenn der Gläubiger auf die Erfüllung seines Anspruchs dringend angewiesen ist und ansonsten eine Rechtsverweigerung drohen würde.[534] Darüber hinaus regelt sie nur die Situation bis zur Entscheidung in der Hauptsache.[535]

Die Willenserklärung des Arbeitgebers auf Zustimmung zur Elternteilzeit gilt daher bereits mit Erlass der einstweiligen Verfügung als abgegeben.

4. Ergebnis

Der einstweilige Rechtsschutz ist als Ausfluss aus dem Justizgewährleistungsanspruch zulässig. Er setzt das Vorliegen eines Verfügungsanspruchs und eines Verfügungsgrundes voraus. Damit ein Verfügungsgrund vorliegt, muss zunächst die Gefahr eines endgültigen Rechtsverlustes drohen und die Interessenabwägung muss zugunsten des Arbeitnehmers ausfallen. Die Interessenabwägung geht zugunsten des Arbeitnehmers aus, wenn er aller Wahrscheinlichkeit nach in der Hauptsache obsiegen wird oder wenn der Ausgang des Hauptsacheverfahrens unklar ist, der Arbeitnehmer aber zur Vermeidung wesentlicher Nachteile auf die sofortige Erfüllung seines Verringerungsanspruchs dringend angewiesen ist. Die Vollziehung richtet sich nach § 894 ZPO. Dabei tritt die Fiktionswirkung schon mit Erlass der einstweiligen Verfügung ein.

X. Zusammenfassung der Ergebnisse unter Zugrundelegung der lex lata

Der Teilzeitanspruch des § 8 TzBfG ist während der Elternzeit gesperrt. Der Arbeitnehmer hat nur die Möglichkeit seine Arbeitszeit nach § 15 BEEG zu reduzieren.

1. Das Vorliegen der Mindestbeschäftigtenzahl wird durch eine Zeitraumbetrachtung bestimmt. Ermittelt wird die den Betrieb kennzeichnende Personalstärke durch einen Rückblick auf die bisherige personelle Stärke und die zu erwartende zukünftige Entwicklung.

---

[534] Diese Voraussetzungen werden im Rahmen des Verfügungsgrundes geprüft, vgl. oben B.IX.2.b), S. 143 ff.
[535] Das Erfordernis der Interimswirkung nennen ebenfalls Thomas/Putzo-*Reichold*, § 940 ZPO Rn. 4; *Zimmermann*, § 940 ZPO Rn. 4.

2. Der Schwellenwert der Mindestbeschäftigtenzahl von in der Regel mehr als 15 Arbeitnehmern ist verfassungsgemäß.

3. Verfassungsrechtliche, semantische, historische, systematische und teleologische Aspekte sprechen in ihrer Gesamtheit dafür, dass das Vorliegen von dringenden betrieblichen Gründen im Sinne von § 15 VII 1 Nr. 4 BEEG in einem dreistufigen Prüfungsschemata geprüft wird. Danach liegen entgegenstehende dringende betriebliche Gründe vor, wenn:

ein Organisationskonzept der vom Arbeitgeber als erforderlich angesehenen Arbeitszeitregelung zugrunde liegt,

die Arbeitszeitregelung den Arbeitszeitwünschen des Arbeitnehmers entgegensteht und sie insbesondere auch nicht durch zumutbare Änderung von betrieblichen Abläufen oder des Personaleinsatzes in Einklang gebracht werden können und

die gewünschte Elternteilzeit insbesondere die Organisation, den Arbeitsablauf oder die Sicherheit im Betrieb so wesentlich beeinträchtigt oder so unverhältnismäßige Kosten verursacht, dass die Interessen des Arbeitgebers an der Ablehnung die Interessen des Arbeitnehmers an der Reduzierung überwiegen (umfassende Interessenabwägung).

4. Die Verteilung der Arbeitszeit unterliegt dem Direktionsrecht des Arbeitgebers. Dabei muss er die Grundsätze des billigen Ermessens wahren. Der Arbeitgeber darf den Wunsch des Arbeitnehmers auf eine bestimmte Verteilung der Arbeitszeit nur abschlagen, wenn betriebliche Gründe diesem entgegenstehen.

5. Elternteilzeit kann auch während der laufenden Elternzeit nachträglich geltend gemacht werden.

6. Wenn die entgegenstehenden dringenden betrieblichen Gründe nach Antragstellung wegfallen, hat der Arbeitnehmer gegenüber dem Arbeitgeber keinen umfassenden Informationsanspruch aus § 7 II TzBfG analog. Der Arbeitgeber hat dem Arbeitnehmer, der ein Interesse an Elterteilzeit geäußert hat, über den Wegfall von entgegenstehenden dringenden innerbetrieblichen Gründen (§ 7 II TzBfG analog) und nach richtlinienkonformer Auslegung des § 7 II TzBfG über freiwerdende, neu gestaltete oder umgestaltete Arbeitsplätze zu informieren, die eine Teilzeittätigkeit während der Elternzeit ermöglichen.

7. Der Arbeitgeber trägt das Risiko, dass nachträglich dringende betriebliche Gründe gegen die bereits gewährte Elternteilzeit sprechen.
8. Bei der nachträglichen Veränderung der Lage/Verteilung der Arbeitszeit während der Elternteilzeit müssen die Gründsätze der Billigkeit beachtet werden. Eine nachträgliche Veränderung der Lage der Arbeitszeit ist nur billig, wenn das betriebliche Interesse an der Veränderung das Interesse des Arbeitnehmers an der Beibehaltung der gegenwärtigen Verteilung erheblich überwiegt und der Arbeitgeber die Änderung spätestens einen Monat vorher angekündigt hat.
9. Die Verletzung von § 15 VII 4 BEEG, wo das Erfordernis der Ablehnung des Elternteilzeitverlangens innerhalb einer Frist von vier Wochen mit schriftlicher Begründung geregelt ist, hat keine rechtlichen Konsequenzen.
10. Aus dem Arbeitsvertrag i.V.m. §§ 241 II, 242 BGB, § 15 VII 4 BEEG ist ein Informationsanspruch des Arbeitnehmers gegen den Arbeitgeber auf Mitteilung der entgegenstehenden dringenden betrieblichen Gründe abzuleiten. Wenn der Arbeitgeber auf Verlangen des Arbeitnehmers die entgegenstehenden dringenden betrieblichen Gründe schuldhaft nicht oder nicht vollständig beziehungsweise nicht wahrheitsgemäß nennt, ist die Verweigerung der Elternteilzeit dennoch wirksam. Der Arbeitgeber macht sich aber dadurch schadensersatzpflichtig. Ein solches Verhalten kann dazu führen, dass der Arbeitgeber dem Arbeitnehmer die Kosten des gerichtlichen Verfahrens beziehungsweise einen Ersatz für die Nichtgeltendmachung der Elternteilzeit zu zahlen hat.
11. Der einstweilige Rechtsschutz ist als Ausfluss aus dem Justizgewährleistungsanspruch zulässig. Er setzt das Vorliegen eines Verfügungsanspruchs und eines Verfügungsgrundes voraus. Damit ein Verfügungsgrund vorliegt, muss zunächst die Gefahr eines endgültigen Rechtsverlustes drohen und die Interessenabwägung muss zugunsten des Arbeitnehmers ausfallen. Die Vollziehung richtet sich nach § 894 ZPO, wobei die Fiktionswirkung schon mit Erlass der einstweiligen Verfügung eintritt.

C. Das englische, schottische und walisische Recht auf flexible Arbeitsbedingungen

Im Folgenden wird der in England, Schottland und Wales bestehende Anspruch auf Flexibilisierung der Arbeitsbedingungen wegen Kinderbetreuung dargestellt um so Anregungen für eine Ausweitung des Elternteilzeitanspruchs zu bekommen. Eltern von Kindern unter sechs Jahren beziehungsweise unter 18 Jahren, wenn das Kind behindert ist, steht dort seit dem 06. April 2003 das Recht zu, flexible Arbeitsbedingungen zu beantragen („statutory right to request contract variation"). Flexible Arbeitsbedingungen umfassen jedes Arbeitsmodell. Der Arbeitgeber muss den Veränderungswunsch des Arbeitnehmers ernsthaft in Erwägung ziehen. Er darf ihn nur ablehnen, wenn einer von den im Gesetz abschließend aufgezählten „business reasons"[536] dem Verlangen entgegensteht. Falls er dem Antrag nicht nachkommen möchte, muss er dem Arbeitnehmer die Gründe dafür nennen. In diesem Fall steht dem Arbeitnehmer ein innerbetriebliches Beschwerdeverfahren offen. Wenn dieses ebenfalls erfolglos ist, kann der Arbeitnehmer ein Verfahren vor dem Arbeitsschiedsgericht anstrengen. Falls dieses erfolgreich ist, kann der Arbeitgeber zur Wiederholung des innerbetrieblichen Verfahren und beziehungsweise oder zur Zahlung einer Entschädigungssumme verpflichtet werden. Es liegt nicht in der Macht des Schiedsgerichts, die Flexibilisierung der Arbeitsbedingungen anzuordnen.

Die relevante Gesetzgebung für das Recht auf flexible Arbeitsbedingungen findet sich in Part 8 A des Employment Rights Acts 1996 (ERA 1996). Dieser wird durch die Flexible Working (Procedural Requirements) Regulations 2002, SI 2002/3207 und die Flexible Working (Eligibility, Complaints and Remedies) Regulations 2002, SI 2002/3236 konkretisiert.[537] Zunächst soll auf die historische Entwicklung dieses Rechts, anschließend auf die Anspruchsvoraussetzungen, den Anspruchsumfang und die Anspruchsdurchsetzung eingegangen werden.

---

[536] Von einer Übersetzung in „betriebliche Gründe" wird abgesehen, da dieser Terminus im deutschen Recht, vgl. § 8 TzBfG, besetzt ist.
[537] Das Recht auf flexible Arbeitsbedingungen gilt in England, Wales und Schottland, nicht aber in Nordirland, vgl. ERA 1996, 244 (1): the Act extends to England, Wales and Scotland but not to Northern Ireland.

I. Historische Entwicklung des Rechts auf flexible Arbeitsbedingungen

Das Recht auf flexible Arbeitsbedingungen wurden im Jahr 2000 durch das „Government Green Paper"[538] angeregt. Die britische Regierung hat dort eine Vielzahl von Möglichkeiten vorgeschlagen um eine flexiblere Handhabung der Arbeit zu fördern. Sie schlug beispielsweise vor, Arbeitgeber mit besseren Informationen über flexible Arbeitsbedingungen und praktischen Ratschlägen hinsichtlich ihrer Durchsetzung auf einer Internetseite zu versorgen, die durch ein Callcenter unterstützt werden könnte.[539] Es wurde außerdem überlegt, Arbeitgeber, die sich besonders für flexible Arbeitsbedingungen einsetzen, auszuzeichnen. Eine solche Anerkennung könnte dann werbe- und öffentlichkeitswirksam von ihnen eingesetzt werden.[540] Besonders kleinere Betriebe und Unternehmen könnten bei der Erstellung von Systemen unterstützt werden, die ihnen ermöglichen, Arbeitszeiten stärker zu flexibilisieren.[541] Von der Regierung wurde außerdem angeregt, ein Recht für Mütter auf Reduzierung ihrer Arbeitszeit einzuführen.[542] Dieses Recht könne alternativ daran gekoppelt werden, dass durch die Verringerung der geleisteten Stunden keine Nachteile für das Unternehmen entstehen oder dass dieses Recht erst in Unternehmen ab einer bestimmten Arbeitnehmerzahl gelte.[543] Der am weitesten gehende Vorschlag war das Recht auf Reduzierung der Arbeitszeit sowohl Müttern als auch Vätern zu gewähren, solange dadurch das Unternehmen nicht geschädigt wird.

Gerade die letzte Option wurde sehr kontrovers aufgenommen. Sie ist auf große Begeisterung beim Trades Union Congress (TUC), den Gewerkschaften und freiwilligen Organisationen auf diesem Gebiet gestoßen.[544] Sie wurde allerdings vom Confederation of British Industry (CBI) und dem Institute of Directors vehement abgelehnt.[545] Das CBI wehrte sich vor allem dagegen, dass Arbeits-

---

[538] Work and Parents, Competitiveness and Choice, HMSO 2000. Dabei handelt es sich um ein sehr breit angelegtes Regierungsprogramm, wo verschiedene Möglichkeiten zur Realisierung der von der Regierung angestrebten Ziele dargelegt werden.
[539] Work and Parents, Competitiveness and Choice, HMSO 2000, Kapitel 6, S. 8.
[540] Work and Parents, Competitiveness and Choice, HMSO 2000, Kapitel 6, S. 8.
[541] Work and Parents, Competitiveness and Choice, HMSO 2000, Kapitel 6, S. 8.
[542] Work and Parents, Competitiveness and Choice, HMSO 2000, Kapitel 4, S. 5.
[543] Work and Parents, Competitiveness and Choice, HMSO 2000, Kapitel 6, S. 6.
[544] *Anderson*, Industrial Law Journal, Vol. 32, No. 1, March 2003, 37.
[545] Vgl. zum Beispiel: CBI Urges Government to Abandon Right to Part-Time Work and Encourage Flexible Employment, CBI Press Release, 9 March 2001, http://www.cbi.org.uk.

schiedsgerichte die Angemessenheit beziehungsweise Rationalität von unternehmerischen Entscheidungen überprüfen können, die zu einer Ablehnung des Reduzierungswunsches des Arbeitnehmers geführt haben.[546]

Unter Berücksichtigung dieser gespaltenen Reaktionen hat die Regierung die „Work and Parents Taskforce" eingesetzt, um Kompromisse zwischen den unterschiedlichen Positionen zu finden und einen Vorschlag für eine mögliche gesetzgeberische Formulierung zu schaffen. Die Taskforce bestand aus Vertretern des CBI, TUC, anderen Gruppen und einzelnen Arbeitgebern. Die Taskforce hat ihre Ergebnisse im November 2001 in dem Bericht, „About Time: Flexible Working" vorgestellt.[547] Anders als die Regierung ist sie zu dem Ergebnis gekommen, dass bestimmten sich qualifizierenden Eltern nicht nur das Recht gewährt werden soll, ihre Arbeitszeit zu reduzieren, sondern ihnen vielmehr die Möglichkeit eingeräumt werden soll, insgesamt flexible Arbeitsbedingungen zu beantragen.

Die Vorschläge der Taskforce wurden akzeptiert. Sie sind gesetzlich im „statutory right to request contract variation" (Recht auf flexible Arbeitsbedingungen) umgesetzt worden. Aufgrund dieses Rechts können ungefähr 3,7 Millionen Arbeitnehmer eine Flexibilisierung ihrer Arbeitsbedingungen beantragen.[548]

II. Anspruchsvoraussetzungen des Rechts auf flexible Arbeitsbedingungen

Anspruchsberechtigt ist, wer bestimmte Voraussetzungen erfüllt. Wenn diese nicht gegeben sind, kann der Arbeitgeber trotzdem gebeten werden, der Flexibilisierung der Arbeitsbedingungen zuzustimmen. Ein Anspruch darauf besteht dann allerdings nicht.

Die Anspruchsberechtigung setzt gemäß ERA 1996, Section 80 F (8) und den Flexible Working (Eligibility, Complaints and Remedies) Regulations 2002, SI 2002/3236, 3 (1) zunächst die Eigenschaft als Arbeitnehmer voraus. Der Antragsteller darf kein Leiharbeitnehmer oder bei der Armee beschäftigt sein.[549]

Zu dem Zeitpunkt, zu dem der Antrag gestellt wird, muss der Arbeitnehmer ohne Unterbrechung mindestens 26 Wochen bei dem Arbeitgeber gearbeitet

---

[546] *Anderson*, Industrial Law Journal, Vol. 32, No. 1, March 2003, 37.
[547] About Time, Flexible Working, http://www.dti.gov.uk/er/review.htm.
[548] 2 Millionen Männer und 1,5 Millionen Frauen mit Kindern unter 6 Jahren und 200 000 Eltern von behinderten Kindern, *Firth/Nickson*, Family Friendly Rights, 51.
[549] *DTI*, Flexible Working – The right to request and the duty to consider, 7.

haben, Flexible Working (Eligibility, Complaints and Remedies) Regulations 2002, SI 2002/3236, 3 (1) (a).

Nach ERA 1996, Section 80 F (4) darf der Arbeitnehmer keinen Antrag auf flexible Arbeitsbedingungen innerhalb der letzten 12 Monate gestellt haben.

Die Anforderungen, die an die persönliche Beziehung zwischen Antragsteller und dem Kind gestellt werden, ergeben sich aus den Flexible Working (Eligibility, Complaints and Remedies) Regulations 2002, SI 2002/3236, 3. Der Arbeitnehmer muss Mutter, Vater, Adoptivmutter, Adoptivvater, Vormund, Pflegemutter oder Pflegevater[550] eines Kindes sein und für dessen Betreuung beziehungsweise Erziehung die Verantwortung tragen[551]. Es reicht auch aus, wenn der Antragsteller mit einer der genannten Personen verheiratet und für die Betreuung beziehungsweise Erziehung des Kindes verantwortlich ist.[552]

Der Antrag muss gemäß ERA 1996, Section 80 F (3) spätestens 14 Tage vor dem sechsten beziehungsweise 18. Geburtstags des Kindes bei Behinderung gestellt werden.

Aus ERA 1996, Section 80 F (1) (b) (i) ergibt sich, dass der Antrag nur gestellt werden kann, um durch die Flexibilisierung der Arbeitszeit besser für das Kind zu sorgen. Dies ist beispielsweise der Fall, wenn der Arbeitnehmer durch die Flexibilisierung in die Lage versetzt wird morgens mehr Zeit mit dem Kind zu verbringen oder es vom Kindergarten abholen zu können. Andere Ziele können die Flexibilisierung der Arbeitsbedingungen nicht rechtfertigen.

Als Negativvoraussetzungen dürfen gemäß ERA 1996, Section 80 G (1) (b) der Flexibilisierung der Arbeitsbedingungen keine „business reasons" entgegenstehen. Das Gesetz enthält eine abschließende Liste möglicher entgegenstehender Gründe: die Last zusätzlicher Kosten, nachteilige Auswirkungen auf die Fähigkeiten den Ansprüchen der Kunden zu genügen, Unfähigkeit, die Arbeit auf die existierende Belegschaft zu verteilen, Unmöglichkeit zusätzliche Arbeitskräfte anzuwerben, nachteilige Auswirkungen auf die Qualität der Arbeit, nicht ausreichende Aufträge beziehungsweise Arbeit in den Zeiten, in denen der Arbeit-

---

[550] Flexible Working (Eligibility, Complaints and Remedies) Regulations 2002, SI 2002/3236, 3 (1) (b) (i).
[551] Flexible Working (Eligibility, Complaints and Remedies) Regulations 2002, SI 2002/3236, 3 (1) (c).
[552] ERA 1996, 80 F (1) (b) und 80 F (3); Flexible Working (Eligibility, Complaints and Remedies) Regulations 2002, SI 2002/3236, 3 (1) (b) (ii).

nehmer vorschlägt zu arbeiten und geplante strukturelle Veränderungen.[553] Eine genauere Konkretisierung dieser „business reasons", insbesondere auch bezüglich ihrer geforderten Intensität, findet sich weder in der Literatur noch in der Rechtsprechung. Dies liegt wohl daran, dass eine gerichtliche Kontrolle der „business reasons" nur bezüglich der zugrunde liegenden Fakten möglich ist, nicht aber hinsichtlich der zugrunde liegenden unternehmerischen Entscheidung. Auf diesen gerichtlichen Überprüfungsmaßstab wird später noch näher eingegangen.[554]

III. Anspruchsumfang des Rechts auf flexible Arbeitsbedingungen

Flexible Arbeitsbedingungen umfassen eine große Bandbreite der unterschiedlichsten Möglichkeiten. Nach ERA 1996, Section 80 F (1) (a) kann der Arbeitnehmer eine Veränderung seiner Arbeitsbedingungen beantragen, wenn diese Veränderungen sich auf die Anzahl der Arbeitsstunden, der Arbeitszeiten oder des Arbeitsorts beziehen.[555] Denkbar sind beispielsweise Teilzeit, Gleitzeit, die Festlegung einer anderen Verteilung der Arbeitszeit, Arbeitsschichttausch (der Arbeitnehmern ermöglicht, ihre eigenen Arbeitszeiten individuell und flexibel zu organisieren, indem sie untereinander ihre Arbeitsschichten tauschen können, vorausgesetzt, dass die erforderlichen Schichten abgedeckt sind), eigene Personaleinsatzplanung (dadurch wird der Arbeitnehmer in die Lage versetzt, selbst

---

[553] ERA 1996, 80 G (1) (b): An employer to whom an application under section 80 F is made shall only refuse the application because he considers that one or more of the following grounds applies – (i) the burden of additional costs, (ii) detrimental effect on ability to meet customer demand, (iii) inability to re-organise work among existing staff, (iv) inability to recruit additional staff, (v) detrimental impact on quality, (vi) detrimental impact on performance, (vii) insufficiency of work during the periods the employee proposes to work, (vii) planned structural changes and (ix) such other grounds as the Secretary of State may specify by regulations. Von der letztgenannten Möglichkeit wurde allerdings kein Gebrauch gemacht.

[554] Vgl. unten C.VIII.2.b), S. 171 ff.

[555] ERA 1996, 80 F (1) (a): A qualifying employee may apply to his employer for a change in his terms and conditions of employment if the change relates to (i) the hours he is required to work, (ii) the times when he is required to work, (iii) where, as between his home and a place of business of his employer, he is required to work or (iv) such other aspect of his terms and conditions of employment as the Secretary of State may specify by regulations (von der zuletzt genannten Möglichkeit wurde allerdings kein Gebrauch gemacht).

die Zeiten zu nennen, in denen er gerne arbeiten möchte), Arbeitsplatzteilung, Telearbeit, Jahresarbeitszeit, Heimarbeit.[556]

Die Realisierbarkeit der verschiedenen Modelle wird allerdings von den Arbeitnehmern sehr unterschiedlich wahrgenommen. 67 % gehen davon aus, dass, wenn sie einen Antrag stellten, der Arbeitgeber dem Teilzeitarbeitswunsch zustimmen würde. Bei Gleitzeit gehen noch 48 % aller Arbeitnehmer davon aus, bei Arbeitsteilung sind es 41 %. Bei Jahresarbeitszeit oder Heimarbeit können sich nur 20 % aller Arbeitnehmer vorstellen, dass der Arbeitgeber dem zustimmen würde.[557]

Ein erfolgreicher Antrag führt grundsätzlich dazu, dass die Arbeitsbedingungen dauerhaft verändert werden. Der Arbeitnehmer hat keine rechtlich verankerte Möglichkeit, später zu seinen früheren Arbeitsbedingungen zurückzukehren.[558] Solange das Kind noch nicht das sechste beziehungsweise bei Behinderung das 18. Lebensjahr vollendet hat und soweit auch die übrigen Anspruchsvoraussetzungen vorliegen, kann der Arbeitnehmer aber versuchen, durch erneute Geltendmachung des Rechts zu seinen ursprünglichen Arbeitsbedingungen zurückzukehren.

Nach einigen Autoren kann der Arbeitnehmer allerdings von vornherein auch eine befristete Veränderung der Arbeitsbedingungen beantragen. Dies sei vom Recht auf flexible Arbeitsbedingungen ebenfalls erfasst, da danach jedes denkbare Arbeitsmodell vereinbart werden könne und damit auch ein fristgebundenes.[559] Nach Ablauf dieser Periode kehre dann der Arbeitnehmer wieder zu seinen früheren Arbeitsbedingungen zurück.

Eine ausdrückliche Stellungnahme fehlt im Gesetz. Es ist daher unklar ob eine solche befristete Lösung vereinbart werden kann.[560] Nach ERA 1996, Section 80 F (1) (a) kann der Arbeitnehmer eine Veränderung seiner Arbeitsbedingungen beantragen, wenn diese Veränderungen sich auf die Anzahl von Stunden, die Zeiten oder den Ort beziehen, die der Arbeitnehmer verpflichtet ist zu arbeiten. Die Dauer der Veränderung der Arbeitsbedingungen wird in dieser Aufzählung

---

[556] *Firth/Nickson*, Family Friendly Rights, 52; Reference Book for Employers-*Macdonald/Wickersham/Chandler*, E292; *DTI*, Flexible Working – The right to request and the duty to consider, 10.
[557] *Stevens/Brown/Lee*, The Second Work-Life Balance Study, 48 f.
[558] Harvey on Industrial Relations and Employment Law-*Napier*, J [953]; Employment Guide 2005, 2.2.160; Reference Book for Employers-*Macdonald/Wickersham/Chandler*, E293.
[559] Employment Guide 2005, 2.2.160.
[560] So auch *Lewis/Milgate/Cartwright*, Maternity and Parental Leave Handbook, 7:5.11.2.

nicht genannt. Es spricht also viel dafür, dass der Gesetzgeber die Möglichkeit einer Befristung der Veränderung nicht vorgesehen hat. Vom Department of Trade and Industry wird ebenfalls diese Möglichkeit nicht genannt, vielmehr betont es, dass die Inanspruchnahme des Rechts auf flexible Arbeitsbedingungen eine dauerhafte Veränderung zu Folge hätte.[561] Gerichtsentscheidungen fehlen. Gegen die Möglichkeit einer Befristung sprechen auch die Interessen des Arbeitgebers. Es ist für ihn sehr viel leichter sich mit dauerhaften Veränderungen zu arrangieren als mit befristeten. Aufgrund der genannten Umstände sollte der Arbeitnehmer daher davon ausgehen, dass die befristete Inanspruchnahme des Rechts auf flexible Arbeitsbedingungen nicht möglich ist.

IV. Geltendmachung des Anspruchs

Der Antrag des Arbeitnehmers muss schriftlich und datiert erfolgen.[562] Das Schriftformerfordernis wird auch bei der Beantragung per E-Mail eingehalten.[563] Die inhaltlichen Anforderungen ergeben sich aus ERA 1996, Section 80 F (2). Der Arbeitnehmer muss in dem Schreiben zum Ausdruck bringen, dass der Antrag aufgrund des Rechts, flexible Arbeitsbedingungen zu beantragen, gestellt wird.[564] Er muss darin bestätigen, dass er die Verantwortung für ein Kind hat und die oben genannten Anspruchsvoraussetzungen erfüllt.[565] Der Arbeitnehmer muss das gewünschte Arbeitsmodell nennen und ab wann die verlangte Änderung der Arbeitsbedingungen in Kraft treten soll.[566] Er muss erläutern, welche Auswirkungen die vorgeschlagenen Änderungen der Arbeitsbedingungen auf das Unternehmen haben werden und wie man seiner Meinung nach damit umzugehen habe.[567] Die Erfahrung hat bis jetzt gezeigt, dass der Arbeitgeber Anträgen

---

[561] *DTI*, Flexible Working – The right to request and the duty to consider, 14.

[562] ERA 1996, 80 F (5) (a), konkretisiert durch die Flexible Working (Eligibility, Complaints and Remedies) Regulations 2002, SI 2002/3236, 4 (a) und (c).

[563] Flexible Working (Procedural Requirements) Regulations 2002, SI 2002/3207, 2 (1); Flexible Working (Eligibility, Complaints and Remedies) Regulations 2002, SI 2002/3236, 2 (1).

[564] ERA 1996, 80 F (2) (a).

[565] ERA 1996, 80 F (2) (d).

[566] ERA 1996, 80 F (2) (b).

[567] ERA 1996, 80 F (2) (c). Beispielsweise könnte der Arbeitnehmer argumentieren, wenn er eine halbe Stunde später am Arbeitsplatz erscheinen möchte, dass die Auswirkungen auf das Unternehmen minimal seien, da dies die ruhigste Zeit des Tages sei und er diese halbe Stunde während der Mittagszeit nachholen würde, wo viel Arbeit anfiele.

auf flexible Arbeitsbedingungen insbesondere dann zustimmt, wenn auch die Bedürfnisse des Unternehmens berücksichtigt werden.[568] Der Arbeitnehmer soll im Antrag außerdem angeben, ob er bereits früher schon Anträge auf eine Flexibilisierung der Arbeitszeit gestellt hat und wenn ja, wann diese gestellt wurden, vgl. Flexible Working (Eligibility, Complaints and Remedies) Regulations 2002, SI 2002/3236, 4 (a). Eine Frist zur Geltendmachung gibt es nicht. Wenn der Arbeitnehmer einen unvollständigen Antrag gestellt hat, soll der Arbeitgeber den Arbeitnehmer auf die fehlenden Informationen hinweisen.[569] Insbesondere sollte der Arbeitgeber den Arbeitnehmer auch darüber informieren, dass er den Antrag nicht berücksichtigen wird, bis dieser vervollständigt wird.[570] Falls der Arbeitnehmer es unbegründeterweise ablehnt, den Arbeitgeber mit den erforderlichen Informationen zu versorgen (zum Beispiel wenn der Arbeitnehmer nicht beschrieben hat, wie die zukünftigen Arbeitsbedingungen aussehen sollen), darf der Arbeitgeber den Antrag als zurückgezogen ansehen, vgl. Flexible Working (Procedural Requirements) Regulations 2002, SI 2002/3207, 17 (1) (c). Der Arbeitnehmer kann in einem solchen Fall innerhalb eines Zeitraums von 12 Monaten keinen weiteren Antrag stellen. Es ist daher wichtig, dass der Arbeitnehmer alle erforderlichen Informationen beibringt.

V. Erwägungsphase

Der Gesetzgeber verfolgt mit dem Recht auf flexible Arbeitsbedingungen das Ziel, einen Dialog zwischen Arbeitgeber und Arbeitnehmer anzuregen. Dieser Dialog soll dazu dienen Arbeitsstrukturen zu finden, die zu einer verbesserten Vereinbarkeit von Beruf und Familie für den Arbeitnehmer führen und die ebenfalls den Bedürfnissen des Arbeitgebers gerecht werden.[571] Daher besteht in England, Schottland und Wales ein umfangreiches Regelwerk, das auf eine konsensuale Lösung abzielt. Es gibt keinen Einigungszwang, allerdings treffen Arbeitgeber und Arbeitnehmer zahlreiche Pflichten, die den Dialog fördern sollen.

---

[568] *DTI*, Flexible Working – The right to request and the duty to consider, 13.
[569] *DTI*, Flexible Working – The right to request and the duty to consider, 17.
[570] *DTI*, Flexible Working – The right to request and the duty to consider, 17.
[571] A Practical Guide to the Employment Act 2002, 43; Harvey on Industrial Relations and Employment Law – *Napier*, J [940].

Die Verletzung dieser Pflichten eröffnet dem Arbeitnehmer die Möglichkeit, das Verfahren vor ein Arbeitsschiedsgericht zu bringen.[572]

Den Arbeitgeber trifft zunächst die Pflicht die Anträge auf Flexibilisierung der Arbeitsbedingungen zu erwägen. Er muss feststellen, ob die gewünschten Arbeitsbedingungen mit den Erfordernissen des Unternehmens in Einklang gebracht werden können oder nicht, das heißt, ob der Flexibilisierung der Arbeitsbedingungen „business reasons" entgegenstehen, vgl. ERA 1996, Section 80 G (1) (b). Bei diesen Überlegungen darf der Arbeitgeber nicht berücksichtigen, ob das Bedürfnis des einen Antragstellers größer ist als das eines anderen. Es kommt nur darauf an, ob dem Wunsch des jeweiligen Arbeitnehmers ein „business reason" entgegensteht oder nicht.

Wenn der Arbeitgeber sofort dem Antrag des Arbeitnehmers zustimmen möchte, muss er schriftlich den Arbeitnehmer über seine Zustimmung informieren.[573] In diesem Schreiben müssen die neuen Arbeitsbedingungen angegeben werden und der gewünschte Zeitpunkt ihres Inkrafttretens, vgl. Flexible Working (Procedural Requirements) Regulations 2002, SI 2002/3207, 3 (3).

Wenn der Arbeitgeber nicht sofort dem Wunsch des Antragstellers nachkommen möchte, muss er zunächst ein Treffen mit dem Arbeitnehmer vereinbaren, bei dem der Antrag besprochen wird.[574] Dieses Treffen muss innerhalb von 28 Tagen nach Zugang des Antrags stattfinden.[575] Der Arbeitgeber muss sicherstellen, dass das Treffen an einem Ort und zu einer Zeit stattfindet, der und die allen beteiligten Personen entgegen kommen.[576] In den meisten Fällen wird als Ort wahrscheinlich der Arbeitsplatz gewählt werden. Allerdings sollten die Parteien auch an diesem Punkt flexibel sein.[577].

Der Antragsteller kann sich von einem anderen Arbeitnehmer, der bei demselben Arbeitgeber beschäftigt ist,[578] zu diesem Treffen begleiten lassen.[579] Der

---

[572] Zum Verfahren vor dem Arbeitsschiedsgericht vgl. unten C.VIII.2, S. 171 ff.
[573] Flexible Working (Procedural Requirements) Regulations 2002, SI 2002/3207, 3 (2).
[574] Flexible Working (Procedural Requirements) Regulations 2002, SI 2002/3207, 3 (1).
[575] ERA 1996, 80 G (2) (a); Flexible Working (Procedural Requirements) Regulations 2002, SI 2002/3207, 3 (1).
[576] Flexible Working (Procedural Requirements) Regulations 2002, SI 2002/3207, 11.
[577] DTI, Flexible Working – The right to request and the duty to consider, 18.
[578] Flexible Working (Procedural Requirements) Regulations 2002, SI 2002/3207, 14 (3).
[579] ERA 1996, 80 G (2) (k); Flexible Working (Procedural Requirements) Regulations 2002, SI 2002/3207, 14.

Beistand dient dazu den Antragstellenden zu unterstützen.[580] Die beruhigende Anwesenheit eines Kollegen kann dafür sorgen, dass das Treffen sowohl für den Arbeitnehmer als auch für den Arbeitgeber produktiver verläuft.[581] Dieser Beistand kann während des Treffens das Wort ergreifen oder sich mit dem Arbeitnehmer beraten.[582] Er darf aber keine Fragen anstelle des Antragstellers beantworten.[583] Falls es dem Begleiter unmöglich ist, an dem vom Arbeitgeber vorgeschlagenen Termin teilzunehmen, kann der Arbeitnehmer das Treffen auf einen neuen Termin innerhalb eines Zeitraums von 7 Tagen nach dem eigentlich vorgeschlagenen Termin verlegen.[584] Dabei hat er sicherzustellen, dass dieser Termin allen genehm ist. Der Arbeitnehmer kann sich stattdessen auch einen anderen Begleiter aussuchen. Der Begleiter hat einen Anspruch darauf, während der Teilnahme an dem Treffen, bei vollem Lohnausgleich, von seiner Arbeit freigestellt zu werden.[585]

Das Treffen soll dazu dienen gemeinsam eine einvernehmliche Lösung zu finden. Erfahrungen haben gezeigt, dass „face-to-face-Treffen" dafür bestens geeignet sind.[586] Der Termin bietet beiden Parteien die Möglichkeit die gewünschten Arbeitsmodelle zu diskutieren und zu überlegen, wie sie realisiert werden können. Dabei sollten sowohl Arbeitnehmer als auch Arbeitgeber flexibel sein.[587] Falls die gewünschte Veränderung der Arbeitsbedingungen nicht erreicht werden kann, schafft das Treffen einen Raum zur Diskussion alternativer Möglichkeiten.

Auf dieser Stufe könnte es auch im Interesse von Arbeitnehmer und Arbeitgeber sein zu vereinbaren, dass die neuen Arbeitsbedingungen zunächst für eine Probephase von beispielsweise 12 Wochen gelten sollen. Eine solche Probephase ist vom Gesetz nicht vorgesehen. Auf sie besteht daher kein Anspruch. Vom Practical Guide to the Employment Act 2002 (durch den Employment Act 2002 wurde der ERA 1996 hinsichtlich des Rechts auf flexible Arbeitsbedingungen

---

[580] DTI, Flexible Working – The right to request and the duty to consider, 19.
[581] DTI, Flexible Working – The right to request and the duty to consider, 19.
[582] Flexible Working (Procedural Requirements) Regulations 2002, SI 2002/3207, 14 (2) (b) und (c).
[583] Flexible Working (Procedural Requirements) Regulations 2002, SI 2002/3207, 14 (2) (b).
[584] ERA 1996, 80 G (2) (l); Flexible Working (Procedural Requirements) Regulations 2002, SI 2002/3207, 14 (4) und (5).
[585] ERA 1996, 80 G (2) (m); Flexible Working (Procedural Requirements) Regulations 2002, SI 2002/3207, 14 (6).
[586] DTI, Flexible Working – The right to request and the duty to consider, 17.
[587] DTI, Flexible Working – The right to request and the duty to consider, 17.

verändert) wird allerdings eine freiwillige Vereinbarung empfohlen, da eine dauerhafte Veränderung der Arbeitsbedingungen ein großer Schritt ist, der weder vom Arbeitnehmer noch vom Arbeitgeber leichtfertig gemacht werden sollte.[588] Während dieser Phase wird festgestellt, wie sich die Parteien mit den neuen Regelungen arrangieren. In diesem Fall sollten die Parteien sich darauf einigen, den Zeitpunkt der endgültigen Entscheidung auf das Ende der Probephase zu legen. Der Arbeitgeber muss dafür die Ausdehnungsphase und ihren Endtag schriftlich und datiert gegenüber dem Arbeitnehmer spezifizieren. Die Entscheidung kann getroffen werden, wenn sowohl Arbeitnehmer als auch Arbeitgeber die veränderten Umstände ausprobiert haben.[589]

Wenn der Antragsteller nicht am Treffen teilnimmt, ohne dass er dies dem Arbeitgeber vorher mitgeteilt hat, sollte er den Arbeitgeber so schnell wie möglich kontaktieren und seine Abwesenheit erklären. Die Abwesenheit des Arbeitnehmers führt zu einer Verschiebung des Termins. Wenn der Arbeitnehmer mehr als einmal ein Treffen ohne vernünftige Erklärung versäumt, darf der Arbeitgeber den Antrag des Arbeitnehmers als zurückgezogen erachten.[590]

VI. Entscheidungsphase

Der Arbeitgeber muss den Arbeitnehmer innerhalb von 14 Tagen nach dem Treffen über seine Entscheidung schriftlich und datiert informieren.[591] Die Verletzung dieser Pflichten ermöglicht dem Arbeitnehmer das Verfahren vor ein Arbeitsschiedsgericht zu bringen.[592]

Falls den Wünschen des Arbeitnehmers nachgekommen werden soll, muss die Benachrichtigung eine Beschreibung der neuen Arbeitsbedingungen enthalten und den Tag nennen, an denen sie in Kraft treten.[593]

Falls der Antrag abgelehnt wird, müssen die „business reasons", die einer Veränderung der Arbeitsbedingungen entgegenstehen, genannt werden.[594]

---

[588] A Practical Guide to the Employment Act 2002, 43.
[589] Zur Ausdehnung der Fristen vgl. Flexible Working (Procedural Requirements) Regulations 2002, SI 2002/3207, 12.
[590] ERA 1996, 80 G (2) (b); Flexible Working (Procedural Requirements) Regulations 2002, SI 2002/3207, 17 (b).
[591] Flexible Working (Procedural Requirements) Regulations 2002, SI 2002/3207, 4.
[592] Zum Verfahren vor dem Arbeitsschiedsgericht vgl. unten C.VIII.2, S. 171 ff.
[593] Flexible Working (Procedural Requirements) Regulations 2002, SI 2002/3207, 5 (b) (i).

Zusätzlich zu dem Erfordernis bestimmte „business reasons" zu nennen, muss der Arbeitgeber ausreichend darlegen, warum die einzelnen Gründe in diesem Fall greifen.[595] Erfahrungen haben gezeigt, dass Arbeitnehmer, die verstehen, warum ein solcher Grund vorliegt, viel eher den Ausgang des Verfahrens akzeptieren. Selbst wenn sie enttäuscht sind, dass sie die neuen Arbeitsbedingungen nicht durchsetzen können, finden sie sich dennoch leichter mit dem Ergebnis ab, da sie wissen, dass ihr Antrag ernsthaft in Erwägung gezogen wurde.[596] Wenn die Begründung für die Ablehnung nicht ausreichend erläutert wird, wird die Entscheidung häufiger angegriffen.[597]

Die Erklärung muss die zentralen Fakten beinhalten, weswegen ein solcher Grund greift. Es besteht keine Pflicht des Arbeitgebers alle Details zu nennen, aber er sollte sicherstellen, dass er die genannten Fakten beweisen kann, falls sie bestritten werden.[598] Alle Fakten, auf die sich der Arbeitgeber stützt, müssen zutreffend sein. Eine Entscheidung, die auf unzutreffenden Tatsachen beruht, schafft die Basis für eine Beschwerde des Arbeitnehmers vor einem Schiedsgericht.[599]

Das Department of Trade and Industry rät den Gebrauch ungewöhnlicher Ausdrücke bei der Erklärung zu vermeiden und sie in einfachem Englisch zu formulieren, um jede Unsicherheit zu vermeiden.[600]

Zusätzlich muss der Arbeitgeber den Arbeitnehmer über seine Beschwerderechte aufklären.[601]

---

[594] ERA 1996, 80 G (2) (c); Flexible Working (Procedural Requirements) Regulations 2002, SI 2002/3207, 5 (b) (ii).
[595] ERA 1996, 80 G (2) (c); Flexible Working (Procedural Requirements) Regulations 2002, SI 2002/3207, 5 (b) (ii).
[596] Eine Umfrage des Departments of Trade and Industry hat ergeben, dass 60 % der Arbeitnehmer nicht erwarten, dass sie ihre Arbeitsbedingungen ändern können, wenn dadurch das Unternehmen beeinträchtigt würde, *Stevens/Brown/Lee*, The Second Work-Life Balance Study, 102; *DTI*, Flexible Working – The right to request and the duty to consider, 24.
[597] *DTI*, Flexible Working – The right to request and the duty to consider, 24.
[598] *DTI*, Flexible Working – The right to request and the duty to consider, 26.
[599] ERA 1996, 80 H (1) (b); vgl. unten zum Verfahren vor dem Arbeitsschiedsgericht C.VIII.2, S. 171 ff.
[600] *DTI*, Flexible Working – The right to request and the duty to consider, 24.
[601] ERA 1996, 80 G (2) (f); Flexible Working (Procedural Requirements) Regulations 2002, SI 2002/ 3207, 5 (b) (ii).

VII. Innerbetriebliche Beschwerde

Der Arbeitnehmer kann innerhalb von 14 Tagen, nachdem er schriftlich über die Ablehnung seines Antrags informiert wurde, die Entscheidung angreifen.[602] Dafür muss er schriftlich und datiert die Gründe nennen, die für die Gewährung seines Antrags sprechen und warum daher die Entscheidung des Arbeitgebers unzutreffend ist.[603] Nur auf diese Weise kann der Arbeitnehmer das innerbetriebliche Beschwerdeverfahren in Gang setzen.

Der Arbeitnehmer kann eine Beschwerde aus jedem erdenklichen Grund einreichen.[604] Die Beschwerde kann beispielsweise dazu dienen, die Fakten anzugreifen, auf die der Arbeitgeber sich bei der Ablehnung gestützt hat, oder auf noch nicht berücksichtigte Fakten hinzuweisen.

Der Arbeitgeber muss innerhalb von 14 Tagen nach der Einreichung der Beschwerde ein Treffen abhalten, bei dem über die Beschwerde des Arbeitnehmers verhandelt wird.[605]

Dies gilt allerdings nicht, wenn der Arbeitgeber innerhalb von 14 Tagen nach Eingang der Beschwerde den Wünschen des Arbeitnehmers nachkommt und er den Arbeitnehmer schriftlich über die neuen Arbeitsumstände und den Tag ihres In-Kraft-Tretens informiert.[606]

Der Arbeitnehmer kann zu diesem zweiten Treffen ebenfalls begleitet werden.[607] Es gelten die gleichen Bedingungen wie beim ersten Treffen.

Es gibt keine Bestimmung dahingehend, wer das zweite innerbetriebliche Gespräch leiten kann oder soll. Erfahrungen haben gezeigt, dass Arbeitnehmer ablehnende Entscheidungen eher akzeptieren, wenn ein Senior-Manager sich mit ihrer Beschwerde befasst, der am ersten Termin nicht teilgenommen hat.[608] Das

---

[602] ERA 1996, 80 G (2) (d); Flexible Working (Procedural Requirements) Regulations 2002, SI 2002/3207, 6.
[603] ERA 1996, 80 G (2) (e); Flexible Working (Procedural Requirements) Regulations 2002, SI 2002/3207, 7.
[604] *DTI*, Flexible Working – The right to request and the duty to consider, 27.
[605] ERA 1996, 80 G (2) (g); Flexible Working (Procedural Requirements) Regulations 2002, SI 2002/3207, 8 (1).
[606] Flexible Working (Procedural Requirements) Regulations 2002, SI 2002/3207, 8 (2).
[607] ERA 1996, 80 G (2) (k).
[608] *DTI*, Flexible Working – The right to request and the duty to consider, 27.

ist allerdings nicht immer notwendig und gerade in kleineren Betrieben auch nicht immer machbar.[609]

Wenn der Arbeitnehmer das innerbetriebliche Beschwerdetreffen versäumt, hat das dieselben Folgen wie beim ursprüngliche Treffen.[610]

Der Arbeitgeber muss den Arbeitnehmer schriftlich und datiert über den Ausgang der innerbetrieblichen Beschwerde innerhalb von 14 Tagen nach dem Treffen in demselben Umfang wie nach dem ersten Treffen informieren.[611]

Die schriftliche Benachrichtigung über den Ausgang des innerbetrieblichen Beschwerdeverfahrens beendet das formelle Verfahren am Arbeitsplatz.

VIII. Außerbetriebliche Lösungen

Trotz intensiver Bemühungen beider Seiten wird es Fälle geben, in denen es nicht möglich ist, den Antrag auf flexible Arbeitsbedingungen innerbetrieblich zu lösen. In diesem Fall kann das Verfahren entweder informell (Schlichtung durch Dritte) oder formell (Entscheidung von einem Arbeitsschiedsgericht beziehungsweise im so genannten Advisory, Conciliation and Arbitration Service [Acas][612]-Schlichtungsverfahren) gelöst werden.

1. Schlichtung beziehungsweise Mediation durch Dritte

Ein Schlichtungs- beziehungsweise Mediationsverfahren durch Dritte ist eine informelle Lösung der Streitigkeit.[613] Dieser Weg ist freiwillig. Dritte könnten zum Beispiel ein Vertreter von Acas, von einer Gewerkschaft oder eine andere Person mit Erfahrung auf diesem Gebiet sein, die durch lokale Business-Link-Gruppen[614] empfohlen werden. Dieser Unparteiische wird Arbeitnehmer und Arbeitgeber kontaktieren und versuchen das Problem durch Diskussion zu lösen.

---

[609] *DTI*, Flexible Working – The right to request and the duty to consider, 27.
[610] *DTI*, Flexible Working – The right to request and the duty to consider, 28.
[611] ERA 1996, 80 G (2) (h) und (j); Flexible Working (Procedural Requirements) Regulations 2002, SI 2002/3207, 9 und 10.
[612] Acas ist eine unabhängige, staatliche Einrichtung, die von der britischen Regierung eingesetzt wurde um Arbeitsbeziehungen zu verbessern; www.acas.org.uk.
[613] *DTI*, Flexible Working – The right to request and the duty to consider, 34.
[614] Offizieller Service der britischen Regierung welcher kleinere und neue Betriebe mit Ratschlägen und Informationen versorgt, www.businesslink.gov.uk.

In diesem Gespräch werden auch alternative Möglichkeiten vorgeschlagen, die zu einer Umgehung des Problems führen. Falls erforderlich, wird der Mediator den rechtlichen Hintergrund erläutern und generell den Parteien helfen, sich ihrer möglichen Optionen bewusst zu werden.[615]

2. Lösung durch ein Verfahren vor dem Arbeitsschiedsgericht

Wenn ein solcher informeller Weg scheitert oder von den Parteien nicht gewünscht wird, besteht unter gewissen Voraussetzungen die Möglichkeit, das Verfahren vor ein Arbeitsschiedsgericht zu bringen.[616] Ein Arbeitnehmer kann sich vor dem Arbeitsschiedsgericht gestützt auf das Recht auf flexible Arbeitsbedingungen beschweren, wenn der Arbeitgeber entweder das vorgeschriebene Verfahren nicht eingehalten hat oder die Entscheidung des Arbeitgebers auf unzutreffenden Fakten basiert.[617] Der Arbeitnehmer kann außerdem versuchen, flexible Arbeitsbedingungen vor dem Arbeitsschiedsgericht gestützt auf Antidiskriminierungsvorschriften durchzusetzen. Insbesondere der Sex Discrimination Act 1975 (SDA 1975) wird dafür oft als Grundlage herangezogen.

Zunächst soll allgemein auf die Funktion und personelle Zusammensetzung von Arbeitsschiedsgerichten eingegangen werden. Anschließend wird das Verfahren vor dem Arbeitsschiedsgericht gestützt auf das Recht auf flexible Arbeitsbedingungen erläutert. Danach wird das Verfahren dargestellt, in dem Antidiskriminierungsvorschriften geltend gemacht werden.

a) Funktion und personelle Zusammensetzung

Arbeitsschiedsgerichte sind gerichtliche Institutionen, die eingeführt wurden, um Streitigkeiten zwischen Arbeitgebern und Arbeitnehmern über Arbeitnehmerrechte zu lösen.[618] Das Verfahren vor dem Arbeitsschiedsgericht ist durch den Employment Tribunal Act 1996 und das Statutory Instrument 2004 No. 1861, The Employment Tribunals (Constitution and Rules of Procedure) Regulations 2004 geregelt. Die Verhandlungen und die Bekanntgabe der Ergebnisse sind

---

[615] *DTI*, Flexible Working – The right to request and the duty to consider, 34.
[616] ERA 1996, 80 H; Flexible Working (Eligibility, Complaints and Remedies) Regulations 2002, SI 2002/3236, 6.
[617] ERA 1996, 80 H (1); Flexible Working (Eligibility, Complaints and Remedies) Regulations 2002, SI 2002/3236, 6.
[618] Employment Tribunal Act 1996, 1 f.; http://www.employmenttribunals.gov.uk/.

öffentlich.[619] Das Schiedsgericht setzt sich im Regelfall aus drei Personen zusammen. Der Vorsitzende ist rechtlich qualifiziert. Die beiden anderen Mitglieder sind juristische Laien, die aus einer Gruppe ausgewählt werden, die sich mit arbeitsbezogenen Problemen beschäftigt.[620] Es handelt sich nicht um eine ehrenamtliche Tätigkeit.[621]

Das Verfahren vor dem Arbeitsschiedsgericht sollte normalerweise innerhalb von drei Monaten angestrengt werden, nachdem die Verletzung der Verfahrensvoraussetzungen oder ein Nachteil für den Arbeitnehmer eingetreten ist.[622] Wenn der Nachteil daraus resultiert, dass der Arbeitgeber nicht gehandelt hat, sollte das Arbeitsschiedsgericht innerhalb von drei Monaten nach der unterlassenen Handlung angerufen werden. Eine Ausdehnung dieser zeitlichen Grenze kann nur unter außergewöhnlichen Umständen erfolgen, dies ist der Fall, wenn es aus Sicht des Schiedsgerichts nicht zumutbar gewesen wäre, die Beschwerde früher einzureichen.[623]

b) Verfahren vor dem Arbeitsschiedsgericht gestützt auf das Recht auf flexible Arbeitsbedingungen

Zwei Umstände berechtigen den Arbeitnehmer, sich vor einem Arbeitsschiedsgericht zu beschweren: wenn der Arbeitgeber entweder das vorgeschriebene Ver-

---

[619] Statutory Instrument 2004 No. 1861, The Employment Tribunals (Constitution and Rules of Procedure) Regulations 2004, Schedule 1, 26 (3).

[620] Employment Tribunal Act 1996, 4 (1): Subject to the following provisions of this section and to section 7 (3 A), proceedings before an employment tribunal shall be heard by — (a) the person who in accordance with regulations made under section 1 (1), is the chairman, and (b) two other members, or (with the consent of the parties) one other member, selected as the other members (or member) in accordance with regulations so made; Statutory Instrument 2004 No. 1861, The Employment Tribunals (Constitution and Rules of Procedure) Regulations 2004, 8.

[621] Employment Tribunal Act 1996, 5. — Remuneration, fees and allowances. (1) The Secretary of State may pay to —[...] (c) any person who is a member on a full-time basis of a panel of chairmen of tribunals which is appointed in accordance with regulations made under section 1 (1) [...], such remuneration as he may with the consent of the Treasury determine. (2) The Secretary of State may pay to — (a) members of employment tribunals [...], such fees and allowances as he may with the consent of the Treasury determine.

[622] ERA 1996, 80 H (5) (a).

[623] ERA 1996, 80 H (5) (b).

fahren nicht eingehalten hat oder wenn die Entscheidung des Arbeitgebers auf unzutreffenden Fakten basiert.[624]

Eine Verletzung der Verfahrensvoraussetzungen könnte zum Beispiel vorliegen, wenn kein Treffen innerhalb der vorgeschriebenen Fristen stattgefunden hat oder wenn der Arbeitgeber den Arbeitnehmer in seinen Schreiben, in denen er die Flexibilisierung der Arbeitsbedingungen abgelehnt hat, nicht mit allen erforderlichen Informationen versorgt hat. Informationen fehlen beispielsweise, wenn der Arbeitgeber nicht erläutert hat, warum der genannte „business reason" der Flexibilisierung der Arbeitsbedingungen entgegensteht. Genauso wichtig wie die Einhaltung der Verfahrensvoraussetzung ist das begründete Vorliegen der „business reasons". Das Arbeitsschiedsgericht hat dabei jedoch nicht die Möglichkeit die „business reasons" und damit die zugrunde liegende unternehmerische Entscheidung zu hinterfragen. Es kann lediglich überprüfen, ob zugrunde gelegten Fakten korrekt sind. Wenn der Arbeitnehmer vermutet, dass die Fakten unzutreffend sind, muss er dies allerdings zunächst im innerbetrieblichen Beschwerdeverfahren anführen. Ansonsten ist ein Verfahren vor dem Arbeitsschiedsgericht ausgeschlossen.

Ein Arbeitnehmer, der ein Verfahren beim Arbeitsschiedsgericht anstrengen will, informiert sich in der Broschüre „How to apply to an employment tribunal".[625] Dort wird das Verfahren beschrieben und die Adresse angegeben, zu der das ausgefüllte Formblatt geschickt werden muss.

Wenn das Arbeitsschiedsgericht das ausgefüllte Formblatt erhält, wird es eine Kopie an den Schlichter von Acas senden. Der Schlichter wird versuchen beiden Parteien bei der Suche einer einvernehmlichen Lösung zu helfen.[626] Dies stellt einen vorgeschalteten, informellen und einverständlichen Weg dar.[627] Falls dieser nicht möglich ist oder scheitert, wird das Schiedsgericht sich mit dem Fall befassen und beide Parteien zur mündlichen Verhandlung laden. Reisekosten und andere Kosten können in einem gewissen Umfang erstattet werden.[628]

---

[624] ERA 1996, 80 H (1); Flexible Working (Eligibility, Complaints and Remedies) Regulations 2002, SI 2002/3236, 6.
[625] www.ets.gov.uk/.
[626] Statutory Instrument 2004 No. 1861, The Employment Tribunals (Constitution and Rules of Procedure) Regulations 2004, Schedule 1, 21 ff.
[627] Employment Tribunal Act 1996, 19 (Conciliation Procedure).
[628] Siehe dazu: Expenses and allowances payable to parties and witnesses attending an Employment Tribunal,

Ein Arbeitsschiedsgericht, welches zugunsten des Arbeitnehmers entscheidet, kann den Arbeitgeber erstens dazu verpflichten den Antrag noch einmal zu erwägen und dabei das vorgeschriebene Verfahren einzuhalten.[629] Es liegt nicht in der Macht des Schiedsgerichts die Flexibilisierung der Arbeitsbedingungen des Arbeitnehmers anzuordnen. Zweitens kann es dem Arbeitgeber aufgeben dem Arbeitnehmer eine Entschädigungssumme zu zahlen.[630] Die Höhe der Entschädigung richtet sich nicht danach welche Einbuße der Arbeitnehmer erlitten hat, sondern was das Arbeitsschiedsgericht unter Berücksichtigung der Umstände für fair und gerecht hält.[631] Die Summe ist begrenzt auf einen Lohn von acht Wochen.[632] Der wöchentliche Lohn ist wiederum begrenzt durch Section 227 des ERA 1996. Dieser wird jährlich überprüft. Seit dem 01. Februar 2007 liegt der wöchentliche Maximallohn bei 310 £.[633] Das heißt, der Arbeitnehmer kann höchstens eine Entschädigungssumme von 2.480 £ erhalten.

Wenn das Arbeitsschiedsgericht darüber hinaus zu dem Ergebnis gelangt, dass der Arbeitgeber den Arbeitnehmer daran gehindert hat sich zu den Treffen begleiten zu lassen (ursprüngliches oder innerbetriebliches Beschwerdetreffen), kann es noch eine zusätzliche Entschädigungssumme von zwei Wochen Lohn festsetzen.[634] Die Höhe des Lohns unterliegt ebenfalls der Beschränkung des ERA 1996. Das heißt, der Arbeitnehmer kann maximal zusätzlich 620 £ erhalten.

---

http://www.employmenttribunals.gov.uk/publications/documents/ExpensesLeafletamendv.410.0 6.rtfl_ETS_guide.doc.

[629] ERA 1996, 80 I (1) (a); Flexible Working (Procedural Requirements) Regulations 2002, SI 2002/3207, 15 (3).

[630] ERA 1996, 80 I (1) (b); Flexible Working (Procedural Requirements) Regulations 2002, SI 2002/3207, 15 (3).

[631] ERA 1996, 80 I (2).

[632] ERA 1996, 80 I (3); Flexible Working (Procedural Requirements) Regulations 2002, SI 2002/3207, 15 (5); Flexible Working (Eligibility, Complaints and Remedies) Regulations 2002, SI 2002/3236, 7. Der wöchentliche Lohn bezieht sich auf den Zeitpunkt, wo das relevante Treffen stattgefunden hat oder hätte stattfinden sollen: Flexible Working (Procedural Requirements) Regulations 2002, SI 2002/3207, 15 (4); *Firth/Nickson*, Family Friendly Rights, 57.

[633] Die Höchstsumme bestimmt sich nach The Employment Rights (Increase of Limits) Order 2006, Statutory Instrument 2006, No. 3045, new limit applicable from 1st February 2007, Volltext abrufbar unter www.opsi.gov.uk/si/si 2006/2006 3045.htm.

[634] Flexible Working (Procedural Requirements) Regulations 2002, SI 2002/3207, 15 (3); *Firth/Nickson*, Family Friendly Rights, 56.

c) Verfahren vor dem Arbeitsschiedsgericht gestützt auf Antidiskriminierungsvorschriften

Falls sich der Arbeitnehmer entscheidet, den Fall vor das Arbeitsschiedsgericht zu bringen, kann er sich darüber hinaus überlegen, ob durch die Verweigerung der flexiblen Arbeitsbedingungen auch gegen Antidiskriminierungsvorschriften verstoßen wurde. Er kann alle Rechtsverletzungen im Verfahren vor dem Arbeitsschiedsgericht anbringen.[635] Wird dem Arbeitnehmer in diesem Verfahren eine Entschädigung zugesprochen, wird die Summe, die der Antragsteller nach dem ERA 1996 bekommt, davon abgezogen.[636] Für den Arbeitnehmer bietet eine solche Vorgehensweise mehrere Vorteile. Zum einen ist es für den Arbeitgeber sehr viel schwieriger eine (un)mittelbare Diskriminierung zu rechtfertigen, als das Recht auf flexible Arbeitsbedingungen zu verweigern.[637] Dies führt dazu, dass das Verfahren für den Arbeitnehmer häufiger erfolgreich ausgehen wird. Zum anderen ist die Entschädigung, die das Schiedsgericht festsetzen kann, nicht der Höhe nach limitiert.[638] Dies führt dazu, dass ein erfolgreiches Verfahren für den Arbeitnehmer erfahrungsgemäß lukrativer ist. Drittens kann das Schiedsgericht die Flexibilisierung der Arbeitsbedingungen anordnen.

In den meisten Fällen wird sich der Arbeitnehmer auf einen Verstoß gegen den Sex Discrimination Act 1975 (SDA 1975) berufen. Unter Umständen können auch Diskriminierungen aufgrund ethnischer Abstammung,[639] Behinderung,[640] des Alters[641] oder Teilzeittätigkeit[642] vorliegen. Seit Inkrafttreten des Employ-

---

[635] A Practical Guide to the Employment Act 2002, 47; *DTI*, Flexible Working – The right to request and the duty to consider, 40; vgl. beispielsweise zur Zuständigkeit des Arbeitsschiedsgerichts in Fällen von Geschlechtsdiskriminierungen: SDA 1975, 63 (Jurisdiction of Employment Tribunals).

[636] *Lewis/Milgate/Cartwright*, Maternity and Parental Leave Handbook, 7:5.10.

[637] Vgl. oben C.VIII.2.b), S. 171 ff.

[638] Vgl. beispielsweise SDA 1975, 65.

[639] Commission for racial equality: www.cre.gov.uk; Race Relations Act 1976.

[640] Disability Rights Commission: www.drc.org.uk.

[641] Die Employment Equality (Age) Regulations machen es illegal Arbeitnehmer, Trainees und Arbeitsplatzsuchende wegen ihres Alters zu diskriminieren; nähere Informationen finden sich unter: www.agepositive.gov/uk/.

[642] Die Part-time Workers Prevention of Less Favourable Treatment machen es rechtswidrig Teilzeitkräfte weniger vorteilhaft als Vollzeitkräfte zu behandeln. Das bedeutet, wenn ein Antrag auf flexible Arbeitsbedingungen zu einer Reduzierung der Arbeitsstunden führt, dann sollte der Arbeitgeber bedenken, dass der Arbeitnehmer ein Recht auf die quotal gleiche Berücksichtigung

ment Act 2002 (Dispute Resolution) Regulations 2004 am 01.10.2004 müssen Arbeitnehmer, die sich ungleich behandelt fühlen, zunächst diese diskriminierenden Praktiken, Kriterien und Bestimmungen schriftlich bei ihren Arbeitgebern anzeigen. Nur wenn diese innerhalb von 28 Tagen keine Abhilfe schaffen, können sich die Arbeitnehmer beim Arbeitsschiedsgericht beschweren.[643] Sollte das Schiedsgericht jedoch der Ansicht sein, dass eine Beschwerde beim Arbeitgeber aussichtslos ist, kann von der Einhaltung dieses Procedere Abstand genommen werden.[644]

Aufgrund der hohen praktischen Bedeutung wird im Folgenden auf den SDA 1975 näher eingegangen. Wenn der Arbeitnehmer sich auf einen Verstoß gegen den SDA 1975 beruft, muss er dies innerhalb einer Frist von drei Monaten machen, die mit dem Tag beginnt, an dem die Handlung begangen wurde, über die sich der Arbeitnehmer beschwert.[645]

Der SDA 1975 verbietet unmittelbare und mittelbare Diskriminierungen.[646] Eine unmittelbare Diskriminierung liegt vor, wenn eine Frau oder ein Mann weniger vorteilhaft behandelt wird als eine Person des anderen Geschlechts in vergleichbaren Umständen und dies aufgrund des Geschlechts.[647] Dem unterliegen auch sexuelle Belästigungen[648] oder die nachteilige Behandlung einer Frau, weil sie schwanger ist[649]. Unmittelbare Diskriminierungen aufgrund des Geschlechts können nicht gerechtfertigt werden.[650] In einem solchen Fall wird das Verfahren vor dem Arbeitsschiedsgericht für den Arbeitnehmer stets erfolgreich ausgehen. Dies hätte zur Folge, dass der Arbeitnehmer die Flexibilisierung seiner Arbeitsbedingungen durchsetzen kann.

---

bezüglich Weiterbildung, Beförderung und finanzieller Aspekte hat. Weitere Informationen finden sich unter: www.dti.gov.uk/employment/workand%families/part-time/page120250.html.

[643] Employment Act 2002, 32; Reference Book for Employers-*Macdonald/Wickersham/Chandler*, E337.
[644] Vgl. Commotion Ltd v. Ms K Rully, EAT 13.10.2005, WL 3576663 (unveröffentlicht): "waste of time".
[645] SDA 1975, 76 (1) (a): An employment tribunal shall not consider a complaint under section 63 unless it is presented to the tribunal before the end of the period of three months beginning when the act complained of was done.
[646] SDA 1975, 1 und 2.
[647] SDA 1975, 1 (1) (a), 1 (2) (a); SDA 1975, 2.
[648] SDA 1975, 4 A.
[649] SDA 1975, 3 A.
[650] Tottel's Discrimination Law Rn. 249.

Wenn es um die Flexibilisierung der Arbeitsbedingungen geht, ist es allerdings wahrscheinlicher, dass ein Fall der mittelbaren Diskriminierung aufgrund des Geschlechts vorliegt.[651] Mittelbare Diskriminierungen liegen vor, wenn nicht direkt an das verbotene Kriterium angeknüpft wird (hier zum Beispiel das Geschlecht), aber durch die Anwendung anderer Unterscheidungsmerkmale tatsächlich ein ähnliches Ergebnis erreicht wird.[652] Die Hauptverantwortung für die Betreuung und Erziehung von Kindern wird zum überwiegenden Teil von Frauen getragen.[653] Die Ablehnung von flexiblen Arbeitsbedingungen wird sich daher auf Frauen stärker auswirken als auf Männer.[654] Der Weg über die mittelbare Geschlechtsdiskriminierung ist daher für Männer verschlossen. Männer können sich aber auf unmittelbare Geschlechtsdiskriminierung berufen, falls ihnen der Zugang zu flexiblen Arbeitsbedingungen verwehrt wird, wenn bei Vorliegen gleicher Umstände Frauen diese Möglichkeit gewährt wurde beziehungsweise würde.[655]

Damit ein Fall der mittelbaren Diskriminierung aufgrund des Geschlechts vorliegt, muss der Arbeitnehmer zeigen, dass sein Arbeitgeber Bestimmungen, Kriterien oder Praktiken anwendet, die Frauen gegenüber Männern benachteiligt oder benachteiligen würde.[656] Außerdem muss er beweisen, dass er von dieser Benachteiligung betroffen ist beziehungsweise betroffen wäre.[657] Eine mittelbare Geschlechtsdiskriminierung liegt nicht vor, wenn der Arbeitgeber zeigen kann, dass es sich bei dieser Ungleichbehandlung um ein angemessenes Mittel zur Erreichung eines gerechtfertigten Zieles handelt, das unabhängig vom jeweiligen Geschlecht ist.[658] Wichtig ist darauf hinzuweisen, dass unter dem SDA 1975 die

---

[651] *DTI*, Flexible Working – The right to request and the duty to consider, 40.
[652] Vgl. zu dieser Definition: EuGH 29.10.1980, Slg. 1980, 3427 Rn. 9 – „Boussac Saint-Frères"; EuGH 05.12.1989, Slg. 1989, 4035 Rn. 8 – „Kommission/Italienische Republik (EDV)".
[653] *Macdonald*, Equality, Diversity and Discrimination, 87.
[654] Employment Guide 2005, 2.2.152.
[655] *McColgan*, Discrimination Law, 375.
[656] SDA 1975, 1 (1) (b) (i): [...], a person discriminates against a woman if – he applies to her a requirement or condition which he applies or would apply equally to a man but – (i) which is such that the proportion of women who can comply with it is considerably smaller than the proportion of men who can comply with it.
[657] SDA 1975, 1 (1) (b) (iii): [...] which is to her detriment because she cannot comply with it.
[658] SDA 1975, 1 (1) (b) (ii): [...] which he cannot show to be justifiable irrespective of the sex of the person to whom it is applied; SDA 1975, 2 (1): Section 1 [...] are to be read as applying equally to the treatment of men; Croner's Reference Book for Employers-*Macdonal/Wickersham/Chandler*, E 333; Tottel's Discrimination Law Rn. 263. Die Equal Op-

Rechtfertigung der mittelbaren Diskriminierung aufgrund des Geschlechts überprüft werden kann. Das heißt, dass das Gericht prüft, ob der geltend gemachte „business reason" geschlechtsneutral, angemessen und notwendig ist und daher die Ungleichbehandlung zu rechtfertigen vermag. Die Kontrollmöglichkeiten des Schiedsgerichts sind hier sehr viel weitergehend als seine Befugnisse im Rahmen der flexiblen Arbeitsbedingungen. Dort kann es lediglich überprüfen, ob die dem „business reason" zugrunde gelegten Fakten zutreffend sind. Eine Kontrolle der zugrunde liegenden unternehmerischen Entscheidung auf ihre Angemessenheit, Notwendigkeit und Geschlechtsneutralität besteht nicht. Obwohl die Anzahl von möglichen entgegenstehenden „business reasons" den Eindruck erweckt, dass der Arbeitgeber den Antrag auf Flexibilisierung der Arbeitszeit leicht ablehnen kann, ergibt sich aufgrund des Zusammenspiels mit dem SDA 1975 ein anderes Bild in der Praxis.[659] An einer aktuellen Entscheidung des Arbeitsschiedsgerichts im Jahr 2005, Starmer v. British Airways, wird dies besonders deutlich.[660] Mrs. Starmer, eine Pilotin bei British Airways, wollte ihre Arbeitszeit halbieren, um sich besser um ihr einjähriges Kind zu kümmern. British Airways hat diese Reduzierung aus Sicherheitsgründen abgelehnt. Eine 50-prozentige Reduzierung der Arbeitszeit käme erst in Betracht, wenn der Pilot mindestens 2.000 Flugstunden absolviert hätte. Mrs. Starmer hatte zu diesem Zeitpunkt erst 1.100 Flugstunden im Cockpit verbracht. Mrs. Starmer konnte ihren Wunsch mit dem Recht auf flexible Arbeitsbedingungen nicht durchsetzen. Das Arbeitsschiedsgericht kam allerdings zu dem Ergebnis, dass ein Fall der mittelbaren Geschlechtsdiskriminierung vorliege, da statistisch mehr Frauen als Männer ihre Arbeitszeit reduzieren wollen, um sich um ihr Kind zu kümmern. Die Sicherheitserwägungen stellten aus Sicht des Arbeitsschiedsgerichts keine Rechtfertigung dar, da es sich nur um einen vorgeschobenen Grund handele. Mrs. Starmer hat daher Recht bekommen und durfte ihre Arbeitszeit in dem von ihr gewünschten Umfang reduzieren.

Wenn das Verfahren vor dem Arbeitsschiedsgericht hinsichtlich der Diskriminierung Erfolg hat, kann das Schiedsgericht erstens in einem Urteil die Rechte des Arbeitnehmers und des Arbeitgebers im Zusammenhang mit der diskrimi-

---

portunity Commission kann detaillierte Informationen über Sex Diskriminierungen zur Verfügung stellen: www.eoc.org.uk.
[659] Trolley's Employment Law, M20/36; Employment Guide 2005, 2.2.158.
[660] Starmer v. British Airways 04.06.2005, ET 3301222/04 (unveröffentlicht).

nierenden Handlung feststellen.⁶⁶¹ Zweitens kann es den Arbeitgeber zu bestimmten Maßnahmen verpflichten, damit der Arbeitnehmer zukünftig nicht mehr diskriminiert wird beziehungsweise die Effekte der Diskriminierung reduziert werden.⁶⁶² Das heißt, das Arbeitsschiedsgericht kann die Flexibilisierung der Arbeitsbedingungen des Arbeitnehmers anordnen. Drittens kann es dem Arbeitgeber auferlegen, dem Arbeitnehmer eine Entschädigung zu zahlen, deren Höhe nicht beschränkt ist.⁶⁶³ Das Schiedsgericht setzt den Betrag danach fest, was es für fair und angemessen hält. Die Entschädigung kann unter anderem für folgende Fälle gezahlt werden: Ersatz für entgangenen Lohn,⁶⁶⁴ für vertragliche Vorteile bis zum Tag der mündlichen Verhandlung, die dem Arbeitnehmer ansonsten zugeflossen wären, für zukünftige finanzielle Einbuße,⁶⁶⁵ verletzte Ge-

---

⁶⁶¹ SDA 1975, 65 (1) (a): Where an employment tribunal finds that a complaint presented to it under section 63 is well-founded the tribunal shall make such of the following as it considers just and equitable – (a) an order declaring the rights of the complainant and the respondent in relation to the act to which the complaint relates.

⁶⁶² SDA 1975, 65 (1) (c): Where an employment tribunal finds that a complaint presented to it under section 63 is well-founded the tribunal shall make such of the following as it considers just and equitable – (c) a recommendation that the respondent take within a specified period action appearing to the tribunal to be practicable for the purpose of obviating or reducing the adverse effect on the complainant of any act of discrimination to which the complaint relates; Reference Book for Employers-*Macdonald/Wickersham/Chandler*, E338; beispielsweise hat das Schiedsgericht in einem Urteil verfügt, dass die Personalakte des Klägers um den Zusatz ergänzt wird, dass er aus ethnischen Gründen entlassen wurde. Dadurch soll verhindert werden, dass prospektive Arbeitgeber aus der Entlassung des Antragstellers negative Schlüsse ziehen können: Bayoomi v British Railways Board, IT zitiert ohne Datum, [1981] IRLR 431.

⁶⁶³ SDA 1975, 65 (1) (c): Where an employment tribunal finds that a complaint presented to it under section 63 is well-founded the tribunal shall make such of the following as it considers just and equitable – (b) an order requiring the respondent to pay to the complainant compensation of an amount corresponding to any damages he could have been ordered by a county court or by a sheriff court to pay to the complainant if the complaint had fallen to be dealt with under section 66; Reference Book for Employers-*Macdonald/Wickersham/Chandler*, E338.

⁶⁶⁴ Der Ersatz für entgangenen Lohn ist auf Basis des Nettoeinkommens zu kalkulieren, vgl. Visa International Service Association v Paul, EAT 20.05.2003, [2004] IRLR 42; Essa v Laing Ltd, CA (civil division) 21.01.2004 [2004], IRLR 313.

⁶⁶⁵ Ministry of Defence v Cannock, EAT 29.07.1994, [1994] IRLR 509; Kingston upon Hull City Council v Dunnachie (No. 3) / HSBC Bank plc v Drage, EAT 30.07.2003, [2003] IRLR 843. Interessanterweise ergibt sich aus einem aktuellen Sachverständigengutachten des Equal Opportunities Reviews, dass in Fällen von Behinderungen der zukünftige Verlust von Lohn ca. 33% des insgesamt gewährten Schadensersatzes ausmacht und damit die Einstellung des Schiedsgerichts

fühle[666] und für Gesundheitsbeeinträchtigungen, wenn diese durch die Diskriminierung hervorgerufen wurden[667].[668] In dem Verfahren Commotion Ltd v. Ms K Rully, bei dem das Arbeitsschiedsgericht zu dem Ergebnis kam, dass die Ablehnung der Flexibilisierung der Arbeitsbedingungen ein Fall mittelbarer Diskriminierung aufgrund des Geschlechts war, hat es einen Betrag von 14.038,66 £ als Entschädigungssumme festgesetzt.[669]

d) Zusammenfassung

Aufgrund der leichteren Möglichkeit der Durchsetzung und der Anordnung der Flexibilisierung der Arbeitsbedingungen sowie der höheren potentiellen Entschädigung werden die meisten Arbeitnehmer versuchen die Flexibilisierung ihrer Arbeitsbedingungen unter Berufung auf Diskriminierung, insbesondere mittelbare Geschlechtsdiskriminierung, im Verfahren vor den Arbeitsschiedsgerichten durchzusetzen. Dadurch wird der praktischen Bedeutung des schiedsgerichtlichen Verfahrens der Boden entzogen. Denn der Arbeitnehmer wird sich in der Regel im Rahmen der gerichtlichen Durchsetzung ausschließlich auf die Diskriminierungsvorschriften stützen. Das gilt allerdings nur für die außerbetriebliche Klärung. Innerbetrieblich hat das Recht auf flexible Arbeitsbedingungen aufgrund des Bekanntheitsgrads bei den Arbeitnehmern[670] eine dementsprechende hohe Relevanz.

---

    wiederspiegelt, dass, wenn ein Kläger wegen seiner Behinderung entlassen wurde, es mehr als schwierig für ihn sein wird eine neue Arbeitsstelle zu finden, vgl. EOR, No. 144, August 2005.

[666] SDA 1975, 66 (4); RRA 1976, 57 (4); DDA 1995, 174 (4); SOR 2003, reg. 31 (3); RBR 2003, reg 31 (3); vgl. dazu auch: Ministry of Defence v Cannock, EAT 29.07.1994, [1994] IRLR 509; Armittage, Marsden and HM Prison Service v Johnson, EAT 27.11.1996, [1997] IRLR 162; Vento v Chief Constabe of West Yorkshire Police (No. 2), CA (civil division) 20.12.2002, [2003] IRLR 102; Greig v Initial Security Ltd, EAT 19.10.2005, 2005 WL 3142405 (unveröffentlicht); Voith Turbo Ltd v Stowe, EAT 20.01.2005, [2005] IRLR 228.

[667] Sheriff v Klyne Tugs (Lowestoft) Ltd, CA (civil division) 24.06.1999, [1999] IRLR 481; Essa v Laing Ltd, CA (civil division) 21.01.2004, [2004] IRLR 313. Ersatz für Schmerzen, Leiden und Lebensfreude werden gewöhnlicherweise entsprechend den "Judicial Studies Board Guidelines for the Assessment of General Damages in Personal Injury Cases" festgesetzt.

[668] Reference Book for Employers-*Macdonald/Wickersham/Chandler*, E338.

[669] Commotion Ltd v. Ms K Rully, EAT 13.10.2005, WL 3576663 (unveröffentlicht).

[670] *Stevens/Brown/Lee*, The Second Work-Life Balance Study, 18 f.

3. Klärung des Problems durch ein Acas-Schlichtungsverfahren

Das Verfahren vor dem Arbeitsschiedsgericht wird von manchen als zu rechtlich,[671] teuer und zeitaufwendig[672] angesehen.[673] Das Acas-Schlichtungsverfahren stellt eine Alternative zum Arbeitsschiedsgericht dar.[674] Das Acas-Schlichtungsverfahren ist freiwillig. Sowohl Arbeitnehmer als auch Arbeitgeber müssen diesem Verfahren zustimmen.[675] Das Verfahren ist kostenlos.[676] Die Entscheidungen, die im Schlichtungsverfahren getroffen werden, sind bindend.[677] Die Grundlage, auf der ein Acas-Schlichtungsverfahren angestrengt werden kann, ist dieselbe wie vor einem Arbeitsschiedsgericht unter Zugrundelegung des Rechts auf flexible Arbeitsbedingungen. Das heißt, es kommt nur ein Verfahren aufgrund von Verfahrensfehlern in Betracht oder wenn der „business reason" auf unzutreffenden Fakten beruht.[678] Wenn das Schlichtungsverfahren zugunsten des Arbeitnehmers ausgeht, kann der Arbeitgeber ebenfalls verpflichtet werden, den Antrag noch einmal zu erwägen und beziehungsweise oder eine Entschädigungssumme zu zahlen. Umfang und Inhalt der Ergebnisse sind mit denjenigen identisch, die das Arbeitsschiedsgericht im Verfahren gestützt auf das Recht auf flexible Arbeitsbedingungen trifft.[679]

Dennoch bestehen gravierende Unterschiede zwischen einem Verfahren vor einem Arbeitsschiedsgericht und einem Acas-Schlichtungsverfahren, die bei der Wahl des Verfahrens berücksichtigt werden sollten.

---

[671] Vgl. Employment Tribunal Reputation and Customer Perception / 9. Customer Comments: http://www.employmenttribunals.gov.uk/customer_service/ets_reputation_customer_perception. htm#link8, zum Beispiel: "the tribunal service should be accessible to people who are not legally trained, but it is not."

[672] Vgl. Employment Tribunal Reputation and Customer Perception / 9. Customer Comments: http://www.employmenttribunals.gov.uk/customer_service/ets_reputation_customer_perception. htm#link8, zum Beispiel: "Where written reasons are requested they sometimes take longer to come than I would prefer."

[673] DTI, Flexible Working – The right to request and the duty to consider, 36.

[674] The Acas (Flexible Working) Arbitration Scheme (Great Britain) Order 2004, No. 2333, 2, 3.

[675] The Acas (Flexible Working) Arbitration Scheme (Great Britain) Order 2004, No. 2333, 25 f.; http://www.acas.org.uk/index.aspx?articleid=356.

[676] http://www.acas.org.uk/index.aspx?articleid=356.

[677] The Acas (Flexible Working) Arbitration Scheme (Great Britain) Order 2004, No. 2333, 3.

[678] DTI, Flexible Working – The right to request and the duty to consider, 34.

[679] The Acas (Flexible Working) Arbitration Scheme (England and Wales) Order 2003, 118, 120; DTI, Flexible Working – The right to request and the duty to consider, 35.

Auf eine Abweichung ist bereits hingewiesen worden. Unter gewissen Voraussetzungen[680] hat der Arbeitnehmer das Recht ein Verfahren vor dem Arbeitsschiedsgericht anzustrengen.[681] Das Acas-Schlichtungsverfahren ist freiwillig. Arbeitnehmer und Arbeitgeber müssen zustimmen.[682] Wenn der Arbeitgeber weiß, dass dem Arbeitnehmer sonst die Möglichkeit eines Verfahrens vor dem Arbeitsschiedsgericht zusteht, wird er eher bereit sein dem Schlichtungsverfahren zuzustimmen.

Beim Arbeitsschiedsgericht beträgt die Wartezeit auf eine Verhandlung mehrere Wochen, manchmal sogar Monate.[683] Das Schlichtungsverfahren kann dagegen innerhalb von wenigen Wochen arrangiert werden.[684] Diese zeitlichen Unterschiede können eine ausschlaggebende Rolle spielen.

Das Verfahren vor dem Arbeitsschiedsgericht findet ebenso wie die Verkündung der Ergebnisse öffentlich[685] und in den Räumen des Arbeitsschiedsgerichts statt.[686] Das Schlichtungsverfahren wird dagegen unter Ausschluss der Öffentlichkeit[687] an unterschiedlichsten Plätzen wie zum Beispiel in Hotels oder Acas Büros durchgeführt.[688] Unter Berücksichtigung von Geheimhaltungsinteressen könnte der letztgenannte Weg der interessantere sein.

Das Arbeitsschiedsgericht ist dreiköpfig.[689] Das Schlichtungsverfahren wird hingegen von einem einzelnen Acas-Schlichter geleitet, welcher Erfahrung mit Arbeitsrecht und der Flexibilisierung von Arbeitsbedingungen hat.[690]

---

[680] Vgl. dazu oben C.VIII.2, S. 171 ff.
[681] ERA 1996, 80 H (1); Flexible Working (Eligibility, Complaints and Remedies) Regulations 2002, SI 2002/3236, 6.
[682] The Acas (Flexible Working) Arbitration Scheme (Great Britain) Order 2004, No. 2333, 25 f.; http://www.acas.org.uk/index.aspx?articleid=356.
[683] DTI, Flexible Working – The right to request and the duty to consider, 37.
[684] DTI, Flexible Working – The right to request and the duty to consider, 37.
[685] Statutory Instrument 2004 No. 1861, The Employment Tribunals (Constitution and Rules of Procedure) Regulations 2004, Schedule 1, 26 (3).
[686] http://www.employmenttribunals.gov.uk/venues/venues.htm.
[687] The Acas (Flexible Working) Arbitration Scheme (Great Britain) Order 2004, No. 2333, 66.
[688] The Acas (Flexible Working) Arbitration Scheme (Great Britain) Order 2004, No. 2333, 73.
[689] Statutory Instrument 2004 No. 1861, The Employment Tribunals (Constitution and Rules of Procedure) Regulations 2004, 8.
[690] The Acas (Flexible Working) Arbitration Scheme (Great Britain) Order 2004, No. 2333, 41: Arbitrators are selected to serve on the ACAS Arbitration Panel on the basis of their practical knowledge and experience of employment issues in the workplace. They are recruited through an open recruitment exercise, and appointed to the Panel on the basis of standard terms of appoint-

Beim Arbeitsschiedsgericht werden Zeugen unter Eid ins Kreuzverhör genommen. Das Verfahren ist insoweit identisch mit einem gerichtlichen Verfahren.[691] Beim Schlichtungsverfahren sind solche Methoden ausgeschlossen, vielmehr werden die Zeugen ohne Einhaltung eines festgeschriebenen Verfahrens befragt.[692] Der Aussagen der Zeugen könnte daher im Verfahren vor dem Arbeitsschiedsgericht ein höherer Beweiswert zukommen, da der Zeuge in diesem Verfahren nicht nur moralisch verpflichtet ist die Wahrheit zu sagen.

Beim Arbeitsschiedsgericht agieren rechtliche Vertreter für die Parteien in einer Vielzahl von Fällen.[693] Dagegen dürfen sie beim Schlichtungsverfahren zwar anwesend sein, können die Parteien allerdings nicht vertreten.[694] Die Anwesenheit der Parteien wird daher vorausgesetzt. Gerade für einen vielbeschäftigten Arbeitgeber könnte diese Anwesenheitspflicht schwierig zu realisieren sein.

Vor dem Arbeitsschiedsgericht kann das Verfahren auch unter Berufung auf die Verletzung anderer Normen erweitert werden, zum Beispiel des SDA 1975.[695] Das ist beim Schlichtungsverfahren nicht möglich. Dort geht es ausschließlich um das Recht, flexible Arbeitsbedingungen zu beantragen.[696] Gerade dieser Punkt wird den Arbeitnehmer, aus den oben bereits angeführten Erwägungen,[697] häufig dazu bewegen, ein Verfahren vor dem Arbeitsschiedsgericht anzustrengen.

Bei dieser Gegenüberstellung wird deutlich, dass beide Verfahren Vor- und Nachteile haben.

---

ment. It is a condition of their appointment that they exercise their duties in accordance with the terms of this Scheme. Each appointment is initially for a period of two years, although it may be renewed by ACAS, at the latter's discretion. Payment is made by ACAS on the basis of time spent in connection with arbitral proceedings.

[691] http://www.employmenttribunals.gov.uk/claim/hearing.htm.
[692] The Acas (Flexible Working) Arbitration Scheme (Great Britain) Order 2004, No. 2333, 97 f.; *DTI*, Flexible Working – The right to request and the duty to consider, 37.
[693] Employment Tribunal Act 1996, 6 (1): A person may appear before an [employment tribunal] in person or be represented by – (a) counsel or a solicitor, (b) a representative of a trade union or an employer's association, or (c) any other person whom he desires to represent him; Statutory Instrument 2004 No. 1861, The Employment Tribunals (Constitution and Rules of Procedure) Regulations 2004, Schedule 1, 11 (4).
[694] Acas (Flexible Working) Arbitration Scheme (Great Britain) Order 2004, No. 2333, 99; *DTI*, Flexible Working – The right to request and the duty to consider, 37.
[695] A Practical Guide to the Employment Act 2002, 47.
[696] The Acas (Flexible Working) Arbitration Scheme (Great Britain) Order 2004, No. 2333, 20.
[697] Vgl. oben C.VIII.2.c), S. 175 ff.

IX. Ausdehnung der Fristen

Im Rahmen des Verfahrens ist die Einhaltung einer Vielzahl von Fristen erforderlich. Der Arbeitgeber muss innerhalb von 28 Tagen nach Eingang des Antrags ein erstes Treffen organisieren.[698] 14 Tage nach dem Treffen muss er den Arbeitnehmer über seine Entscheidung informieren.[699] Innerhalb von 14 Tagen danach kann der Arbeitnehmer eine innerbetriebliche Beschwerde einreichen.[700] Nach Eingang dieses Schriftstücks muss innerhalb von 14 Tagen vom Arbeitgeber ein Treffen angeordnet werden.[701] Wiederum 14 Tage danach muss er den Arbeitnehmer über seine Entscheidung informieren.[702] Danach hat der Arbeitnehmer noch drei Monate Zeit, dieses Ergebnis beim Arbeitsschiedsgericht anzufechten.[703]

Es gibt drei Situationen, die zu einer Ausdehnung der zeitlichen Beschränkungen führen können.[704]

Erstens kommt eine Fristverlängerung in Betracht, wenn sich Arbeitnehmer und Arbeitgeber darauf geeinigt haben.[705] Es wird außergewöhnliche Umstände geben, bei denen es nicht möglich sein wird, die vom Gesetz vorgegebenen Fristen einzuhalten. Beispielsweise braucht der Arbeitgeber zusätzliche Zeit um einen anderen Arbeitnehmer zu fragen, der momentan in Urlaub ist, ob dieser bereit ist die Stunden, die der Antragsteller nicht länger arbeiten möchte, zu übernehmen. In dieser Konstellation muss die Einigung über die Fristverlänge-

---

[698] ERA 1996, 80 G (2) (a); Flexible Working (Procedural Requirements) Regulations 2002, SI 2002/3207, 3 (1).
[699] ERA 1996, 80 G (2) (b); Flexible Working (Procedural Requirements) Regulations 2002, SI 2002/3207, 4.
[700] ERA 1996, 80 G (2) (d); Flexible Working (Procedural Requirements) Regulations 2002, SI 2002/3207, 6.
[701] ERA 1996, 80 G (2) (g); Flexible Working (Procedural Requirements) Regulations 2002, SI 2002/3207, 8 (1).
[702] ERA 1996, 80 G (2) (h); Flexible Working (Procedural Requirements) Regulations 2002, SI 2002/3207, 9.
[703] ERA 1996, 80 H (5) (a); Flexible Working (Procedural Requirements) Regulations 2002, SI 2002/3207, 15 (2) (a).
[704] ERA 1996, 80 G (3) (b); Flexible Working (Procedural Requirements) Regulations 2002, SI 2002/3207, 12, 13, 15 (2) (b).
[705] Flexible Working (Procedural Requirements) Regulations 2002, SI 2002/3207, 12 (1): An employer and an employee may agree to an extension of any of the periods referred to in regulations 3, 4, 6, 8, 9, 13.

rung schriftlich festgehalten werden. Sie muss Angaben darüber enthalten, welche Frist bis wann ausgedehnt werden soll, datiert sein und dem Arbeitnehmer zur Kenntnis gebracht werden.[706]

Zweitens kann eine automatische Fristverlängerung durch die Abwesenheit des Arbeitgebers eintreten. Wenn diejenige Person, die für die Flexibilisierung der Arbeitsbedingungen zuständig ist, aufgrund von Urlaub, Krankheit oder aus sonstigen Gründen nicht anwesend ist, werden die Fristen verlängert. Die Fristen beginnen entweder mit der Rückkehr des Zuständigen oder 28 Tage nachdem der Antrag gestellt wurde.[707] Welche von diesen beiden Möglichkeiten greift, richtet sich danach, welche eher eintritt. In jedem Fall muss der Arbeitnehmer über die geänderten Fristen informiert werden.

Drittens kann die Frist, innerhalb derer ein Verfahren vor dem Arbeitsschiedsgericht angestrengt werden muss (drei Monate), verlängert werden, wenn das Schiedsgericht zu dem Ergebnis gelangt, dass eine frühere Geltendmachung innerhalb der eigentlichen Frist nicht zumutbar gewesen wäre.[708]

X. Schutz vor Nachteilen und Entlassungen

Arbeitnehmer sind gemäß ERA 1996, Section 47 E vor allen Nachteile geschützt, die im Zusammenhang damit stehen, dass sie einen Antrag auf Flexibilisierung ihrer Arbeitsbedingungen gestellt haben, ein Verfahrensrecht in diesem Zusammenhang ausgeübt haben, eine Beschwerde beim Arbeitsschiedsgericht eingereicht haben oder einen anderen Arbeitnehmer zu den innerbetrieblichen Treffen begleitet haben. Das gleiche gilt für den Fall, dass der Arbeitnehmer diese Handlungen angekündigt hat.[709] Würde ein solcher Schutz nicht bestehen, könnte der Arbeitnehmer aus Angst vor Nachteilen davon abgeschreckt werden, flexible Arbeitsbedingungen durchzusetzen oder einem anderen Arbeitnehmer bei der Durchsetzung einer Flexibilisierung seiner Arbeitsbedingungen zu unterstützen.

---

[706] Flexible Working (Procedural Requirements) Regulations 2002, SI 2002/3207, 12 (2) und (3).
[707] Flexible Working (Procedural Requirements) Regulations 2002, SI 2002/3207, 13.
[708] ERA 1996, 80 H (5) (b); Flexible Working (Procedural Requirements) Regulations 2002, SI 2002/3207, 15 (2) (b).
[709] Schutz vor Nachteilen: ERA 1996, 47 E (1); Flexible Working (Procedural Requirements) Regulations 2002, SI 2002/3207, 16. Vgl. zum zuletzt genannten Umstand: Flexible Working (Procedural Requirements) Regulations 2002, SI 2002/3207, 16 (1) (b).

Nachteile können sich in unterschiedlichsten Ausprägungen darstellen, ein Beispiel ist die Verweigerung von Beförderungen, Weiterbildungs- oder Qualifizierungsmöglichkeiten, die der Arbeitgeber ansonsten angeboten oder zur Verfügung gestellt hätte.[710] Arbeitnehmer, die der Meinung sind, dass sie benachteiligt wurden, können sich beim Arbeitsschiedsgericht beschweren.[711] Dies muss innerhalb einer Frist von drei Monaten geschehen, nachdem der Arbeitnehmer benachteiligt wurde.[712] Wenn das Arbeitsschiedsgericht zu dem Ergebnis gelangt, dass die Nachteile durch die gerade genannten Umstände hervorgerufen wurden, erlässt es eine Erklärung, die dieses verdeutlicht und bestimmt eine Entschädigungssumme, die der Arbeitgeber dem Arbeitnehmer zu zahlen hat.[713] Die Höhe der Summe richtet sich danach, was das Schiedsgericht für fair und angemessen hält, wobei es insbesondere die Art der Rechtsverletzung und die erlittenen Beeinträchtigungen berücksichtigt.[714]

Arbeitnehmer sind gemäß ERA 1996, Section 104 gegen Entlassungen geschützt, die damit im Zusammenhang stehen, dass sie ein Verfahren vor dem Arbeitsschiedsgericht gestützt auf das Recht auf flexible Arbeitsbedingungen angestrengt haben oder dass sie behaupten, dass der Arbeitgeber dieses Recht verletzt hätte.[715] Entlassung bedeutet die ordentliche oder außerordentliche Beendigung des Arbeitsverhältnisses.[716]. Ebenfalls erfasst ist das Auslaufen eines befristeten Vertrages.[717] Der Schutz greift auch ein, wenn dem Arbeitnehmer aus betrieblichen Gründen gekündigt wird und der Arbeitnehmer aufgrund der gera-

---

[710] *DTI*, Flexible Working – The right to request and the duty to consider, 38.
[711] Flexible Working (Procedural Requirements) Regulations 2002, SI 2002/3207, 16 (2) i.V.m. ERA 1996, 48 (1); *DTI*, Flexible Working – The right to request and the duty to consider, 38.
[712] Flexible Working (Procedural Requirements) Regulations 2002, SI 2002/3207, 16 (2) i.V.m. ERA 1996, 48 (3).
[713] Flexible Working (Procedural Requirements) Regulations 2002, SI 2002/3207, 16 (2) i.V.m. ERA 1996, 49.
[714] Flexible Working (Procedural Requirements) Regulations 2002, SI 2002/3207, 16 (2) i.V.m. ERA 1996, 49 (2) und (3).
[715] ERA 1996, 104 (1): An employee who is dismissed shall be regarded for the purposes of this Part as unfairly dismissed if the reason (or, if more than one, the principal reason) for the dismissal is that the employee – (a) brought proceedings against the employer to enforce a right of his which is a relevant statutory right, or (b) alleged that the employer had infringed a right of his which is a relevant statutory right;
[716] ERA 1996, 95 (1) (a).
[717] ERA 1996, 95 (1) (b); *DTI*, Flexible Working – The right to request and the duty to consider, 38.

de erwähnten Umstände dafür ausgewählt wurde.[718] Wenn die Entlassung mit den oben erwähnten Gründen in Zusammenhang steht, ist sie nicht gerechtfertigt („unfair dismissal") und kann daher erfolgreich vor dem Arbeitsschiedsgericht angegriffen werden. Dies gilt unabhängig von der zeitlichen Länge der Beschäftigung des Arbeitnehmers, vorausgesetzt der Arbeitnehmer hat das vom Gesetz auch hier vorgesehene innerbetriebliche Beschwerdeverfahren schon durchlaufen.[719] Der Arbeitnehmer muss die Entlassung innerhalb einer Dreimonatsfrist, gerechnet ab dem Tag der Terminierung des Arbeitsverhältnisses, angreifen.[720] Wenn das Schiedsgericht zu der Auffassung gelangt, dass eine ungerechtfertigte Kündigung vorliegt, kann es den Arbeitgeber verpflichten dem Arbeitnehmer eine Entschädigung zu zahlen, bestimmen dass der Arbeitnehmer in den früheren Stand wiedereingesetzt wird oder dass der Arbeitnehmer neu eingestellt wird.[721]

XI. Zusammenfassung

Das Recht auf flexible Arbeitsbedingungen dient Arbeitnehmern und Arbeitgebern dazu, flexible Arbeitsbedingungen zu finden, welche den Bedürfnissen beider Seiten gerecht werden. Das Recht ermuntert zum Dialog und erlaubt dadurch viel Flexibilität bei der Berücksichtigung des Antrags. Der Arbeitgeber wird verpflichtet einem rahmengebenden Verfahren zu folgen. Der Arbeitgeber darf den Antrag nur ablehnen, wenn „business reasons" entgegenstehen. Fehler beim Verfahren oder die Begründung der Ablehnung, gestützt auf unkorrekte Fakten, führen dazu, dass der Arbeitnehmer seinen Fall vor ein Arbeitsschiedsgericht bringen kann. Das Arbeitsschiedsgericht kann dann den Arbeitgeber verpflichten, das innerbetriebliche Verfahren noch einmal zu wiederholen und eine Entschädigungssumme festsetzen. Der Arbeitnehmer hat auch die Möglichkeit die Flexibilisierung der Arbeitsbedingungen gestützt auf Antidiskriminierungsvorschriften durchzusetzen. In diesem Verfahren kann das Arbeitsschiedsgericht die Flexibilisierung der Arbeitsbedingungen anordnen.

---

[718] *DTI*, Flexible Working – The right to request and the duty to consider, 39.
[719] Flexible Working (Procedural Requirements) Regulations 2002, SI 2002/3207, 16 (4) und (5).
[720] ERA 1996, 111 (2) (a).
[721] Vgl. zu den unterschiedlichen Möglichkeiten, ERA 1996, 112 ff.

D. Rechtsvergleich zwischen deutschen und englischen, schottischen und walisischen Regelungen

Die Regelungen der flexiblen Arbeitsbedingungen („statutory right to request contract variation"), die in England, Schottland und Wales gelten, sollen dem deutschen Recht auf Elternteilzeit gegenübergestellt werden. Zunächst wird auf die Gründe, die für einen Rechtsvergleich sprechen, eingegangen. Anschließend soll im Rahmen des Rechtsvergleichs auf die unterschiedlichen Anspruchsumfänge, Anspruchsvoraussetzungen und Anspruchsdurchsetzungen eingegangen werden.

I. Gründe für einen Rechtsvergleich

Aus mehreren Gründen bietet sich ein Rechtsvergleich mit England, Schottland und Wales an.

Rechtsvergleichung dient dazu die Entwicklung des Rechts zu beschleunigen, da sie die Basis für die Möglichkeit zur Nachahmung fremder Modelle schafft.[722] Dies setzt ein nachahmenswertes Rechtsmodell voraus. Ein Blick auf die britische Insel ist schon deshalb reizvoll, weil England ebenfalls beim Übergang in eine Wissensgesellschaft mit einem Rückgang der Geburtenrate zu kämpfen hatte und erfolgreich eine Trendwende geschafft hat. Die Geburtenrate ist in England auf den höchsten Stand seit 1992 gestiegen, nämlich auf 1,87 Kinder pro Frau.[723] In Deutschland muss dagegen festgestellt werden, dass die Geburtenrate ein historisches Tief erreicht hat,[724] aktuell sind es 1,37 Kinder pro Frau.[725] Wie sich aus offiziellen Statistiken ergibt, steigt der Anteil an Teilzeitar-

---

[722] *Zweigert/Kötz*, Rechtsvergleichung, § 2 I, bezeichnet „die Rechtsvergleichung als eine „école de vérité", welche den Vorrat an Lösungen bereichert und dem kritischen Betrachter die Chance bietet, die für die jeweilige Zeit und den jeweiligen Raum bessere Lösung zu erkennen; *Schlesinger/Baade/Herzog/Wise*, Comparative Law, 3 ff.; *Sacco*, Rechtsvergleichung, § 1 Rn. 21.

[723] Quelle: Office for National Statistics, United Kingdom.

[724] Dpa-Meldung, Badische Zeitung vom 26.06.2006; vgl. auch „Die Frau im Spiegel der amtlichen Statistik", Deutsches Zentrum für Altersfragen, Internet-Broschüre des Bundesministeriums für Familie, Senioren, Frauen und Jugend, 8 (bezogen auf das Jahr 2000).

[725] Quelle: Statistisches Bundesamt.

beitnehmern in Großbritannien kontinuierlich.⁷²⁶ Viele gehen davon aus, dass das Recht auf flexible Arbeitsbedingungen eine Ursache der positiven Geburtenentwicklung ist.⁷²⁷ Dies deutet darauf hin, dass es sich bei dem in England, Schottland und Wales geltenden System um ein nachahmenswertes Modell handelt. Aus einem Rechtsvergleich können sich daher Anregungen ergeben, wie Elternteilzeit in Deutschland verbessert werden kann, um auch hier Antworten und Reaktionen auf die Herausforderungen moderner Gesellschaften zu finden.

Das methodische Grundprinzip der gesamten Rechtsvergleichung ist das der Funktionalität. Das bedeutet, dass Unvergleichbares nicht sinnvoll verglichen werden kann. Vergleichbar ist im Recht nur, was dieselbe Aufgabe, dieselbe Funktion erfüllt.⁷²⁸ Nur wenn der beabsichtigte Zweck identisch ist, sind die zwischen den Rechtsordnungen bestehenden Unterschiede ein Produkt anderer Lösungswege, anderenfalls werden schlichtweg andere Probleme gelöst. Die Ziele, die mit der Flexibilisierung der Arbeitsbedingungen verfolgt werden, sind mit den deutschen Zielen der Elternteilzeit nahezu identisch. Es wird geltend gemacht, dass von Elternteilzeit wie auch von flexiblen Arbeitsbedingungen Arbeitgeber, Arbeitnehmer und ihre Familien profitieren. Aus Sicht des Arbeitgebers sei es unter wirtschaftlichen Gesichtspunkten sinnvoll, der Belegschaft Elternteilzeit oder flexible Arbeitsbedingungen anzubieten. Dadurch blieben fähige Arbeitnehmer dem Betrieb erhalten und die Kosten der Rekrutierung neuer Mitarbeiter würden gesenkt.⁷²⁹ Das Arbeitsklima und die Motivation der

---

[726] Quelle: Office for National Statistics, United Kingdom, Annual Abstract of Statistics 2006, No. 142, S. 44.

[727] The Guardian, 08.06.2007: Hints of a baby boom as fertility rate hits highest level for 26 years. Auch in Deutschland wird davon ausgegangen, dass familienfreundliche Arbeitsbedingungen eine Notwendigkeit sind, um die Vereinbarung von Familie und Beruf zu fördern und um zu verhindern, dass insbesondere potentielle Mütter Kinder als ein Hindernis für die Karriere begreifen und deswegen ihren Kinderwunsch nicht realisieren, Pressemitteilung des Bundesministeriums für Familie, Senioren, Frauen und Jugend vom 28.06.2006; *Vetter*, FS Löwisch, 407 ff.

[728] *Zweigert/Kötz*, Rechtsvergleichung, § 3 II.

[729] Zu den flexiblen Arbeitsbedingungen: *Chartered/Milgate/Cartwright*, 8:1.1, 8:7.1, 8:7.2; *Lewis/Milgate/Cartwright*, Maternity and Parental Leave Handbook, 8:1.1; *DTI*, Flexible Working – The right to request and the duty to consider, 2; vgl. auch die Aussagen von *Hayden*, Marketing und Commercial Manager von Automated Packaging Systems (UK) Ltd, die dies unterstützen, *DTI*, Flexible Working – The right to request and the duty to consider, 5; zur Elternteilzeit: BT-Drucks. 16/360, S. XXVII.

Arbeitnehmer würden erhöht und die Fehlzeiten der Belegschaft reduziert.[730] Für Arbeitnehmer würden flexible Arbeitsbedingungen ebenso wie Elternteilzeit die Möglichkeit schaffen, Haushalts- und Arbeitsverantwortungen besser in Balance zu bringen.[731] Dies komme wiederum ihren Familien und insbesondere ihren Kindern zugute.[732] Es wird deutlich, dass die Ziele, die mit der Flexibilisierung der Arbeitsbedingungen verfolgt werden, mit den deutschen Zielen der Elternteilzeit nahezu identisch sind. Eine Gegenüberstellung ist daher sinnvoll, da trotz der kulturellen Vielfalt und des unterschiedlichen politischen Systems viele familienpolitische Gemeinsamkeiten vorhanden sind.

II. Anspruchsumfang bei dem Recht auf Elternteilzeit und bei dem Recht auf flexible Arbeitsbedingungen

Das Recht auf flexible Arbeitsbedingungen ermöglicht dem Arbeitnehmer jedes Arbeitsmodell zu beantragen. Dies umfasst sowohl die genaue Festlegung der Anzahl der Stunden, die Verteilung der Stunden sowie den Arbeitsort.[733] Ein erfolgreicher Antrag führt dazu, dass die Arbeitsbedingungen dauerhaft verändert werden. Der Arbeitnehmer hat keine rechtlich verankerte Möglichkeit, später geltend zu machen, dass er zu seinen früheren Arbeitsbedingungen zurückkehren möchte.[734] Die Möglichkeit einer befristeten Veränderung der Arbeitsbedingungen besteht nicht.

Das deutsche Recht auf Elternteilzeit ermöglicht nur eine Verringerung der vertraglich vereinbarten regelmäßigen Arbeitszeit für einen Zeitraum von min-

---

[730] Zu den flexiblen Arbeitsbedingungen: Tolley's Employment Law, M20/2; *Stevens/Brown/Lee*, The Second Work-Life Balance Study, 101 unter Berufung auf *Dex*, http://www.jrf.org.uk/KNOWLEDGE/findings/foundations/923.asp; *DTI*, Flexible Working – The right to request and the duty to consider, 2; zur Elternteilzeit: BT-Drucks. 16/360, S. XXVII.

[731] Zu den flexiblen Arbeitsbedingungen: 95% aller Arbeitnehmer gaben in einer Befragung des Departments of Trade and Industry an, dass Menschen am besten arbeiten, wenn sie ihre Arbeit mit anderen Aspekten ihres Lebens in Einklang bringen können, *Stevens/Brown/Lee*, The Second Work-Life Balance Study, 101; zur Elternteilzeit: BT-Drucks. 14/3553, S. 16; BT-Drucks. 13/6577, S. 4 und 11.

[732] *Chartered/Milgate/Cartwright*, 8:7.1; *Fredman*, Women and the Law, 223.

[733] ERA 1996, 80 F (1) (a).

[734] Harvey on Industrial Relations and Employment Law – *Napier*, J [953]; Employment Guide 2005, 2.2.160; Reference Book for Employers-*Macdonald/Wickersham/Chandler*, E293.

destens zwei Monaten auf einen Umfang zwischen 15 und 30 Wochenstunden.[735] Die Elternteilzeit ist auf die Dauer der Elternzeit beschränkt,[736] diese endet mit Erreichen des dritten Lebensjahrs des Kindes[737]. Die Verteilung der Arbeitszeit unterliegt dem Direktionsrecht des Arbeitgebers.[738]

Bei Gegenüberstellung der Anspruchsumfänge treten deutlich die Unterschiede zwischen den beiden Regelungen zu Tage. Negativ ist anzumerken, dass eine Flexibilisierung der Arbeitsbedingungen zu einer dauerhaften Veränderung der vertraglichen Pflichten führt. Dem Ziel dieser Regelung – die bessere Vereinbarkeit von Beruf und Familie – würde eine vorübergehende Lösung besser gerecht werden. Mit steigendem Alter der Kinder sinkt der Betreuungsbedarf, so dass später in den meisten Fällen wieder eine Arbeit unter „normalen" Konditionen für den Arbeitnehmer erstrebenswert ist. Arbeitnehmer werden von der Inanspruchnahme des Rechts auf flexible Arbeitsbedingungen abgeschreckt, wenn sie keine rechtlich durchsetzbare Möglichkeit haben zu ihren früheren Arbeitsbedingungen zurückzukehren. Es ist daher nicht wünschenswert das deutsche Recht auf Elternteilzeit dahingehend anzupassen.

Die in England, Schottland und Wales geltende Regelung ist durch die Möglichkeit jede Art von Arbeitsbedingungen zu vereinbaren sehr viel flexibler und wird dadurch praktischen Anforderungen besser gerecht. Für Arbeitsmarktexperten besteht zwischen flexiblen Arbeitsmodellen und Frauenbeschäftigung ein enger Zusammenhang: Denn ein zu starres Korsett ist zumeist schlecht vereinbar mit der Familienbetreuung, die für Frauen in vielen Fällen eine ausschlaggebende Rolle spielt.[739] Es stellt sich an diesem Punkt allerdings die Frage, ob die in England, Schottland und Wales bestehende mögliche Geltendmachung von flexibleren Arbeitsbedingungen auch in Deutschland vom Arbeitnehmer bestimmt werden kann. Dem Leistungsbestimmungsrecht könnte gesetzlich, tariflich oder praktisch Grenzen gesetzt sein. Die vorgeschlagenen flexiblen Arbeitsbedingungen lassen sich in drei Gruppen untergliedern auf die jeweils gesondert eingegangen wird: Arbeitszeitlage (Teilzeit, Gleitzeit, Jahresarbeitszeit, genaue Fest-

---

[735] § 15 VII 1 Nr. 3 BEEG.
[736] § 15 VI BEEG.
[737] § 15 II 1 BEEG.
[738] Annuß/Thüsing-*Lambrich*, § 23 TzBfG Rn. 35; HWK-*Gaul*, § 15 BErzGG Rn. 23; Rudolf/Rudolf, NZA 2002, 602, 604.
[739] FAZ, 14.04.2007, S. C. 11.

legung der Lage der Arbeitszeit), Arbeitsplatzteilung und Arbeitsort (Heimarbeit, Telebeschäftigung).

Gesetzlich wird das Leistungsbestimmungsrecht bezogen auf die Arbeitszeitlage durch das ArbZG, MuSchG und § 315 I BGB eingeschränkt.

Arbeitnehmer können grundsätzlich zu jeder Tages- und Nachtzeit beschäftigt werden. Ausnahmen ergeben sich aus dem ArbZG und MuSchG über die Höchstarbeitszeit, arbeitsfreie Zeiten, Pausen und Ruhezeit (§ 4, 6 MuSchG,[740] §§ 3-6 ArbZG[741]), sowie das grundsätzliche Verbot der Mehr-, Nacht-, Sonn- und Feiertagsarbeit, § 9 ArbZG/[742]§ 8 MuSchG[743]. Nur in diesen Grenzen kann der Arbeitnehmer die Arbeitszeitlage und den -umfang bestimmen.

Der Arbeitnehmer müsste sein Leistungsbestimmungsrecht, wie sich aus § 315 I BGB und der arbeitsvertraglichen Treuepflicht ergibt, nach billigem Ermessen ausüben.[744] § 315 I BGB regelt den Fall, dass die Leistung durch einen der Vertragsschließenden bestimmt werden soll. Die Norm besagt, dass im Zweifel anzunehmen ist, dass die Bestimmung nach billigem Ermessen zu treffen ist. Arbeitgeber und Arbeitnehmer haben miteinander den Vertrag geschlossen und sind daher Vertragsparteien. Durch den Anspruch aus § 15 BEEG n.F. würde dem Arbeitnehmer die Möglichkeit eingeräumt seine Leistung hinsichtlich Umfang und Lage zu bestimmen. Sofern Arbeitgeber und Arbeitnehmer nichts abweichendes vereinbaren ist § 315 BGB daher einschlägig. Dies führt dazu, dass Arbeitnehmer ihren persönlichen Interessen nicht per se den Vorzug vor betrieblichen Belangen geben können. Sie müssen vielmehr die Bestimmung der Ar-

---

[740] Es handelt sich dabei um ein generelles Beschäftigungsverbot, der Arbeitnehmer kann nicht auf die Einhaltung des Verbots verzichten; vgl. zu § 4 MuSchG: BAG 27.11.1956, BAGE 3, 309, 311 f.; *Buchner/Becker*, § 4 MuSchG Rn. 6; vgl. zu § 6 MuSchG: *Buchner/Becker*, § 6 MuSchG Rn. 1; ErfK-*Schlachter*, § 6 MuSchG Rn. 1.

[741] Die Tarifparteien oder ggf. die Betriebspartner können nach Maßgabe des § 7 ArbZG von den §§ 3-6 ArbZG abweichende Regelungen treffen. In außergewöhnlichen Fällen kann gemäß § 14 ArbZG außerdem von §§ 3-6 ArbZG abgewichen werden. §§ 3-6 ArbZG stehen allerdings nicht zur Disposition des Arbeitnehmers.

[742] Bei § 9 ArbZG handelt es sich nicht um eine dispositive Vorschrift des Arbeitszeitschutzes, eine unzulässige Beschäftigung liegt daher auch vor, wenn der Arbeitnehmer die Arbeit freiwillig verrichtet, ErfK-*Wank*, § 9 ArbZG Rn. 1, vgl. allerdings zu den Ausnahmen § 10 ArbZG.

[743] Bei § 8 MuSchG handelt es sich um generelle Beschäftigungsverbote, soweit nicht die gesetzlich vorgesehenen Ausnahmen greifen, handelt es sich daher um zwingendes Recht. Ein Einverständnis des Arbeitnehmers, selbst sein ausdrücklicher Wunsch ist bedeutungslos, vgl. ErfK-*Schlachter*, § 8 MuSchG Rn. 6.

[744] *Wisskirchen/Bissels*, NZA-Beil. 2006, Heft 1, 24, 33.

beitszeitlage nach billigem Ermessen treffen. Dies würde beispielsweise verhindern, dass der Arbeitnehmer bei der Jahresarbeitszeit die vereinbarten Arbeitsstunden in der ersten Jahreshälfte abarbeitet und dann den Rest des Jahres zu Hause verbringt. Gerade wenn der Arbeitgeber keine Arbeitsspitzen ausgleichen muss, sondern über das gesamte Jahr verteilt auf die Arbeit angewiesen ist, wäre eine solche Vorgehensweise nicht billig. Auf der anderen Seite müsste der Arbeitnehmer aber auch nicht seine Arbeitskraft bis an die Grenzen des ArbZG/MuSchG anbieten, wenn die betrieblichen Bedürfnisse dies verlangen. Ansonsten wäre das Leistungsbestimmungsrecht des Arbeitnehmers wertlos.

Des Weiteren können sich Grenzen aus Tarifverträgen oder Betriebsvereinbarungen ergeben. In der Regel schreiben Tarifverträge und Betriebsvereinbarungen die Dauer, nicht aber die Lage der Arbeitszeit verbindlich fest.[745] Ziehen Tarifvertrag oder Betriebsvereinbarung Grenzen bei der Arbeitszeitlage sind diese zu beachten. Im Fall des Tarifvertrages trifft das allerdings nur für den tarifgebundenen Arbeitnehmer zu, vgl. § § 1 TVG.[746] Die Bindung gilt nicht, wenn die Individualvereinbarung für den Arbeitnehmer günstiger ist.[747] Entscheidend ist, ob die arbeitsvertragliche Regelung im Sachgruppenvergleich zur kollektiven Regelung im Interesse eines verständigen Arbeitnehmers in der konkreten Situation günstiger ist.[748] Eine Regelung ist für den Arbeitnehmer günstiger, wenn sie mehr Flexibilität garantiert oder den Arbeitgeber in seinem Direktionsrecht einschränkt. Dies wird in der hier zu behandelnden Konstellation stets der Fall sein. Daher stehen Tarifverträge und Betriebsvereinbarungen dem Leistungsbestimmungsrecht des Arbeitnehmers nicht entgegen.

---

[745] Vgl. zum Beispiel den Manteltarifvertrag für das Abbruchgewerbe oder den Manteltarifvertrag für das private Baugewerbe.

[746] Tarifverträge, die für allgemeinverbindlich erklärt worden sind, stellen eine Ausnahme dazu da, § 5 IV TVG.

[747] Im Verhältnis zu Tarifvereinbarungen ergibt sich das Günstigkeitsprinzip aus § 4 III TVG; im Verhältnis zu Betriebsvereinbarungen wird das Günstigkeitsprinzip aus der durch Art. 2 I GG garantierten Allgemeinen Handlungsfreiheit abgeleitet, da das Arbeitnehmerschutzprinzip bei günstigeren Regelungen in Ausübung der Privatautonomie (Art. 2 I GG) immer gewahrt ist: BAG GS 16.09.1986, AP Nr. 17 zu § 77 BetrVG 1972, LS 1 und 2; BAG GS 07.11.1989, AP Nr. 46 zu § 77 BetrVG 1972, Gründe C. II.; Wlotzke/Preis-*Preis*, § 77 BetrVG Rn. 82; *FESTL*, § 77 BetrVG Rn. 196; DKK-*Berg*, § 77 BetrVG Rn. 19; umfassende Darstellung auch bei *Blomeyer*, NZA 1996, 337 ff.

[748] Kempen/Zachert-*Zachert*, § 4 TVG Rn. 305 ff.; *Löwisch/Rieble*, § 4 TVG Rn. 291, 299 ff.; Wiedemann-*Wank*, § 4 TVG Rn. 432 ff.; DKK-*Berg*, § 77 BetrVG Rn. 19; *FESTL*, § 77 BetrVG Rn. 199; Richardi-*Richardi*, § 77 BetrVG Rn. 146; *Blomeyer*, NZA 1996, 337, 343 f.

Unter Berücksichtigung der dargestellten Einschränkungen kann der Arbeitnehmer die Arbeitszeitlage frei bestimmen, wenn § 15 BEEG in dieser Weise verändert würde.

Im Folgenden soll untersucht werden, ob das Leistungsbestimmungsrecht bezogen auf die Arbeitsplatzteilung Einschränkungen unterliegt. Arbeitsplatzteilung ist in § 13 I 1 TzBfG legal definiert. Danach können Arbeitgeber und Arbeitnehmer vereinbaren, dass mehrere Arbeitnehmer sich die Arbeitszeit an einem Arbeitsplatz teilen. Aus der Legaldefinition ergibt sich, dass Arbeitsplatzteilung zurzeit nur einvernehmlich vereinbart werden kann. Die Arbeitsplatzteilung setzt voraus, dass ein teilbarer Arbeitsplatz vorliegt. Davon ist auszugehen, wenn die einzelnen Tätigkeiten nicht miteinander verknüpft sind und daher „ohne weiteres auf der Zeitachse" geteilt werden können.[749] Die Arbeitsplatzpartner müssen sich die Arbeitszeit untereinander aufteilen, das heißt, sie müssen bereit sein den Arbeitsplatz im Rahmen eines unter ihnen aufgestellten Arbeitszeitplans alternierend zu besetzen.[750] Der Anerkennung einer einseitigen Leistungsbestimmung durch den Arbeitnehmer als Ausfluss des Anspruchs auf Elternflexibilität stehen praktische Bedenken entgegen. Das liegt daran, dass es für den anspruchsberechtigten Arbeitnehmer sehr schwierig sein würde einen Arbeitsplatzpartner zu finden. Schon jetzt ist die in § 13 I TzBfG normierte „Arbeitsplatzteilung" praktisch ohne große Bedeutung.[751] Es finden sich in der Praxis deutlich häufiger zwei voneinander unabhängige Teilzeitarbeitsverhältnisse mit den betroffenen Arbeitnehmern. Diese haben den Vorteil, dass man sich nicht hinsichtlich der Arbeitszeit mit einem anderen Arbeitnehmer absprechen muss und dass ihr Schicksal nicht mit dem Arbeitsverhältnis eines anderen Mitarbeiters verknüpft ist. § 13 II 1 TzBfG stellt zwar fest, dass das Arbeitsverhältnis eines Job-Sharers bei Ausscheiden seines Kollegen, mit dem er sich seinen Arbeitsplatz teilt, nicht deswegen gekündigt werden kann. Genauso wenig kann eine Vereinbarung getroffen werden, die das Arbeitsverhältnis unter die auflösende Bedingung des Ausscheidens des Arbeitsplatzpartners stellt.[752]. Allerdings droht dem Arbeitsplatzpartner aus diesem Anlass eine Änderungskündigung, vgl. § 13 II 2 TzBfG. Die Schwierigkeiten einen Arbeitsplatzpartner unter der Rege-

---

[749] MüArbR-*Schüren*, § 166 Rn. 81; *Meinel/Heyn/Herms*, § 13 TzBfG Rn. 9.
[750] *Meinel/Heyn/Herms*, § 13 TzBfG Rn. 10.
[751] Moll-*Reinfeld*, § 69 Rn. 77; *Meinel/Heyn/Herms*, § 13 TzBfG Rn. 3; *Heinze* NZA 1997, 681, 686.
[752] ErfK-*Müller-Glöge*, § 14 TzBfG Rn. 11.

lung des § 13 TzBfG zu finden würden noch gesteigert werden, wenn das Job-Sharing gestützt auf den Anspruch aus § 15 BEEG n.F. durchgesetzt werden soll. Das liegt daran, dass der Anspruch nur bestimmten sich qualifizierenden Arbeitnehmern das Recht einräumen würde, einen Anspruch auf Arbeitsplatzteilung geltend zu machen. Der sich qualifizierende Arbeitnehmer kann das Recht aber nur für sich selbst in Anspruch nehmen. Es ist nicht möglich, dass sich nicht qualifizierende Arbeitnehmer ebenfalls in den Genuss der einseitigen Möglichkeit der Anordnung gelangen. Daher wäre der Pool an Arbeitnehmern, die als mögliche Job-Sharer in Betracht kommen, sehr klein und würde sich ausschließlich aus Arbeitnehmern rekrutieren, denen ebenfalls das Recht aus § 15 BEEG n.F. zusteht. Außerdem würde die Flexibilisierung der Arbeitsbedingungen spätestens mit Erreichen eines bestimmten Lebensalter des Kindes (zurzeit mit Erreichen des dritten Lebensjahres)[753] enden. Der Arbeitnehmer würde dann automatisch zu den Arbeitsbedingungen zurückkehren, die er vor der Flexibilisierung hatte. Zu diesem Zeitpunkt würde der Arbeitnehmer aus der Arbeitsplatzteilung ausscheiden. Dies hätte zur Folge, dass die Arbeitszeit nicht mehr geteilt werden könne. Dem Arbeitsplatzpartner würde dann eine Änderungskündigung aus diesem Anlass drohen.[754] Einen Arbeitnehmer zu finden, der seine zukünftige Planung von den Plänen eines anderen Arbeitnehmers abhängig macht, ist (fast) unmöglich. Da durch das eingeräumte Recht auf Teilzeitarbeit auch kein praktisches Bedürfnis nach Arbeitsplatzteilung besteht, ist es nicht erstrebenswert, dass diese Möglichkeit im Rahmen des Anspruchs auf Elternflexibilität geltend gemacht werden kann.

Das „statutory right to request contract variation" umfasst ebenfalls die Bestimmung des Arbeitsortes, das heißt unter diesem Recht können Arbeitnehmer Heimarbeit oder Telearbeit beantragen. Ob dies in Deutschland möglich ist, wird im Folgenden im Einzelnen untersucht.

Bei der Heimarbeit handelt es sich um eine besondere Beschäftigungsform, die dadurch gekennzeichnet ist, dass die arbeitende Person nicht im Betrieb des Auftraggebers tätig ist, sondern an einem selbst gewählten Ort, meistens zu Hause. Im HAG findet sich die Legaldefinition von Heimarbeit. In Heimarbeit arbeiten sowohl „Heimarbeiter" (§ 2 I HAG), „Hausgewerbetreibende" (§ 2 II HAG)

---

[753] Ob diese zeitliche Spanne weiter ausgedehnt werden soll, wird unter näher untersucht, vgl. D.III.3, S. 202 ff.

[754] Vgl. zur Möglichkeit der Änderungskündigung aus diesem Anlass: § 13 II 2 TzBfG; *Meinel/Heyn/Herms*, § 13 TzBfG Rn. 32.

sowie ihnen gleichgestellte Personen (§ 1 II HAG). Heimarbeiter sind nicht zur kontinuierlichen Arbeitsleistung verpflichtet und damit im Ergebnis unabhängig und selbstständig.[755] Sie sind allerdings als arbeitnehmerähnliche Personen zu qualifizieren, wenn die Arbeit nur für einen Auftraggeber erfolgt, was zumindest in der hier zu betrachtenden Konstellation stets der Fall sein wird.[756] Alle arbeitsrechtlichen Schutzvorschriften finden grundsätzlich nur auf Arbeitnehmer Anwendung. Auf arbeitnehmerähnliche Personen finden die jeweiligen Vorschriften des Arbeitsrechts nur dann Anwendung, wenn sie das vorschreiben. Das HAG enthält umfassende Sonderregeln insbesondere zum Arbeitszeit-, Gefahren- und Kündigungsrecht (§§ 10-11, §§ 12-16a und §§ 29-29a HAG). Darüber hinaus sind Heimarbeiter in den Anwendungsbereich der Betriebsverfassung einbezogen (§ 5 I 2 BetrVG). Der Rechtsweg zu den Arbeitsgerichten ist ebenfalls eröffnet (§ 5 I 2 ArbGG). Wenn der Anspruch auf Elternflexibilität nun auch das Recht auf Heimarbeit umfassen würde, hätte das zur Folge, dass nicht nur der Arbeitsort verändert werden würde, sondern dass ganz andere Bestimmungen das Verhältnis zwischen dem Arbeitnehmer und dem Arbeitgeber regulieren würden. Das zeigt sich besonders deutlich daran, dass der Arbeitnehmer sich in eine arbeitnehmerähnliche Person verwandeln würde. Zwar haben unter der jetzt geltenden Rechtslage auch die in Heimarbeit Beschäftigten und die ihnen Gleichgestellten (§ 1 und § 2 HAG) einen Anspruch auf Elternzeit (§ 20 II 1 BEEG). Es könnte daher daran gedacht werden, dass der Gesetzgeber diese Art des Arbeitsverhältnisses für gleichwertig hält, so dass das vorgebrachte Argument einem Anspruch auf Heimarbeit nicht entgegenstehen würde. Diese Überlegung verkennt allerdings, dass der Gesetzgeber mit der Regelung in § 20 II 1 BEEG nur feststellt, dass Heimarbeiter auch einen Anspruch auf Elternzeit haben, nicht aber, dass sie Arbeitnehmer im Sinne dieses Gesetzes sind (vgl. dazu die Regelung in § 20 I 1 BEEG). Der Gesetzgeber hält daher die in Heimarbeit Beschäftigten gerade nicht mit einem „normalen" Arbeitnehmer für vergleichbar. Die explizite Einbeziehung zeigt, dass der Gesetzgeber sehr wohl die Unterschiede erkannt hat. Dem Arbeitnehmer soll es auch im Rahmen der Elternflexibilität nicht gestattet sein diese Grenzen zu verwischen. Das Recht auf Heimarbeit ist daher auch zukünftig nicht von § 15 BEEG n.F. erfasst.

Es stellt sich die Frage, ob ähnliche Befürchtungen der „Telebeschäftigung" entgegenstehen. Telebeschäftigung ist eine Form der Organisation und/oder

---

[755] *Schmidt/Koberski/Tiemann/Wascher*, § 2 HAG Rn. 13.
[756] *Grobys*, NJW-Spezial 2005, 81.

Ausführung von Arbeit unter Verwendung von Informationstechnologie im Rahmen eines Beschäftigungsvertrages beziehungsweise -verhältnisses, bei der die Arbeit, die auch in den Einrichtungen des Arbeitgebers ausgeführt werden könnte, regelmäßig außerhalb dieser Einrichtungen verrichtet wird.[757] Insbesondere bei Telebeschäftigten, die ausschließlich oder zum Teil zu Hause arbeiten (was in Fällen der Geltendmachung des § 15 BEEG n.f. wahrscheinlich stets der Fall wäre) liegt eine Anwendung des Heimarbeitsgesetzes zunächst nahe. Die Anwendung des Gesetzes kommt aber nicht in Betracht, wenn es sich bei dem Telebeschäftigten um einen Arbeitnehmer handelt. Arbeitnehmer ist jeder, der sich durch einen privatrechtlichen Vertrag verpflichtet Dienste zu leisten, die in unselbstständiger Weise zu erbringen sind.[758] Der Grad der persönlichen Abhängigkeit wird von der Rechtsprechung in Anlehnung an § 84 I 2 HGB bestimmt.[759] Danach ist selbstständig, wer im Wesentlichen frei seine Tätigkeit gestalten und seine Arbeitszeit bestimmen kann. Es kommt also in erster Linie auf den Umfang an, in welchem der Dienstnehmer an Weisungen gebunden ist. Bei der Telebeschäftigung hängt es von der konkreten Ausgestaltung der Tätigkeit ab, ob die Telebeschäftigten als Arbeitnehmer, als selbstständige Dienstnehmer oder als Heimarbeiter anzusehen sind. Die Erwähnung in § 5 I BetrVG hat lediglich deklaratorischen Charakter, sie stellt nicht fest, dass alle Telebeschäftigte zwangsläufig Arbeitnehmer sind. Wenn durch die Zuhilfenahme und den Einsatz von EDV-Anlagen und modernen Kommunikationsmitteln (Computer, Fax, Telefon) der Telebeschäftigte eng an den Betrieb des Auftraggebers angebunden ist, unterliegt er dem Direktionsrecht des Arbeitgebers.[760] Eine Einbindung kann außerdem auch dann gegeben sein, wenn der Telebeschäftigte auf die Arbeitsmittel des Arbeitgebers angewiesen ist oder wenn die zu verrichtende Teletätigkeit einen unselbstständigen Teil einer Gesamtaufgabe darstellt und das

---

[757] Rahmenvereinbarung der Sozialpartner über Telearbeit vom 16.07.2002, 2. Definition und Anwendungsbereich.
[758] ErfK-*Preis*, § 611 BGB Rn. 44 ff.; HWK-*Thüsing*, Vor § 611 BGB Rn. 19 ff. jeweils m.w.N.
[759] BAG 26.07.1995, AP Nr. 79 zu § 611 BGB, Abhängigkeit, Gründe II. 1.; ErfK-*Preis*, § 611 BGB Rn. 60; teilweise wird auch auf die Eingliederung in eine fremdbestimmte Arbeitsorganisation zurückgegriffen, diese zeigt sich insbesondere daran, dass ein umfangreiches Weisungsrecht des Vertragspartners besteht, vgl. BAG 30.11.1994, AP Nr. 74 zu § 611 BGB, Abhängigkeit, Gründe B. I. 1.
[760] *Schmidt/Koberski/Tiemann/Wascher*, § 2 HAG Rn. 91; *Wedde*, NJW 1999, 528.

Arbeitsergebnis für andere oder weiterführende Arbeitsabläufe notwendig ist.[761] Zeitliche Weisungsgebundenheit liegt nicht nur bei vorgeschriebenen Arbeitszeiten vor, sondern auch dann, wenn bei Online-Telearbeit die Möglichkeit zu Datenübermittlung zum Zentralrechner nur in begrenzten Zeiten möglich ist.[762] Unter diesen Umständen handelt es sich bei einem Telebeschäftigten um einen Arbeitnehmer.[763] Wenn der Wechsel zur Telebeschäftigung den Beschäftigungsstatus des Arbeitnehmers als solchen nicht verändert und damit kein rechtliches sondern nur ein tatsächliches Phänomen beschreibt, ist es sinnvoll diese Möglichkeit vom Anspruch auf Elternflexibilität erfassen zu lassen. Allerdings ist nur diese Art der Telebeschäftigung erfasst, eine Änderung des Beschäftigungsstatus kann nicht vom Anspruch erfasst sein. Damit dies zum Ausdruck kommt, soll in der Neugestaltung des § 15 BEEG der Begriff der Tele*arbeit* verwendet werden. Durch Telearbeit minimiert sich der durch Arbeitswege hervorgerufene Zeitverlust. Die Arbeitszeit kann frei eingeteilt werden und bietet damit Möglichkeiten zur Anpassung persönlicher und familiärer Bedürfnisse. Daher kann durch das Arbeiten von zu Hause aus eine bessere Vereinbarkeit von Familie und Beruf gewährleistet werden.

Die deutschen Regeln sind daher dahingehend zu erweitern, dass zukünftig Veränderungen der Arbeitszeitlage und die Möglichkeit zur Telearbeit beantragt werden können (Elternflexibilität) [764]. Das Recht auf Elternflexibilität umfasst nicht die Geltendmachung von Arbeitsplatzteilung und von Heimarbeit. Allerdings sollte die zurzeit geltende Möglichkeit der Befristung und der automatischen Rückkehr zu den früheren Arbeitsbedingungen bei Erreichen eines bestimmten Zeitpunktes (zurzeit der dritte Geburtstag des zu betreuenden Kindes)[765] beibehalten werden.

---

[761] ErfK-*Preis*, § 611 BGB Rn. 101; *Schmidt/Koberski/Tiemann/Wascher*, § 2 HAG Rn. 91; *Wedde*, Telearbeit, Rn. 121.

[762] ErfK-*Preis*, § 611 BGB Rn. 101.

[763] Zu diesem Ergebnis gelangt auch *Wank*, NZA 1999, 229, 232 ff., unter Zugrundelegung seines eigenen auf das Verhältnis der unternehmerischen Chancen und Risiken abstellenden Arbeitnehmerbegriffs.

[764] Diese Wortschöpfung ergibt sich daraus, dass de lege ferenda nun nicht mehr nur die Möglichkeit bestehen soll Teilzeit zu beantragen, sondern in dem beschriebenen Umfang jede Art von flexiblen Arbeitsbedingungen.

[765] Es wird unten näher darauf eingegangen, ob eine Ausdehnung dieser zeitlichen Spanne angestrebt werden soll, vgl. D.III.3, S. 202 ff.

III. Vergleich zwischen den Anspruchsvoraussetzungen in England, Schottland, Wales und in Deutschland

Die Anspruchsvoraussetzungen können in acht Punkte untergliedert werden: Anspruchsberechtigung, Wartezeit, Frist zur Geltendmachung, Form der Geltendmachung, keine entgegenstehenden dringenden betrieblichen Gründe beziehungsweise „business reasons", Kleinarbeitgeberklausel, keine Präklusion und die Motivation des Arbeitnehmers.

1. Anspruchsberechtigung

Anspruchsberechtigt ist nach beiden Regelungen nur ein Arbeitnehmer.[766] Dabei darf der Arbeitnehmer unter dem Recht auf flexible Arbeitsbedingungen kein Leiharbeitnehmer oder bei der Armee beschäftigt sein.[767] Der Arbeitnehmerbegriff weicht daher leicht vom deutschen ab. In England, Schottland und Wales muss der Antragstellende Mutter, Vater, Adoptivmutter, Adoptivvater, Pflegemutter oder Pflegevater eines Kindes sein und für dessen Betreuung und Erziehung die Verantwortung tragen[768] beziehungsweise mit einem der gerade genannten Personen verheiratet sein und das Kind selbst betreuen und erziehen.[769] In Deutschland sind über diese Personen[770] hinaus auch Personen erfasst, deren Vaterschaftsanerkennung schon gestellt wurde, diese aber noch nicht wirksam ist oder über deren beantragte Vaterschaftsfeststellung noch nicht entschieden wurde.[771] Zusätzlich sind vom Anwendungsbereich des BEEG auch Verwandte bis zum dritten Grad erfasst, wenn sich die Eltern aufgrund von schwerer Krankheit, Schwerbehinderung oder Tod nicht um ihr Kind kümmern können und diese

---

[766] England: ERA 1996, 80 F (8); Flexible Working (Eligibility, Complaints and Remedies) Regulations 2002, SI 2002/3236, 3 (1); Deutschland: § 15 VII BEEG.
[767] *DTI*, Flexible Working – The right to request and the duty to consider, 7.
[768] Flexible Working (Eligibility, Complaints and Remedies) Regulations 2002, SI 2002/3236, 3 (b) (i) und 3 (1) (c).
[769] ERA 1996, 80 F (1) (b) und 80 F (3); Flexible Working (Eligibility, Complaints and Remedies) Regulations 2002, SI 2002/3236, 3 (1) (b) (ii).
[770] Vgl. zu deren Anspruchsberechtigung: § 15 I BEEG und die Ausführungen oben unter B.I.1.a)aa), S. 7 f.
[771] §15 1 BEEG i.V.m. § 1 III Nr. 3 BEEG; vgl. auch die Ausführungen oben unter B.I.1.a)aa), S. 7 f.

Aufgabe von Verwandten übernommen wird.[772] Die deutschen Regelungen vermögen hier zu überzeugen. Der deutsche Arbeitnehmerbegriff ist zugrunde zu legen, ein Bedürfnis nach Ausklammerung einzelner Arbeitnehmergruppen besteht nicht. Bei Personen, die bereits eine Vaterschaftsanerkennung beziehungsweise Vaterschaftsfeststellung beantragt haben, ist es nur eine Frage der Zeit, bis sie die strengeren Voraussetzungen, die auf der britischen Insel gelten, erfüllen würden. Indem die erklärte Anerkennung beziehungsweise die beantragte Feststellung der Vaterschaft für den Anspruch genügt, wird der langwierigen Bearbeitungsdauer bei Vaterschaftsfeststellungsverfahren Rechnung getragen und unverheiratete Väter werden in ihrer Verantwortung für ihr Kind gestärkt.[773] Sie sollten daher auch vom Anwendungsbereich erfasst sein.

Es besteht ebenfalls kein Bedürfnis die Möglichkeit abzuschaffen, dass Familienangehörige bis dritten Grades dieses Recht in besonderen Fällen geltend machen können, da dadurch besondere Notsituationen berücksichtigt werden. In diesem Punkt ist eine Anpassung der deutschen Regelungen an die in England, Schottland und Wales geltenden daher gerade nicht erwünscht.

2. Wartezeit

In England, Schottland und Wales muss der Arbeitnehmer 26 Wochen ununterbrochen bei seinem Arbeitgeber beschäftigt gewesen sein, bevor er den Antrag auf flexible Arbeitsbedingungen stellen kann,[774] in Deutschland greift das Recht nach sechs Monaten ununterbrochener Beschäftigung.[775] Anderenfalls sei dem Arbeitgeber der organisatorische Mehraufwand nicht zuzumuten. Hinsichtlich dieser Wartefrist ergeben sich daher kaum Differenzen, eine Übernahme der englischen Regelung ist nicht erforderlich. Die kurze Wartezeit wird im Zusammenhang mit der vergleichbaren Regelung des § 8 TzBfG immer wieder kritisiert.[776] Die Kritiker erinnern an den zivilrechtlichen Grundsatz „pacta sunt ser-

---

[772] § 15 1 BEEG i.V.m. § 1 IV BEEG; vgl. auch die Ausführungen oben unter B.I.1.a)aa), S. 7 f.

[773] BT-Drucks. 16/1889, 19.

[774] Flexible Working (Eligibility, Complaints and Remedies) Regulations 2002, SI 2002/3236, 3 (1) (a).

[775] § 15 VII 1 Nr. 2 BEEG.

[776] Kritisch zur kurzen Wartezeit bei § 8 TzBfG: Annuß/Thüsing-*Mengel*, § 8 TzBfG Rn. 21, *Bezani/Müller*, DStR 2001, 87, 89; *Däubler*, ZIP 2000, 1961, 1963; *Kliemt*, NZA 2001, 63, 65; *Richardi/Annuß*, BB 2000, 2201, 2203; kritisch zur kurzen Wartezeit bei der Elternteilzeit: *Vetter*, FS Löwisch, 407, 422.

vanda", welcher es aus Sicht eines neutralen Betrachters als durchaus verständlich erscheinen lasse, dass ein Arbeitgeber ein Verlangen nach Verkürzung der vereinbarten Arbeitszeit bereits nach wenigen Monaten der Betriebszugehörigkeit als Zumutung ansieht.[777] Es wird gefordert die Wartezeit an die Zwei-Jahres-Frist bezüglich der Befristungen nach § 14 II TzBfG anzugleichen. Es sei nicht einzusehen, dass auf zwei Jahre befristet Eingestellte bereits nach sechs Monaten einen Teilzeitanspruch haben sollen, zumal mit der Umstellung für den Arbeitgeber ein organisatorischer Mehraufwand verbunden sei.[778] Dies soll umso mehr gelten, wenn den Arbeitgebern bei Neueinstellungen zukünftig die Option eingeräumt wird, anstelle der gesetzlichen Regelwartezeit von sechs Monaten eine Wartezeit von bis zu 24 Monaten zu vereinbaren[779].[780] Sie führen an, dass für die Ausdehnung der Wartezeit auf zwei Jahre spräche, dass dann die Möglichkeit verhindert werden würde in rechtsmissbräuchlicher Weise Elternzeit in Anspruch zu nehmen um sich so vor Kündigungen zu schützen.[781] Dabei wird allerdings übersehen, dass nach aktueller Rechtslage die Geltendmachung der Elternzeit und der dadurch aktivierte Kündigungsschutz nach § 18 BEEG nicht das Verstreichen einer Wartefrist voraussetzt. Eine Ausdehnung der nach § 15 VII 1 Nr.2 BEEG bestehenden Wartefrist bevor Elternteilzeit beziehungsweise Elternflexibilität geltend gemachte werden kann, vermag daher keinen Rechtsmissbrauch zu verhindern. Den Kritikern ist zwar insoweit zuzustimmen, als Elternteilzeit und zukünftig Elternflexibilität organisatorischen Mehraufwand bedeutet. Dieser ist ihnen allerdings ab einer Frist von sechs Monaten zuzumuten, da sonst der gesellschaftliche beschäftigungspolitische Zweck der Regelung verfehlt werden würde. Elternteilzeit und auch Elternflexibilität dienen dazu Familie und Beruf miteinander zu vereinbaren. Wenn der Anspruch erst nach einer betrieblichen Zugehörigkeit von zwei Jahren griffe, würden viele Arbeitnehmer, insbesondere Akademiker, vom Anwendungsbereich der Norm nicht erfasst. Das liegt an den langen Ausbildungszeiten. Das Studium endet zum selben Zeitpunkt, an dem eigentlich die Familienplanung beginnt. Die biologi-

---

[777] *Bezani/Müller*, DStR 2001, 87, 89, die den Anspruch erst sehr viel später, beispielsweise in Anlehnung an § 8 VI TzBfG nach zwei Jahren einräumen wollen. Im Ergebnis ebenso *Richardi/Annuß*, BB 2000, 2201, 2203.
[778] *Kliemt*, NZA 2001, 63, 65.
[779] Vgl. den Koalitionsvertrag zwischen CDU, CSU und SPD vom 11.11.2005 – Gemeinsam für Deutschland mit Mut und Menschlichkeit, 30.
[780] *Vetter*, FS Löwisch, 407, 422.
[781] *Vetter*, FS Löwisch, 407, 422.

sche Uhr der Frauen tickt zunehmend schneller, wenn sie die Dreißig überschritten haben und nach langer Ausbildung im Beruf starten.[782] Es ist nicht zumutbar, dass sie dann noch einmal zwei Jahre arbeiten müssen, bis sie ihre Kinderwünsche realisieren oder ansonsten darauf verzichten müssten Karriere und Kind in Einklang zu bringen. Gerade Frauen, die viel Zeit, Energie und Geld in ihre eigene Ausbildung investiert haben und mit guten Karrierechancen rechnen, sind immer weniger bereit wegen eines Kindes aus der Arbeitswelt auszuscheiden. Aber nicht nur der Selbstverwirklichungsprozess der Frauen kann Paare aufgrund der Unmöglichkeit der Vereinbarkeit von Familie und Beruf davon abhalten Kinder zu bekommen, vielmehr ist es heutzutage oft notwendig, dass beide Partner arbeiten um einen angemessenen Lebensstandard zu erreichen.[783] Würde das Einhalten einer Wartefrist von zwei Jahren gefordert, schrumpft das enge Zeitfenster der Familienplanung noch mehr. Eine Ausdehnung der Wartefrist würde daher die gegenwärtige Bevölkerungsentwicklung eher noch verschlechtern. Aus diesem Grund ist an der gegenwärtigen Rechtslage festzuhalten.

3. Frist zur Geltendmachung

In England, Schottland und Wales muss der Antrag auf flexible Arbeitsbedingungen spätestens 14 Tage vor dem sechsten Geburtstag des Kindes beziehungsweise des 18. Geburtstags des Kindes, wenn dieses behindert ist, gestellt werden.[784] In Deutschland muss der Antrag auf Elternteilzeit spätestens zwei Monate[785] und sieben Wochen[786] vor dem dritten Geburtstag[787] des Kindes gestellt werden. Es wird also deutlich, dass das Recht auf flexible Arbeitsbedingungen sehr viel länger geltend gemacht werden kann als das Recht auf Elternteilzeit. Es wird in England, Schottland und Wales nicht nur die Zeit erfasst, in

---

[782] *Schavan*, Frankfurter Allgemeine Sonntagszeitung, 11.03.2007, S. 6.
[783] So auch *Vuillaume*, FAZ 13.03.2006, S. 13.
[784] ERA 1996, 80 F (3).
[785] Elternteilzeit muss mindestens für zwei Monate in Anspruch genommen werden, § 15 VII 1 Nr. 3 BEEG.
[786] Der Anspruch muss dem Arbeitgeber sieben Wochen vor Beginn der Tätigkeit mitgeteilt werden, § 15 VII 1 Nr. 5 BEEG.
[787] § 15 VI BEEG i.V.m. § 15 II 1 BEEG.

der das Kind extern in einer „nursery"⁷⁸⁸ betreut werden kann, sondern dieses Recht wird auch während der Zeit gewährt, in der das Kind eine „nursery school"⁷⁸⁹ besuchen kann.

a) Ausweitung der Dauer des Anspruchs auf Elternflexibilität/Elternteilzeit

Es ist auffällig, dass die in Deutschland bestehende Altersgrenze quasi wie aus der Luft gegriffen erscheint. Weder im Gesetzgebungsverfahren noch in nachfolgenden Auseinandersetzungen finden sich Erläuterungen, warum Eltern nach dem dritten Lebensjahr ihres Kindes nur noch der Teilzeitanspruch gemäß § 8 TzBfG zustehen soll. Einzig *Vetter* bemüht sich um eine Begründung.⁷⁹⁰ Sie nimmt an, dass der dritte Geburtstag des Kindes als Grenze gewählt wurde, da nach § 24 SGB VIII ein Anspruch auf einen Kindergartenplatz besteht und deshalb der Anspruch auf Elternteilzeit nicht mehr notwendig scheint. Wie *Vetter* richtig erkennt, ist diese Begründung aber nur schlüssig, wenn nach dem dritten Geburtstag eine Vollzeittätigkeit mit der gegenwärtigen Betreuungssituation vereinbar ist.⁷⁹¹ Kindergarten-Öffnungszeiten sind aber nicht an die Realitäten der Arbeitswelt angepasst. Nicht selten schließen Kindergärten um 13.00 oder 14.00 Uhr. Auch Kindertagesstätten sind fast nie länger als 16.30 Uhr geöffnet. Daher ist die Ausweitung des Anspruchs auf Flexibilisierung der Arbeitsbedingungen über die drei Jahre hinaus aus gesellschaftspolitischen Gründen notwendig. In Deutschland wird vereinzelt auch über eine Ausdehnung der Elternteilzeit über die ersten drei Lebensjahre des Kindes hinaus nachgedacht.⁷⁹² Dabei werden verschiedene Zeiträume in die Diskussion geworfen.

1974 hat *Löwisch* vorgeschlagen die damals für Richter und Beamte bestehende Möglichkeit zur Teilzeitarbeit auch auf die Angestellten und Arbeiter des öffentlichen Dienstes auszudehnen.⁷⁹³ Mit dem Gesetz zur Änderung beamten-

---

[788] Von einer Übersetzung in Kinderkrippe wird bewusst Abstand genommen, um die deutsche Betreuungssituation nicht auf England, Schottland und Wales zu übertragen und um den dortigen Gegebenheiten gerecht zu werden.
[789] Von einer Übersetzung in Kindergarten wird aus den genannten Gründen bewusst Abstand genommen.
[790] *Vetter*, FS Löwisch, 407, 414 ff.
[791] *Vetter*, FS Löwisch, 407, 414 ff.
[792] *Vetter*, FS Löwisch, 407, 413 ff.; Freistaat Bayern, BR-Drucks. 591/2/00; *Löwisch*, Gutachten D zum 50. Deutschen Juristentag, D 91 f.
[793] *Löwisch*, Gutachten D zum 50. Deutschen Juristentag, D 92.

und richterrechtlicher Vorschriften vom 31.01.1974 wurde Beamten und Richtern auf Antrag ermöglicht ihre Arbeitszeit bis auf die Hälfte der regelmäßigen Arbeitszeit zu ermäßigen, wenn sie mit einem Kind unter sechzehn Jahren oder einem nach amtsärztlichen Gutachten pflegebedürftigen sonstigen Angehörigen in häuslicher Gemeinschaft leben und diese Person tatsächlich betreuen und pflegen (§ 48a I BRRG, § 79a I BBG und § 48a DRiG).[794] Allerdings hat *Löwisch* explizit klargestellt, dass er eine entsprechende Regelung für die Privatwirtschaft nicht empfiehlt. Er begründet dies mit den unterschiedlichen Verhältnissen zum öffentlichen Dienst. Der öffentliche Dienst zeichne sich erstens durch eine sehr viel geringere Fluktuation der Beschäftigten aus. Zweitens seien die Beschäftigungsmöglichkeiten nur im öffentlichen Dienst von konjunkturellen Schwankungen weitgehend unabhängig. Drittens seien vor allem im Bereich der Produktion die Verhältnisse in der Privatwirtschaft viel zu unterschiedlich, als dass man eine generelle Regelung in der oben skizzierten Form einführen könne. Viertens sei zu berücksichtigen, dass es dem Arbeitgeber grundsätzlich freistehe, mit wem er ein Arbeitsverhältnis begründet. Starre gesetzliche Regelungen über Teilzeitarbeiten würden bei der Einstellung berücksichtigt und könnten daher gerade für Frauen mehr Schaden als Nutzen bringen.[795] Durch die Einführung des Anspruchs auf Elternteilzeit 2001 hat der Gesetzgeber allerdings zu erkennen gegeben, dass er die Auffassung *Löwischs* nicht teilt, sondern auch in der Privatwirtschaft grundsätzlich einen Reduzierungsanspruch einräumt. Eine Anlehnung an die Regelungen des öffentlichen Dienstes kann daher aus Gründen der Rechtseinheitlichkeit geboten sein. Die aktuelle Rechtslage sieht für Beamte und Angestellte des öffentlichen Dienstes einen Teilzeitanspruch wegen Kinderbetreuung bis zum 18. Lebensjahr des Kindes vor (§ 72a BBG / §11 TvöD).

Der Freistaat Bayern hat im Rahmen des Gesetzgebungsverfahrens zum TzBfG vorgeschlagen, den Anspruch auf Reduzierung der Arbeitszeit wegen Kinderbetreuung bis zum 10. Geburtstag des Kindes auszudehnen. Dies wird damit begründet, dass die Erleichterung von Teilzeitarbeit ein wichtiges Instrument sei um die Vereinbarkeit von Beruf und Familie zu fördern.[796] Dies ist zwar zutreffend, eine Erklärung, warum der Anspruch bis zum 10. Geburtstag des Kindes bestehen soll, wird allerdings nicht gegeben. Zu vermuten ist, dass die

---

[794] BGBl. I, S. 131.
[795] *Löwisch*, Gutachten D zum 50. Deutschen Juristentag, D 92 f.
[796] BR-Drucks. 591/2/00.

Grundschulzeit, die in etwa mit dem 10. Lebensjahr endet, dieser Überlegung zugrunde liegt.

In England, Schottland und Wales besteht der Anspruch bis zum sechsten beziehungsweise 18. Lebensjahr des Kindes, wenn dieses behindert ist.

Den genannten Daten ist gemein, dass sie alle recht willkürlich wirken. Der Zweck des Anspruchs auf Elternteilzeit beziehungsweise zukünftig Elternflexibilität muss aber die entscheidende Rolle bei der Wahl der Dauer des Anspruchs zukommen. Der Anspruch auf Elternteilzeit/Elternflexibilität besteht, damit Eltern Beruf und Familie vereinbaren können, wenn sie aus Gründen der Kinderbetreuung keinen Vollzeitjob ausüben können. Mit anderen Worten: Der Anspruch auf Elternteilzeit/Elternflexibilität muss enden, wenn dem Arbeitnehmer eine Vollzeittätigkeit zuzumuten ist.[797] Dieser Zeitpunkt richtet sich zum einen nach den von öffentlichen Einrichtungen angebotenen Betreuungsmöglichkeiten und zum anderen nach der Reife des Kindes, das heißt, ab wann es ihm zugemutet werden kann sich zumindest teilweise selbst zu versorgen. Hier bietet sich eine Anlehnung an das Familienrecht an.[798] Nach § 1570 BGB kann ein geschiedener Ehegatte von dem anderen Unterhalt verlangen, solange und soweit von ihm wegen der Pflege oder Erziehung eines gemeinschaftlichen Kindes eine Erwerbstätigkeit nicht erwartet werden kann. Die Rechtsprechung hat bislang allerdings noch keine ganz einheitliche Linie gefunden, ab wann eine Vollzeiterwerbstätigkeit zumutbar ist.[799] Soweit keine besonderen Umstände vorliegen, sind nach ihr auch Zahl und Alter der Kinder maßgeblich.[800] Der Gesetzgeber hat es bewusst vermieden gesetzliche Regeln in Bezug auf Zahl und Alter der Kinder aufzustellen, da sie für eine Erwerbstätigkeit als hinderlich anzusehen seien.[801] Eine verallgemeinernde Aussage kann allerdings in den Unterhaltsleitlinien diverser Gerichte gefunden werden. Danach besteht in der Regel nach der Vollendung des 15. Lebensjahres des jüngsten Kindes eine Obliegenheit zur vollen Erwerbstätigkeit.[802] Die Anspruchsdauer bis zum 15. Geburtstag des Kin-

---

[797] So auch *Vetter*, FS Löwisch, 407, 420.
[798] So auch *Vetter*, FS Löwisch, 407, 420.
[799] Klein-*Derleder*, § 1570 BGB Rn. 5.
[800] Klein-*Derleder*, § 1570 BGB Rn. 5; Johannsen/Henrich-*Büttner*, § 1570 BGB Rn. 14.
[801] BT-Drucks. 7/650, S. 122.
[802] Vgl. etwa Ziffer 17 der Süddeutschen Leitlinien, Stand: 01.07.2005 (Oberlandesgerichte Bamberg, Karlsruhe, München, Nürnberg, Stuttgart und Zweibrücken); Ziffer 17.1 der Unterhaltsleitlinien des OLG Hamburg (Stand: 01.07.2003); Ziffer 17.1 der Unterhaltsrichtlinien des OLG Koblenz (Stand: 01.07.2003). Teilweise wird allerdings auch erst auf das Erreichen des 16. Le-

des auszudehnen wäre eine mögliche Lösung, die zum einen einen Einklang zwischen Familien- und Arbeitsrecht herstellen würde und zum anderen die Vereinbarkeit von Familie und Beruf für Eltern stark erleichtern würde.[803]

Eine Übertragung scheitert allerdings zum einen an den hinter § 1570 BGB liegenden Wertungen, die nicht auf den Anspruch auf Elternflexibilität übertragen werden können und zum anderen ist eine solch weitgehende zeitliche Ausdehnung nicht sinnvoll und bringt, wie schon von *Löwisch* befürchtet, mehr Schaden als Nutzen.

§ 1570 BGB beschränkt den Anspruch auf die Betreuung gemeinschaftlicher Kinder, denn aus deren Betreuung ergibt sich eine typische ehebedingte Bedürfnislage.[804] Der andere Ehepartner muss die Verantwortung für die Betreuung und Erziehung des eigenen Kindes mittragen. Es geht darum die Lasten, die aus der gemeinsam übernommenen Verantwortung herrühren, in fairer Weise zu verteilen.[805] Der Arbeitgeber ist aber nicht mit einem solchen Band mit dem Kind verbunden. Es ist zwar ein allgemeines gesellschaftliches Anliegen, dass sich wieder mehr Menschen ihre Kinderwünsche erfüllen,[806] dennoch wird dadurch keine Verpflichtung des Arbeitgebers begründet die Betreuung des Kindes sicherzustellen. Es ist unbillig ihn im gleichen Umfang zu belasten wie den Ehepartner. Eine Angleichung der Fristen des § 15 BEEG an diejenigen des § 1570 BGB scheitert daher an der unterschiedlichen Beziehung des Anspruchsgegners zum Kind.

Die Teilzeittätigkeit und zukünftig auch Elternflexibilität stößt höchstwahrscheinlich auf Widerstand bei Arbeitgebern. Sie können sie nur verhindern, wenn dringende betriebliche Gründe entgegenstehen. Wenn Elternteilzeit/Elternflexibilität gewährt wird, können sie nicht mehr frei bestimmen, wer wann für sie arbeitet, sondern sind dem Leistungsbestimmungsrecht des Arbeit-

---

bensjahres abgestellt, vgl. etwa Ziffer 17.1.1 der Unterhaltsleitlinien des Oberlandesgerichts Hamm, Stand: 01.07.2005; Ziffer 17.1 der Unterhaltsleitlinien des OLG Schleswig-Holstein (Stand: 01.07.2003); teilweise wird aber auch von der Nennung eines konkreten Alters Abstand genommen, vgl. etwa die Unterhaltsrechtlichen Leitlinien des OLG Celle (Stand: 01.07.2003) und die Unterhaltsleitlinien des OLG Dresden (Stand: 01.07.2003).

[803] So *Vetter*, FS Löwisch, 407, 420.
[804] Johannsen/Henrich-*Büttner*, § 1570 BGB Rn. 3.
[805] Johannsen/Henrich-*Büttner*, § 1570 BGB Rn. 1; Weinreich/Klein-*Klein*, § 1570 BGB Rn. 3.
[806] Vgl. den Koalitionsvertrag zwischen CDU, CSU und SPD vom 11.11.2005 – Gemeinsam für Deutschland mit Mut und Menschlichkeit, 67 „das wichtigste gesellschaftspolitische Anliegen der nächsten Jahre".

nehmers ausgesetzt. Die Kosten für die Flexibilisierung sind zu berücksichtigen. Diese entstehen etwa im Bereich der Personalverwaltung, da mehr Arbeitnehmer zu verwalten sind. Kosten für zusätzliche Arbeitsplätze, Arbeitskleidung, Fortbildungen können unter Umständen anfallen. Der Informationsaustausch zwischen den einzelnen Teilzeitkräften kann ebenfalls zu zusätzlichen Kosten führen.[807] Eine Ausdehnung des Anspruchs bis zum 15. Lebensjahr des Kindes stellt einen sehr langen Zeitraum dar. Die Missachtung der arbeitgeberseitigen Bedenken könnte dazu führen, dass bei der Einstellung neuer Arbeitskräfte die mögliche Inanspruchnahme von Elternteilzeit/Elternflexibilität berücksichtigt werden würde. Es ist zwar zu hoffen, dass zukünftig auch mehr Männer von diesem Recht Gebrauch machen, so dass die Risiken bei der Einstellung von weiblichen und männlichen Bewerbern gleich hoch sind.[808] Im Moment ist der Prozentsatz von Männern, die ihren Anspruch geltend machen, allerdings verschwindend gering. Zwar können Arbeitgeber aufgrund des Antidiskriminierungsrechts ihre Ablehnung nicht auf das Geschlecht stützen,[809] der Nachweis, dass dies geschehen ist, wird allerdings schwer zu führen sein.[810] Selbst wenn er gelingt, besteht nur ein Schadensersatzanspruch. Dieser darf drei Monatsgehälter nicht übersteigen, § 7 II AGG. Ein Verstoß des Arbeitgebers gegen das Benachteiligungsverbot des § 7 I AGG begründet gerade keinen Anspruch auf ein Beschäftigungsverhältnis, vgl. § 7 VI AGG. Es stellt sich daher die Frage, ob Frauen diesem erhöhten Risiko ausgesetzt werden sollen oder ob eine solch weitgehende Ausdehnung überhaupt nicht erforderlich ist. Gegen die Möglichkeit zur Anspruchsgeltendmachung bis zum 15. Lebensjahr des Kindes spricht, dass mit steigendem Alter der Betreuungsbedarf des Kindes sinkt, so dass eine Vollzeittätigkeit möglich ist. Eine zunehmende Selbstständigkeit der Kinder ist sogar förderlich. Ab wann diese Selbstständigkeit angenommen werden kann, ist eine Wertungsfrage. In England, Schottland und Wales wird grundsätzlich der sechste Geburtstag des Kindes als Grenze herangezogen. Dagegen spricht, dass das Angebot an öffentlicher Betreuung nicht signifikant steigt, wenn das Kind das sechste Lebensjahr

---

[807] *Vetter*, FS Löwisch, 407, 417; vgl. zu den Kosten oben B.III.2.b)bb) S. 56.
[808] Diese Hoffnung teilt auch *Vetter*, FS Löwisch, 407, 418 f., die außerdem betont, dass dies umso mehr gelte, als dass Männer länger zeugungsfähig seien als Frauen.
[809] Vgl. § 7 i.V.m. § 1 AGG; ein Benachteiligung kann dadurch erfolgen, dass eine Bewerbung abschlägig beschieden wird, während zumindest ein vergleichbarer Bewerber Erfolg hatte, vgl. Däubler/Bertzbach-*Däubler*, § 7 AGG Rn. 9.
[810] Eine Beweiserleichterung wurde allerdings durch § 22 AGG geschaffen.

erreicht und damit in der Regel die Grundschule besuchen wird. Die wöchentliche Stundenzahl in der ersten und zweiten Klasse liegt in Deutschland in der Regel bei 22 Stunden à 45 Minuten, die wöchentliche Unterrichtszeit in den Jahrgangsstufen drei und vier betragt 26 Stunden à 45 Minuten.[811] Außerdem ändern sich die Stundenpläne halbjährlich, wodurch sich die Länge der jeweiligen Unterrichtstage verschieben kann. Dazu kommt, dass es keinen gesetzlichen Anspruch auf einen Hortplatz gibt. Solche Plätze sind rar und begehrt. Eine öffentliche, externe, qualitative Betreuung ist daher schwierig zu realisieren. Mit sechs Jahren ist man zu jung um ein so genanntes Schlüsselkind[812] zu sein, so dass eine Vollzeittätigkeit, wenn nur das öffentliche Betreuungsangebot berücksichtigt wird, ausscheidet. Mit sechs Jahren wird das Kind außerdem in der Regel eingeschult. Viele Kinder haben mit Eingewöhnungsschwierigkeiten zu kämpfen.[813] Gerade in diesem Zeitraum brauchen sie besonders viel Betreuung und Zuwendung. Es wäre verfehlt, von Eltern dann zu verlangen einen Vollzeitjob anzunehmen. Der bessere Anknüpfungspunkt ist das Erreichen des 10. Lebensjahres des Kindes. Mit 10 Jahren wechseln die meisten Kinder an die weiterführende Schule. Dies stellt für sie einen wichtigen Schritt in ihrer Entwicklung dar. Es ist davon auszugehen, dass sie im diesen Alter in der Regel über eine hinreichende Selbstständigkeit verfügen. Durch die Bezugnahme auf den 10. Geburtstag des Kindes wird auch ein Gleichlauf mit § 57 I SGB VI hergestellt. Danach können Zeiten der Kindererziehung bis zum 10. Lebensjahr als Berücksichtigungszeit für die Rentenversicherung angerechnet werden.

Außerdem ist zu berücksichtigen, dass Arbeitnehmern auch nach dem 10. Geburtstag ihres Kindes die Möglichkeit einer Reduzierung ihrer wöchentlichen Arbeitszeit gemäß § 8 TzBfG zusteht, so dass sie nicht gezwungen werden einen Vollzeitjob anzunehmen. Dadurch kann der individuell erhöhte Betreuungsbedarf eines Kindes berücksichtigt werden. Zwar kann der Teilzeitanspruch gemäß § 8 TzBfG schon bei entgegenstehenden betrieblichen Gründen abgelehnt werden und nicht erst bei entgegenstehenden dringenden betrieblichen Gründen[814]. Allerdings wird es bei einer Hintereinanderschaltung der Ansprüche, erst

---

[811] Richtlinien zur Regelung der Unterrichts- und Pausenorganisation in der Grundschule (Rhythmisierung des Schulvormittages) vom 10. März 2003.
[812] Als Schlüsselkind wird ein Kind bezeichnet, das regelmäßig ohne Betreuung ist, zum Beispiel weil seine Eltern berufstätig sind, vgl. http://de.wikipedia.org/wiki/Schlüsselkind.
[813] Johannsen/Henrich-*Büttner*, § 1750 BGB Rn. 15.
[814] Siehe dazu unten D.III.5, S. 210 ff.

§ 15 BEEG dann § 8 TzBfG, für den Arbeitgeber sehr schwierig sein zu argumentieren, dass die bereits praktizierte Reduzierung nun nicht mehr möglich sein soll.[815]

Es wäre daher wünschenswert, in Deutschland die Frist auf das Ende des zehnten Lebensjahres des Kindes auszudehnen. In England, Schottland und Wales wird außerdem die besondere Situation von behinderten Kindern berücksichtigt. Gerade diese Kinder haben auch nach ihrem zehnten Geburtstag einen erhöhten Betreuungsbedarf. Die Ausdehnung des Rechts der Eltern auf eine Flexibilisierung ihrer Arbeitsbedingungen bis zum 18. Geburtstag des behinderten Kindes würde diese bei der Erziehung und Pflege ihres behinderten Kindes unterstützen. Angesichts ihrer besonderen Belastung ist eine solche Ausdehnung auch angemessen. An diesem Punkt erscheint eine Anlehnung an die Regelungen auf der britischen Insel sinnvoll, so dass das Recht auf Elternflexibilität Eltern bis zum zehnten beziehungsweise 18. Geburtstag ihres Kindes gewährt werden sollte.

b) Entkoppelung des Anspruchs auf Elternflexibilität vom Anspruch auf Elternteilzeit

Die Ausdehnung der zeitlichen Grenze zur Geltendmachung wirft allerdings Fragen im Verhältnis zur Elternzeit auf, da momentan Elternteilzeit nur während der Elternzeit in Anspruch genommen werden kann. Es bestehen nun zwei Möglichkeiten: Entweder kann die zeitliche Grenze für die Inanspruchnahme der Elternzeit ebenfalls auf den zehnten beziehungsweise 18. Geburtstag des Kindes ausgedehnt werden oder Elternteilzeit beziehungsweise Elternflexibilität wird von der Inanspruchnahme von Elternzeit losgekoppelt. Die Ausdehnung der Möglichkeit, Elternzeit bis zur Vollendung des zehnten beziehungsweise 18. Lebensjahres des Kindes in Anspruch zu nehmen, würde den Arbeitgeber unverhältnismäßig stark belasten und ist daher abzulehnen. Bei der Inanspruchnahme von Elternzeit handelt es sich um ein Gestaltungsrecht, das heißt, der Arbeitgeber kann nicht verhindern, dass der Arbeitnehmer Elternzeit in Anspruch nimmt. Nach Beendigung der Elternzeit hat der Arbeitnehmer ein Recht darauf, wieder zu den gleichen Konditionen wie vorher zu arbeiten. Während eines Zeitraums von bis zu 18 Jahren büßt der Arbeitnehmer betriebliche Fähigkeiten, Know-how in erheblichem Umfang ein und verliert den Anschluss an technische und be-

---

[815] Vgl. zu einem solchen Fall BAG 27.04.2004, AP Nr. 12 zu § 8 TzBfG, vgl. insb. Gründe A. II. 4. b.

triebliche Entwicklungen. Wenn der Arbeitgeber dennoch verpflichtet wäre, den Arbeitnehmer nach einer solch langen Pause wieder zu beschäftigen, würde es sich in den meisten Fällen um eine unzumutbare Bürde handeln. Daher kann nur die zweite Möglichkeit überzeugen: Elternzeit ist von Elternflexibilität abzukoppeln.[816] Bei Elternzeit und Elternflexibilität handelt es sich um zwei unabhängige Ansprüche.[817]

4. Form der Geltendmachung

Sowohl in Deutschland als auch in England, Schottland und Wales muss der Antrag auf Elternteilzeit beziehungsweise auf flexible Arbeitsbedingungen schriftlich gestellt werden.[818] Dies dient Beweiszwecken und sollte daher beibehalten werden.

5. Keine entgegenstehenden dringenden betrieblichen Gründe beziehungsweise „business reasons"

Damit der Antrag Erfolg hat, dürfen in Deutschland der Verringerung der Arbeitszeit keine dringenden betrieblichen Gründe entgegenstehen.[819] In England, Schottland und Wales kann der Arbeitgeber die gewünschte Flexibilisierung der Arbeitsbedingungen ablehnen, wenn „business reasons", die vom Gesetz abschließend aufgezählt werden, dem Verlangen entgegenstehen.[820] „Business reasons" liegen aber bereits ab einer geringen Schwelle vor. Die zugrunde liegende unternehmerische Entscheidung kann nicht überprüft werden. Es besteht lediglich die Möglichkeit zur Kontrolle der zugrunde liegenden Fakten. Nach den englischen Regelungen kann der Arbeitgeber die Flexibilisierung der Arbeitszeit in den meisten Fällen verweigern (wenn nicht die weitere Kontrolle aufgrund des Diskriminierungsrechts berücksichtigt wird), da entgegenstehende

---

[816] Für eine Entkoppelung auch *Vetter*, FS Löwisch, 407, 419.
[817] Dies wurde für den Anspruch auf Elternzeit und Elternteilzeit bereits explizit festgestellt, vgl. Annuß/Thüsing-*Lambrich*, § 23 TzBfG Rn. 18 f.; *Vetter*, FS Löwisch, 407, 419.
[818] England: ERA 1996, 80 F (5) (a); Flexible Working (Eligibility, Complaints and Remedies) Regulations 2002, SI 2002/3236, 4 (a) und (c); Deutschland: § 15 VII 1 Nr. 5 BEEG.
[819] § 15 VII 1 Nr. 4 BEEG.
[820] ERA 1996, 80 G (1) (b) und (2) (c); Flexible Working (Procedural Requirements) Regulations 2002, SI 2002/3207, 5 (b) (ii).

„business reasons" fast immer vorliegen.[821]. Dies wird der Bedeutung des Rechts nicht gerecht. Es ist daher richtig, an der geltenden deutschen Regelung festzuhalten. Um mehr Rechtssicherheit zu erreichen, sollte aber eine Definition der dringenden betrieblichen Gründe ins Gesetz aufgenommen werden. Die Ausweitung des Anspruchsumfangs und die Beibehaltung der zurzeit geltenden negativen Tatbestandsvoraussetzung führen dazu, dass zukünftig der Verteilung der Arbeitszeit nur dringende betriebliche Gründe entgegengehalten werden können. Dieser erhöhte Maßstab muss auch für nachträgliche Veränderungen gelten. Es ist sinnlos dem Arbeitnehmer einen Anspruch auf Elternflexibilität zu gewähren, wenn der Arbeitgeber die erfolgte Verteilung der Arbeitszeit rückgängig machen kann. Nachträgliche Veränderungen der Verteilung der Arbeitszeit stellen den Arbeitnehmer in den meisten Fällen vor das Problem, dass er die vereinbarten Betreuungsarrangements seinen geänderten Arbeitszeiten anpassen muss. Dies ist aufgrund der geringen Anzahl an Tageskrippen – und Kindergartenplätzen schwierig und braucht zumindest eine gewisse Vorlaufzeit. Wenn sich Arbeitnehmer nicht auf die Lage der Arbeitszeit verlassen können, lässt sich möglicherweise der Zweck der Elternflexibilität nicht realisieren. Daher kann der Arbeitgeber die festgelegte Verteilung der Arbeitszeit nur ändern, wenn das dringende betriebliche Interesse daran das Interesse des Arbeitnehmers an der Beibehaltung erheblich überwiegt und der Arbeitgeber die Änderung spätestens einen Monat vorher angekündigt hat. Derselbe Maßstab muss ebenfalls gelten, wenn der Arbeitnehmer, gestützt auf sein Recht auf Elternflexibilität, Telearbeit in Anspruch genommen hat. Durch das Arbeiten von zu Hause vereinbart der Arbeitnehmer Familie und Beruf. Eine nachträgliche Veränderung des festgelegten Arbeitsortes führt dazu, dass der Arbeitnehmer sich um eine andere Art der Betreuung des Kindes kümmern muss. Dies ist schwierig und zeitaufwendig. Der Arbeitgeber kann eine nachträgliche Veränderung des Arbeitsortes daher nur erreichen, wenn das dringende betriebliche Interesse daran das Interesse des Arbeitnehmers an einer Beibehaltung erheblich überwiegt und der Arbeitgeber die Änderung mindestens einen Monat vorher angekündigt hat.

---

[821] Auf die Überprüfungsmöglichkeiten wird unten näher eingegangen, vgl. D.IV, S. 218 ff.

6. Kleinarbeitgeberklausel

Voraussetzung für einen Anspruch auf Elternteilzeit ist, dass der Arbeitgeber in der Regel mehr als 15 Arbeitnehmer beschäftigt.[822] Die Festsetzung des Schwellenwertes ist von der Arbeitszeit des einzelnen Arbeitnehmers unabhängig, es kommt nur auf eine Pro-Kopf-Betrachtung an.[823] Der Schwellenwert dient dazu wirtschaftlich und verwaltungsmäßig schwächere Arbeitgeber von den Auswirkungen eines Teilzeitanspruchs zu schützen.[824] Eine Kleinarbeitgeberklausel existiert im Rahmen des Rechts auf flexible Arbeitsbedingungen nicht.

Der in Deutschland geltende Schwellenwert wirft zwei Fragen auf. Erstens: Sollen Teilzeitkräfte de lege ferenda nur noch quotal berücksichtigt werden? Zweitens: Sollte der geltende Schwellenwert nach oben oder unten verändert werden?

a) Quotale Berücksichtigung von Teilzeitkräften bei der Bestimmung der Mindestbeschäftigtenzahl?

Es könnte daran gedacht werden, Teilzeitkräfte zukünftig bei der Bestimmung der nur noch quotal zu berücksichtigen Die zur Zeit geltende Pro-Kopf-Betrachtung führt dazu, dass auch in Kleinstbetrieben ein Anspruch auf Elternteilzeit bestehen kann. Ein Elternteilzeitanspruch besteht zum Beispiel schon, wenn der Arbeitgeber in der Regel 16 Arbeitnehmer beschäftigt, die jeweils nur halbtags arbeiten. Gegenüber einem Arbeitgeber, der nur Vollzeitkräfte beschäftigt, liegt in diesem Fall eine Halbierung der im Betrieb absolvierten Arbeitszeit vor. Gerade diese Kleinstbetriebe können durch die Regelungen der Elternteilzeit ungleich stärker belastet werden. Es wird daher vertreten, dass es sinnvoller sei, an das Arbeitszeitvolumen der beim Arbeitgeber beschäftigten Arbeitnehmer anzuknüpfen.[825] Die zunächst vorgesehene quotale Berücksichtigung von Teilzeit wurde vom Ausschuss für Familie, Senioren, Frauen und Jugend (13. Aus-

---

[822] § 15 VII 1 Nr. 1 BEEG.
[823] HWK-*Gaul*, § 15 BErzGG Rn. 14.
[824] *Kleinsorge*, MDR 2001, 181, 182; *Schell*, Der Rechtsanspruch auf Teilzeitarbeit, 44 f.
[825] So *Brügge*, Das Gesetz über Teilzeitarbeit, 118; zu der identischen Regelung bei § 8 TzBfG: BDA, Ausschuss-Drs. 14/965, S. 7, 9 und 11; ZDH, Ausschuss-Drs. 14/965, S. 15, 17; *Preis*, Ausschuss-Drs. 14/965, S. 85, 87; *Schell*, Der Rechtsanspruch auf Teilzeitarbeit, 46 f.; *Gehring*, Das Recht auf Teilzeitarbeit – Anspruch und Wirklichkeit, 210; *Vetter*, FS Löwisch, 407, 421; Gesetzesentwurf der Fraktion der CDU/CSU zur Modernisierung des Arbeitsrechts (ArbRModG), BT-Drucks 15/1182, S. 16.

schuss) im Gesetzgebungsverfahren entfernt. Der Ausschuss begründet dies dadurch, dass nun mehr Arbeitnehmer vom Anwendungsbereich der Vorschrift erfasst werden würde.[826] Dies ist rechnerisch sicherlich zutreffend. Allerdings kann die Streichung der quotalen Berücksichtigung zu einem paradoxen Ergebnis führen. Der Arbeitgeber, der den Schwellenwert noch nicht erreicht, wird sich gegen eine einvernehmliche Vereinbarung von Teilzeittätigkeit wehren, wenn sie zur Überschreitung der magischen Grenze führt, denn dann hätten auch alle seine Arbeitnehmer einen Anspruch auf Teilzeit.[827] Für eine Beibehaltung der gegenwärtigen Rechtslage sprechen allerdings zwei Argumente.

Als erster Aspekt ist der Umstand anzuführen, dass bei Kleinarbeitgebern in der Regel eine persönliche Nähe zwischen Arbeitgeber und Arbeitnehmern besteht. Aufgrund dieses Näheverhältnisses ist ein Anspruch seltener erforderlich als bei Großarbeitgebern, da die einvernehmliche Gewährung von Teilzeit häufiger genutzt wird.[828] Wenn Teilzeitkräfte nur noch quotal berücksichtigt werden, könnte dies zur Folge haben, dass der Anwendungsbereich des BEEG erst ab einer sehr viel größeren Belegschaft greift. Bei steigender Arbeitnehmerzahl werden schon aus Organisationsgründen mehr Hierarchiestufen eingeführt. Der Kontakt des einzelnen Arbeitnehmers zum Arbeitgeber lockert sich dadurch. Wenn dieses Näheverhältnis nicht mehr besteht, wird der Arbeitgeber zumeist weniger geneigt sein, dem Elternteilzeitwunsch des Arbeitnehmers freiwillig nachzukommen.[829] Eine Anknüpfung an das Arbeitszeitvolumen würde dazu führen, dass mehr Arbeitnehmer aus dem Anwendungsbereich des BEEG ausgeschlossen werden. Dies träfe dann sogar Arbeitnehmer, deren Arbeitsverhältnis aufgrund der Größe der Belegschaft nicht mehr durch ein persönliches Näheverhältnis gekennzeichnet ist.

Zweitens kann zur Unterstützung der gegenwärtigen Rechtslage der Gesichtspunkt herangezogen werden, dass ein Arbeitgeber, der eine Vielzahl von Arbeitnehmern in Teilzeit beschäftigt, damit zu erkennen gibt, dass die von ihm angebotenen Arbeitsplätze teilbar sind und dass bei ihm die für Teilzeittätigkeit erforderlichen Organisationsformen und Strukturen bestehen. Die Bestimmung der

---

[826] BT-Drucks. 14/3808, S. 28.
[827] Vgl. *Vetter*, FS Löwisch, 407, 421; *Fischer*, BB 2002, 94, 95; im Ergebnis ebenso Annuß/Thüsing-*Mengel*, § 8 TzBfG Rn. 7.
[828] Vgl. oben B.III.2.b)ee)(2)(aa), S. 60 ff.
[829] So auch *Brügge*, Das Gesetz über Teilzeitarbeit, 117, der dennoch ohne Begründung für eine „pro rata temporis"-Regelung plädiert (vgl. *Brügge*, Das Gesetz über Teilzeitarbeit, 118).

Anwendbarkeit unter Zugrundelegung einer Pro-Kopf-Betrachtung führt daher für diese Arbeitgeber nicht zu schwierigen organisatorischen Problemen.

Eine quotale Berücksichtigung von Teilzeitkräften ist daher nicht wünschenswert.

b) Veränderung des maßgeblichen Schwellenwertes

Gegenwärtige Voraussetzung des Anspruchs auf Elternteilzeit ist, dass der Arbeitgeber regelmäßig mehr als 15 Arbeitnehmer beschäftigt; § 15 VII 1 Nr. 1 BEEG. Bisweilen wird der Schwellenwert als zu hoch angesehen. Es wird vorgeschlagen, dass die Hürde, in Anlehnung an § 23 KSchG, bei zehn Arbeitnehmern liegen soll. Die Erfolge des Teilzeitanspruchs in den Niederlanden würden zeigen, dass ein Schwellenwert von zehn Arbeitnehmern (vgl. Art. 2 XII WAA) für Arbeitgeber tragbar sei.[830] Der vergleichbare Schwellenwert des § 8 VII TzBfG wird dagegen von einzelnen Vertretern als zu niedrig angesehen. Auch Arbeitgeber mit mehr als 15 Arbeitnehmern würden durch den Reduzierungsanspruch über Gebühr belastet, so dass eine Erhöhung auf 20 Arbeitnehmer vorgeschlagen wird.[831]

Ob und wenn ja in welcher Höhe ein Schwellenwert erforderlich ist, muss mit Blick auf den beabsichtigen Zweck festgestellt werden. Der Schwellenwert dient dazu kleinere Arbeitgeber vor Überforderungen zu schützen.[832] Dieses typisierte Schutzbedürfnis erfordert allerdings keinen Schwellenwert. Der Rechtsanspruch auf Teilzeit beziehungsweise Elternflexibilität steht unter dem Vorbehalt, dass keine dringenden betrieblichen Gründe der Inanspruchnahme entgegenstehen. Dadurch wird den wirtschaftlichen Notwendigkeiten und den Interessen des Arbeitgebers Rechnung getragen. Gerade Kleinstarbeitgeber werden sich häufig auf entgegenstehende dringende betriebliche Gründe berufen können. Ein weiterer Schutz, der unabhängig von der konkreten betrieblichen Situation greift, ist überflüssig.[833] Der Verzicht auf einen Schwellenwert wird auch durch die Entscheidung des BVerfG vom 27.01.1998 zu § 23 I 2 KSchG unterstützt.[834] Nach

---

[830] *Vetter*, FS Löwisch, 407, 421; zum Erfolg des Teilzeitanspruchs in den Niederlanden vgl. *Waas*, NZA 2000, 583 ff.
[831] *Link/Grienberger-Zingerle*, AuA 5/2003, 20, 24.
[832] Vgl. oben B.III.2.b), S. 55 ff.
[833] So auch *Engelen-Kefer*: Rechtsanspruch auf Teilzeitarbeit muss für alle gelten, 13.04.2000, http://www.dgb.de/presse/pressemeldungen/pmdb/pressemeldung_single?pmid=910.
[834] BVerfG 27.01.1998, BVerfGE 97, 169.

§ 23 I 2 KSchG gelten die allgemeinen Bestimmungen des KSchG nicht für die so genannten Kleinbetriebe.[835] In seiner Entscheidung hat das BVerfG festgestellt, dass der Betriebsbegriff verfassungskonform auf die Einheiten zu beschränken sei, für deren Schutz die Kleinbetriebsklausel allein bestimmt sei. Wenn die Gründe, die für die Privilegierung des „kleinen Arbeitgebers" sprechen, das heißt die enge persönliche Nähe, die geringere Finanzkraft und Verwaltungskapazität, nicht vorliegen, sei der Anwendungsbereich des § 23 I 2 KSchG nicht eröffnet. Der Arbeitgeber könne sich in dem Fall nicht auf den Schwellenwert berufen. Die allgemeinen Bestimmungen des Gesetzes gelten dann auch für ihn.[836] Im Rahmen des § 23 I 2 KSchG wird durch eine verfassungskonforme Auslegung die individuelle Situation der Betriebe berücksichtigt. Eine verfassungskonforme Auslegung ist bei § 15 BEEG nicht nötig. Das gleiche Ziel wird hier durch das Streichen des Schwellenwertes erreicht. Wenn die Gründe für die Privilegierung des „kleinen Arbeitgebers" vorliegen, wird er sich auf dringende betriebliche Gründe berufen können, die einer Teilzeittätigkeit während der Elternzeit entgegenstehen. Durch dieses negative Tatbestandsmerkmal wird der Schutzbedürftigkeit des „kleinen Arbeitgebers" Rechnung getragen.

Es könnte zwar noch argumentiert werden, dass bereits der Nachweis des entgegenstehenden dringenden betrieblichen Grundes und die Einhaltung des Verfahrens zur Ablehnung des Antrags eine erhebliche Belastung darstellt, vor der Kleinarbeitgeber geschützt werden sollen. Aus Sicht eines Großteils der Arbeitnehmer führt das aber dazu, dass sie vom Anwendungsbereich von vornherein ausgeschlossen werden. Das Interesse von Arbeitnehmern, die bei Kleinarbeitgebern beschäftigt sind, Elternteilzeit beziehungsweise Elternflexibilität in Anspruch zu nehmen, ist ebenso hoch wie das Interesse von Arbeitnehmern, die bei Großarbeitgebern beschäftigt sind. Wenn diesem durch Art. 6 I GG grundrechtlich geschützten Interesse der Verwaltungsaufwand entgegengestellt wird, schlägt das Pendel zugunsten der Belange der Arbeitnehmer aus. Daher sollte auch in Deutschland auf den Schwellenwert verzichtet werden.

---

[835] § 23 I 2 KSchG in der Fassung des Gesetzes vom 26.04.1985: Die Vorschriften des Ersten Abschnitts gelten nicht für Betriebe und Verwaltungen, in denen in der Regel fünf oder weniger Arbeitnehmer ausschließlich der zu ihrer Berufsbildung Beschäftigte beschäftigt werden, eingeführt durch das Kündigungsschutzgesetz in der Fassung vom 25.08.1969, BGBl. I, 1317, 1321, geändert durch das Beschäftigungsförderungsgesetz 1985, BGBl. I, 710, 712.

[836] BVerfG 27.01.1998, BVerfGE 97, 169, 184 f.

7. Keine Präklusion

In England, Schottland und Wales darf der Arbeitnehmer keinen Antrag auf flexible Arbeitsbedingungen innerhalb der letzten zwölf Monate gestellt haben. Ob dieser erfolgreich war oder nicht, ist dabei irrelevant.[837] In Deutschland kann der Arbeitnehmer gegenüber dem Arbeitgeber während der Gesamtdauer der Elternzeit zweimal eine (weitere) Verringerung beziehungsweise Verlängerung seiner reduzierten Arbeitszeit im Rahmen der erlaubten Wochenstunden beanspruchen. Erfolglose Verringerungsversuche des Arbeitnehmers üben keine Sperrwirkung aus.[838] An diesem Punkt muss der Umstand berücksichtigt werden, dass de lege ferenda eine Abkopplung der Elternzeit von der Elternflexibilität angestrebt wird,[839] so dass die zur Zeit in Deutschland geltende Rechtslage auf die geplante Regelungen keine Anwendung finden kann. Allerdings besteht die Möglichkeit, die in der gegenwärtigen Regelung getroffene Entscheidung beizubehalten und nur die Anzahl von erfolgreichen Veränderungen der Arbeitsbedingungen während eines bestimmten Zeitraums zu beschränken. Dafür könnte sprechen, dass erfolglose Verringerungsverlangen den Arbeitgeber nicht durch einen erhöhten Organisationsaufwand belasten, der Ausfluss der gewünschten Veränderungen wäre. Indem die Anzahl der möglichen Veränderungen eingeschränkt wird, könnten die Bedürfnisse des Arbeitgebers berücksichtigt werden. Allerdings stellt schon die bloße Beantragung eine Belastung des Arbeitgebers dar, da er die gewünschte Veränderung nur ablehnen kann, wenn er zeigt, dass dringende betriebliche Gründe entgegenstehen. Dies wird noch dadurch verstärkt, dass jeder Arbeitgeber de lege ferenda dazu verpflichtet werden soll, sich mit jedem Antrag ausführlich zu befassen.[840] Es ist daher sinnvoll auch erfolglosen Anträgen eine Sperrwirkung beizumessen. De lege ferenda darf daher der Arbeitnehmer in den letzten 12 Monaten keinen Antrag auf Elternflexibilität gestellt haben. Eine im Vergleich zu § 8 TzBfG kürzere Frist, bei der der Arbeitnehmer während der letzten zwei Jahre keine Verringerung der Arbeitszeit geltend gemacht haben darf (§ 8 VI TzBfG), ist angemessen um der bei Elternflexibilität vorliegenden besonderen Situation gerecht zu werden. Elternflexibilität dient dazu Familie und Beruf in Einklang zu bringen. Die Betreuungsbedürfnisse

---

[837] ERA 1996, 80 F (4).
[838] § 15 VI BEEG.
[839] Vgl. oben D.III.3, S. 202 ff.
[840] Vgl. zum geplanten Verfahren unten D.IV, S. 218 ff.

des Kindes verändern sich schnell. Dies wirkt sich auf den damit zu vereinbarenden Arbeitsumfang und Arbeitsort aus. Kurze Sperrfristen sind daher erforderlich um auf geänderte Bedürfnisse flexibel reagieren zu können. Die Regelungen in England, Schottland und Wales zeigen, dass Arbeitgeber durch kürzere Sperrfristen auch nicht überfordert werden.

8. Motivation des antragstellenden Arbeitnehmers

Auf den britischen Inseln kann der Antrag nur gestellt werden, um durch die Flexibilisierung der Arbeitszeit besser für das Kind zu sorgen.[841] Auch in Deutschland verfolgen die Regelungen über die Elternteilzeit das Ziel, Beruf und Familie besser in Einklang zu bringen.[842] Dennoch besteht unter der geltenden Regelung im Rahmen der Anspruchsgewährung in Deutschland nicht die Möglichkeit, zu kontrollieren, ob der Arbeitnehmer, der Elternzeit beziehungsweise Elternteilzeit in Anspruch nimmt, tatsächlich die gewonnene Freizeit ganz oder überwiegend der Kindererziehung widmet.[843]

Die Feststellung der Motivation des Arbeitnehmers ist sehr schwierig. Da die Möglichkeit, das Recht auf Elternteilzeit (zukünftig Elternflexibilität) in Anspruch zu nehmen, bereits durch die engen Anspruchsvoraussetzungen eingeschränkt wird, ist zumindest auf dieser Stufe eine subjektive Einschränkung nicht erforderlich. Im Ergebnis werden sich die bestehenden Unterschiede kaum auswirken, da im Regelfall der Arbeitnehmer den Anspruch geltend macht um besser für sein Kind zu sorgen.

9. Zusammenfassung

Zusammenfassend lässt sich feststellen, dass hinsichtlich der Anspruchsberechtigung, Wartezeit und Form der Geltendmachung starke Parallelen zwischen der deutschen und der englischen, schottischen und walisischen Regelung gegeben sind. Es bestehen allerdings große Unterschiede bezüglich der Kleinarbeitgeberklausel, der Frist zur Geltendmachung, den entgegenstehenden dringenden betrieblichen Gründen beziehungsweise „business reasons", der Präklusion und der

---

[841] ERA 1996, 80 F (1) (b).
[842] BT-Drucks. 14/3553, S. 16; BT-Drucks. 13/6577, S. 4 und 11.
[843] ArbG Hamburg 24.11.2004, 16 Ca 558/03 (unveröffentlicht).

Motivation des Arbeitnehmers. Teilweise ist eine Anpassung der deutschen Regeln wünschenswert und teilweise nicht.

IV. Unterschiede bei der Durchsetzung des Anspruchs auf Elternteilzeit und des Anspruchs auf flexible Arbeitsbedingungen

Große Unterschiede treten bei der Anspruchsdurchsetzung auf. In Deutschland kann der Arbeitnehmer eine Verringerung der Arbeitszeit und ihre Ausgestaltung beantragen.[844] Über den Antrag sollen sich Arbeitgeber und Arbeitnehmer innerhalb von vier Wochen einigen.[845] Das Gesetz formuliert, dass der Arbeitgeber den Antrag nur innerhalb von vier Wochen aus dringenden betrieblichen Gründen schriftlich ablehnen kann.[846] Obwohl das Gesetz das Erfordernis einer Verhandlung und schriftlichen Ablehnung nennt, sind keine Konsequenzen an die Verletzung geknüpft.[847] Wenn der Arbeitgeber nicht reagiert, bleibt dem Arbeitnehmer nichts anderes übrig, als zu versuchen seinen Antrag gerichtlich durchzusetzen. Ein solches Verfahren ist auch unter Berücksichtigung der Möglichkeit des einstweiligen Rechtsschutzes sehr zeitaufwendig. Wenn das Verfahren für den Arbeitnehmer erfolgreich ausgeht, kann ihm vom Gericht Schadensersatz zugesprochen werden. Dieser richtet sich allerdings nur nach den erlittenen finanziellen Einbußen und schafft daher keinen Ersatz für die entgangene Zeit mit dem Kind oder Verlust von betrieblichem Know-how, welcher im Falle eines vollständigen Aussetzens mit der Arbeit eintreten kann. Unabhängig vom Ausgang des Verfahrens ist die Anstrengung eines gerichtlichen Prozesses gegen den Arbeitgeber stets schwierig. Dies (zer)stört die persönlichen Beziehungen zwischen Arbeitgeber und Arbeitnehmer und kommt oft einem „Zerschneiden des Tischtuchs" gleich.

Ein Verfahren, welches mehr auf Lösungen durch Dialog setzt, ist daher notwendig um diese Probleme zu vermeiden. Durch den kommunikativen Gedankenaustausch können Lösungsmöglichkeiten geschaffen werden, die beiden

---

[844] § 15 V I BEEG.
[845] § 15 V 1 BEEG.
[846] § 15 IV 4 BEEG.
[847] LAG München 03.03.2004 – 9 Sa 782/03 (unveröffentlicht), LAG Düsseldorf 02.07.2003, NZA-RR 2004, 234, 235; ErfK-*Dörner*, § 15 BErzGG Rn. 27; Annuß/Thüsing-*Lambrich*, § 23 TzBfG Rn. 32; *Rolfs*, RdA 2001, 129, 138; zu der vergleichbaren Situation bei § 8 TzBfG: *Diller*, NZA 2001, 589, 592.

Seiten gerecht werden. Die Regelungen auf der britischen Insel können für eine Verbesserung der deutschen Regelungen Anregungen geben.

In England, Schottland und Wales muss im Antrag des Arbeitnehmers auf flexible Arbeitsbedingungen nicht nur das gewünschte Arbeitsmodell genannt werden und der Zeitpunkt ihres In-Kraft-Tretens,[848] der Arbeitnehmer muss außerdem erläutern, welche Auswirkungen die vorgeschlagene Änderung der Arbeitsbedingungen haben werden und wie man damit seiner Meinung nach umzugehen habe.[849] Wenn der Arbeitgeber dem Antrag des Arbeitnehmers nicht (sofort) zustimmen möchte, muss er ein Treffen einberaumen, bei dem über den Antrag diskutiert wird.[850] Der Arbeitgeber muss den Arbeitnehmer innerhalb von 14 Tagen nach dem Treffen über seine Entscheidung informieren.[851] Falls der Arbeitgeber die Forderung des Arbeitnehmers ablehnt, muss er den entgegenstehenden „business reason" erläutern.[852] Wenn der Arbeitnehmer sich allerdings dennoch nicht mit der Entscheidung zufrieden gibt, kann er dieses Ergebnis innerbetrieblich angreifen.[853] Wenn das Verfahren ebenfalls nicht zugunsten des Arbeitnehmers ausgeht, muss der Arbeitgeber wiederum seine Entscheidung, gestützt auf die „business reasons", begründen.[854] Der Arbeitnehmer kann dann die Entscheidung vor einem Arbeitsschiedsgericht angreifen, indem er sich entweder auf die Verletzung von Verfahrensvoraussetzungen oder auf unzutreffende Fakten beruft, die der Arbeitgeber seiner Entscheidung (das heißt der Begründung der entgegenstehenden „business reasons") zugrunde gelegt hat.[855] Arbeitnehmer und Arbeitgeber haben auch die Möglichkeit, diesen Verfahrensschritt einvernehmlich in einem Acas-Schlichtungsverfahren durchzuführen.[856] Weder

---

[848] ERA 1996, 80 F (2) (b).
[849] ERA 1996, 80 F (2) (c).
[850] Flexible Working (Procedural Requirements) Regulations 2002, SI 2002/3207, 3 (1); ERA 1996, 80 G (2) (a); Flexible Working (Procedural Requirements) Regulations 2002, SI 2002/3207, 3 (1).
[851] Flexible Working (Procedural Requirements) Regulations 2002, SI 2002/3207, 4.
[852] ERA 1996, 80 G (2) (c); Flexible Working (Procedural Requirements) Regulations 2002, SI 2002/3207, 5 (b) (ii).
[853] ERA 1996, 80 G (2) (d); Flexible Working (Procedural Requirements) Regulations 2002, SI 2002/3207, 7.
[854] ERA 1996, 80 G (2) (i); Flexible Working (Procedural Requirements) Regulations 2002, SI 2002/3207, 10 (b) (ii).
[855] ERA 1996, 80 H; Flexible Working (Eligibility, Complaints and Remedies) Regulations 2002, SI 2002/3236, 6.
[856] Vgl. oben C.VIII.3, S. 181 ff.

vor Arbeitsschiedsgerichten noch im Acas-Schlichtungsverfahren kann die den „business reasons" zugrunde liegende unternehmerische Entscheidung überprüft werden. Es können lediglich die zugrunde gelegten Fakten auf ihre Richtigkeit hin überprüft werden. Aufgrund der niedrigen Schwelle, bei der schon das Vorliegen von „business reasons" angenommen werden kann, wird der Nutzen dieser Regelung ganz erheblich eingeschränkt. Dazu kommt, dass es weder im Arbeitsschiedsgerichts- noch im Acas-Schlichtungsverfahren möglich ist, die Flexibilisierung der Arbeitsbedingungen anzuordnen. Vielmehr kann der Arbeitgeber nur verpflichtet werden, das innerbetriebliche Verfahren noch einmal durchzuführen und eine Entschädigungssumme zu zahlen. Daran zeigt sich die große Schwäche der englischen, schottischen und walisischen Regelung. Ein noch so ausgefeiltes Recht hat keinen praktischen Wert, wenn es nicht durchgesetzt werden kann. Deswegen stützen sich die Arbeitnehmer bei der Durchsetzung ihrer gewünschten flexiblen Arbeitsbedingungen vor dem Arbeitsschiedsgericht zumeist auf den SDA 1975. Bei Behauptung einer mittelbaren Geschlechtsdiskriminierung kann das Schiedsgericht den „business reason" nämlich dahingehend überprüfen, ob er angemessen, notwendig und durch Umstände gerechtfertigt ist, die unabhängig vom Geschlecht bestehen.[857] Dieser Maßstab ist sehr viel strenger. Daher wird dem Arbeitnehmer viel häufiger die Flexibilisierung der Arbeitsbedingungen gewährt. Die Wahl dieser Vorgehensweise wird auch dadurch unterstützt, dass unter dem SDA 1975, anders als nach dem ERA 1996, die Flexibilisierung der Arbeitsbedingungen vom Arbeitsschiedsgericht angeordnet werden kann und die Entschädigungssumme nicht der Höhe nach beschränkt ist.[858] Ein Verfahren, gestützt auf den SDA 1975, setzt aber nicht auf den Dialog zwischen Arbeitnehmer und Arbeitgeber, es geht ausschließlich um die Durchsetzung der gewünschten flexiblen Arbeitsbedingungen. Ein solches Verfahren stellt keinen Vorteil gegenüber der deutschen Vorgehensweise dar.

Vielmehr ist ein Verfahren, das auf Dialog und Erklärung setzt, auch in Deutschland wünschenswert. Eine Anlehnung an die englischen Regelungen des Rechts auf flexible Arbeitsbedingungen ist angebracht. In Deutschland würde ein solches Verfahren auch nicht den Makel der fehlenden praktischen Durchsetzbarkeit tragen. Dies liegt daran, dass Elternflexibilität nur aufgrund von entgegenstehenden dringenden betrieblichen Gründen abgelehnt werden kann und im

---

[857] Croner's Reference Book for Employers-*Macdonald/Wickersham/Chandler*, E333; Tottel's Discrimination Law Rn. 263.
[858] Vgl. oben C.VIII.2.c), S. 175 ff.

Gerichtsurteil festgestellt werden kann, dass der Arbeitgeber der Flexibilisierung der Arbeitsbedingungen zuzustimmen hat, wenn die Voraussetzungen des Anspruchs gegeben sind. Es stellt sich an diesem Punkt die Frage, wie die Einhaltung des vorgeschriebenen Verfahrens durchgesetzt werden kann. Hier bietet sich eine Imitation der bei § 8 TzBfG getroffenen Wertungen an. Das BAG hat 2003 entschieden, dass eine Verletzung der Verfahrensvoraussetzungen dort dazu führt, dass der Arbeitgeber dem Arbeitnehmer keine Einwendung mehr entgegenhalten kann, die im Rahmen einer Verhandlung hätten ausgeräumt werden können.[859] Bei Übertragung auf die Elternflexibilität heißt das, dass der Arbeitgeber sich auf keine entgegenstehenden dringenden betrieblichen Gründe berufen kann, die die Parteien einvernehmlich aus der Welt hätten schaffen können. Es besteht bei dieser Lösung die Gefahr, dass der Arbeitnehmer behaupten kann, dass er sich auf alles eingelassen hätte um so die möglichen Einwendungen des Arbeitgebers aus der Welt zu schaffen. Der Arbeitnehmer muss daher substantiiert und zur Überzeugung des Gerichts darlegen, dass dem wirklich so gewesen wäre.

Eine Beschränkung der Entschädigungssumme, wie dies in England bezogen auf das Recht auf flexible Arbeitsbedingungen praktiziert wird, ist allerdings nicht angebracht. Vielmehr sollte die Entschädigung einen Ausgleich für die erlittenen Einbußen darstellen. Eine Abweichung von der zurzeit in Deutschland geltenden Rechtslage ist daher nicht wünschenswert.

---

[859] BAG 18.02.2003, AP Nr. 1 zu § 8 TzBfG, Gründe I. 5. b) bb) (1).

E. Elternteilzeit de lege ferenda: Elternflexibilität

Im Folgenden sollen nun die erarbeiteten Verbesserungsvorschläge festgehalten werden. Dabei sollen auch rechtliche Auslegungen aufgegriffen werden, die zwar im Moment schon gelten, die sich aber einem juristischen Laien aus dem jetzigen Wortlaut der Regelung nicht erschließen. Eine Anpassung wird für Rechtssicherheit sorgen und wird praktischen Bedürfnissen besser gerecht. Arbeitnehmer im Sinne dieser Norm sind Arbeitnehmerinnen und Arbeitnehmer. Arbeitgeber im Sinne dieser Norm sind Arbeitgeberinnen und Arbeitgeber.

§ 15 BEEG (neue Fassung): Anspruch auf Elternflexibilität

I   [1]Der Arbeitnehmer kann jede Art der Flexibilisierung der Arbeitszeitlage und Telearbeit beantragen. [2]Flexibilisierungen der Arbeitszeitlage umfassen Teilzeit, Gleitzeit, Jahresarbeit und die genaue Festlegung der Arbeitszeit.

II   [1]Für den Anspruch auf Flexibilisierung der Arbeitsbedingungen gelten folgende Voraussetzungen:

     a. der Arbeitnehmer

         i. lebt in einem Haushalt

- mit seinem Kind,

- mit einem Kind, für das er die Anspruchsvoraussetzungen nach § 1 III oder IV BEEG erfüllt, oder

- mit einem Kind, dass er in Vollzeitpflege nach § 33 SGB VIII aufgenommen hat,

         ii. das Kind ist unter zehn Jahre beziehungsweise 18 Jahre alt, wenn es behindert ist

         iii. und betreut und erzieht dieses Kind selbst,

b. das Arbeitsverhältnis in demselben Betrieb oder Unternehmen besteht ohne Unterbrechung länger als sechs Monate,

c. dem Anspruch stehen keine dringenden betrieblichen Gründe entgegen; dringende betriebliche Gründe liegen vor, wenn

   i. ein Organisationskonzept der vom Arbeitgeber als erforderlich angesehenen Arbeitsregelung zugrunde liegt und die Arbeitsregelung den Flexibilisierungswünschen des Arbeitnehmers tatsächlich entgegensteht,

   ii. sie insbesondere auch nicht durch zumutbare Änderung von betrieblichen Abläufen oder des Personaleinsatzes miteinander in Einklang gebracht werden können und

   iii. die gewünschte Flexibilisierung insbesondere die Organisation, den Arbeitsablauf oder die Sicherheit im Betrieb so wesentlich beeinträchtigt oder unverhältnismäßige Kosten verursacht, dass die Interessen des Arbeitgebers an der Ablehnung die Interessen des Arbeitnehmers an der Flexibilisierung überwiegen (umfassende Interessenabwägung),

d. der Anspruch wurde dem Arbeitgeber sieben Wochen vor Beginn der Tätigkeit schriftlich mitgeteilt,

e. der Arbeitnehmer hat in den letzten 12 Monaten keinen Antrag auf Elternflexibilität gestellt.

III [1]Der Antrag des Arbeitnehmers muss das gewünschte Arbeitsmodell und den Zeitpunkt des Inkrafttretens nennen. [2]Der Arbeitnehmer muss erläutern, welche Auswirkungen die vorgeschlagenen Änderungen der Arbeitsbedingungen auf den Betrieb haben werden.

IV Die Flexibilisierung der Arbeitsbedingungen muss für mindestens einen Zeitraum von zwei Monaten in Anspruch genommen werden.

V [1]Über den Antrag sollen sich Arbeitgeber und Arbeitnehmer einigen. [2]Das Einigungstreffen muss innerhalb von 28 Tagen, nachdem der Antrag beim Arbeitgeber eingegangen ist, stattfinden, es sei denn, dass der Arbeitgeber dem Antrag sofort zustimmen möchte. ³Der Arbeitnehmer darf sich von einem anderen Arbeitnehmer, der bei demselben Arbeitgeber beschäftigt ist, zu diesem Treffen begleiten lassen.

VI ¹Der Arbeitgeber muss den Arbeitnehmer innerhalb von 14 Tagen nach dem Treffen darüber informieren, ob er dem Antrag zustimmt oder ihn ablehnt. ²Falls der Arbeitgeber den Wünschen des Arbeitnehmers nachkommen möchte, muss die Benachrichtigung eine Beschreibung der neuen Arbeitsbedingungen enthalten und den Tag nennen, an denen sie in Kraft treten sollen. ³Falls der Antrag abgelehnt werden soll, muss dies, unter Nennung des entgegenstehenden dringenden betrieblichen Grunds, ausführlich begründet werden.

VII ¹Soweit der Arbeitgeber der Flexibilisierung der Arbeitsbedingungen nicht zustimmt, kann der Arbeitnehmer innerhalb von 14 Tagen, nachdem er schriftlich Kenntnis von der Ablehnung des Antrags erlangt hat, diese Entscheidung innerbetrieblich angreifen. ²Dafür muss er schriftlich und datiert die Gründe nennen, die für die Gewährung seines Antrags sprechen. ³Der Arbeitgeber muss innerhalb von 14 Tagen, nachdem dieses Schreiben bei ihm eingegangen ist, ein Treffen abhalten, bei dem über den Antrag ein zweites Mal diskutiert wird. ⁴Dieses Treffen soll, wenn möglich, von einem leitenden Angestellten geleitet werden. ⁵Der Arbeitnehmer kann von einem anderen Arbeitnehmer, der bei demselben Arbeitgeber beschäftigt ist, zu dem Treffen begleitet werden. ⁶Der Arbeitgeber muss den Arbeitnehmer schriftlich und datiert über den Ausgang der innerbetrieblichen Beschwerde innerhalb von 14 Tagen nach dem Treffen informieren. ⁷Falls der Arbeitgeber dem Antrag des Arbeitnehmers nun zustimmen möchte, muss er in dem Schreiben die neuen Arbeitsbedingungen nennen und den Zeitpunkt ihres In-Kraft-Tretens. ⁸Falls der Arbeitgeber die Flexibilisierung der Arbeitsbedingungen ablehnt, muss er dies, unter Nennung des entgegenstehenden dringenden betrieblichen Grunds, ausführlich begründen. ⁹Dabei muss er sich auch auf die Argumentation des Arbeitnehmers beziehen.

VIII ¹Soweit der Arbeitgeber im innerbetrieblichen Beschwerdeverfahren der Flexibilisierung der Arbeitsbedingungen nicht zustimmt, kann der Arbeitnehmer Klage vor dem Gericht für Arbeitssachen erheben oder einverständlich mit dem Arbeitgeber ein außerbetriebliches Schlichtungsverfahren anstrengen. ²Eine Verletzung der in den Absätzen V-VII genannten Verfahrensvoraussetzungen führt dazu, dass der Arbeitgeber sich nicht mehr auf entgegenstehende dringende betriebliche Gründe berufen kann, die von den Parteien einvernehmlich aus der Welt hätten geräumt werden können. ³Im Verfahren vor den Arbeitsgerichten ist der einstweilige Rechtsschutz zulässig. ⁴Die Vollziehung richtet sich nach § 894 ZPO und die Fiktionswirkung tritt schon mit Erlass der einstweiligen Verfügung ein.

IX ¹Wenn im Zeitpunkt der Antragstellung dem Wunsch des Arbeitnehmers auf flexible Arbeitsbedingungen dringende betriebliche Gründe entgegenstehen, hat der Arbeitnehmer, der ein Interesse an flexiblen Arbeitsbedingungen geäußert hat, einen Anspruch gegen den Arbeitgeber über freiwerdende, neu gestaltete oder umgestaltete Arbeitsplätze informiert zu werden, welche die gewünschte Flexibilisierung seiner Arbeitsbedingungen ermöglichen. ²Der Arbeitgeber hat den Arbeitnehmer in diesem Fall auch über den Wegfall von entgegenstehenden dringenden innerbetrieblichen Gründen zu informieren, die im Zeitpunkt der Antragsstellung einer Flexibilisierung der Arbeitsbedingungen entgegenstanden.

X ¹Wenn nach Gewährung der flexiblen Arbeitsbedingungen nachträglich dringende betriebliche Gründe gegen die nun geltende Verteilung der Arbeitszeit sprechen, ist eine nachträgliche Veränderung der Lage der Arbeitszeit nur möglich, wenn das dringende betriebliche Interesse an der Veränderung das Interesse des Arbeitnehmers an der Beibehaltung der gegenwärtigen Verteilung erheblich überwiegt und der Arbeitgeber die Änderung spätestens einen Monat vorher angekündigt hat. ²Wenn nachträglich dringende betriebliche Gründe gegen den nun geltenden Arbeitsort sprechen, ist eine nachträgliche Veränderung des Arbeitsortes nur möglich, wenn das dringende betriebliche Interesse an der Veränderung das Interesse des Arbeitnehmers an der Beibehaltung des gegenwärtigen Arbeitsortes erheblich überwiegt und der Arbeitgeber die Änderung spätestens einen Monat vorher angekündigt hat.

XI ¹Die Flexibilisierung der Arbeitsbedingungen endet mit Erreichen des zehnten Lebensjahres beziehungsweise des 18. Lebensjahres des Kindes, wenn dieses behindert ist. ²Der Arbeitnehmer kehrt dann automatisch zu den Arbeitsbedingungen zurück, die er vor der Flexibilisierung der Arbeitsbedingungen hatte.

F. Anhang

I. Auszug aus dem Employment Rights Act 1996

"PART 8A
FLEXIBLE WORKING
80F Statutory right to request contract variation

(1) A qualifying employee may apply to his employer for a change in his terms and
conditions of employment if —
(a) the change relates to —
(i) the hours he is required to work,
(ii) the times when he is required to work,
(iii) where, as between his home and a place of business of his employer, he is required to work, or
(iv) such other aspect of his terms and conditions of employment as the Secretary of State may specify by regulations, and
(b) his purpose in applying for the change is to enable him to care for someone who, at the time of application, is
(i) a child who has not reached the prescribed age or falls within a prescribed description and in respect of whom (in either case) the employee satisfies prescribed conditions as to relationship, or
(ii) a person aged 18 or over who falls within a prescribed description and in respect of whom the employer satisfies prescribed conditions as to relationship.[1]

(2) An application under this section must —
(a) state that it is such an application,
(b) specify the change applied for and the date on which it is proposed the change should become effective,
(c) explain what effect, if any, the employee thinks making the change applied for would have on his employer and how, in his opinion, any such effect might be dealt with, and

(d) explain how the employee meets, in respect of the child or other person to be cared for, the conditions as to relationship mentioned in subsection (1)(b)(i) or (ii). [2]

(3)[3]

(4) If an employee has made an application under this section, he may not make a further application under this section to the same employer before the end of the period of twelve months beginning with the date on which the previous application was made.

(5) The Secretary of State may by regulations make provision about —
(a) the form of applications under this section, and
(b) when such an application is to be taken as made.

(6)[4]

(7)[5]

(8) For the purposes of this section, an employee is —
(a) a qualifying employee if he —
(i) satisfies such conditions as to duration of employment as the Secretary of State may specify by regulations, and
(ii) is not an agency worker;
(b) an agency worker if he is supplied by a person ("the agent") to do work for another ("the principal") under a contract or other arrangement made between the agent and the principal.

(9) Regulations under this section may make different provision for different cases. [6]

(10) In this section –
"child" means a person aged under 18;
"prescribed" means prescribed by regulations made by the Secretary of State." [7]

80G Employer's duties in relation to application under section 80F

(1) An employer to whom an application under section 80F is made —
(a) shall deal with the application in accordance with regulations made by the Secretary of State, and
(b) shall only refuse the application because he considers that one or more of the following grounds applies —
(i) the burden of additional costs,
(ii) detrimental effect on ability to meet customer demand,
(iii) inability to re-organise work among existing staff,
(iv) inability to recruit additional staff,
(v) detrimental impact on quality,
(vi) detrimental impact on performance,
(vii) insufficiency of work during the periods the employee proposes to work,
(viii) planned structural changes, and
(ix) such other grounds as the Secretary of State may specify by regulations.

(2) Regulations under subsection (1)(a)shall include —
(a) provision for the holding of a meeting between the employer and the employee to discuss an application under section 80F within twenty eight days after the date the application is made;
(b) provision for the giving by the employer to the employee of notice of his decision on the application within fourteen days after the date of the meeting under paragraph (a);
(c) provision for notice under paragraph (b)of a decision to refuse the application to state the grounds for the decision;
(d) provision for the employee to have a right, if he is dissatisfied with the employer's decision, to appeal against it within fourteen days after the date on which notice under paragraph (b)is given;
(e) provision about the procedure for exercising the right of appeal under paragraph (d),including provision requiring the employee to set out the grounds of appeal;
(f) provision for notice under paragraph (b)to include such information as the regulations may specify relating to the right of appeal under paragraph (d);
(g) provision for the holding, within fourteen days after the date on which notice of appeal is given by the employee, of a meeting between the employer and the employee to discuss the appeal;
(h) provision for the employer to give the employee notice of his decision on any appeal within fourteen days after the date of the meeting under paragraph (g);

(i) provision for notice under paragraph (h) of a decision to dismiss an appeal to state the grounds for the decision;
(j) provision for a statement under paragraph (c) or (i) to contain a sufficient explanation of the grounds for the decision;
(k) provision for the employee to have a right to be accompanied at meetings under paragraph (a) or (g) by a person of such description as the regulations may specify;
(l) provision for postponement in relation to any meeting under paragraph (a) or (g) which a companion under paragraph (k) is not available to attend;
(m) provision in relation to companions under paragraph (k) corresponding to section 10 (6) and (7) of the Employment Relations Act 1999 (c.26) (right to paid time off to act as companion, etc.);
(n) provision, in relation to the rights under paragraphs (k) and (l), for the application (with or without modification) of sections 11 to 13 of the Employment Relations Act 1999 (provisions ancillary to right to be accompanied under section 10 of that Act).

(3) Regulations under subsection (1) (a) may include —
(a) provision for any requirement of the regulations not to apply where an application is disposed of by agreement or withdrawn;
(b) provision for extension of a time limit where the employer and employee agree, or in such other circumstances as the regulations may specify;
(c) provision for applications to be treated as withdrawn in specified circumstances; and may make different provision for different cases.

(4) The Secretary of State may by order amend subsection (2).

80H Complaints to employment tribunals

(1) An employee who makes an application under section 80F may present a complaint to an employment tribunal —
(a) that his employer has failed in relation to the application to comply with section 80G(1), or
(b) that a decision by his employer to reject the application was based on incorrect facts.

(2) No complaint under this section may be made in respect of an application which has been disposed of by agreement or withdrawn.
(3) In the case of an application which has not been disposed of by agreement or withdrawn, no complaint under this section may be made until the employer —
(a) notifies the employee of a decision to reject the application on appeal, or
(b) commits a breach of regulations under section 80G(1)(a) of such description as the Secretary of State may specify by regulations.

(4) No complaint under this section may be made in respect of failure to comply with provision included in regulations under subsection (1)(a) of section 80G because of subsection (2)(k), (l) or (m) of that section.

(5) An employment tribunal shall not consider a complaint under this section unless it is presented —
(a) before the end of the period of three months beginning with the relevant date, or
(b) within such further period as the tribunal considers reasonable in a case where it is satisfied that it was not reasonably practicable for the complaint to be presented before the end of that period of three months.

(6) In subsection (5)(a),the reference to the relevant date is —
(a) in the case of a complaint permitted by subsection (3)(a), the date on which the employee is notified of the decision on the appeal, and
(b) in the case of a complaint permitted by subsection (3)(b), the date on which the breach concerned was committed.

80I Remedies

(1) Where an employment tribunal finds a complaint under section 80H well-founded it shall make a declaration to that effect and may —
(a) make an order for reconsideration of the application, and
(b) make an award of compensation to be paid by the employer to the employee.

(2) The amount of compensation shall be such amount, not exceeding the permitted maximum, as the tribunal considers just and equitable in all the circumstances.

(3) For the purposes of subsection (2),the permitted maximum is such number of weeks' pay as the Secretary of State may specify by regulations.

(4) Where an employment tribunal makes an order under subsection (1)(a), section 80G, and the regulations under that section, shall apply as if the application had been made on the date of the order."

47E Flexible working

(1) An employee has the right not to be subjected to any detriment by any act, or any deliberate failure to act, by his employer done on the ground that the employee —
(a) made (or proposed to make)an application under section 80F,
(b) exercised (or proposed to exercise) a right conferred on him under section 80G,
(c) brought proceedings against the employer under section 80H, or
(d) alleged the existence of any circumstance which would constitute a ground for bringing such proceedings.

(2) This section does not apply where the detriment in question amounts to dismissal within
the meaning of Part 10."

104.— Assertion of statutory right.

(1) An employee who is dismissed shall be regarded for the purposes of this Part as unfairly
dismissed if the reason (or, if more than one, the principal reason) for the dismissal is that the
employee —
(a) brought proceedings against the employer to enforce a right of his which is a relevant
statutory right, or
(b) alleged that the employer had infringed a right of his which is a relevant statutory right.

(2) It is immaterial for the purposes of subsection (1)—

(a) whether or not the employee has the right, or
(b) whether or not the right has been infringed;
but, for that subsection to apply, the claim to the right and that it has been infringed must be made in good faith.

(3) It is sufficient for subsection (1)to apply that the employee, without specifying the right, made it reasonably clear to the employer what the right claimed to have been infringed was.

(4) The following are relevant statutory rights for the purposes of this section —
(a) any right conferred by this Act for which the remedy for its infringement is by way of a complaint or reference to an employment tribunal,
(b) the right conferred by section 86 of this Act,
(c) the rights conferred by sections 68, 86, 145A, 145B, 146, 168, 168A, 169 and 170 of the Trade Union and Labour Relations (Consolidation) Act 1992 (deductions from pay, union activities and time off),
(d) the rights conferred by the Working Time Regulations 1998, the Merchant Shipping (Working Time: Inland Waterway) Regulations 2003 or the Fishing Vessels (Working Time: Sea-fishermen) Regulations 2004, and
(e) the rights conferred by the Transfer of Undertakings (Protection of Employment) Regulations 2006.

(5) In this section any reference to an employer includes, where the right in question is conferred by section 63A, the principal (within the meaning of section 63A(3)) or the Merchant Shipping (Working Time: Inland Waterways) Regulations 2003.

[1] Sections 80F 1 b was amended by section 12 of the Work and Families Act 2006 (c.18).
[2] Sections 80F 2 d was amended by section 12 of the Work and Families Act 2006 (c.18).
[3] Sections 80F 3 was omitted by section 12 of the Work and Families Act 2006 (c.18).
[4] Sections 80F 6 was omitted by section 12 of the Work and Families Act 2006 (c.18).
[5] Sections 80F 7 d was omitted by section 12 of the Work and Families Act 2006 (c.18).

[6] Sections 80F 9 was inserted by section 12 of the Work and Families Act 2006 (c.18).
[7] Sections 80F 10 was inserted by section 12 of the Work and Families Act 2006 (c.18).

II. The Flexible Working (Eligibility, Complaints and Remedies) Regulations 2002, 3236

The Secretary of State, in exercise of the powers conferred on her by sections 80F(1)(b), 80F(5)
and (8)(a), 80H(3)(b) and 80I(3) of the Employment Rights Act 1996 [1], hereby makes the following Regulations:—

1. Citation and commencement

These Regulations may be cited as the Flexible Working (Eligibility, Complaints and Remedies) Regulations 2002 and shall come into force on 6th April 2003.

2.— Interpretation

(1) In these Regulations —
"the 1996 Act" means the Employment Rights Act 1996;
"the Procedure Regulations" means the Flexible Working (Procedural Requirements) Regulations 2002;
"adopter", in relation to a child, means a person who has been matched with the child for adoption;
"application" means an application under section 80F of the 1996 Act (statutory right to request contract variation);
"contract of employment" means a contract of service or apprenticeship, whether express or implied, and (if it is express) whether oral or in writing;
"contract variation", means a change in the terms and conditions of a contract of employment of a kind specified in section 80F(1)(a) of the 1996 Act;
"disabled" means entitled to a disability living allowance within the meaning of section 71 of the Social Security Contributions and Benefits Act 1992 [2]
"electronic communication" means an electronic communication within the meaning of section 15(1) of the Electronic Communications Act 2000;

"employee" means an individual who has entered into or works under (or, where the employment has ceased, worked under)a contract of employment;

"employer" means the person by whom an employee is (or, where the employment has ceased, was) employed;

"foster parent" means a foster parent within the meaning of regulation 2(1) of the Fostering Services Regulations 2002[3]
or a foster carer within the meaning of regulation 2(1) of the Fostering of Children (Scotland) Regulations 1996;

"guardian " means a person appointed as a guardian under section 5 of the Children Act 1989 or section 7 or 11 of the Children (Scotland)Act 1995[4];

"partner" means the other member of a couple consisting of –

(a) a man and a woman who are not married to each other but are living together as if they were husband and wife, or

(b) two people of the same sex who are not civil partners of each other but are living together as if they were civil partners.

"relative" means a mother, father, adopter, guardian, special guardian, parent in law, step-parent, son, step-son, daughter, step-daughter, brother, step-brother, brother-in-law, sister, step-sister, sister-in-law, uncle, aunt or grandparent, and includes adoptive relationships and relationships of the full blood or half blood or, in the case of an adopted person, such of those relationships as would exist but for the adoption;

"special guardian", means a person appointed as a special guardian under section 14 A of the Children Act 1989[5];

"writing" includes writing delivered by means of electronic communication.

(2) The relatives of a child's mother, father, adopter, guardian or foster parent referred to in the
definition of "partner" in paragraph (1) are the mother's, father's, adopter's, guardian's or foster parent's parent, grandparent, sister, brother, aunt or uncle.

(3) References to relationships in paragraph (2)—

(a) are to relationships of the full blood or half blood or, in the case of an adopted person,
such as those relationships as would exist but for the adoption, and

(b) include the relationship of a child with his adoptive, or former adoptive, parents,

but do not include any other adoptive relationships.

3.— Entitlement to request a contract variation

(1) An employee is entitled to make an application to his employer for a contract variation if he —
(a) has been continuously employed for a period of not less than 26 weeks;
(b) is either —
(i) the mother, father, adopter, guardian or foster parent of the child or;
(ii) married to [, the civil partner]6 or the partner of the child's mother, father, adopter, guardian or foster parent;
(c) has, or expects to have responsibility for the upbringing of the child.

(2) The reference in paragraph (1) to a period of continuous employment is to a period computed in accordance with Chapter 1 of Part 14 of the 1996 Act, as if that paragraph were a provision of that Act.

4. Form of the application

An application shall —
(a) be made in writing,
(b) state whether a previous application has been made by the employee to the employer
and, if so, when, and
(c) be dated.

5.— Date when an application is taken as made

(1) Unless the contrary is proved, an application is taken as having been made on the day the
application is received.

(2) The reference in paragraph (1) to the day on which an application is received is a reference —
(a) in relation to an application transmitted by electronic communication, to the day on
which it is transmitted,
(b) in relation to an application sent by post, to the day on which the application would be

delivered in the ordinary course of post.

6. Breaches of the Procedure Regulations by the employer entitling an employee to make a complaint to an employment tribunal

The breaches of the Procedure Regulations which entitle an employee to make a complaint to an
employment tribunal under section 80H of the 1996 Act notwithstanding the fact that his application
has not been disposed of by agreement or withdrawn are —
(a) failure to hold a meeting in accordance with regulation 3(1) or 8(1),
(b) failure to notify a decision in accordance with regulation 4 or 9.

7. Compensation
The maximum amount of compensation that an employment tribunal may award under section 80I of the 1996 Act where it finds a complaint by an employee under section 80H of the Act well-founded is 8 weeks' pay.

Patricia Hewitt
Secretary of State for Trade and Industry
31st December 2002

[1] Sections 80F, 80H and 80I were inserted by section 47 of the Employment Act 2002 (c.22).
[2] 1992 c. 4. Section 71 corresponds to provisions formerly contained in Section 1 of the Disability Living Allowance and Disability Working Allowance Act 1991. Section 1 of that Act was repealed by Schedule 1 to the Social Security (Consequential Provisions) Act 1992 (c.6).
[3] Amended by S.I.2002/865.
[4] 1989 c.41 Section 14A (which extends to England and Wales only) was inserted by section 115(1) of the Adoption and Children Act 2002 (c.38).
[5] Section 11 was amended by the European Communities (Matrimonial Jurisdiction and Judgements)(Scotland)
Regulations 2001 (S.S.I.2001/36.)
[6] words inserted by Civil Partnership Act 2004 (Amendments to Subordinate Legislation)Order 2005/2114 Sch.
17 para. 4

EXPLANATORY NOTE
(This note is not part of the Order)

These Regulations relate to the new statutory right to request a variation to the terms and conditions of an employee's contract of employment to enable the employee to care for a child. This new right is provided for in the Employment Act 2002 and the relevant provisions are incorporated by that Act into the Employment Rights Act 1996 ("the 1996 Act").

Entitlement to request a contract variation is available under regulation 3 to an employee with 26 weeks' qualifying service, who is either the mother, father, adopter, guardian, or foster parent of the child, or the partner or spouse of any of these relatives, and who has or expects to have

responsibility for the upbringing of the child. Regulation 4 imposes requirements as to the form of the application. Regulation 5 provides when an application is taken as having been made by the employee. Regulation 6 specifies which breaches of the Flexible Working (Procedural Requirements) Regulations 2002 entitle the employee to make a complaint to an employment tribunal notwithstanding the fact that his application has not been disposed of by agreement or withdrawn. Regulation 7 provides that the maximum amount of compensation that an employment tribunal may award where it finds a complaint under section 80H well-founded is 8 weeks' pay. A week's pay is to be calculated in accordance with Chapter 2 of Part 14 of the 1996 Act. The maximum amount of a week's pay is currently £250 but this sum may be varied by the Secretary of State by Order. A Regulatory Impact Assessment of the costs and benefits of these Regulations to business has been placed in the libraries of both Houses of Parliament. Copies are available to the public from the Employment Relations Directorate, Department of Trade and Industry,1 Victoria Street, London SW1H 0ET.The Assessment is also accessible at the Directorate's website www.dti.gov.uk/er.

III. The Flexible Working (Procedural Requirements) Regulations 2002, 3207

Whereas a draft of the following Regulations was laid before Parliament in accordance with section 236(3) of the Employment Rights Act 1996[1] and approved by a resolution of each House of Parliament:

Now, therefore, the Secretary of State, in exercise of the powers conferred on her by section 80G(2) and (3)[2] of that Act, hereby makes the following Regulations:

Citation and commencement

1.

These Regulations may be cited as the Flexible Working (Procedural Requirements) Regulations 2002 and shall come into force on 6th April 2003.

Interpretation
2.—

(1) In these Regulations —
"the 1996 Act" means the Employment Rights Act 1996;
"application" means an application under section 80F of the 1996 Act (statutory right to request a contract variation);
"contract of employment" means a contract of service or apprenticeship, whether express or implied, and (if it is express) whether oral or in writing;
"contract variation" means a change in the terms and conditions of a contract of employment
of a kind specified in section 80F(1)(a) of the 1996 Act;
"electronic communication" means an electronic communication within the meaning of section 15(1) of the Electronic Communications Act 2000;
"employee" means an individual who has entered into or works under (or, where the employment has ceased, worked under) a contract of employment;
"employer" means the person by whom an employee is (or, where the employment has ceased, was) employed;
"worker" means an individual who has entered into or works under (or, where the employment has ceased, worked under)—
(a) a contract of employment, or

(b) any other contract, whether express or implied and (if it is express) whether oral or in writing, whereby the individual undertakes to do or perform personally any work or services for another party to the contract whose status is not by virtue of the contract that of a client or customer of any profession or business undertaking carried on by the individual.
"writing" includes writing delivered by means of electronic communication.

(2) For the purposes of these Regulations, unless the contrary is proved, an application is taken as having been made on the day the application is received.

(3) The reference in paragraph (2) to the day on which an application is received is a reference —
(a) in relation to an application transmitted by electronic communication, to the day on which it is transmitted,
(b) in relation to an application sent by post, to the day on which the application would be delivered in the ordinary course of post.
(4) For the purpose of these Regulations, unless the contrary is proved, a notice is taken as being given —
(a) in relation to a notice transmitted by electronic communication, on the day on which it is transmitted,
(b) in relation to a notice sent by post, the day on which the notice would be delivered in the ordinary course of post.

The meeting to discuss an application with an employee

3.—

(1) Subject to paragraph (2) and regulation 13, an employer to whom an application for a contract variation is made shall hold a meeting to discuss the application with the employee within 28 days after the date on which the application is made.
(2) Paragraph (1) does not apply where the employer agrees to the application and notifies the employee accordingly in writing within the period referred to in that paragraph.

(3) A notice under paragraph (2) shall specify —
(a) the contract variation agreed to, and

(b) the date from which the variation is to take effect.

4.

Where a meeting is held to discuss an application the employer shall give the employee notice of his decision on the application within 14 days after the date of the meeting.

5.

A notice under regulation 4 shall —
(a) be in writing,
(b)
(i) where the employer's decision is to agree to the application, specify the contract variation agreed to and state the date on which the variation is to take effect,
(ii) where the decision is to refuse the application, state which of the grounds for refusal specified in section 80G(1)(b) of the 1996 Act are considered by the employer to apply, contain a sufficient explanation as to why those grounds apply in relation to the application, and set out the appeal procedure, and
(c) be dated.

Appeals

6.

An employee is entitled to appeal against his employer's decision to refuse an application by giving notice in accordance with regulation 7 within 14 days after the date on which notice of the decision is given.

7.

A notice of appeal under regulation 6 shall —
(a) be in writing,
(b) set out the grounds of appeal, and
(c) be dated.

8.—

(1) Subject to paragraph (2), the employer shall hold a meeting with the employee to discuss the appeal within 14 days after the employee's notice under regulation 6 is given.

(2) Paragraph (1) does not apply where, within 14 days after the date on which notice under regulation 6 is given, the employer —
(a) upholds the appeal, and
(b) notifies the employee in writing of his decision, specifying the contract variation agreed to and stating the date from which the contract variation is to take effect.

9.

Where a meeting is held to discuss the appeal, the employer shall notify the employee of his decision on the appeal within 14 days after the date of the meeting.

10.

Notice under regulation 9 shall —
(a) be in writing,
(b)
(i) where the employer upholds the appeal, specify the contract variation agreed to and state the date from which the variation is to take effect, or
(ii) where the employer dismisses the appeal, state the grounds for the decision and contain a sufficient explanation as to why those grounds apply, and
(c) be dated.

11.

The time and place of a meeting under regulation 3(1) or 8(1) shall be convenient to the employer and the employee.

Extension of periods

12.—

(1) An employer and an employee may agree to an extension of any of the periods referred to in regulations 3, 4, 6, 8, 9 and 13.

(2) An agreement under paragraph (1) must be recorded in writing by the employer.

(3) The employer's record referred to in paragraph (2) must —
(a) specify what period the extension relates to,
(b) specify the date on which the extension is to end,
(c) be dated, and
(d) be sent to the employee.

13.

Where the individual who would ordinarily consider an application is absent from work on annual leave or on sick leave on the day on which the application is made, the period referred to in regulation 3(1) commences on the day the individual returns to work or 28 days after the application is made, whichever is the sooner.

Right to be accompanied

14.—

(1) This regulation applies where —
(a) a meeting is held under regulation 3(1) or 8(1), and
(b) the employee reasonably requests to be accompanied at the meeting.

(2) Where this regulation applies the employer must permit the employee to be accompanied at the meeting by a single companion who —
(a) is chosen by the employee and is within paragraph (3),
(b) is to be permitted to address the meeting (but not to answer questions on behalf of the employee), and
(c) is to be permitted to confer with the employee during the meeting.

(3) A person comes within this paragraph if he is a worker employed by the same employer as the employee.

(4) If —
(a) an employee has a right under this regulation to be accompanied at a meeting,

(b) his chosen companion will not be available at the time proposed for the meeting by the employer, and
(c) the employee proposes an alternative time which satisfies paragraph (5), the employer must postpone the meeting to the time proposed by the employee.

(5) An alternative time must —
(a) be convenient for employer, employee and companion, and
(b) fall before the end of the period of seven days beginning with the first day after the
day proposed by the employer.

(6) An employer shall permit a worker to take time off during working hours for the purpose of accompanying an employee in accordance with a request under paragraph (1)(b).

(7) Sections 168(3) and (4), 169 and 171 to 173 of the Trade Union and Labour Relations
(Consolidation) Act 1992 (time off for carrying out trade union duties) shall apply in relation to
paragraph (6) above as they apply in relation to section 168(1) of that Act.

Complaint to employment tribunal

15.—
(1) An employee may present a complaint to an employment tribunal that his employer has failed, or threatened to fail, to comply with regulation 14(2) or (4).

(2) A tribunal shall not consider a complaint under this regulation in relation to a failure or threat unless the complaint is presented —
(a) before the end of the period of three months beginning with the date of the failure or
threat, or
(b) within such further period as the tribunal considers reasonable in a case where it is
satisfied that it was not reasonably practicable for the complaint to be presented before the
end of that period of three months.

(3) Where a tribunal finds that a complaint under this regulation is well-founded it shall order the employer to pay compensation to the worker of an amount not exceeding two weeks' pay.

(4) Chapter 2 of Part 14 of the 1996 Act (calculation of a week's pay) shall apply for the purposes of paragraph (3); and in applying that Chapter the calculation date shall be taken to be the date on which the relevant meeting took place (or was to have taken place).

(5) The limit in section 227(1) of the Employment Rights Act 1996 (maximum amount of a week's pay) shall apply for the purposes of paragraph (3) above.

Detriment and dismissal

16.—

(1) A person has the right not to be subjected to any detriment by any act, or any deliberate failure to act, by his employer done on the ground that he —
(a) exercised or sought to exercise the right under regulation 14(2) or (4), or
(b) accompanied or sought to accompany an employee pursuant to a request under that regulation.

(2) Section 48 of the 1996 Act shall apply in relation to contraventions of paragraph (1) above as it applies in relation to contraventions of certain sections of that Act.

(3) A person who is dismissed shall be regarded for the purposes of Part 10 of the 1996 Act as unfairly dismissed if the reason (or, if more than one, the principle reason)for the dismissal is that he —
(a) exercised or sought to exercise his right under regulation 14(2) or (4), or
(b) accompanied or sought to accompany an employee pursuant to a request under that regulation.

(4) Sections 108 and 109 of the 1996 Act (qualifying period of employment and upper age limit) shall not apply in relation to paragraph (3) above.

(5) Sections 128 to 132 of the 1996 Act (interim relief) shall apply in relation to dismissal for the reason specified in paragraph 3(a) or (b) above as they apply in relation to dismissal for a reason specified in section 128(1)(b) of that Act.

(6) In the application of Chapter 2 of Part 10 of the 1996 Act in relation to paragraph (3) above, a reference to an employee shall be taken as a reference to a worker.

Withdrawal of application by the employee

17.—

(1) An employer shall treat an application as withdrawn where the employee has —

(a) notified to him whether orally or in writing that he is withdrawing the application,
(b) without reasonable cause, failed to attend a meeting under regulation 3(1) or 8(1) more than once, or
(c) without reasonable cause, refused to provide the employer with information the employer requires in order to assess whether the contract variation should be agreed to.

(2) An employer shall confirm the withdrawal of the application to the employee in writing unless the employee has provided him with written notice of the withdrawal under paragraph 1(a).

Alan Johnson,
Minister of State for Employment Relations, Industry and the Regions,
Department of Trade and Industry
20th December 2002

1 Section 236(3) was amended by paragraph 42 of Part 3 of Schedule 4 to the Employment Relations Act 1999 (c. 26) and paragraph 49 of Schedule 7 to the Employment Act 2002 (c.22).

2 Section 80G was inserted by section 47 of the Employment Act 2002.

EXPLANATORY NOTE

(This note is not part of the Order)

These Regulations relate to the new statutory right to request a contract variation to change the terms and conditions of an employee's contract of employment to allow for flexible working. This new right is provided for in the Employment Act 2002 and the relevant provisions are incorporated by that Act into the Employment Rights Act 1996 ("the 1996 Act").

The Regulations elaborate on the new section 80G of the 1996 Act, by setting out the manner in which an employer should deal with an application for a contract variation under made by an employee under new section 80F. Regulations 3–5 set out the employer's obligations in respect of a request for a contract variation and provide that the employer must either hold a meeting to discuss the application or agree to the contract variation in writing within 28 days from the date on which the application is made. The employer must notify the employee in writing of his decision within 14 days after the date of the meeting. Regulations 6–11 set out the employee's right to appeal against his employer's decision. The employee must appeal in writing, setting out the grounds of appeal, within 14 days after the date on which the notice of the decision is given. The employer must hold a meeting to hear the appeal within 14 days after the date on which the notice of appeal is given. The employer must notify the employee in writing within 14 days after the appeal hearing of his decision. Regulation 12 provides for various periods in the Regulations to be extended by agreement. Regulation 13 provides that where the individual who would normally consider the application is on sick leave or annual leave the period commences on the day the individual returns or 28 days after the application is made, whichever is the sooner. Regulations 14–16 provide that an employee has the right to be accompanied by a companion at the meeting to discuss the application or the appeal. The companion must be a fellow worker employed by the same employer. The employee may bring a complaint to the employment tribunal that his employer has failed or threatened to fail to allow a companion to accompany him to the meetings. Both the companion and the employee are protected against detriment or dismissal attributable to the fact that he took or sought to have a companion present or to act as a companion. Regulation 17 sets out when an employer should treat an application as withdrawn. A Regulatory Impact Assessment of the costs and benefits of these regulations to business has been placed in the libraries of both Houses of Parliament. Copies are available to the public from the Employment Relations Directorate, Department of Trade and Industry,1 Victoria Street, London SW1H 0ET. The Assessment is also accessible at the Directorate's website www.dti.gov.uk/er

■ FORUM ARBEITS- UND SOZIALRECHT ■

■ Ascheid, Reiner: **Beweislastfragen im Kündigungsschutzprozeß.**
Bd. 1, 1989, 215 + XIX S., ISBN 978-3-89085-268-3, 24,54 € (vergriffen)

■ Braunert, Ulrich: **Schranken der kollektivrechtlichen Regelung flexibler Arbeitszeitverträge**
Bd. 2, 1990, 298 S., ISBN 978-3-89085-490-8, 35,28 €

■ Oberklus, Volkmar: **Die rechtlichen Beziehungen des zu einem Tochterunternehmen im Ausland entsandten Mitarbeiters zum Stammunternehmen**
Bd. 3, 1991, 223 + XLVI S., ISBN 978-3-89085-510-3, 22,50 €

■ Urbatsch, Peter: **Grundzüge der betrieblichen Altersversorgung und des Versorgungsausgleichs**
Bd. 4, 1991, 514 + LII S., ISBN 978-3-89085-603-2, 29,65 €

■ Hübner, Bettina: **Die individualrechtliche Versetzungsbefugnis und Versetzungspflicht des Arbeitgebers unter besonderer Berücksichtigung von Schwerbehinderten ...**
Bd. 5, 1992, 233 + XXXV S., ISBN 978-3-89085-636-0, 24,54 €

■ Boerner, Dietmar: **Altersgrenzen für die Beendigung von Arbeitsverhältnissen in Tarifverträgen und Betriebsvereinbarungen**
Bd. 6, 1992, 356 S., ISBN 978-3-89085-705-3, 35,28 €

■ Schartel, Klaus: **Rechtsprobleme unternehmensübergreifender Sozialplandotierung**
Bd. 7, 1992, 205 + XXXV S., ISBN 978-3-89085-711-4, 29,65 €

■ Fecker, Jörg: **Rechte, Pflichten und Regelungsmöglichkeiten des privaten Arbeitgebers im Hinblick auf Alkoholkonsum von Arbeitnehmern**
Bd. 8, 1992, 297 + LX S., ISBN 978-3-89085-709-1, 34,77 €

■ Schulenburg, Werner Graf von der: **Der tarifliche Rationalisierungsschutz im deutschen und schweizerischen privaten Bankgewerbe**
Bd. 9, 1993, 239 S., ISBN 978-3-89085-718-3, 29,65 €

■ Federlin, Ulrich: **Der kollektive Günstigkeitsvergleich**
Bd. 10, 1993, 207 + XXX S., ISBN 978-3-89085-762-6, 29,65 €

■ Ricken, Oliver: **Rechtliche Probleme bei der Standortplanung von medizinisch-technischen Großgeräten**
Bd. 11, 1994, 224 S., ISBN 978-3-89085-979-8, 35,28 €

■ Robben-Vahrenhold, Andrea: **Die Haftung der Treuhandanstalt für Sozialplanansprüche der Arbeitnehmer**
Bd. 12, 1995, 142 S., ISBN 978-3-89085-998-9, 29,65 €

■ Lohse, Eva: **Grenzen gesetzlicher Mitbestimmung.** Eine Untersuchung neuerer Tendenzen der Rechtsprechung zur Mitbestimmung in Arbeitszeitfragen
Bd. 13, 1995, 194 + XXXIV S., ISBN 978-3-8255-0053-5, 34,77 €

■ Poletti, Elisabeth: **Auswirkungen fehlender oder fehlerhafter Beteiligung des Betriebsrats bei der Versetzung auf das Einzelarbeitsverhältnis**
Bd. 14, 1996, 226 + XXII S., ISBN 978-3-8255-0057-3, 35,28 €

■ Sievers, Jochen: **Die mittelbare Diskriminierung im Arbeitsrecht**
Bd. 15, 1997, 192 S., ISBN 978-3-8255-0136-5, 35,28 €

■ www.centaurus-verlag.de ■

■ FORUM ARBEITS- UND SOZIALRECHT ■

■ Trefz, Ulrich: **Der Rechtsschutz gegen die Entscheidung der Schiedsstellen nach § 18 a KHG**
Bd. 16, 2002, 386 S., ISBN 978-3-8255-0385-7, 34,80 €

■ Schneider, Monika: **Die Koordinierung der Leistungen der sozialen Pflegeversicherung in der Europäischen Union**
Bd. 17, 2003, 202 S., ISBN 978-3-8255-0423-6, 26,90 €

■ Kowalski, Nina: **Vom passiven zum aktiven Sozialplan.** Vergleich zwischen dem gesetzlichen Förderungsinstrument der §§ 254 ff. und dem Transfer-Sozialplan-Konzept des BAVC e.V.
Bd. 18, 2004, ca. 240 S., ISBN 978-3-8255-0472-4, ca. 28,- €

■ Schumacher-Mohr, Marion: **Die vorzeitige Beendbarkeit des Anstellungsverhältnisses eines AG-Vorstandmitglieds gegen seinen Willen**
Bd. 19, 2004, 206 S., ISBN 978-3-8255-0473-1, 26,50 €

■ Seeger, Silke: **Organisationskonflikte und Tarifvertrag.** Dargestellt am Beispiel der Tarifzuständigkeit der DGB-Gewerkschaften im industriellen Dienstleistungsbereich
Bd. 20, 2005, 218 S., ISBN 978-3-8255-0474-8, 26,50 €

■ Fandel, Stefan: **Die Angabepflicht nach § 5 Abs. 1 Nr. 9 UmwG**
Bd. 21, 2004, 242 S., ISBN 978-3-8255-0483-0, 25,90 €

■ Trautmann, Arnim: **Der Vertrag der ärztlichen Gemeinschaftspraxis.** Vertragsarzt-, berufs- und gesellschaftliche Anforderungen unter besonderer Berücksichtigung von Junior-/Seniorpartnerschaften
Bd. 22, 2005, 398 S., ISBN 978-3-8255-0526-4, 29,90 €

■ Rönsberg, Ute: **Die gemeinschaftsrechtliche Koordinierung von Leistungen bei Arbeitslosigkeit.** Die Verordnung (EWG) Nr. 1408/71 und ihre Reformbedürftigkeit
Bd. 23, 2006, 268 S., ISBN 978-3-8255-0604-9, ca. 28,- €

■ Wahlers, Ulrich: **Die Umsetzung der Richtlinie über die Arbeitnehmerbeteiligung in Spanien**
Bd. 24, 2006, 378 S., ISBN 978-3-8255-0608-7, 30,90 €

■ Meißner, Matthias: **Familienarbeit in der Alterssicherung nach europäischem Sozialrecht**
Bd. 25, 2005, 264 S., ISBN 978-3-8255-0613-1, 27,50 €

■ Vaupel, Christian: **Die Kompensation von Ungleichgewichslagen im Arbeits- und Verbraucherrecht.**
Bd. 26, 2006, 354 S., ISBN 978-3-8255-0639-1, 30,90 €

■ Dunker, Daniela: **Unternehmensbezogene Tarifverträge.** Rechtsfragen einer unternehmensnahen Tarifpolitik
Bd. 27, 2007, 456 S., ISBN 978-3-8255-0635-3, 59,90 €

■ Boller, Sonja: **Die Zuständigkeiten der gewerblichen Berufsgenossenschaften**
Bd. 28, 2006, 308 S., ISBN 978-3-8255-0662-9, 29,50 €

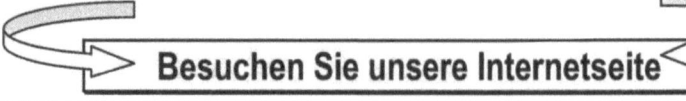
Besuchen Sie unsere Internetseite

■ **www.centaurus-verlag.de** ■

MIX
Papier aus verantwortungsvollen Quellen
Paper from responsible sources
FSC® C105338

If you have any concerns about our products,
you can contact us on
ProductSafety@springernature.com

In case Publisher is established outside the EU,
the EU authorized representative is:
**Springer Nature Customer Service Center GmbH
Europaplatz 3, 69115 Heidelberg, Germany**

Printed by Libri Plureos GmbH
in Hamburg, Germany